KB212728

투자, 진화를 만나다

WHAT I LEARNED ABOUT INVESTING FROM DARWIN

Copyright © 2023 Pulak Prasad
All rights reserved.
This Korean edition is a complete translation of the U.S. edition,
specially authorized by the original publisher, Columbia University Press
Korean translation copyright © 2024 by Water Bear Press
Korean translation rights arranged with Columbia University Press
through EYA Co.,Ltd

이 책의 한국어판 저작권은 EYA Co.,Ltd를 통해
Columbia University Press와 독점 계약한 워터베어프레스가 소유합니다.
저작권법에 의해 한국 내에서 보호를 받는 저작물이므로 무단 전재 및 복제를 금합니다.

종의 생존과 번영에서 찾아낸 투자의 길

투자, 진화를 만나다

지은이 **풀락 프라사드**
옮긴이 **안세민**

WHAT I LEARNED ABOUT INVESTING FROM DARWIN

투자, 진화를 만나다

초판 1쇄 발행 2025년 2월 10일
초판 2쇄 발행 2025년 2월 28일

저자　　풀락 프라사드
역자　　안세민
기획　　장동원 이상욱
책임편집 오윤근
디자인　김경민
제작　　제이오엘앤피

발행처　워터베어프레스
등록　　2017년 3월 3일 제2017-000028호
주소　　서울 강서구 마곡서로 152 두산더랜드타워 B동 1101호
홈페이지 www.waterbearpress.com
이메일　book@waterbearpress.com
ISBN　　979-11-91484-30-4 03320

* 책값은 뒤표지에 있습니다. 잘못 만들어진 책은 구입하신 곳에서 바꿔드립니다.

디파와 안쉬를 위해

일러두기

- 한국어판의 모든 각주는 독서의 편의를 위해 옮긴이가 달았다.
- 한글 전용을 원칙으로 하되, 필요한 경우에 원어나 한자를 병기했다.
- 인명, 지명 등의 외래어 표기는 검색이 가장 용이하고 널리 사용되는 표기를 따랐다.
- 책·신문·잡지 등의 제목은 《 》, 논문·기사·사설 등의 제목은 〈 〉으로 표기했다.
- 국내 출간 도서명은 국내 출간 제목을 따랐고, 미출간 도서명은 원제에 가깝게 옮겼다.

차례

평범한 능력을 가진 내가 어떤 중요한 문제에 관한 과학자들의 믿음에
상당한 정도로 영향을 미쳤다는 사실이 그저 놀랍기만 하다.

—

찰스 다윈, 《찰스 다윈 자서전》, 마지막 문장
1876년 8월 3일.

45년 전에 벤 그레이엄은 내게 투자로 대단한 실적을 내기 위해
대단한 것을 할 필요는 없다고 가르쳤습니다.

—

워런 버핏, 〈1994년 주주 서한〉

들어가며

진화생물학은 이름을 이루는 단어의 의미 그대로, 지구상에 생명체가 출현한 이후로 그 진화의 원인과 성질을 규명하는 학문이다. 투자는 그 단어가 의미하는 바와는 다르게, 투자자가 다른 영장류보다 다트 던지기를 더 잘하는 경우를 찾아보기가 힘든 도박을 지칭할 때 너무나도 자주 사용되는 완곡한 표현이다.

얼핏 보기에도 이 두 분야는 차이점이 굉장히 많다. 진화생물학은 숙련된 전문가들이 주로 연구를 진행하고, 투자는 자기 전문성을 과신하는 아마추어들이 주로 실행한다. 진화생물학자는 지식과 진리 탐구가 목적이나, 대부분의 투자자는 2/20이라는 보상 구조[1]가 지켜지는 한, 지식과 진리 탐구에는 전혀 관심이 없다. 진화생물학자들은 좁은 주제에 대해 엄청나게 많은 양의 연구를 진행한다(예: 인도차이나 반도에 서식하는 붉은털원숭이와 긴꼬리원숭이 사이의 간접 접촉 및 게놈 혼합)[2]. 이에 반해, 투자자들은 가짜 스프레드시트, 잘못된 가정, 오만한 자기만족에 근거해 확신에 찬 선언(예: 올해에는 시장이 10% 상승할 것 같다)을 한다.

그러나 가장 커다란 차이점은 이 두 분야가 서로 정반대의 방향을 향해 간다는 점이다. 정교함이 진화생물학 분야는 끊임없이 좋아지고 있는 반면에, 투자 분야는 끊임없이 나빠지고 있다.

최근 들어, 생물학자들은 인간에 전파된 간염 바이러스의 기원, 암컷에 작용하는 성 선택sexual selection의 결과, 마이크로바이옴 microbiome[•]이 동물의 진화에 미치는 영향, 유인원 사이의 문화적 유산과 다윈 진화론의 연관성, 유전자 확산이 종 진화에 미치는 영향 등을 설명하기 위해 다윈의 진화론을 활용해 왔다.[3] 과학 저널 (예: 미국국립과학원회보Proceedings of the National Academy of Sciences, www.pnas.org)에서 '진화' 분야를 검색하면, 연구 주제의 범위와 과학자들이 이루어 놓은 놀라운 발전에 강렬한 인상을 받을 것이다.

그런데 투자 분야는 어떤가? 이 분야를 어떻게 보는지는 중요하지 않다. 데이터가 한심할 정도로 빈약하다. 정말 한심하다. 그리고 이는 우리 펀드매니저들이 멍청한 사람들임을 보여준다.

2021년에 발간된 미국 주식 시장에 대한 S&P 보고서(SPIVAS&P Indices Versus Active Funds US Scorecard라고 불린다)에 따르면, 5년, 10년, 20년에 걸쳐 미국 국내 펀드의 75~90%가 S&P 지수 상승에 못 미치는 실적을 냈다고 한다.[4] 이 책을 계속 읽어나가기 전에 이

• 인체에 서식하는 '미생물microbe'과 '생태계biome'를 합친 용어로 사람의 몸속에 존재하는 미생물과 그 유전자들, 즉 미생물총(미생물 집단)을 의미한다.

투자, 진화를 만나다

사실을 머리에 새겨야 한다. 대다수가 명문대 출신으로 MBA를 포함한 대학원 학위를 보유하고서 수조 달러를 관리하는 펀드매니저들의 약 75~90%가 주식 시장을 하회했다. 금융 서비스 분야에서 활동하는 사람이라면, 소형주 시장 지수를 능가하기는 좀 더 쉬울 거라 생각할지도 모른다. 그렇지 않다. 2011년부터 2021년까지 10년에 걸쳐, 소형주 펀드의 약 93%가 주식 시장을 이기지 못했다.

이것만으로도 충분히 나쁘지만, 이게 끝이 아니다. 미국 펀드 대다수가 시장을 이기지 못했을 뿐만 아니라 시간이 지나면서 실적이 더 나빠졌다. 같은 S&P 보고서에 따르면[5], 2009년에는 3년과 5년에 걸쳐(10년과 20년에 걸친 실적은 보고되지 않았다) '겨우' 55~60%의 미국 펀드만이 주식 시장을 하회했다.

이 같은 현상은 미국에만 국한되지 않았다. 인도 주식 시장에서는 2017년 기준으로 대형주 펀드의 43~53%가 3년과 5년에 걸쳐 시장 지수를 밑돌았다.[6] 그러나 2020년을 기준으로 보면, 이 수치는 훨씬 더 악화된다.[7] 대형주 펀드의 약 70~80%가 3년, 5년, 10년에 걸쳐 시장 지수보다 성적이 나빴다.

그간 패시브 펀드가 액티브 뮤추얼 펀드보다 훨씬 더 빠른 속도로 성장한 것은 당연한 일이다. 2020년 딜로이트Deloitte가 발간한 보고서에 따르면, 2018년에 6조 6,000억 달러 규모였던 미국 패시브 펀드는 2009년 이후로 4배가 넘게 증가했고, 이에 반해 같은 해에 11조 4,000억 달러 규모였던 액티브 펀드는 1.7배에 못 미치게 증가했다.[8] 왜 이런 결과가 발생했는가? 이 기간에 미국 패시브 펀드의 실적이 액티브 펀드의 실적을 크게 앞질렀기 때문이다.

이제 이런 의문이 들 수 있다. 대체 어떻게 진화생물학 같이 별로 알려지지 않은 분야가 투자 문제의 해법을 제시할 수 있는 걸까? 고비용의 과대평가된 MBA 교육이 투자자에게 가르쳐주지 않았던 것을 다윈의 진화론이 가르쳐줄 수 있을까? 현금흐름cash flow, 주가수익비율price-earnings ratio, 자본자산가격결정모형Capital Asset Pricing Model, CAPM과 같은 추상적 개념을 숭배하는 사람들이, 수십 년에 걸쳐 화석 표본을 발굴하고, 네안데르탈인이 과연 우리 인간과 성관계를 맺었는지를 논쟁하고, 지렁이, 비둘기, 따개비를 연구했던 19세기의 영국인에게 신과 같은 지위를 부여하는 사람들에게서 무엇을 배울 수 있을까? 나는 많은 걸 배울 수 있다고 주장할 것이다.

하지만 그 전에, 우선 나는 어떤 사람이고 왜 이 책을 썼는지에 대해 이야기해보자.

나는 어떤 사람인가?

나는 주식 펀드매니저다. 2007년에 나란다 캐피털Nalanda Capital이라는 투자회사를 설립했는데, 인도 주식 위주로 구성된 50억 달러 정도의 자산을 관리하고 있다. 나란다의 투자 철학은 다음과 같이 요약할 수 있다. 우리는 우량 기업을 영구히 소유하고자 한다.

다시 말하지만, 우리는 '영원히' 소유하고자 한다. 해당 기업을 영원히 소유할 수 있다는 생각이 들지 않으면 투자하지 않는다. 아주 저렴한 나쁜 기업? 패스. 저렴한 가격에 평범한 기업? 고맙지만 사양한다. 적정한 가격에 우량 기업? 그런 기업을 놓치는 일이 없게, 계속 알려주기 바란다.

우리는 주로 기업가가 소유하고 경영하는 기업에 투자한다. 이때 그 기업가가 최대 주주이고, 우리는 보통 두 번째로 큰 주주이다. 나란다의 투자는 세 가지 단순하고 '순차적인' 과정을 따른다.

1. 큰 위험을 피한다.
2. 적정한 가격에 우량주를 매수한다.
3. 게으름을 부리지 않는다. 엄청나게 게으름을 부린다.

이게 끝이다. 이 단순한 투자 과정이 다음과 같은 결과를 낳았다. 2007년 6월에 설립된 나란다의 첫 번째 펀드에 1루피를 투자했으면, 2022년 9월에 13.8루피가 됐을 것이다. 같은 금액을 인도의 센섹스Sensex(인도의 대형주 지수)에 투자했으면 3.9루피가 됐을 것이고, 미드캡(중형주 지수)에 투자했다면 겨우 4루피가 됐을 것이다. 실제 현금의 유입과 유출에 근거해 살펴보면, 15년이 조금 넘는 기간에 이 펀드의 연평균 수익률은 온갖 종류의 수수료를 제외하고서 20.3%였는데, 이는 대형주 지수와 중형주 지수의 연평균 수익률을 각각 10.9%나 능가한 실적이었다. 나쁘지 않은 성과였다.

나는 나란다를 설립하기 전에 세계적인 사모펀드 회사인 워버그핀커스Warburg Pincus에서 9년 가까이 근무했다. 이전에는 경영컨설팅 회사인 맥킨지앤드컴퍼니McKinsey & Company에서 6년 동안 근무하며 인도, 남아프리카공화국, 미국의 고객들을 대상으로 컨설팅 서비스를 제공했다. 당시 내 고객들은 남아프리카공화국의 소매 은행, 미국의 기술 기업, 스위스의 보험 회사, 인도의 대기업에 이르기까지 다양했다. 또한 투자자로서 이스라엘의 서비스 기업, 싱가포르의 식품 회사, 인도의 통신 회사의 이사회 이사로 일하기도 했다. 내 투자 대상 기업은 초기 단계의 회사들(손해를 보게 했던 회사들)에서 후기 단계의 회사들(돈을 좀 벌게 했던 회사들)에 걸쳐 있었다.

보면 알겠지만, 내가 한 일은 거의 없었다. 생산 마감일을 맞추거나, 영업팀을 관리하거나, 어려움에 처한 기업을 호전시키거나, 브랜드를 출시하고 관리하는 일을 거의 하지 않았다. 다만, 30년에 가까운 컨설팅과 투자 커리어 동안 내가 했던 일은 관찰이다. 매일의 실무에서 해방됐기에 한 걸음 물러서서 기업 세계에서 무엇이 제대로 작동하고, 무엇이 그렇지 않은지 생각할 여유를 누릴 수 있었다.

여러 산업, 기업, 대륙에 걸친 이 경험은 피자 배달 비즈니스 모델에 대해 우쭐거리며 말할 자격을 줄 수는 있다. 하지만 진화론 학위도 없는 내가 진화에 관해 하는 이야기는 의심하더라도 못마땅해할 수 없다. 굳이 변호하자면, 메리 제인 웨스트-에버하드Mary Jane West-Eberhard의 독창적 저작 《발달 가소성과 진화Development Plasticity and Evolution》에 나오는 말로 하려 한다. 내게는 읽는 능력이 있다.[9]

내가 투자에 진심이 된 건 우연(1998년에 어쩌다보니 이 업계에 발을 들였다)이었고, 진화론에 진심이 된 건, 이상하게 들릴 수도 있지만 워런 버핏의 오랜 절친한 친구 찰리 멍거Charlie Munger 때문이었다. 멍거는 2011년에 웨스코 파이낸셜Wesco Financial이 버크셔 해서웨이Berkshire Hathaway에 인수되기 전까지 그 회사의 회장을 역임했다. 버크셔의 전설적인 연례 회의에서 버핏이 그랬던 것처럼, 웨스코의 연례 회의에서 다양한 주제에 관해 자기 의견을 내놓았다.

투자, 진화를 만나다

2000년에 그는 어떤 책을 좋아하느냐는 질문을 받고 리처드 도킨스Richard Dawkins의 《이기적 유전자The Selfish Gene》를 꼽았다.[10] 나는 2002년에 이 연례 회의 기록을 읽고서 《이기적 유전자》 사기로 결심했다. 그 후로 내 삶은 달라졌다.

진화론의 주제들은 굉장히 매력적이고 풍성했다. 아마존Amazon과 보더스Borders 서점(이 서점이 몹시 그립다) 덕분에, 지금까지 약 20년에 걸쳐 이 주제에 관한 책을 읽어왔다. 여기에는 널리 알려진 책, 심오한 책, 대학원 과정에서 다루는 책, 곤충 책, 척추동물 책, 인간에 관한 책, 유전학과 같이 상당히 전문적인 분야를 다루는 책, 진화의 일반 이론에 관한 책, 진화의 철학에 관한 책, 진화에 적용되는 수학 개념만 다루는 책(그렇다, 생물학에서도 수학을 많이 다룬다) 등이 포함된다.[11] 진화론 전문가는 아니지만, 전문가와 진화론에 관해 상당히 깊이 있는 대화를 나눌 수 있다고 자부한다. 아, 그리고 내가 투자 전문가라고 말하기도 힘들다. 투자에 진심으로 임하는 사람이라고 밖에 말을 못하겠다.

왜 이 책을 썼는가?

진화에 관한 책을 수십 권 읽고 나서야 비로소 내가 왜 이 주제에 그토록 깊이 빠져들었는지를 깨달았다. 진화생물학에서 살펴본 거의 모든 주제가 일반적인 투자 방식, 특히 나란다의 투자 방식과 닮은 데가 많았다. 새로운 취미가 된 진화론을 공부할수록, 내가 오랫동안 열정적으로 임했던 투자에 대해 배우게 되었다.

이 책은 진화생물학의 기본 개념에서 장기적이고도 끈기 있는 투자의 핵심 원리를 끄집어낸다. 진화생물학은 그야말로 장기 프로세스의 전형이다.

이 책은 투자 책이기는 하지만, 투자 기본서는 아니다. 감가상각법이나 리스 회계 기준, 무형자산의 가치평가 같은 것들은 논하지 않는다. 그런 것들은 다른 책에서 배우기 바란다. 또 가치평가비율을 분석하지도 않고, 재무제표상에 나타나지 않는 부외 회계도 설명하지 않으며, 새로운 투자 기법을 제시하지도 않는다.

이 책은 투자를 생각하는 새로운 방식을 습득하기 위한 책, 즉 진화생물학에서 오랜 세월에 걸쳐 그 유효성이 입증된 원리를 적용해 투자를 새롭게 해석하려는 책이다. 이 이후로 우리 직관에 반하는 내용이 담긴 다윈 진화론의 원리들을 검토하게 될텐데, 이 원리들은 기업의 세계를 이해하는데 사용할 수 있다. 그리고 그렇기에 투자 역량을 키우는데 도움이 된다.

뒤에서 접하게 될 내용은 처방이 아니라 설명이다. 설명하는 것은 나란다의 투자 전략인데, 이 전략은 이상하리만큼 진화론과 닮았다. 이 책에서는 '이것을 해야 한다'라고 하지 않고, '우리는 이것을 했다'고 말한다. 앞에서 언급했듯이, 대다수 투자자의 장기 실적은 저조하다. 이 말의 의미는 명백하다. 대부분의 투자 방식이 장기적으로는 효과가 없다. 우리 방식은 효과가 있었다. 그래서 이 책을 통해 내 생각을 나누려는 것이다.

이 책은 여러 종류의 사람에게 도움이 되고자 썼다. 우선 아마추어 투자자라면, 자연의 세계와 돈의 세계 사이에 존재하는 흥미로운 유사성을 발견하게 되면서 흥미를 느낄 수 있다. 둘째, 전문 투자자

투자, 진화를 만나다

중 버핏 팬을 위한 책이다(아, 물론 버핏 팬이 아닌 사람은 없다). 버핏의 투자 방식을 따르려는 사람을 위한 책이다. 새로운 기법을 가르쳐주지는 않지만, 버핏의 핵심 투자 원리를 진화생물학의 관점으로 조명해서 완전히 새로운 방식으로 그려볼 수 있다.

이 책에 관심을 가질 만한 세 번째 독자군은 과학광들이다. 과학 영역의 사람들은 대체로 돈에 관해 생각하기를 전염병 마냥 피하려는 경향이 있는데, 투자를 제대로 하지 않을 때의 기회비용이 의외로 클 수가 있다. 그런 사람들에게 이 책은 자기가 가진 돈을 제대로 투자하는 일에 대해 좀 더 적극적으로 생각하도록 하는 자극제가 될 수 있다. 이 책에서 논의하는 개념들이 그런 사람들에게 울림이 있을 것이기 때문이다.

관심 분야가 다양하고 흥미로운 읽을거리를 찾는 독자를 위한 책이기도 하다. 아가사 크리스티Agatha Christie의 책처럼 술술 읽히지는 않겠지만, 바라건대 뇌신경에 즐거운 자극을 줄 수는 있을 것이다.

전문 투자자는 내가 논의하는 투자 관련 주제들의 상당(또는 모든) 부분에 동의하지 않을 수 있다. 그리고 진화생물학자는 내가 제시하는 주제의 일부(또는 전부)를 비웃을 수 있다. 그러나 이 두 방대한 지식 분야의 위대한 점은, 물리학과 화학에 등장하는 많은 불변의 법칙과는 대조적으로, 고정된 '법칙'이 거의 없다는 것이다.[12] 무엇이 종이나 유전자를 구성하는가에 관해 모든 생물학자가 동의할 만한 규정을 만들어내지 못하듯[13], 투자자들도 기업 가치처럼 단순해 보이는 것을 계산하는 방법에 관해서 굉장히 다른 견해들을 갖고 있다.

나란다의 투자 전략의 세 요소

여기서 나는 장기 투자의 한 가지 방법과 다원주의에 입각한 진화생물학과 그 방법의 유사성을 설명한다. 즉 영구 소유주가 되려는 나란다의 투자법을 설명한다. 이 책은 우리 투자 전략의 세 요소를 반영해 세 개의 부로 구성했다.

1부: 큰 위험을 피하라.

2부: 적정한 가격에 우량주를 매수하라.

3부: 게으름 부리지 마라. 엄청나게 게으름 부려라.

1부에서는 투자의 가장 기본적인 교훈을 강조한다. 큰 위험을 피하라. 돈을 잃지 마라. 인생에서 쉬워 보이지만 사실 그렇지 않은 것들이 대부분 그러듯, 말보다 실천이 더 어렵다. 그렇다, 돈을 잃지 않는 것은 일종의 기술이고, 어쩌면 돈을 버는 것보다 배우기가 더 힘든 기술인지도 모른다. 워런 버핏이 했던 유명한 말처럼, "투자 제1원칙: 돈을 잃지 마라. 투자 제2원칙: 제1원칙을 잊지 마라."

혹시 투자에 관한 거의 모든 책이 어떤 방식으로든 무언가를 '하도록' 장려하는 전략과 전술을 제공한다는 사실을 아는가? 시장 신호에 따라 거래하도록 조언하는 책도 있고, 가치주를 구매하도록 권장하는 책도 있고, AI와 바이오테크 스타트업에 투자하라고 재촉하는 책도 있다. 이런 책들은 돈을 '버는 법'을 다룬다. 돈을 잃지 않는 법을 말해주는 책은 찾기 어렵다. 안타깝게도 현실에서는 투자자가 손실을 피하는 방법을 배우지 못하면, 그의 투자 커리어는 짧고 잔

투자, 진화를 만나다

혹할 가능성이 높다.

2부에서는 나란다의 두 번째 주문呪文을 살펴본다. 적정한 가격에 우량주를 매수하라. 다윈 진화론의 관점으로 나란다 매수 프로세스의 핵심들을 살펴본다. 2장부터 4장까지는 '무엇을' 매수하는가를 다루고, 5장부터 7장까지는 '어떻게' 매수하는가를 본다.

3부에서는 나란다 투자 전략의 세 번째 요소를 다룬다. 게으름 부리지 마라(엄청나게 게으름 부려라). 우리는 거의 매수하지 않고, 이보다 훨씬 더 심하게는 거의 매도하지 않는다. 나이키의 슬로건 '저스트 두 잇Just do it'이 성공한 삶의 핵심인 끊임없이 행동하는 세계에서는 '저스트 도운트 두 잇Just don't do it'이라는 우리의 신조가 이상하게 비춰질 수 있다. 3부에서는 진화론에 나오는 세 가지 개념을 불러내 그 게으름의 논리를 설명한다.

그러고는 다윈조차도 이해하지 못했던 흥미로운 생명체인 꿀벌에게서 교훈을 얻고서 글을 맺을 것이다.

***

이제부터는 나란다의 투자 철학의 토대를 제공한 다윈 진화론의 다양한 측면을 접하게 될 것이다. 이 책에는 다양한 비유가 나온다. 누군가를 설득하거나 누군가에게서 설득당하는 과정에서 깨달을 수 있듯이, 비유는 어떤 주장을 뒷받침하는 데 유용하다. 어떤 주장이라도 말이다. 그러니까 조심해야 한다. 우리는 진화론이 주는 교훈을 있는 그대로 받아들여야 한다. 그것은 투자자들이 장기적으로 생각하도록 호소하는 것이다. 아주 장기적으로 말이다.

WHAT I LEARNED ABOUT INVESTING FROM DARWIN

제 1 부

큰 위험을 피한다

1부에는 장이 하나밖에 없지만, 그 하나가 이 책에서 제일 중요하다. 1장까지밖에 못 읽었는데 책을 잃어버렸다 해도, 책값 이상은 너끈히 얻어 가리라 믿는다.

우리 투자업계의 문제는 투자를 진지하게 하지 않는다는 데 있다. 전문 투자자라면 방금 문장을 읽고 발끈했을 것이다. 1년에 200일은 출장을 다니고, 주에 60~80시간씩 근무하며, 화가 난 까다로운 고객을 상대해야 하고, 지겨울 정도로 지루한 회의에 참석해야 하는 데다, 아내와 아이는 거의 보지 못하고, 시장을 이겨야 한다는 스트레스에 실제 나이보다 10년은 더 늙은 모습을 하고 있다. 그런데도 나는 전문 투자자들이 자기 일을 진지하게 하고 있지 않다고 말하는 만용을 부리고 있다. 만약 내 말에 화가 많이 났다면, 다음 질문에 답을 해줬으면 한다. 다음 투자에 목숨을 걸겠는가?

1장에서는 '목숨을 거는 것'이 왜 놀라울 정도로 건실한 투자 전략인지, 어떻게 이런 방법을 채택하는 것이 수백만 년에 걸쳐 모든 생명체에게 눈부신 성공을 가져다줬는지 설명한다.

유명한 책이나 투자 구루나 금융 학계가 하는 모든 투자 조언은 '투자를 하는 것'에 집중한다. 1장은 '투자를 하지 않는 것'을 다룬다. 나는 투자를 하는 기술보다 투자를 하지 않는 기술을 배우는 것이 더 어렵고도 중요함을 설득하려 한다.

1장

호박벌, 생존을 말하다

다른 한편으로는 코끼리와 코뿔소에서 알 수 있듯이, 맹수의 공격으로 멸종하는 경우는 거의 없고, 인도의 호랑이조차 어미의 보호를 받는 새끼 코끼리를 공격하는 경우도 거의 없다.

—

- 찰스 다윈,《종의 기원》, 3장 생존 투쟁

예전 보고서에서 턴어라운드 기업을 인수하고 경영할 때 대체로 실망하게 된다고 말한 적 있습니다. 실제로 지난 수년간 수십 개의 산업 부문에서 턴어라운드의 가능성이 수백 회에 걸쳐 제시되었고, 우리는 참가자 또는 관찰자로서 기대치 대비 성과를 기록해 왔습니다. 그 결과, 몇 가지 예외를 제외하고는 탁월한 평판을 가진 경영진이 자본 여건이 좋지 않다는 평판을 가진 기업을 맡았을 때, 그 기업의 평판은 그대로 유지된다는 결론을 내렸습니다.

—

- 워런 버핏, 〈1980년 주주 서한〉

투자에 관한 책을 읽기 시작하면, 보통 글쓴이의 탁월함에 매료되길 기대한다. 이 책에서는 그럴 일이 없다. 내가 얼마나 멍청했는지를 설명하면서 이야기를 시작하려 한다.

맥킨지에서 6년을 근무하다 세계적인 사모펀드 회사인 워버그 핀커스로 자리를 옮겼다. 거기서 몇 년을 일하면서, 투자의 기본을 익혔다. 아니, 최소한 투자의 기본은 익혔다고 생각했다. 간단해 보였다. 성장하는 기업을 경영하는 양질의 기업가에게 투자하고, 비싼 값을 치르지 마라. 당시에 몇 건의 투자에서 행운이 따랐고, 승승장구했다.

2000년대 초에 성공한 기업을 경영하는 어느 기업가가 사업 확장 자금을 마련하기 위해 우리를 찾았다. 이 기업은 인도의 기준에 비추어 합당한 규모였고, 인도에서 규모가 상당히 큰 기업 한 곳을 포함해 다수의 주요 고객을 확보하고 있었다. 게다가 해외 시장에도 진출해 있었다. 당시만 하더라도 소프트웨어 서비스 업계를 제외하고는 인도 기업이 수출 기업으로 번창하는 경우는 흔치 않았다.

기업 실사를 시작했고, 그 과정은 평소와 별로 다르지 않게 진행됐다. 창업자, 고위 관리자와 함께 시간을 보내며 그늘의 전략과 경쟁적 차별화를 파악하고, 회사 사무실을 방문하고, 인도와 유럽의 몇몇 고객들을 만나 이야기를 나누고, 포렌식 전문가를 고용하여 지배구조 문제를 평가하고, 인도의 주요 법무 및 회계 법인을 고용하여 실사를 수행하고, 업계 전문가들에게 이 회사의 성장 잠재력과 가치 창출 가능성에 대해 질문했다. 모든 것이 좋아 보였고, 가치평가나 법률 자문을 두고서 크게 흥정할 필요도 없었다.

직장 상사에게 열정을 가지고 보고했고, 마침내 허락을 받았다. 이 회사는 당시 인도에서 사모펀드 투자로는 큰 금액인 5,000만 달러를 모집했고, 나는 열정적으로 이번 투자를 주도했다. 그 투자에서 워버그 핀커스의 수익률은 어땠을까? 제로였다. 회사는 투자한 모든 돈을 잃었다.

전적으로 내 잘못이었다. 내가 일을 망쳤다. 그것도 아주 크게.

우리 앞에 놓인 두 갈래길

서점에 갈 일이 있다면, 투자서 코너로 가보자. 나이가 30세 이하라면, 서점에 한 번도 가본 적이 없을 수 있지만 걱정할 필요는 없다. 아마존에 가서 '투자서'을 입력하라. '투자의 기본 이론', '월스트리트에서 성공하기', '당신은 주식 시장의 천재가 될 수 있다', '새로운 시대의 가치 투자' 등과 같은 제목들의 공통점은 무엇일까? 모두 돈을 버는 방법에 관한 제목이다. 투자 서적이 그 외에 무엇을 가르쳐야 하는가? 나는 돈을 벌기 위해 꼭 필요한 전제 조건이 돈을 잃지 않는 능력이라는 사실을 강조하고 싶다.

거의 모든 이들이 오류를 범한다(이 명제는 내 아내에게는 적용되지 않아서 '거의'라고 썼다). 이런 오류는 크게 두 가지로 나눌 수 있다. 하지 말아야 할 일을 하는 경우와 해야 할 일을 하지 않는 경우다. 내 경우엔, 맥도날드에서 핫퍼지 선디를 산 것이 전자 해당하고, 고등학교·대학교 친구들과 정기적으로 연락을 하지 않은 것이 후자 해당한다.

모든 투자자가 이 두 가지 오류를 범한다. 통계학 개념을 빌자면, 전자는 1종 오류type I error다(통계학자에게 표현이 너무 창의적이라며 비난할 일은 절대 없을 것이다).[1] 좋은 투자라고 착각해 나쁜 투자를 할 때 발생한다. 이는 스스로를 다치게 하는 오류이며, 거짓 양성false positive 혹은 실행 오류error of commission라고도 불린다. 후자의 오류는 2종 오류type II error로, 나쁜 투자라고 착각해 좋은 투자를 하지 않을 때 발생한다. 잠재된 이익을 거부하는 오류로, 거짓 음성false negative 혹은 누락 오류error of omission라고도 불린다. 워런 버핏을 포함한 모든 투자자가 이 두 가지 오류를 일상적으로 범한다. 이 오류 때문에 스스로 위해를 초래하거나 좋은 기회를 놓친다.

이 두 오류 각각의 위험성은 역관계에 있다.[2] 대체로 1종 오류의 위험을 최소화하면 2종 오류의 위험이 커지고, 2종 오류의 위험을 줄이면 1종 오류의 위험이 커진다. 직관적으로도 쉽게 이해된다. 거의 모든 투자에서 상승 국면만 바라보는 지나치게 낙관적인 투자자를 떠올려보라. 이런 투자자는 나쁜 투자를 실행해서 1종 오류를 여러 번 범하겠지만, 몇 안 되는 좋은 투자 기회를 놓치지는 않을 것이다. 반면, 투자를 거부할 이유를 계속 찾는 지나치세 신중한 투자자는 나쁜 투자는 거의 하지 않겠지만, 좋은 투자 기회는 놓칠 가능성이 크다.

좋은 점만 취할 수는 없다. 한 종류의 오류에 더 민감하게 반응하려면, 다른 종류의 오류는 감수해야 한다. 그러면 투자자는 어떻게 해야 할까? 당신이라면 어떻게 할 것인가?

다시 정리하자면, 다음 두 가지 투자 전략 중에서 무엇을 고를 것인가? (1) 좋은 투자 기회를 놓치지 않기 위해 투자를 더 많이 실행하고, 그 결과로 실패한 투자를 안고 간다. (2) 나쁜 투자를 하지 않기 위해 대단히 신중하게 행동하고, 그 결과로 좋은 투자 기회를 놓친다.

진화가 걸어온 길

피식자의 경우

이제 진화가 선택한 길을 살펴보자.

모든 동물의 목표는 최소한 번식을 할 때까지 가능한 한 오래 살아남는 것이다. 동물의 세계에서는 모두가 피식자이자 포식자다. 우리 호모사피엔스도 마찬가지냐고? 맞다. 인간은 어떻게 피식자가 되

투자, 진화를 만나다

냐고? 코로나19를 벌써 잊었는가?

우선 피식자부터 시작해 보자. 먹이가 되는 동물이 저지르는 1종 오류는 뭘까? 자기 생명을 위태롭게 할 정도의 큰 위험을 스스로 초래하는 것이다. 이제 막 성년이 된 수사슴의 예로 두 가지 1종 오류를 살펴보자.

첫 번째는 사슴이 목이 말라서 물웅덩이 근처로 갈 때 발생한다. 사슴은 본능이나 경험 또는 이 두 가지 모두를 통해 사자, 표범, 악어가 숨어서 손쉬운 식사 기회를 노리고 있다면 물웅덩이 주변에서 죽음을 맞기 쉽다는 사실을 잘 안다. 어쩔 수 없이 물웅덩이를 향해 가기로 결정하더라도, 갈증을 재빨리 해소하고 당장 그곳을 떠나야 한다. 포식자가 기회를 엿보고 있을 때 사슴이 잘못된 결정을 하고 물웅덩이로 다가가면, 죽음을 맞는다.

화석 기록을 통해 오늘날의 사슴이 약 1,500~3,000만 년 전에 유제류에서 진화한 것이 밝혀졌다.[3] 사슴이 사나운 포식자들 사이에서 수백만 년 동안 살아남을 수 있었던 이유는 1종 오류(신중하지 않아서 범하는 오류)에 대단히 민감하게 반응한 덕분이었다. 그러지 않았다면 멸종했을 것이다. 물론 일부는 근처에 포식자가 있을 때 물웅덩이에서 물을 마시는 치명적인 실행 오류를 범하기도 하지만, 전체적으로 보면 사슴은 놀라울 정도로 잘 살아남았다.

아프리카 야생동물 동영상을 보거나 사파리를 다녀온 적이 있다면, 영양, 얼룩말을 포함한 그 밖의 초식 동물들이 주변을 끊임없이 경계하는 모습을 봤을 것이다. 위험이 없는 곳에서도 위험을 느끼고 있는 것처럼 보인다. 하지만 이 경계심 덕분에 그 초식 동물들은 수백만 년 동안 생존하고 번성할 수 있었다. 위험을 과소평가해 범하는 1종 오류는 초식 동물이 범하는 최후의 오류가 될 수 있다.

사슴이 범할 수 있는 두 번째 1종 오류는 짝짓기 의식에서 볼 수 있다. 황야에서 내게, 그리고 좀 조심스럽긴 하지만 아마도 암사슴에게, 가장 흥미로운 광경 중 하나는 이제 성년이 된 두 마리의 수사슴이 암사슴 지배권을 두고 싸우는 모습이다. 유럽의 여러 지역과 서아시아 그리고 중앙아시아에 서식하는 붉은사슴의 짝짓기 행위를 보자.[4] 수사슴은 스태그stag라 불리고, 암사슴은 하인드hind라 불린다. 암사슴은 하렘harem이라 불리는 무리를 지어 살아간다. 엄청나게 큰 뿔로 무장한 수사슴은 특정 하렘에 대한 독점 짝짓기 권리를 얻기 위해 서로 '싸움'을 벌인다. 내가 '싸움'이라는 단어에 따옴표를 친 것은 수사슴이 몸으로 싸우는 경우는 거의 없기 때문이다. 이번 시나리오에서 1종 오류, 즉 실행 오류는 싸움을 벌인 후 부상이나 장애를 입는 것을 의미한다. 하렘이라는 전리품이 상당히 매혹적이기는 하지만, 수사슴은 싸움을 거의 벌이지 않음으로써 1종 오류에 극도로 민감하게 반응한다. 그러면 이런 메커니즘이 어떻게 작동하는지를 보자.

수사슴은 생후 약 16개월이 되면 짝짓기를 할 수 있지만, 보통은 최소한 6살이 되어서야 처음으로 짝짓기를 한다. 이 나이가 되기 전에는 크고 강력한 뿔이 발달하지 않기 때문이다. 싸워서 기회를 잡을 수도 있지만, 아무도 그렇게 하지 않는다. 심각한 부상을 입을 수가 있고, 이것이 미래의 짝짓기를 위한 건강을 해치거나 심지어 생명까지 위태롭게 할 수 있다.

투자, 진화를 만나다

수사슴은 짝짓기를 할 나이가 되면, 암사슴이 모여 있는 곳으로 접근한다. 하지만 당장 싸움을 시작하지는 않는다. 과학자들은 뿔을 맞대고 싸우는 것이 거의 항상 최후의 수단이며, 발정기에 있는 수사슴은 3주에 걸친 발정기 동안 대체로 5번만 싸운다는 사실을 발견했다. 수사슴들은 뿔을 맞대고 싸우기 전에 신체적 접촉을 최대한 자제하기 위해 수준 높은 동작으로 이루어진 일련의 의식을 치른다. 수사슴 두 마리가 서로에게 싸움을 걸면, 그중 하나가 엄청나게 큰 소리로 포효한다. 그러면 다른 하나도 비슷하게 큰 소리로 포효하며 반응한다. 소리의 크기가 위세를 나타내는 확실한 지표가 되기 때문이다. 이 포효가 한 시간이 넘게 이어질 수 있으며, 포효의 횟수는 분당 3~4회에서 정점에 도달한다. 이 단계에서 어느 하나가 상대방의 위세에 눌려서 물러난다.

포효로 강자를 결정하지 못하면, 서로 마주보고 뻣뻣한 자세로 걸으면서 그다음 단계의 '싸움'에 돌입한다. 그렇다. 수사슴은 걸으면서 상대방을 위협한다! 이렇게 서로 마주보고 걷는 광경이 몇 분에 걸쳐 계속되는데, 이때 약 2미터의 거리를 두고 상대방의 힘과 신체 상태를 판단한다. 상대방에게 더 위협적으로 보이기 위해 주변 초목을 짓밟고 포효하기도 한다. 이 단계에서 어느 하나가 물러나기로 결정할 수 있다. 이 단계에서 둘 모두 물러나지 않을 경우에만 서로 뿔을 맞대고 싸운다. 그 싸움도 내 눈에는 서로 드잡이를 하는 것으로 보였다. 이번 '쇼'(이 상호 작용의 대부분은 실제 싸움으로 보이지가 않는다)는 또다시 몇 분에 걸쳐 계속되다가 결국 어느 하나가 패배를 인정하고 물러난다.

만약 이것이 인간이 벌이는 권투 경기였다면, 관중이 경기장에서 난동을 부렸을 것이다. 선수들이 상대방을 가격하지 않고, 소리를 지르며 발로 링 바닥을 때리기 때문이다. 수사슴은 싸움의 각 단계에서 스스로 위해를 초래하는 오류를 최소화했기 때문에 진화적으로 커다란 성공을 거두었다. 뿔이 충분히 커질 때까지는 싸움을 시작하지 않으며, 치명적인 무기를 확보한 이후에도 승리할 가능성이 충분하다는 믿음이 생기기 전에는 싸움을 거부한다. 싸움의 결과도 치명적이지 않다. 과학자들이 관찰한 바에 따르면, 발정기에 있는 수사슴 중 약 5%만이 영구적인 부상을 입는다.

결론을 말하자면, 수사슴이 진화적으로 성공한 것은 적어도 부분적으로는 생명과 신체를 보존하려는 본능, 즉 1종 오류를 범할 위험을 최소화하려는 본능에 기인한 것으로 볼 수 있다.

그러나 1종 오류의 위험을 최소화하려는 방식에는 뚜렷한 단점이 있다. 2종 오류를 더 많이 범한다. 2종 오류, 즉 누락 오류는 주변에 포식자가 없는데도 물웅덩이에 접근하지 않거나, 발정기에 하렘을 쟁취할 가능성이 높은데도 결투에서 물러나는 것을 의미한다. 그 대가로 물을 마시거나 짝짓기를 할 기회를 놓친다.

때로는 2종 오류를 범하는 것이 치명적일 수도 있다. 목이 마른 사슴이 포식자를 피할 수 있을 정도로 충분히 빠르게 달리지 못할 수도 있고, 지나치게 소심한 수사슴이 자신의 유전자를 다음 세대에 전하지 못할 수도 있다. 그러나 전체적으로는 이 상충 관계를 받아들이고 스스로 위해를 초래할 오류 가능성을 줄이고 잠재된 이익을 놓치는 오류 가능성을 늘리는 것이 사슴에게 상당히 좋게 작용했다.

1종 오류를 범하면, 그저 동물 한 마리를 잃는 것보다 훨씬 더 불행한 결과를 초래할 수 있다. 종 전체의 멸종으로 이어질 수 있기 때문이다. 인도양 모리셔스에 서식하던 날지 못하는 도도새는 1507년 선원들에게 처음 발견됐는데, 1681년에 멸종했다.[5] 칠면조보다 몸집이 컸던 도도새는 고립된 섬에서 천적이 없는 상태에서 지냈기에, 인간이라는 침입자를 두려워하지 않았다. 도도새는 인간을 피해야 할 때 피하지 않는 1종 오류를 범했고, 결국 멸종에 이르렀다.

포식자의 경우

이제 포식자에 주목해 보자. 포식자도 마찬가지로 두 종류의 오류를 범할 수 있다. 너무 위험하거나 너무 크거나 너무 빠른 것으로 판명된 먹이를 잡아먹으려고 하거나(1종 오류), 손쉽게 잡아먹을 수 있는 먹이를 공격하지 않을 수 있다(2종 오류).

포식자는 어떤 종류의 오류를 더 빈번하게 범할까?

치타는 포유류 중에서 달리기를 가장 잘하는 동물로, 먹이를 쫓을 때 시속 80~100킬로미터의 속도를 낼 수 있다.[6] 치타는 속도를 위해 덩치를 포기한다. 치타의 몸무게는 일반적으로 34~54킬로그램(75~120파운드)인데, 170~230킬로그램(375~500파운드) 나가는 사자에 비하면 덩치가 굉장히 작다. 따라서 치타는 새, 토끼, 새끼 영양과 같이 대체로 자기보다 덩치가 더 작은 동물을 잡아먹는다. 사자가 좋아하는 먹이인 다 자란 물소를 죽이려고 도전하지 않는다. 그저 자기 몸이 다치는 일이 없게 하려할 뿐이다. 치타가 1종 오류를 저지르면, 죽음에 이를 수도 있고(물소가 치타에게 반격을 가하는 경우), 체력이 바닥날 수도 있다(너무 멀리 있는 영향을 쫓을 경우). 이런 오류는 결국 굶주림과 사냥 실적 저하로 이어진다. 어미 치타의 경우, 1종 오류는 새끼 치타의 죽음으로 이어질 수 있다. 치타가 오랜 세월에 걸쳐 생존했다는 것은 하나의 종으로서 1종 오류를 자주 범하지 않았다는 뜻이다. 치타가 저지르는 2종 오류는 잡을 수 있는 먹이를 쫓지 않는 것이다. 이 경우엔 치타와 새끼 치타가 굶주릴 수 있지만, 또 다른 기회를 엿보며 참아낼 것이다.

사슴과 치타는 의사 결정을 위해 확률 이론을 적용해 의사결정 나무decision-tree와 같은 복잡한 도표를 작성하지 않는다. 자연 선택 natural selection이 오랫동안 수많은 세대에 걸쳐 본능을 형성했고, 사슴과 치타는 그 본능을 따른다. 자연 선택은 끊임없고 무자비하다. 그 과정에서 수백만 종의 동물들이 생겨났는데, 이들 모두가 다음과 같은 단순한 원칙을 준수한다. 1종 오류를 범할 위험을 최소화해 사망 혹은 부상의 위험을 줄인다. 2종 오류와 함께 살아가는 법, 즉 잠재된 이익을 포기한 채로 살아가는 법을 터득한다.

식물의 경우

지구상 모든 생명의 궁극적인 원천이라 할 식물은 어떨까?

식물은 진화적으로 엄청난 성공을 거두었다. 최초의 육상 식물은 약 4억 9,000만 년 전인 오르도비스기Ordovician era에 출현했으며, 우리가 사는 지구에는 약 40만 종의 식물이 존재한다.[7] 아프리카 사파리, 야생동물을 다루는 텔레비전 채널, 어린이들이 보는 책에서 극적인 삶을 펼치는 동물과는 다르게, 식물은 재미가 없고 차분하고

투자, 진화를 만나다

평화롭고 활동을 하지 않는 존재라 생각할 수 있다. 하지만 전혀 그렇지 않다. 자세히 살펴보면, 식물의 삶이 여러 가지 면에서 거의 모든 동물의 삶보다 훨씬 더 흥미진진하고 활동으로 가득하다. 역설적이게도, 이는 식물이 이동을 할 수가 없기 때문이다. 식물은 영양 상태가 부실하면 먹이를 얻기 위해 다른 장소로 이동할 수 없고, 초식동물의 공격을 받으면 도망칠 발이나 반격할 발톱이 없고, 병원균에 감염되면 인간처럼 치료받거나 위로의 말을 들을 수 없다.

식물은 크게 두 곳에 자원을 투입할 수 있다. 공격에 대한 방어와 성장이다. 식물도 자신의 생명이나 건강을 위태롭게 하는 모든 오류를 1종 오류로 분류할 수 있다. 적절한 방어 수단이 없으면 치명적일 수 있으므로, 식물이 자신의 생명을 지키는 데 자원을 투입하지 않을 때 1종 오류 혹은 실행 오류가 발생한다. 2종 오류는 식물이 성장에 투입할 수 있는 에너지를 보존할 때 발생한다. 이런 누락 오류가 식물의 생명을 앗아가지는 않지만, 경쟁자와 비교해 성장과 번식 능력을 떨어뜨릴 수 있다.

자연에서 찾아볼 수 있는 방대한 증거에 따르면, 식물은 2종 오류를 더 많이 범하는 대가로 1종 오류를 범하지 않으려고 한다.[8] 식물이 초식 곤충을 어떻게 다루는지 살펴보자.

우선 식물의 왁스, 가시, 모상체와 같은 물리적 구조가 최초의 곤충 방어 시스템으로 작동한다. 모상체는 잎, 줄기, 열매에 있는 털로 이루어진 층인데, 나선형, 직선형, 갈고리형, 선형 등의 형태를 띤다. 잎에 **빽빽**하게 자리잡은 모상체는 곤충과 그 유충의 활동을 방해해 잎 표피가 손상되지 않게끔 한다. 선형 형태를 띤 모상체는 곤충을 내쫓는 플라보노이드, 알칼로이드와 같은 독성의 혹은 그 밖의 해로운 화학 물질을 분비할 수 있다. 일부는 곤충을 잡아 가둘 수도 있다.

신진대사의 측면에서 보면, 식물이 모상체를 생산하고 유지하려면 많은 에너지를 소비해야 하고, 이에 따라 잎, 줄기 또는 열매를 추가로 생산하지 못하게 된다. 그럼 이런 예상이 가능하다. 곤충이 거의 없거나 전혀 없는 경우에는 모상체가 매우 작거나 존재하지 않을 것이다. 반대로 곤충의 공격이 있는 경우에는 공격에 대비하지 않고 성장에 자원을 잘못 투입하게 되는 1종 오류의 위험을 줄이기 위해, 식물이 모상체를 생산할 것이다.

이런 현상을 실제로 관찰할 수 있다. 예를 들어, 과학자들은 잎벌레가 버드나무를 공격할 경우, 이 공격 이후로 자라난 새로운 잎에서 모상체의 양이 예전보다 더 많아진 것을 관찰했다. 버드나무는 포식자의 공격을 감지하고는 성장에 사용하던 자원을 방어로 돌리기 시작한다. 다닥냉이나 무아재비와 같은 식물도 곤충의 공격을 받고 나서는 모상체의 양이 더 많아졌다. 나비가 흑겨자를 공격하면, 흑겨자 잎에 모상체가 더 많아지고, 글루코시놀레이트라는 매운맛을 내는 화학 물질도 더 많아진다. 곤충의 공격 이후로 며칠 또는 몇 주 안에 모상체의 밀도가 25%에서 1,000%까지 증가한다!

그러나 식물의 방어 메커니즘은 모상체에만 국한되지 않는다. 리그닌Lignin은 식물이 곤충의 공격을 방어하는 데 중요한 역할을 하는 페놀 화합물이다. 리그닌은 잎에 두 가지 작용을 한다. 잎을 질기게 해 식감을 떨어뜨리고, 영양 성분을 감소시킨다. 곤충은 리그닌을

　　　　　　　　投資, 진화를 만나다

과도하게 함유한 잎을 싫어한다. 모상체와 마찬가지로, 식물이 리그닌을 생산하려면 에너지를 많이 소비해야 한다. 모상체와 마찬가지로, 식물은 곤충의 공격을 받고 나면 리그닌 생산을 늘린다. 리그닌 외에도 플라보노이드, 타닌, 렉틴, 페록시다아제와 같은 화학 물질도 식물이 자원을 성장이 아니라 방어에 사용해 1종 오류를 범할 위험을 줄이는 역할을 한다.

지금까지 설명한 것은 직접적인 방어 메커니즘이었다. 그러나 많은 식물이 동물에서는 거의 볼 수 없는 간접적인 방어 메커니즘에도 의존한다.

간접적인 방어 메커니즘은 '적의 적은 내 친구'라는 단순한 원리를 따른다.[9] 이는 단순하게 그리고 우아하게 작동한다. 식물이 곤충의 공격을 감지하면, 잎, 꽃, 열매에서 몇 가지 화학 물질을 대기 중으로 방출한다. 이런 화학 물질이 식물을 공격하는 곤충의 포식자를 끌어들인다. 예를 들어, 리마콩과 애기장대 같은 식물은 살리실산메틸이라는 화학 물질을 방출해 딱부리긴노린재, 무당벌레, 녹색 풀잠자리와 같은 해충 포식자를 유인한다. 이 메커니즘은 식물의 지상 부분에만 국한되지 않는다. 뿌리도 마찬가지로 지하의 포식자를 해충에게로 유인하는 화학 물질을 방출한다. 예를 들어, 서양 옥수수 뿌리벌레가 옥수수를 위협할 때, 옥수수 뿌리는 이 뿌리벌레를 잡아먹는 선충을 유인하기 위해 화학 물질을 방출한다.

많은 식물이 진딧물의 공격을 받으면 베타-파르네신이라는 화학 물질을 방출한다. 이 물질은 포식자가 진딧물을 공격할 때, 추정컨대 진딧물이 다른 진딧물에게 가까이 오지 말라는 신호를 보낼 때

방출하는 화학 물질과 비슷한데, 이는 우연의 일치가 아닐 가능성이 높다. 식물이 베타-파르네신을 방출하는 것은 사슴이 표범의 공격을 받고는 사자의 포효를 흉내내는 것과 같다!

식물 역시 동물과 마찬가지로 실행 오류를 줄이는 데 집중함으로써 진화적으로 눈부신 성공을 거둘 수 있는 길을 찾아냈다. 달리 말하면, 식물도 잠재적으로 달콤한 기회를 포기하는 대가로 자신의 생명과 건강을 위협하는 위험을 피하려고 한다.

워런 버핏의 두 가지 투자 원칙

이쯤되면 예상할 수 있겠지만, 워런 버핏은 진화론이 주는 이 교훈을 다른 사람들보다 먼저 깨달았다. 그는 다음과 같은 두 가지 투자 원칙을 제시한 것으로 유명하다.

투자 제1원칙: 절대로 돈을 잃지 마라.
투자 제2원칙: 절대로 제1원칙을 잊지 마라.[10]

그런데 잠깐 생각해보자. '절대로 돈을 잃지 마라'는 원칙은 무슨 뜻일까? 어떻게 하면 돈을 잃지 않을 수 있을까? 그건 투자자라면 누구나 원하는 것이 아닐까? 일부러 돈을 잃고 싶어하는 투자자가 세상 어디에 있을까?

사실 버핏은 자신의 두 원칙을 여러 차례 위반했다. 예를 들어, 1993년 버핏은 버크셔 주식 4억 3,300만 달러어치를 가지고 덱스

투자, 진화를 만나다

터 슈Dexter Shoe를 인수했다. 그는 2007년 연례 서한에서 이렇게 썼다. "오래갈 것으로 보았던 경쟁 우위가 불과 몇 년 만에 사라졌습니다. … 이번 결정으로 버크셔 주주들은 4억 달러가 아니라 35억 달러의 손실을 입었습니다. 사실, 저는 가치 없는 기업을 인수하기 위해 지금 시장 가치가 2,200억 달러에 달하는 놀라운 기업의 지분 1.6%를 포기했습니다."

2014년 연례 서한에서 그는 버크셔가 테스코Tesco에 투자해 손실을 본 것을 인정하면서 이렇게 말했다. "우리는 1년 내내 테스코 주식을 매각했고, 이제야 모두 떨어낼 수 있었습니다. 이번 투자로 우리가 기록한 세후 손실은 4억 4,400만 달러였습니다." 최근에는 코로나19로 시장이 폭락하는 와중에 자신이 보유한 항공사 주식을 모두 매각했다. 그는 아메리칸, 델타, 사우스웨스트, 유나이티드와 같은 항공사에 70~80억 달러를 투자해 많은 지분을 보유하고 있었다. 매각 당시 버크셔의 지분 가치는 40억 달러가 조금 넘었다.[11] 그는 이렇게 말했다. "내가 잘못한 것으로 드러났습니다."

버핏의 두 원칙으로 돌아가 보자. 버핏이 가끔 손실을 기록했으면서도 돈을 잃지 마라고 주문할 때, 그가 정말로 요구하는 건 뭘까? 버핏이 이를 명시적으로 설명한 적은 없지만(적어도 나는 찾지 못했다), 이런 걸 말한 게 아닐까 싶다. 큰 위험을 피하라. 1종 오류를 범하지 마라. 돈을 잃을 확률이 돈을 벌 확률보다 더 높은 투자를 실행하지 마라. 수익보다는 위험을 먼저 생각하라.

논지에서 조금 벗어나서, 먼저 위험의 정의를 살펴보기로 하자. 이 책에서 내가 말하는 위험의 정의는 기업 재무 이론에 나오는 것과는 다르다. 재무 이론에 나오는 위험은 실제 투자 수익률이 예상했던 투자 수익률과 다를 가능성을 의미한다.[12] 변동성이 큰 자산은 변동성이 크지 않은 자산보다 더 위험한 것으로 분류한다.

이런 정의를 놓고 잠시 생각해보면 말도 안 된다는 결론이 나올 것이다. 투자자에게 위험은 단순하게 자본 손실이 발생할 확률이어야 한다.

사례를 통해 생각해보자. 어떤 우량 식료품 소매업체에 대한 투자를 평가하는 상황이라고 가정하자. 이 소매업체의 실적이 상당히 좋아서 주가가 수년에 걸쳐 꾸준히 상승했다. 이제 2020년 초에 주가가 90달러였다고 가정하자. 코로나19 위기 이후로, 주식 시장의 변동성이 커지면서 이 기업의 주가가 30달러로 떨어졌다. 이런저런 고민 끝에 소비자가 식료품을 사재기할 것이기 때문에 식료품 소매업체들이 이번 위기로부터 이익을 낼 것이라는 결론을 내렸다. 주가가 90달러일 때 투자하는 것과 30달러일 때 투자하는 것 중 어느 쪽이 더 위험할까? 직감을 따라 90달러라고 답한다면, 그 말이 맞다. 돈을 잃을 위험이 30달러일 때보다 90달러일 때가 더 크기 때문이다. 하지만 믿거나 말거나, 재무 이론에서는 정반대의 주장을 한다! 농담이 아니다. 재무 이론에서는 주가의 변동성이 커졌기 때문에 코로나19 위기 이후로 이 소매업체가 더 위험해졌다고 주장한다.

나란다에서 위험의 개념을 검토할 때 어느 누구도 주가의 변동성을 거론하지 않았다. 우리는 '위험'을 자본 손실이 발생할 확률로 정의했다. 자본 손실이 발생할 확률이 커지면 위험이 커진다. A 기업에 투자한 것이 B 기업에 투자한 것보다 손실이 발생할 가능성이 더

　　　　　　　　　　　　　　　　　투자, 진화를 만나다

크면, A 기업이 B 기업보다 더 위험하다. 과거 또는 미래의 주가 변동성과는 관계없이.

버핏의 투자 원칙에서 알 수 있듯이, 그는 위험을 최소화하는 데 집중했으며, 그렇게 해서 미완성의 사업 아이디어를 쫓아다니는 투자업계에서 선망의 대상이 되었다. 버핏과 자연계는 1종 오류의 위험을 최소화하는 데 집중하고 있다. 그렇다면 우리는 어떻게 해야 할까? 이들을 맹목적으로 따라야 할까? 버핏에게서 얻는 명시적 교훈과 표범과 콩과 식물에게서 얻는 암묵적 교훈이 우리와 같은 평범한 인간에게도 적용될까?

왜 그럴까? 혹은 왜 그렇지 않을까?

위대한 투자자는 위대한 거부자다

서로 다른 두 가지 투자 스타일을 대비하기 위한 간단한 사례를 살펴보고, 버핏의 조언이 과연 타당한지를 생각해보자. 세계은행 World Bank이 발간한 자료에 따르면, 2018년 미국에는 상장 기업이 약 4,400개가 있었다.[13] 이걸 그냥 단순하게 4,000개라고 가정하자. 우선, 이 중 몇 개가 '좋은 투자' 대상인지를 결정해야 한다. 단순하게 '좋은 투자'란 장기적으로 괜찮은 수익을 낼 수 있는 투자라고 하자. 이런 기업은 유능하고 정직한 경영진이 운영하고, 적절한 속도로 성장하고, 충분한 수익을 창출하고, 레버리지 비율이 낮다. 재무 이론을 파고드는 사람이라면, 짜증스러운 반응을 보일지도 모르겠다. '괜찮은', '충분한', '유능한' 같은 모호한 표현들이 구체적으로 무엇을 의미하는가? 곧 숫자로 말할테니 노여움을 풀어달라. 지금 단계에서는 그냥 좋은 투자는 보면 알 수 있다고만 말하겠다.

이제 전체 상장 기업의 25%가 '좋은 투자' 대상이라고 가정하자. 실제 투자자들과 이야기를 나눠보면, 대략 그 정도 비율을 듣게 될 것이다. 어쨌든, 나중에 살펴보겠지만, 정확한 비율은 그다지 중요하지 않다. 위의 가정을 따르면 미국 상장 기업은 1,000개의 좋은 투자와 3,000개의 나쁜 투자로 구성되어 있다. 다시 말하지만, 이런 엄격한 이분법에 대해 너무 노여워해서는 안 된다. 이 이분법이 우리의 목적을 달성하는 데 도움이 되기 때문이다.

자신이 투자 결정을 하면 80%는 옳은 결정이라고 주장하는 현명한 투자자(보통은 '남자'다. 우리 남자들은 공허한 과장을 하도록 진화적으로 정해져 있기 때문이다)를 만났다고 가정해 보자. 다시 말하자면, 나쁜 투자(즉, 돈을 벌지 못하는 투자) 대상을 만나면, 80%는 투자를 거부한다. 좋은 투자(즉, 돈을 벌 수 있는 투자) 대상을 만나면, 80%는 호의적인 투자 결정을 내린다. 따라서 그는 각각 20% 확률로, 1종 오류와 2종 오류를 범한다. 이런 스타 투자자가 투자 결정을 내렸을 때, 그게 좋은 투자일 확률은 얼마일까? 80%? 아니다. 정답은 57%다. 왜 그럴까? 그가 80%는 옳은 결정을 내린다고 하지 않았나? 어떻게 80%가 57%로 떨어질 수 있을까?

왜 그렇게 되는지 살펴보자.

주식 시장에는 1,000개의 좋은 투자 대상이 있고, 앞의 투자자는 20% 확률로 2종 오류(20%를 잘못된 판단해 거부)를 범하기 때문에, 800개의 기업만 선택하게 된다. 또한 주식 시장에는 3,000개의 나쁜 투자 대상이 있고, 20% 확률로 1종 오류(20%를 잘못된 판단해 수용)를 범하기 때문에, 600개의 기업을 좋은 투자 대상이라 착각해서 선택하게 된다. 따라서 이 투자자가 좋은 투자 대상이라고 판단하는 기업의 수는 1,400개(800개+600개)다. 여기까지 이해가 되었는가? 좋다. 이제 가장 흥미로운 부분으로 넘어가 보자.

이 투사자가 좋은 투자 대상이라고 생각하는 1,400개의 기업 중에서 과연 몇 개가 좋은 투자 대상일까? 겨우 800개다. 그러니 그가 좋은 투자 대상을 선택할 확률은 800÷1,400=57%다.

결론이 유감스럽기 그지없다. 어떤 투자자가 80% 확률로 옳은 결정을 하는 신성한 능력을 부여받았다고 해도, 그가 좋은 투자를 할 확률은 57%에 불과하다. 그가 80% 확률로 '옳은' 투자 결정을 하더라도, 나쁜 투자를 할 확률이 43%에 달하는 것이다! 기업의 세계에 대해 우리가 익히 알고 있는 실상을 떠올려보면 그 이유는 간단하다. 시장에는 좋은 투자 대상이 굉장히 드물기 때문이다.

우리 투자 철학의 기반이자, 이 책 나머지 내용의 기반이기도 한 말을 한 번 더 강조한다. 시장에 좋은 투자 대상은 아주 드물다.

방금처럼 1종 오류와 2종 오류의 개념을 통해서 보면, 투자자가 자신이 실제보다 더 나은 사람이라는 잘못된 생각을 가지기 쉽다는 것을 알 수 있다. 그러나 이 두 가지 오류는 투자업계에 더 깊은 의미를 전한다. 투자 선택을 할 때, 둘 중 어떤 오류를 줄이기를 원하고, 왜 그런가?

투자자가 나쁜 투자 대상을 더 잘 걸러내기로 결심하고 1종 오류를 범할 확률을 20%에서 10%로 줄였다고 가정하자. 이제 A는 주식 시장에 상장된 3,000개의 나쁜 투자 대상 중 300개(10%×3,000개)의 기업만 선택한다. 2종 오류를 범할 확률 20%는 그대로니, 좋은 투자 대상 1,000개 중 200개를 잘못 판단해 거부하고, 800개의 기업을 선택한다. A는 1,100개(300개+800개)의 기업을 선택해 투자했고, 이들 중 좋은 투자는 800개다. 이번 시나리오에서 A가 좋은 투자를 할 확률은 57%에서 73%(800÷1,100)로 개선됐다. 이 정도면 성공률이 극적으로 좋아졌다고 말할 사람이 많을 것이다.

투자자 B는 A와 다르게, 좋은 투자 대상을 놓치지 않는 데 집중했다고 하자. 그는 2종 오류를 범할 확률을 20%에서 10%로 줄이고, 1종 오류를 범할 확률 20%는 그대로 유지하기로 결심했다. 따라서 좋은 투자 대상 1,000개 중 900개(90%×1,000개)의 기업을 선택하고, 나쁜 투자 대상 3,000개 중 600개(20%×3,000개)의 기업을 좋은 투자 대상이라 착각해서 선택한다. B는 1,500개(600개+900개)의 기업을 선택해 투자했고, 이들 중 좋은 투자는 900개다. 따라서 B가 좋은 투자 대상을 선택할 확률은 57%에서 60%(900÷1,500)로 개선됐다. 개선되기는 했지만, 겨우 3%다. 좋아지기는 했지만, 그렇게 좋아지지는 않았다.

표 1.1 **1종 오류와 2종 오류**

1종 오류	2종 오류	성공률
20%	20%	57%
10%	20%	73%
20%	10%	60%

투자, 진화를 만나다

표 1.1에서 알 수 있듯, 1종 오류와 2종 오류 각각을 줄이는 것이 상대적으로 어떤 효과를 내는지는 꽤 명확하다.

따라서 1종 오류를 범할 비율을 20%에서 10%로 줄이면, 투자자의 성공률이 16%가 개선된다. 반면에, 2종 오류를 범할 비율을 똑같이 줄이면, 성공률이 경우 3%만이 개선된다.

또 다른 투자자 C가 1종 오류와 2종 오류를 범할 비율을 모두 20%에서 10%로 줄이면, 어떤 일이 발생하는가? 나는 먼저 답을 보고는 놀라움을 금치 못했다. 성공률이 75%였다. 이는 1종 오류를 줄이는 데만 집중했던 투자자 A가 달성한 성공률, 73%를 겨우 넘기는 수준이었다. 1종 오류(나쁜 투자 대상을 잘못 선택하는 것)를 범할 비율을 줄일 때만, 성공률이 극적으로 개선된다.

따라서 대부분의 투자 서적과 대학교 교과과정에서는 좋은 투자를 하는 방법을 가르치는 데 집중하고 있지만, 나쁜 투자를 하지 않는 방법을 배우면 누구든지 더 나은 성과를 낼 수 있다. 투자는 낙관론자보다 회의론자가 보상을 더 많이 챙겨가는 몇 안 되는 분야 중 하나다.

버핏이 세계 최고의 투자자가 된 것은 그가 세계 최고의 거부자이기 때문이었다.

우리가 큰 위험을 피하는 법

큰 위험을 피하고 더 나은 투자자가 되려면 동물과 식물의 진화에서 교훈을 얻어야 하는 것은 맞다. 그런데 대체 어떻게 그 교훈을 적용해야 할까?

부모, 형제자매, 배우자, 친구, 책, 영화, 학교, 직장, 지도자 등 인생에서 교훈을 얻을 수 있는 곳은 무수히 많다. 나 자신이 어떻게 해서 지금의 모습이 되었는지 정확히 알 수는 없다. 하지만 투자 분야에서 내 주된 교사이자 안내자가 누구인지는 상당히 확실하게 안다. 바로 나 자신이 저질렀던 잘못들이다.

워버그 핀커스에서 투자자로서 초기 경력을 쌓던 시절에, 나는 1종 오류를 적게 범하려 하기보다 2종 오류(누락 오류)를 적게 범하고자 노력하는 크나큰 잘못을 저질렀다. 좋은 기회를 놓치는 것이 너무 두려웠다. 8년이 넘는 투자 경력을 쌓고 나서 나란다를 설립했는데, 우리가 실패하지 않고 일정한 성공을 거둔 것은 투자자로서 처음 3~4년 동안 저질렀던 잘못들 덕이었다. 그 시절의 나는 정말 끊임없이 잘못을 저질렀다.

대부분의 투자자가 1종 오류(나쁜 투자 대상을 잘못 선택하는 것)를 평생 범한다. 적어도 나는 지금까지 그랬고, 앞으로도 계속 그럴 것이다. 피할 수 없는 일이다. 그렇기에 내가 1종 오류를 피해야 한다고 말할 때, 그 의미는 피할 수 있는 1종 오류를 피하라는 뜻이다. 큰 위험을 감수하지 말라는 뜻이다. 큰 위험은 무엇을 의미하는가? 솔직히 나는 투자자를 위해 '큰 위험'을 정의하는 것이 가능한지, 더 나아가서는 바람직하긴 한 건지 잘 모르겠다. 그래서 큰 위험을 정의하는 대신, 나란다에서 우리가 피해야 했던 상황의 종류를 설명하려 한다.

모든 상황을 망라하지는 못하겠지만, 우리가 가격을 매기지 않는

투자, 진화를 만나다

위험의 종류를 정확히 이해하는데 도움이 되길 바란다.

범죄자, 사기꾼을 거른다

사람은 변하지 않는다. 특히 범죄자, 사기꾼일수록 더 그렇다. 영원한 소유주가 되길 원하는 우리는 고객, 공급업체, 종업원, 주주를 속이는 사람이 소유하거나 경영하는 기업에는 관심이 없다. 그런 사람을 만나면, 기업 가치가 그런 위험을 대수롭지 않게 여길 정도로 낮게 평가되었는지 따지지 않는다. 또한 그런 사람이 변하도록 설득할 수 있는지, 그런 사람이 저지른 범죄가 무시할 수 있을 만큼 사소한 것인지도 묻지 않는다. 그냥 그런 사람을 상대하지 않는다.

다른 나라들은 어떤지 잘 모르겠지만, 유감스럽게도 인도 자본시장에는 교활하고 사기를 일삼는 프로모터promoter(최대주주 또는 지배주주를 의미하는 인도식 표현이다)가 넘쳐난다. 그래서 우리는 프로모터가 나무랄 데가 없을 정도로 정직한 사람인지 확신하기 전에는 긴장을 놓지 않고, 기업의 기본적인 사항에 대한 평가를 시작조차 하지 않는다. KPMG가 발간한 인도 사모펀드 산업에 대한 보고서는 완곡한 어조로 이렇게 표현한다. "모든 신흥 시장에는 다양한 위험이 흔하게 존재하며, 그중에서도 정치 및 규제의 불확실성과 기업 지배구조의 취약성을 꼽을 수 있다. 이런 위험 중 상당 부분은 가족 소유 기업과의 협력 사업, 투자금을 회수하기 위한 IPO 엑시트IPO exit, 준법 감시 위험compliance risk* 등과 같이 인도 고유의 것은

* 기업이 규제 표준, 법적 요건 및 업계 규범을 준수하지 않아 투자에 미칠 수 있는 잠재적인 부정적인 요소

아니지만, 인도에서 발생할 가능성이 더 높다."[14] 이는 정중하게 '사기당하지 않도록 조심해라'라고 말한 것이다.

우리는 이중의 과정을 거쳐 프로모터를 평가한다. 항상 포렌식 실사 전문가를 고용해 소유주 또는 고위 관리자에게 의심스러운 과거가 있는지 평가한다. 이 기간에 우리도 프로모터와 관리자 실사를 진행한다. 미디어를 샅샅이 뒤지고, 과거의 연례 보고서를 검토하고, 관련 화상 회의 녹취록과 인터뷰 기사를 읽고, 그들과 사적으로 또는 사업 관련으로 거래 경험이 있는 사람들을 만나 대화한다. 거의 절반 정도는 실사 과정에서 발생한 문제(예: 대규모 설비 투자 계약에서 자금 유출 발생 또는 고위 관리자에게 현금 지급)에 대한 심층 조사를 외부 기관에 의뢰한다. 아웃소싱과 인소싱 모두를 동원한 이중 점검 덕분에, 지난 몇 년 동안 가슴앓이를 피해갈 수 있었다. 더 중요하게는 투자자들이 맡긴 거액의 자금을 지킬 수 있었다.

하지만 이건 당연히 해야 하는 일이 아닌가?

투자 전에 프로모터의 정직성을 확인해야 한다는 것이 대단한 통찰은 아니다. 맞다. 인도에서 지배구조 점검은 당연히 해야 한다. 그런데, 그렇지 않을 때가 많다. 인프라 및 부동산 부문 투자를 예로 들어보자. 인도에서 이 두 산업은 규제가 심하고 현금 거래가 많으며 다수의 승인을 요구한다. 이 여건을 여러 해에 걸쳐 성공적으로 '관리'할 수 있고, 인프라 및 부동산 부문에서 소액 주주의 권익을 지켜주는 기업가를 찾아야 했다. 그런데 그런 기업가를 찾기는 건초더미에서 바늘을 찾는 것보다 훨씬 더 어려웠다. 그래서 우리는 그 산업을 아예 피하기로 했다.

투자, 진화를 만나다

2007년 나란다를 설립했을 당시에, 인프라 및 부동산 부문에서 자금 모집이 활발하게 진행됐다. 맥킨지가 발간한 보고서에 따르면, 2005년부터 2008년까지 부동산 부문이 전체 사모펀드 투자의 거의 4분의 1을 끌어들였고, 인프라 부문이 30%를 끌어들였다.[15] 이 투자 중 비교적 많은 부분이 재앙으로 끝나면서, 사모펀드 투자자와 공개 시장 투자자들이 수십억 달러의 손실을 보았다. 부동산 부문 투자에서는 투자금 회수 시 수익률이 2%에 불과했고, 에너지 부문 투자에서는 겨우 9%만이 투자금을 회수할 수 있었다. 이처럼 불행한 결과를 초래한 주요 원인 중 하나로는 펀드업계에 의해 기업가에 대한 역선택adverse selection이 이루어졌던 것이 꼽힌다.

그렇다고 내가 그들을 비난한다면, 그건 위선이다. 나 역시도 똑같은 함정에 빠진 적이 있으니까.

이제 앞에서 말했던 내가 워버그 핀커스 재직 당시에 주도했던 투자로 돌아가보자. 5,000만 달러의 투자였고 모든 조건을 충족한 것처럼 보였던 기업이다. 그런데 앞에서는 말하지 않은 것이 있다. 외부 기관에서 이 기업 지배구조를 점검한 결과, 프로모터에 대해 아무런 결점을 찾을 수 없었지만, 우리 내부 팀에서 그에 대해 비공식적으로 떠도는 부정적인 '소문'을 들었다. 강력하지도 명백하지도 않은 소문이었지만, 어쨌건 안 좋은 소문이 떠돌고 있었다. 나는 그걸 무시했다. 아직도 내가 왜 그랬는지 잘 모르겠다. 아웃소싱 업체를 너무 믿었거나, 최근의 성공으로 교만해졌거나, 부드러운 말투의 프로모터에게 매료됐거나, 몇 달에 걸친 기업 실사를 하면서 너무 깊이 빠져들었거나, 아니면 이 모든 것들이 함께 작용했을 수 있다.

이 단계에서 아웃소싱 업체를 찾아가 추가 작업을 요청했어야 했다. 나쁜 소문의 진위를 더 깊이 파헤쳤어야 했다. 나는 어느 것도 하지 않았다. 프로모터가 사기꾼이라는 사실을 알게 되었을 때는 이미 너무 늦었다. 그는 워버그를 남김없이 빨아먹었고, 워버그는 투자금을 거의 모두 잃었다. 이 일이 있고 나서, 나는 위버그뿐만 아니라 나란다에서도 각별히 신중해졌다. 우리는 지배구조 기준을 전적으로 충족하지 않는 한, 절대로 투자하지 않는다. 지금까지 나란다가 교활한 프로모터에게 잃은 돈은 단 한 푼도 없지만, 그렇다고 해서 앞으로도 그러리라는 보장은 없다. 그러나 혹여 그런 일이 생기더라도, 우리가 최선을 다하지 않은 것이 원인일 일은 없을 것이다.

누군가는 프로모터의 나쁜 행동으로 인해 회사의 생존이 위협받지만 않는다면, 조금은 수상한 기업의 가치를 상당히 낮게 평가해 투자하는 것이 중장기적으로 돈을 버는 좋은 방법이 될 수 있다며 반대 의견을 제시할 수 있다. 사실, 인도에는 지난 몇 년 동안에 수상쩍지만 주가가 상당히 오르고 널리 알려진 기업이 몇 개 있다. 그러나 우리는 이들에 투자한 적도 없고, 앞으로도 투자하지 않는다. 영원한 소유주가 되기를 원하는 우리의 투자 철학은 오직 최고의 정직성을 갖춘 프로모터와 파트너가 될 것을 요구한다. 그리고 그게 우리가 하는 일이다.

턴어라운드 기업은 피한다
세계에서 가장 뛰어난 테니스 선수 로저 페더러Roger Federer가 세계 순위 500위인 존과 테니스 경기를 한다고 생각해보자. 나는 당신에게 존이 경기에서 승리하는 데 가진 재산의 5%를 걸라고 한다. 당신은 거절한다(제발, 그러길 바란다). 하지만 존은 당신이 자신에게 베팅을 하기를 원한다. 경기를 시작하기 전, 존은 당신을 직접 만나 자기 순위를 무시하고 타고난 재능을 인정해 달라고 간절히 호소한다. 자기가 페더러를 이기기 위해 그동안 어떻게 준비했는지를 멋지게 만든 파워포인트 자료로 설득력 있게 발표하면서. 존은 지난 2년 동안 페더러의 경기를 주의 깊게 관찰했고, 자기 계획이 실현 가능하다고 생각한다. 자기 주장을 뒷받침하기 위해 세계 최고의 테니스 코치 중 하나를 대동했는데, 이 코치는 존의 계획이 훌륭하며 페더러를 이길 가능성이 충분히 있다고 말한다. 이제 결정의 시간이 다가왔다. 존에게 재산의 5%를 걸겠는가?

이게 투자의 세계에서 일어나는 일이다. 장기간 실적이 저조했던 경영진이 환상적인 전망과 맥킨지 보고서를 가지고 투자자에게 자기 기업에 투자하라고 설득할 수 있다. 나는 경영진이나 맥킨지를 비난하지 않는다. 낙관론자라고 범죄자는 아니니까. 하지만 경영진의 무능함을 입증할 수 있는 데이터를 충분히 얻을 수 있는데도, 가까운 미래에 그 경영진이 업계의 선도자로 변신하리라는 희망을 품고서 기꺼이 베팅을 하는(그것도 고객의 돈으로!) 투자자를 보면 상당히 당혹스럽다. 경영진이 부풀려놓은 꿈의 시나리오는 악몽으로 끝나는 경우가 많다.

때로는 이사회나 소유주가 어려움에 처한 기업을 턴어라운드하기 위해 이전 CEO를 해고하고 새로운 CEO를 영입하기도 한다. 새로운 CEO는 대체로 눈에 띄는 이력을 갖고 있고, 대부분 뛰어난 자격을 갖추고 있다. 그러나 우리는 이런 턴어라운드 기업에도 베팅하지 않는다. 눈에 띄는 이력을 가진 CEO는 특정 기업이 맞이한 특정 상황에서 뛰어난 능력을 발휘했다. 이제 그는 다른 기업에서 다른 상황을 맞이해야 한다. 자신이 한 번도 겪어보지 못한 일련의 도전 과제에 직면한 새로운 CEO가 자신이 약속한 일을 해낼 수 있는지 어떻게 알 수 있을까? 우리는 알 수 없다.

이런 생각이 들 수도 있다. 우리가 진정한 턴어라운드 기업을 발견한다면, 그 긍정적인 측면을 무시할 수가 없다. 동의한다. 이제 다음 두 가지 사례를 보자.

사례 1

지난 수십 년 동안 높은 수익성을 유지해 온 한 회사가 최근 규모가 더 작지만 민첩하게 움직이는 경쟁업체의 먹잇감이 되었다. 지난 2년 동안 막대한 손실을 기록했다. 이 회사는 고도의 기술을 활용한 제품을 중견 및 대기업에 판매한다. 이사회가 새로운 CEO를 물색했고, 드디어 유망한 후보자를 찾았다. 하지만 이 후보자에게는 몇 가지 걱정스러운 문제가 있었다. 기술을 이해하지 못하고, 소비자에게 과자를 파는 회사를 경영했기에 기업을 상대로 제품을 파는 법을 잘 모르고(!), 복잡한 첨단 기술 기업은 물론이고 어떤 기업도 턴어라운드를 시켰던 경험이 없다.

이런 CEO를 영입한다면, 이 회사에 투자하겠는가?

투자, 진화를 만나다

사례 2

100년 전통의 유서 깊은 백화점이 매출 하락으로 어려움을 겪고 있었다. 지난 4년에 걸쳐 매출이 200억 달러에서 180억 달러로 10% 감소했고, 영업이익은 11억 달러에서 3억 8,000만 달러로 약 65% 급감했다. 주가는 81달러에서 32달러로 폭락했다.

이사회는 세계 최고의 소매 기업 전문 경영인 중 하나를 새로운 CEO로 영입했다. 그는 지난 몇 년 동안 두 차례의 커다란 성공을 거두었다. 미국 최대 규모의 소매 기업 중 한 곳에서 머천다이징 담당 부사장으로 근무하면서, 최신 유행을 좇는 젊은 소비자들을 끌어들이기 위해 매장을 새롭게 꾸몄다. 또한 다수의 유명 디자이너들과 파트너십을 맺고서 고객을 상대로 대박을 쳤다. 이후에는 어느 대기업에서 매장 개설을 담당했다. 여기서 대형 홈런을 터뜨렸다. 매장의 평방 피트당 매출이 LVMH와 같은 명품 소매업체를 능가했다. 매장은 디자인과 서비스의 혁신으로 큰 인기를 끌었고, 이제는 고객들이 세계의 여러 도시에 있는 매장을 방문하기 위해 여러 날 전에 미리 예약을 해야 할 정도였다.

이런 CEO를 영입한다면, 이 회사에 투자하겠는가?

나라면 첫 번째 기업의 주식은 사지 않고 두 번째 기업의 주식은 닥치는대로 사들인다. 아마 이걸 읽고 있는 당신도 그러리라 생각한다. 만약 실제로 그랬다면, 우리 모두 정반대의 답을 고른 것이다. 첫 번째 기업에서 향후 10년간 주가가 7배나 상승하는 기회를 날렸을 것이고, 두 번째 기업에서 원금을 완전히 날리는 뼈아픈 실패를 경험했을 것이다.

첫 번째 기업은 IBM으로, 1990년대 후반에 이 회사의 유명한 턴 어라운드를 이끈 사람은 RJR 나비스코의 CEO를 지냈던 루 거스너 Lou Gerstner였다.[16] 처음에는 인터내셔널 비즈니스 머신International Business Machines이라고 불렸던 IBM은, 20세기 후반 컴퓨터 기술업계를 호령하던 거대 기술 기업이었다. 1990년대 초반에는 매출의 절반 정도가 기업에 판매하는 대형 메인프레임 컴퓨터에서 발생했다. 이 메인프레임 컴퓨터에서는 하드웨어와 소프트웨어가 하나의 시스템으로 결합되어 있었다. 그러나 세상은 마이크로프로세서로 구동되는 중소형 컴퓨터를 향해 빠르게 움직이고 있었다. 기술업계는 여러 공급업체가 각각의 부문에 특화하면서, 하드웨어와 소프트웨어가 분리되는 현상을 목격하고 있었다. 휴렛팩커드HP, 선Sun, 컴팩Compaq, 델Dell과 같은 회사들이 하드웨어 부문에서 IBM의 영역을 침범하고 있었고, 마이크로소프트Microsoft와 오라클Oracle이 소프트웨어 부문에서 두각을 나타내고 있었다.

문제는 그걸로 끝이 아니었다. 개인 소비자들이 개인용 컴퓨터를 구매하기 시작했는데, IBM은 이에 대한 전문성이나 경험이 없었다. 또한 사내에 깊이 뿌리내린 관료주의 문화로 인해 의사 결정이 더뎠다. 1990년 세계에서 두 번째로 수익성이 높았던 IBM은 1991년부터 1993년 사이에 160억 달러의 손실을 기록했다.

루 거스너의 이력을 보면 IBM 이사회가 이상한 선택을 한 것처럼 보였다. 하지만 결과는 놀라웠다. 거스너는 종업원을 감원해 비용을 대폭 삭감하고, 다수의 자산을 매각해 현금을 확보하고, 사업부가 경쟁이 아닌 협력을 하도록 조직 문화를 바꾸고, 고위 관리자의

투자, 진화를 만나다

보수를 회사의 실적과 연계하고, IBM의 모든 사업부가 사용할 하나의 브랜드 메시지를 제시하는 등 다양한 변화를 이끌었다. 1993년 4월 1일부터 2002년 12월 31일까지 그가 CEO로 재임하는 동안에, IBM의 주가는 13달러에서 77달러로 7배나 상승했다. 거스너의 기적에 대해 더 자세히 알고 싶다면, IBM의 역사적 턴어라운드를 기록한 그의 저서《코끼리를 춤추게 하라Who Says Elephants Can't Dance?》를 읽어보기 바란다.

두 번째 기업은 타겟Target을 혁신하고 상징적인 애플 스토어Apple Stores를 만들어서 유명해진 론 존슨Ron Johnson을 2011년 말에 CEO로 영입한 제이씨페니JCPenney다.[17] 이 소식에 제이씨페니의 주가는 24%나 급등했다! 시장은 존슨이 제이씨페니를 살릴 기적의 치료제가 되리라 기대했다. 그는 로고, 매장 디자인, 광고, 가격 정책, 주력 브랜드 등 회사의 모든 것을 바꿨다. 제이씨페니는 쿠폰과 재고 정리 세일로 유명했는데, 존슨이 이 두 가지를 폐지했다. 그것이 대형 악재로 이어졌다. 2012년에는 고객이 한꺼번에 매장을 떠나면서 매출이 170억 달러에서 130억 달러로 25% 감소했다. 더 걱정스럽게는, 13억 달러에 달하는 영업 손실이 발생했다. 제이씨페니 이사회는 존슨을 CEO로 영입한 지 17개월이 지난 2013년 중반에 그를 해고하기로 결정했다. 그의 짧은 재임 기간에 주가는 60%나 하락했다. 결국 제이씨페니는 이런 악재를 극복하지 못하고 2020년 5월에 파산 신청을 했다.

제법 맞추기 쉬워 보였던 IBM과 제이씨페니의 턴어라운드 시도의 결과를 예상할 수 없다면, 이보다 명확하지 않은 상황에서는 어떤 기대를 하기가 어렵지 않을까? 기업의 세계는 잔인할 정도로 경쟁이 치열하다. 최고의 기업이라도 자리를 유지하기 위해 열심히 노력해야 한다. 어려움에 처한 기업이 되살아날 가능성은 극히 작을 수밖에 없지 않을까? 그렇다면, 턴어라운드의 환상에 빠질 필요는 없지 않을까?

부채와 거리를 둔다

1990년대 초 컨설턴트로 일할 때, 나는 거의 항상 손익계산서에만 집중했다. 매출, 비용, 이익. 다른 것들은 별로 중요하지 않았다. 놀랍게도, 컨설턴트는 여전히 손익계산서에 집착한다. 지금 런던에서 컨설턴트로 일하는 내 조카는 주로 사모펀드 고객을 상대로 서비스를 제공한다. 그녀는 손익의 한 가지 측면, 즉 EBITDAearnings before interest, tax, depreciation, and amortization*에만 집중한다. 손익계산서에 대한 집착은 컨설턴트에게만 국한되지 않는다. 애널리스트가 작성한 보고서를 읽거나 분기별 실적을 논의하는 화상 회의 녹취록을 읽어보라. 매출, 비용, 이익에 대한 의견과 질문이 넘쳐난다.

수년에 걸쳐 투자자로 일하고 나서, 나는 회사의 손익계산서 못지 않게 대차대조표에도 집중해야 한다는 사실을 깨달았다. 미수금, 재고, 미지급금, 고정 자산. 그리고 무엇보다 중요한 것은 부채다. 기업 재무 이론에서는 레버리지leverage를 사랑한다. 잘 모르는 사람들을 위해 설명하자면, 재무학자들은 기업이 이익률을 개선하려면 '최적' 수준의 레버리지를 이용해야 한다고 주장한다.[18] 기업이 자산

---

* 이자, 법인세, 감가상각비 차감 전 이익.

투자, 진화를 만나다

을 구매하기 위해 자금을 빌릴 수 있다면, 자기자본이익률return on equity과 주당순이익earnings per share이 개선된다. 이건 수학적으로는 의심의 여지없이 맞는 말이다. 하지만 현실에서는 의심할 여지없이 위험한 일이다.

기업이 단기 자기자본이익률과 주당순이익을 개선하는 일보다 더 중요한 것이 있을까? 내 생각하기에는 두 가지가 있다.

우선 쉬운 것에서부터 시작하자. '생존'이다. 장기적인 생존이 위협받는다면, 자기자본이익률을 몇 퍼센트 개선하는 일은 아무런 의미가 없다. 코로나19 위기는 레버리지를 상당히 많이 이용한 기업이 갑작스런 위기에 취약하다는 사실을 분명히 보여줬다. 2020년 2분기에 파산을 선언한 유명 기업 중에는 골드짐Gold's Gym, 허츠Hertz, 인텔샛Intelsat, 제이크루J. Crew, 제이씨페니, 니만 마커스Neiman Marcus, 서라테이블Sur La Table 등이 있었다.[19] 이들의 공통점은 부채가 많다는 것이었다. 레버리지가 없는 기업이라고 해서 파산하지 말라는 법은 없지만, 그러기가 쉽지 않다는 건 분명하다. 미국에서 가장 규모가 컸던 파산 사례 20건을 쭉 살펴보면(1위가 리먼 브라더스Lehman Brothers, 20위가 라이온델바젤LyondellBasell인데 모두가 부채 규모가 엄청났다는 걸 알 수 있다.[20]

이런 기업들은 운이 나빴을 뿐이고, 코로나19가 없었다면 모든 일이 잘 풀렸을 것이라고 주장할 수도 있다. 또한 부채보다는 잘못된 경영이나 그 밖의 요인들이 파산의 원인이라고 주장할 수도 있다. 그리고 '상관관계correlation는 인과관계causation가 아니다'라고 주장할 수도 있다. 맞는 말일 수 있다. 하지만 상관관계는 확실히 존재한다. 기업에 장기 투자하려는 입장에서, 나는 경기가 좋든 나쁘든 기업이 파산하는 것을 원치 않는다. 자기자본이익률, 주당순이익이 약간 감소해도 괜찮다. 적어도 파산은 하지 않으니까.

많은 사람들이 레버리지 비율이 아주 높은 게 아니면 크게 문제 삼지 않는다. 하지만 내 생각은 다르다. 나는 레버리지가 없어야 한다고 생각한다. 우리 포트폴리오 기업의 90% 이상은 항상 초과 현금을 보유한다. 부채를 가진 기업은 포트폴리오 기업 30개 중 3개다. 이 부채조차도 아주 작은 규모이며, 이들 세 기업들 중 부채 비율debt/equity ratio이 가장 큰 곳이 0.3이다.

적당한 수준의 부채가 기업의 생존을 위협하지 않는데, 나는 왜 부채가 없기를 바랄까? 그 답은 《비즈니스 인사이더Business Insider》의 이 기사 헤드라인에 있다. '아시안 페인트Asian Paints, 직원 사기 진작을 위해 감원이 아닌 임금 인상을 결정.'[21]

아시안 페인트는 인도 최대의 페인트 회사이자 인도에서 가장 잘 경영되는 기업 중 하나다. 아쉽게도 우리 포트폴리오 기업에는 없다. 2008년 세계 금융 위기 때 인수할 기회가 있었지만, 이런 알짜 기업을 보유하는 특권에 15%를 더 지급하기를 거부했다. 내가 바보였다. 어쨌든, 좀 더 유쾌한 주제로 돌아가 보자.

평상시라면, '감원이 아닌 임금 인상'이라는 이야기가 뉴스거리가 되지 않았을 것이다. 하지만 2020년 5월 15일에 이런 발표가 나왔다. 당시 인도는 코로나19 위기로 3월 중순부터 거의 전면적인 폐쇄 조치가 시행되고 있었다. 모든 기업의 매출과 이익이 끔찍할 정도로 감소하고 있었다. 또한 2020년 5월에는 백신 개발의 가능성이 전혀 보이지 않았기에, 상황이 언제 개선될지를 아무도 예측할 수 없었다. 2020년 4월부터 6월까지 아시안 페인트의 매출은 2019년 같은 기간에 비해 43% 감소했고, 순이익은 67% 감소하는 등 최악의 분기를 겪고 있었다. 이 기간에 임금을 인상한 것이 어리석은 결정이었을까? 그렇지 않다. 이유는 간단하다. 현금이 풍부했기 때문이다. 유행병이 퍼지기 시작한 2020년 3월, 이 회사는 2억 2,000만 달러에 달하는 현금을 보유하고 있었다(2020년 3월 말 기준 연간 매출은 29억 달러였다).

이 사례는 내가 부채를 혐오하는 두 번째 이유로 이어진다. 이 이유를 투자자와 경영진이 제대로 따져보지 않고, 심지어는 무시하기도 한다. 바로 부채는 전략적 유연성을 저하시켜 장기적인 가치 창출에 방해한다는 것이다. 단타 매매자나 주식 보유 기간이 3년에서 5년 정도인 투자자는 적당한 레버리지를 문제 삼지 않을 수 있다. 하지만 나란다와 같이 영원한 소유주가 되기를 원하는 투자자에게는 기업이 계산된 전략적 베팅을 하지 못하게 만드는 어떤 제약도 바람직하지 않다.

아시안 페인트는 경쟁이 치열한 인도 페인트 업계에서 선두를 달리고 있다. 경쟁업체들이 이 회사가 하려는 일을 모방할 수 있고, 실제로도 모방한다. 하지만 몇 년에 한 번씩 경쟁업체들이 모방하기 어려운 투자를 하거나 전략적 베팅을 할 기회가 이 회사에 찾아온다. 임금 인상도 이런 베팅 중 하나였다. 하지만 그걸로 끝이 아니었다. 이 회사는 판매상들의 매장을 무료로 위생 처리해주고, 페인트공들에게 의료 보험을 제공하고, 판매상들에게 대금 납부를 45일

연장해주고, 도급업자들을 대상으로 500만 달러가 넘는 구제 계획을 발표했다. 이 회사의 CEO 아밋 신글Amit Syngle은 이렇게 말했다. "우리는 오랫동안 부채가 없었고, 불확실한 상황이 향후 4~5개월에 걸쳐 지속하더라도 상당히 안정적으로 지낼 수 있습니다."[22]

회사가 어려운 시기에 돈을 제법 관대하게 푼 영향이 단기적으로는 별로 와닿지 않을 수 있지만, 장기적으로는 상당히 크게 느껴질 것이다. 아시안 페인트가 이처럼 굉장히 이례적인 조치를 실행할 수 있었던 건 탁월한 전략적 비전을 가졌기 때문이기도 하지만, 부채가 없었기 때문이기도 하다.

세계적인 유행병은 극단적인 사례에 해당하므로, 한 세기에 한 번 발생할까 말까 하는 사태에 대비해 초과 현금을 보유하는 것은 무모하다고 생각할 수 있다. 하지만 그런 생각은 잘못됐다. 기업을 경영하다 보면, 안 좋은 일이 놀라울 정도로 규칙적으로 발생한다. 일이 잘못될 수 있는 게 아니라 실제로 잘못된다는 것이 자본주의 사회에서 기업이 처한 냉혹한 현실이다(그리고 그게 기업이 항상 현금을 보유해야 하는 이유이다). 기업은 다양한 상황에서 역경에 부딪힌다. 거시경제 여건이 2008년 세계 금융 위기나 경기 침체와 같이 거센 역풍을 일으킬 수 있고, 산업계가 주기적인 침체를 겪을 수 있고, 자금력이 풍부한 경쟁업체가 광고비 지출을 크게 늘리거나 대규모 할인 행사를 실시할 수 있고, 최고의 직원을 경쟁업체에 빼앗길 수 있고, 하나 혹은 그 이상의 주요 고객이 떠나거나 파산할 수 있고, 소비자 취향이 갑자기 변할 수 있고, 규모가 큰 전략적 인수나 투자가 성과를 내지 못할 수 있고, 공장에 화재가 발생하거나 공급업체에 문제가 생길 수 있고, 매출에 크게 기여하는 해외 시장에서 환율이 불리하게 움직일 수 있고, 규제가 걸림돌이 될 수 있고, 회사가 거액의 소송에 휘말릴 수 있다. 안 좋은 상황은 그 외에도 다종다양하다.

이런 문제들 중 어느 것도 가상의 사건이 아니다. 실제로 20년이 넘게 투자자로 활동하면서 내 포트폴리오 기업들에서 이 모든 문제가 발생했다. 때로는 두 가지 혹은 그 이상의 문제가 동시에 발생해 기업에 커다란 압박을 가하기도 했다. 시장점유율 하락, 공급업체의 약속 위반, 경쟁업체의 공격, 직원들의 불만 등을 걱정해야 할 경영진이 가장 걱정하지 말아야 할 것은 바로 어떻게 부채 이자를 지급할지다. 내가 경험하기로 경영진은 재무 위험이 낮을 때에만 사업위험을 완화하는 데 집중할 수 있다.

나는 재무학자들이 '기업은 레버리지가 있어야 한다'고 주장할 때 사용하는 '최적의' 자본 구조라는 개념이 잘못되었을 뿐만 아니라 위험하기까지 하다고 줄곧 주장해 왔다. 견실한 대차대조표는 자본 비용을 극소화하기 위해 부채를 극대화한 것이 아니라 자본의 안전성을 극대화하기 위해 부채를 극소화한 것이다.

다행스럽게도, 나란다 포트폴리오 기업의 소유주 중 일류 경영대학원에서 재무를 전공한 사람은 단 한 사람도 없다.

M&A 중독자들을 무시한다

순조롭게 돌아가는 기업에서는 특별한 일이 날마다 일어나지는 않는다. 많은 일이 일어나기는 하지만, 대부분 평범하고 반복적이며 흥미진진하지 않고 지루하고 단조롭다. 그게 바로 기업이 가야 할 방향이다. 목욕 비누를 만드는 기업에서 일상적으로 발생하는 일을 생각해보자. 이런 기업에서 하루, 일주일, 한 달 또는 일 년 동안 주로 해야 하는 일은 이렇다. 제조 공장에서 수천 장의 비누를 제작하고, 품질 검수를 실시해 불량품을 찾아낸다. 포장 부서에서 비누를 상자에 담고, 물류 부서에서 사전에 합의한 비용으로 적시에 배송하고, 창고 관리 부서에서 지정된 자리에 상자를 입고하고, 라스트마일last mile• 배송 부서에서 정시에 배송하고, 재무 부서에서 소매업체로부터 받은 대금을 기록한다. 특별한 일도, 신나는 일도 없다.

이런 기업이 《월스트리트 저널Wall Street Journal》이나 《파이낸셜 타임즈Financial Times》에 오르내리기 가장 좋은 방법은 무엇일까? 바로 인수합병mergers and acquisitions, M&A이다. 어떤 이유에서인지, 언론은 한 기업이 다른 기업에 합병되거나 다른 기업을 인수하는 것을 좋아한다. 그리고 엄청난 수수료를 챙기는 은행업자와 금융업자는 훨씬 더 좋아한다. 이런 발표가 있고 나면, 해당 기업의 CEO가 CNBC와의 인터뷰에 등장해 '전략적 적합성', '시너지 효과', '문화적 적합성'이라는 표현을 비롯해 모든 M&A에서 언급되는 그 밖의 진부한 표현들을 나열하여 이번 M&A의 장점을 찬양한다. 하지만 그건 거의 항상 틀린다. 대부분의 M&A는 실패한다.

AOL과 타임 워너Time Warner의 CEO들은 2000년 1월 10일, 3,500억 달러라는 엄청난 규모의 M&A를 발표하면서 다음과 같이 말했다. 우선 AOL의 공동 창업자인 스티븐 케이스Stephen Case는 "오

• 배송 과정에서 소비자에게 가는 최종 단계.

늘은 뉴미디어가 진정으로 성년이 된 역사적인 순간"이라고 당당하게 선언했다. 이에 뒤질세라 타임 워너의 CEO 제럴드 레빈Gerald Levin은 "인터넷이 모든 형태의 미디어에 대한 전례 없는 즉각적 접근성을 창출하고, 경제 성장, 인간에 대한 이해, 창의적 표현을 위한 엄청난 가능성을 열어주기 시작했다"며 철학적인 수사들을 동원해 열변을 토했다. 이 우정의 결과는 어땠을까? 기업 역사상 가장 크게 실패한 M&A였다.[23] AOL은 2년 만에 이 거래에서 990억 달러의 손실을 보았다. AOL의 시장 가치는 2000년 2,260억 달러에서 2002년 200억 달러로 하락했다. 2015년 6월, 버라이즌Verizon이 AOL을 단돈 44억 달러에 인수했다.

내가 필요한 사례만을 골라냈다고 비난할 수 있다. 인정한다. 하지만 생각을 해보라. AOL과 타임 워너는 확실한 업계 선도자였다. 존경받는 CEO가 있었고, 훌륭한 이사들로 구성된 이사회가 있었고, 재무 상태가 엄청나게 건전했고, 재능이 뛰어나고 의욕이 넘치는 직원들이 있었다. 하지만 최고의 컨설턴트에게 컨설팅을 받고도 실패하고 말았다. 그것도 비참하게. 만약 이들이 성공할 수가 없다면, 다른 대부분의 기업은 어떨까? 슬픈 사실은 AOL과 타임 워너의 재앙과도 같았던 결과가 매년 수천 번씩 되풀이된다는 것이다. 그리고 이보다 훨씬 더 슬픈 사실은 모두가 그걸 알고 있다는 것이다.

M&A의 실패율이 높다는 사실을 보여주는 문헌은 많다.[24] 클레이튼 크리스텐슨Clayton Christensen과 그의 동료 연구자들이 《하버드 비즈니스 리뷰Harvard Business Review》에 발표한 논문 〈큰 아이디어: M&A에 관한 새로운 지침서The Big Idea: The New M&A Playbook〉에서

M&A의 70~90%가 실패했다고 주장했고, KPMG의 연구보고서에서는 M&A 83%가 가치를 창출하지 못했다고 주장했으며, 코넬대학교의 한 연구 논문에서는 모든 산업에 걸쳐 인수자의 성과를 조사한 다수의 실증 연구 결과에 따르면 인수 후 기업 가치 상승을 뒷받침할 만한 일관된 증거를 찾지 못했다고 밝혔고, 토비 J. 테텐바움Toby J. Tetenbaum은 조직역학Organizational Dynamics에 관한 연구 논문에서 모든 M&A의 60~80%가 재정적인 실패라고 지적했으며, 그레이트 프레리 그룹Great Prairie Group의 한 연구보고서에서는 맥킨지, 하버드 경영대학원, 베인Bain, 와튼 스쿨Wharton School의 연구를 인용해 M&A 실패율이 70%가 넘는다는 사실을 보여주었다. 이 모든 연구에서 M&A 실패의 원인으로 문화 차이, 과다 지출, 기회에 대한 잘못된 평가, 외부 요인, 통합 문제 등을 지적했다.

하지만 이 모든 연구에서 우리가 M&A를 혐오하는 가장 큰 이유를 지적하지는 않았다. 바로 기회비용이다. 이를 이해하기 위해 독일의 거대 기업인 바이엘Bayer의 사례를 보자.

바이엘 AG의 회장 마린 데커스Marijn Dekkers 박사에게 2015년은 장미빛으로 가득했다. 이 생명과학 기업의 매출은 그가 회장으로 취임한 이후로 5년에 걸쳐 350억 유로에서 460억 유로로 증가했고, 주당순이익은 1.6유로에서 주당 5유로로 세 배가 넘게 증가했다. 회사는 독일 증권거래소에서 시장 가치가 약 1,400억 유로에 달하는 최대 기업으로 계속 군림했다. 2015년 연례보고서는 좋은 소식으로 넘쳐났다. 데커스 박사의 담백하면서도 탁월한 논평은 이 회사가 세계를 선도하는 생명과학 기업 중 하나라는 사실을 여실히 보여줬다.

딱 하나 나쁜 소식은 보고서의 7쪽에 숨겨져 있었다. 데커스 박사는 이렇게 적었다. "이것이 내가 바이엘의 CEO로서 여러분에게 보내는 마지막 편지입니다."

데커스 박사가 전하는 이 말이 바이엘에 얼마나 나쁜 소식이 되었는가? 2020년 바이엘의 매출은 2015년 460억 유로에서 410억 유로로 감소했고, 2015년 자기자본이익률이 18%에 달하던 높은 수익을 기록하던 기업에서 100억 유로의 순손실을 기록하는 기업으로 전락했다. 주당배당금도 2015년과 비교해 20%나 감소했다. 그리고 찬란했던 2015년 이후로 6년이 채 지나지 않은 2021년 6월, 바이엘의 시장 가치는 65%나 하락해 500억 유로가 되었다.

그간 대체 무슨 일이 일어났던 걸까? 데커스 박사가 떠난 지 열흘 만에 바이엘은 미국의 거대 농약 제조사 몬산토Monsanto를 인수하기 위해 입찰에 나섰다. 인수 대금으로 630억 달러를 지급했는데, 이는 2021년 6월 바이엘의 시장 가치보다 더 많은 금액이었다!

많은 사람이 이런 완전한 실패작이 나오게 된 원인을 분석한 보고서를 읽으면, 미국 법원에서 원고가 몬산토의 제초제 라운드업Roundup이 암을 유발한다면서 판사를 설득했기에 바이엘이 여러 차례의 소송에서 패소하고 수십억 달러의 손해를 입었다는 사실에 집중할 것이다. 이 보고서가 틀리지는 않았지만, 바이엘과 몬산토의 거래에서 눈에 보이지 않는 진정한 가치 파괴자이자 우리가 거의 모든 M&A를 혐오하는 이유라 할 기회비용을 간과하고 있다. 간단히 말하자면, 실패한 M&A에 대한 대부분의 분석은 일어나지 않은 좋은 일보다 일어난 나쁜 일에 집중한다.

바이엘이 거액을 들여 몬산토를 인수함으로써, 놓친 기회를 생각해보자. 이런 행동(그리고 행동하지 않음)은 세 가지 결과, 즉 매력적인 사업의 매각, 기존 사업에 대한 집중력 저하, 기회의 상실을 낳는다.

바이엘은 몬산토를 인수한 이후, 두 가지 이유로 다수의 핵심 사업을 매각해야 했다. 첫째, 두 회사 모두 농약을 제조하는 대기업이었기 때문에 규제 당국이 그렇게 하기를 강요했다. 둘째, 바이엘은 인수 대금을 조달하는 과정에서 발생한 거액의 부채를 갚아야 했다. 바이엘의 순부채는 2017년 36억 유로에서 2018년 360억 유로로 10배나 증가했다!

2017년에 바이엘은 종자 및 제초제 사업부의 대부분을 60억 유로에 매각했다. 2018년에는 수익성이 높은 사업부 커렌타Currenta 지분 60%를 10억 유로에 매각했고, 소비자 브랜드인 코퍼톤Coppertone과 닥터 숄스Dr. Scholl's를 매각했으며, 2020년에는 수익성이 높은 선도적인 동물 의약품 사업부를 70억 유로에 매각했다. 이렇게 매각해 받은 금액을 모두 합치면 최소한 150억 유로는 되는데, 이는 2021년 중반 바이엘의 시장 가치의 약 30%에 달하는 금액이었다. 바이엘이 수십 년 동안 이런 사업부를 소유하고 경영해 왔기 때문에, 이들이 바이엘에 소속되어 있다면 시장이 150억 유로보다 훨씬 더 높은 가치를 부여했을 가능성이 있다. 이렇게 매력적인 사업을 통해 얻을 수 있는 미래의 이익은 영원히 사라졌다. 황금알을 낳는 거위가 알을 낳지 않는 암탉을 사기 위해 도살된 것이다.

두 번째 중요한 기회비용은 잘못된 인수로 인해 혼란이 발생하고, 이에 따라 기존 사업에 집중하지 못한다는 것이다. 2018년, 2019년, 2020년 바이엘의 연례 보고서에서 이런 사실을 확인할 수 있다. 이 보고서는 인수를 정당화하고 실패에 따른 피해를 줄이기 위한 조치에 많은 지면을 할애했다. 항상 그렇듯, 숫자가 있으면 이해하기가 쉬워지니 살펴보자.

바이엘은 제약, 소비자 건강, 작물 과학이라는 세 개의 사업부로 구성되어 있다. 2016년부터 2020년까지 제약 사업부의 매출은 약 160억 유로에서 170억 유로로 제자리걸음을 했다(2020년에는 코로나19가 발생했지만, 대부분의 글로벌 제약사들은 매출이 감소하지 않았다). 이 정체가 인수로 인한 혼란 때문이었을까? 2010년부터 2015년까지 제약 사업부의 매출은 66억 유로에서 137억 유로로 두 배가 넘게 증가했다. 2015년부터 2020년까지 매출이 두 배로 증가한다고 가정하는 대신, 경영진이 급한 불을 꺼야 할 필요가 없는 시나리오에서 50%로 완만하게 증가한다고 가정해 보자. 그러면 제약 사업부의 매출이 210억 유로 정도였을 것이다. 실제로는 170억 유로였다. 나는 바이엘 제약 사업부가 몬산토 인수로 인해 매출이 40억 유로 감소했다고 보는 것이 타당하다고 생각한다. 글로벌 제약사의 시장 가치는 매출의 약 3~5배라고 한다. 보수적으로 2.5배라고 가정하면 최소한 100억 유로의 기회비용이 발생한 것이다.

바이엘 소비자 건강 사업부의 영업이익은 2015년 12억 유로에서 2019년 8억 유로로 감소했다(많은 소비자 기업들이 코로나19의 영향을 받은 2020년은 논외로 하자). 대부분의 글로벌 소비자 기업들은 이 기간에 영업이익이 증가했다. 바이엘 작물 과학 사업부의 영업이익은 이 기간에 21억 유로에서 19억 유로로 감소했지만, 경쟁 업체들의 실적은 훨씬 좋았다. 그리고 작물 과학 사업부가 몬산토 인수를 담당했으므로, 이 사업부는 630억 달러를 들여 몬산토를 인 수했는데도 2015년부터 2019년까지 영업이익이 감소했다!

2015년 소비자 건강 및 작물 과학 사업부의 영업이익을 합치 면, 바이엘의 연결 영업이익의 절반을 조금 넘는다. 따라서 2015 년 바이엘의 시장 가치 중 적어도 3분의 1을 이들 두 사업부에서 창 출했다고 보수적으로 추정할 수 있다. 2015년 바이엘의 시장 가치 가 1,400억 유로였으므로, 이들 두 사업부에 최소 450억 유로에서 500억 유로의 시장 가치(이것은 2021년 6월 바이엘의 시장 가치 에 해당한다)를 부여할 수 있다. 그러면 이들 두 사업부의 실적 저조 로 인한 기회비용은 얼마나일까? 경영진이 몬산토 인수 이후로 끊임 없이 발생하는 문제에 휘말리지 않았더라면, 그리고 향후 5년 동안 2015년 시장 가치를 30~50% 향상시켰더라면, 약 150억 유로에서 250억 유로의 가치가 발생했을 것이다.

세 번째이자 가장 큰 기회비용은 기회의 상실이다. 바이엘은 코 로나19 백신을 개발하지 않았다.

2019년 말 바이엘의 상황을 생각해보자. 회사의 차입금은 2017 년 이후로 9배가 넘게 증가해 340억 유로에 달했고, 미국 내 소송은 날이 갈수록 추한 국면으로 치달았을 뿐만 아니라 많은 비용을 발생 했으며, 자본수익률은 몇 년 전 10% 후반에서 4% 미만으로 떨어졌 고, 투자자들은 몇 년 전 최고치의 절반 수준으로 하락한 주가에 치 를 떨고 있었다.

투자, 진화를 만나다

그러다가 2020년 초에 코로나19가 발생했다. 본사의 경영진이 한자리에 모여서 이렇게 말했을까? "성공 가능성에 대해 우리가 알지도 못하는 백신 개발에 수십억 달러를 걸어 봅시다." 바이엘 경영진이 경영 및 재무 상태가 안 좋은 상황에서, 불확실한 결과에 기꺼이 베팅을 하려고 했을까? 어땠을지 알 수는 없지만, 아마 나와 비슷하게 생각할 사람이 많을 것이다. 바이엘처럼 오랫동안 어려움을 겪어온 회사가 불확실한 보상을 위해 아무런 확신도 없이 베팅을 했을까? 그럴 가능성은 별로 없다.

바이엘의 2020년 연례 보고서에는 2022년에 출시될 코로나19 백신을 개발 및 제조를 위해 어느 생명공학 기업과 계약을 체결했다는 내용이 나온다. 그사이에, 바이엘의 경쟁업체인 아스트라제네카AstraZeneca, 존슨앤드존슨Johnson & Johnson, 모더나Moderna, 화이자Pfizer는 2021년 7월까지 약 50억 회분의 백신을 제공했다.

모더나의 매출과 수익에서 코로나19 백신이 거의 대부분을 차지하므로, 모더나가 바이엘의 기회비용을 평가할 수 있는 훌륭한 후보라 할 수 있다. 2019년 12월(코로나19가 발생하기 전)부터 2021년 7월까지, 모더나의 시장 가치는 약 1,200억 달러(1,000억 유로)가 더해졌다. 바이엘의 백신 개발 성공 확률이 50~75%였다고 가정하면(바이엘은 세계를 선도하는 제약사 중 하나다), 백신을 개발할 수가 없어서 혹은 개발할 의지가 없어서 500~750억 유로의 가치 창출 기회가 날아간 셈이다.

이 모든 수치를 합치면, 몬산토 인수로 인한 기회비용은 900억 유로에서 1,000억 유로에 육박한다. 다시 말하자면, 2021년 6월 바이엘의 시장 가치는 약 500억 유로가 아니라 1,400~1,500억 유로일 수 있었다는 뜻이다. 이게 과장이 아니라는 것을 어떻게 알 수 있을까? 2015년 바이엘의 시장 가치가 1,400억 유로였기 때문이다. 다른 모든 주요 제약, 소비자 건강 및 농약 제조 기업의 경우에는 2015년 이후로 상당한 가치가 더해졌지만, 바이엘은 2015년 이후로 추가적인 가치 창출이 거의 없었다고 가정하기 때문에, 이 기회비용 계산은 오히려 상당히 축소된 것이다.

나는 바이엘의 경영진은 잘 모르지만, 이들이 2016년 이전에 대단한 성공을 거둔 것을 보면 아마도 세계 최고의 능력을 갖췄을 것이다. 그렇다면, 그들은 왜 몬산토 인수에 뛰어들게 되었을까? 전 세계 대부분의 인수자들과 마찬가지로, 그들이 진심으로 이번에는 다르다고 믿었기 때문이었다. 경영진, 특히 뛰어난 성과를 보여준 경영진과 그들의 조언자들은 단호하고도 자신만만한 태도로 인수 대상 기업을 평가한다. 그들은 자신이 업계가 오랫동안 목격해온 흐름을 거스를 수 있다고 굳게 믿는다. 대부분이 자신의 어리석음을 깨닫게 될 때는 이미 늦었다.

기업이 연쇄 인수자일 경우, 우리는 가까이하지 않는다. 그 위험에 값을 매길 수 없다는 사실을 잘 알고 있다. 2016년에 우리가 바이엘을 새로운 투자 대상으로 검토했더라면, 경영진이 오류를 반복하지 않으리라는 확신이 들 때까지 투자를 보류했을 것이다.

우리 포트폴리오 기업 중 일부는 종종 기업 인수를 추진한다. 그들에게 우리는 모든 경우에서 가치 창출의 가능성에 대해 상당히 회의적인 시각을 갖도록 조언한다. 우리 조언이 먹힌 경우는 별로 없

투자, 진화를 만나다

다는 사실은 고백해둔다. 다행스럽게도, 우리 포트폴리오에 M&A에 중독된 기업은 없으며, 인수를 추진한 기업도 그 인수에 회사의 모든 것을 건 경우는 없었다. 나는 인수로 인한 혼란에서 발생하는 대가는, 그게 아무리 작더라도 치러야 할 가치가 없다고 확신한다. 포트폴리오 기업 중 누구라도 연쇄 인수자가 되기 시작하면, 우리는 당장 손을 뗄 것이다.

미래를 예상하지 않는다

19세기 중반의 철도 기업과 20세기 후반의 닷컴 기업의 공통점은 무엇일까?

철도는 19세기 초 영국을 크게 바꿨다.[25] 리버풀과 맨체스터를 잇는 최초의 여객 철도 노선이 1826년 의회의 승인을 받아 1830년에 개통했다. 철도를 통해 사람들은 다른 교통수단보다 훨씬 저렴한 비용과 짧은 시간에 더 먼 거리를 여행할 수 있었다. 또한 사람과 건축 자재를 더 저렴하고도 빠르게 운송할 수 있게 해 도시의 성장을 이끌었다. 다수의 기업가들이 철도 건설에 뛰어들었고, 1844년까지 2,200마일이 넘는 철도 노선이 개통됐다. 주식 시장은 영원히 성장할 것처럼 보였던 철도 회사에 홀딱 빠졌다. 1843년에서 1850년 사이에 442개의 철도 회사가 주식 공모에 들어갔다. 1843년 1월 1일부터 1845년 8월 9일 사이에 철도 주가지수는 두 배로 상승했다. 그러나 거품은 늘 그랬듯이, 꺼지고 말았다. 1845년부터 1850년까지 철도 주가지수는 67%가 넘게 하락했고, 많은 회사가 부실 경영, 부실한 재무 상태, 부정행위로 인해 파산했다.

1840년대의 철도 광풍과 마찬가지로, 1990년대 중반에 대중을 위한 인터넷이 등장했을 때, 벤처캐피털과 공개 시장은 급변하는 환경 속에서 수백 개의 기업에 자금을 지원했다. 이게 소위 닷컴 붐dot-com boom이다.[26] 1995년과 2000년 사이에 나스닥 기술주 지수는 5배나 급등했다. 현대 자본 시장 역사상 처음으로 기업이 손실을 보는 것이 성공으로 가는 열쇠인 것처럼 보였다. 거품이 꺼지기 6개월 전인 1999년 10월, 모건 스탠리Morgan Stanley의 인터넷 애널리스트인 메리 미커Mary Meeker가 조사한 199개 인터넷 주식의 시장 가치는 4,500억 달러에 달했다. 이 기업들은 모두 창업한 지 2~5년 밖에 되지 않은 스타트업이었다. 더 놀라운 사실은 이 기업들의 매출은 모두 합쳐서 210억 달러에 불과했고, 누적 손실은 무려 62억 달러에 달했다. 벤치마크Benchmark의 어느 벤처투자자는 프라이스라인닷컴Priceline.com의 기업공개initial public offering, IPO를 설명하면서 이렇게 말했다. "이제는 회사가 성공해야만 우리가 돈을 벌 수 있는 시대는 지나갔습니다."

2000년은 이런 광기의 종말을 알리는 해였다. 2005년이 되어, 실리콘 밸리 상장 기업들의 주식 가치는 시장 최고점 대비 3분의 2가 증발되었고, 이는 주주들의 재산이 무려 2조 달러가 사라진 것을 의미했다. 벤처캐피털이 조성한 자금은 2000년 약 1,050억 달러에서 2004년 210억 달러로 급감했다. 나스닥은 2000년 3월에 정점에 도달했다. 이후로 이 수준을 회복하는 데는 15년이 넘게 걸렸다.

이제 내가 앞에서 던진 질문의 답을 짐작할 수 있을 것이다. 19세기 중반의 철도 기업과 20세기 후반의 닷컴 기업을 묶는 공통된 주제는 급변하는 산업이 지닌, 가치 파괴를 향한 강력한 잠재력이다.

인도에는 앞에서 소개한 것과 비슷하게 투자자의 마음을 사로잡는 다양한 신산업과 미래 산업의 사례가 많다. 나란다가 설립되던 2007년에는 인프라 붐이 절정에 달했고, 이 부문을 주도하던 기업의 시장 가치는 수십억 달러에 달했다. 인도 정부는 마침내 도로, 공항, 발전소, 항구를 건설하는 데 집중하기 시작했고, 사모펀드 및 공개 시장 투자자들의 인프라 기업을 향한 욕망은 무한해 보였다. 그러나 2000년대 후반, 인도의 인프라 기업은 태동기에 있었고, 규제도 아직 검증되지 않은 초기 단계에 있었으며, 장기적인 성공의 가능성도 불확실했다. 이후 엄청난 규모의 가치 파괴가 이어졌다. 이런 분위기의 영향을 가장 크게 받은 기업은 2008년 초 시장 가치가 각각 290억 달러와 230억 달러에 달했던 릴라이언스 파워Reliance Power와 자이프라카시 파워벤처스Jaiprakash Power Ventures다. 2021년 말, 이들의 시장 가치는 각각 7억 달러에도 못 미쳐서, 97%가 넘게 폭락했다.

인도 주식 시장에서는 소매업, 부동산, 교육, 소액 금융 등 그밖에도 빠르게 변화하는 산업에서도 비슷한 호황과 불황을 경험했다. 사모펀드 투자자들은 비은행 금융기관nonbank finance companies, NBFCs, 식품 및 식료품 배달과 같은 새로운 시대의 이커머스 기업, 서비스형 소프트웨어 및 디지털 교육 기업 등에 열광했다.

빠르게 변화하는 산업에서 일부 기업은 최종적으로 많은 가치를 창출한다. 하지만 그런 기업은 극소수다. 닷컴 시대부터 진정으로 의미 있는 가치를 창출한 기업은 아마존Amazon과 구글Google 뿐이다(페이스북Facebook은 2004년에 설립됐다). 좀 더 자비를 베푼다면, 이베이eBay와 프라이스라인Price-line(지금은 부킹 홀딩스Booking Holdings라고 불린다) 정도를 보탤 수 있다. 그게 전부다. 잠깐 뒤로 물러나서 생각해보자. 1995~2000년 닷컴 버블 이후로 번창한 기업은 소수에 불과하다. 가치 파괴의 규모를 가늠하기 위해 짚어보자면, 1999년에만 546건의 주식 공모를 통해 690억 달러를 성공적으로 조달했다. 그렇다면 가치 파괴 이후의 승자를 찾을 확률은 얼마일까?

빠르게 변화하는 산업에서 부를 창출하는 길에는 상당한 위험이 도사리고 있으며, 우리는 그 길을 가지 않는다. 많은 투자자들이 전설적인 아이스하키 선수 웨인 그레츠키Wayne Gretzky가 했던 다음과 같은 명언을 따른다. "나는 퍽이 지나간 곳이 아니라 갈 곳을 향해 달려간다."[27] 나는 그런 사람이 아니다. 나는 그처럼 똑똑하지 않다. 빠르게 변화하는 산업에서, 누가, 언제, 어떻게 승자가 될지 전혀 모르겠다. 그리고 아이스하키에 비유하자면, 퍽이 어디로 갈지를 모르기에, 나는 경기 자체를 뛰지 않는다.

나란다는 안정적이고 예측 가능하고 재미없는 산업을 좋아한다. 전기차보다는 선풍기를, 바이오테크보다는 보일러를, 반도체보다는 위생 도기를, 이커머스보다는 효소를 선호한다. 우리는 승자와 패자가 어느 정도 구분되고 게임의 규칙이 모두에게 분명하게 와닿는 산업을 선호한다.

그 밖의 모든 것들은, 고맙지만 사양하겠다.

투자, 진화를 만나다

주주와 이해관계가 다른 소유주와는 함께 가지 않는다

우리는 외부의 수동적인 소유주이기에, 회사 소유주가 자신의 이해관계를 주주의 것과 일치시키기를 바란다. 우리는 어떤 기업에 대해서든 주주로서 갖는 목표는 단 하나다. 기적인 가치 창출. 기업은 종업원, 공급업체, 고객을 포함한 모든 이해관계자들에게 공정하고 윤리적이며 지속 가능한 방식으로 이를 수행해야 한다. 하지만 이상하게 들릴지는 모르지만, 모든 소유주의 목표가 똑같지는 않다. 우리가 1종 오류를 범할 위험을 완화하기 위해 피하는 소유주는 크게 세 가지 유형이다.

첫째, 정부 소유 기업. 서구 세계와는 다르게, 인도에는 상장된 정부 소유 기업이 많다. 정부 소유 기업의 주가는 거의 항상 저렴하다. 그리고 지금까지의 경험상, 가치 투자자들에게 이런 기업은 거의 항상 만족스럽지 못하다. '만족스럽지 못하다'고 말하는 이유는 이런 저렴한 기업의 대부분이 거의 항상 저렴한 상태를 유지하기 때문이다. 일부 펀드매니저들이 정부 소유 기업에 성공적으로 투자하는 방법을 찾아냈는지는 모르겠지만, 우리는 어떤 대가를 치르더라도 정부 소유 기업에는 투자하지 않는다. 정부는 기업을 통해 다양한 목표를 달성하고자 하는데, 그중 일부는 가치와 수익의 증진과는 아무런 관련이 없을 수 있다.

예를 들어, 인도의 주 정부와 연방 정부는 농가를 대상으로 정기적으로 채무 면제를 시행한다.[28] 여기에는 정부 소유 은행에서 대출을 받은 농가의 부채 탕감도 포함된다. 이런 부채 탕감 정책(첫 번째 정책의 규모는 14억 달러에 달했다)은 1990년에 시작됐고, 오늘날까지도 계속되고 있다. 지난 30년 동안 거의 모든 주 정부와 연방 정부가 이런 정책에 동참했다. 이는 정부, 그리고 심지어 어쩌면 농가의 요구에는 부합할 수 있다(농민들이 다음번에 은행에 갈 때 대출을 받기가 쉽지 않을 수도 있기 때문에 '어쩌면'이라는 표현을 썼다). 그러나 이는 소액 주주에게는 해로울 수 있다.

인도에서는 정부가 고위 관료에게 정부 소유 기업의 고위직을 주는 방식으로 보상을 제공하는 일을 흔히 볼 수 있다. 다시 말하지만, 이는 관료의 이익에 부합할 수는 있지만 주주의 이익에는 부합하지 않는다. 우리가 관료에게 반감을 갖는 건 아니다. 하지만 치열하게 경쟁하는 시장에서 기업을 성공적으로 경영하는 데 필요한 역량은 어느 한 지역을 이끌어가거나 국가를 위해 건전한 사회 정책을 개발하는 데 필요한 역량과는 같지 않다. 일부 기업, 특히 석유 부문의 공기업은 때로 많은 현금을 쌓아두는데, 정부가 이런 공기업을 재정 적자 관리를 위한 돼지 저금통 정도로 생각한다. 이는 정부의 요구에는 부합하지만, 주주의 요구에 부합한다고 볼 수는 없지 않을까? 정부의 목표가 '잘못되었다'는 말이 아니다. 정부가 충족해야 할 다수 유권자들의 요구를 생각하면, 이런 목표는 타당한 측면이 있다. 다만 그 목표가 우리의 목표와 다를 뿐이다.

우리가 철저하게 피하는 두 번째 유형의 소유주는 글로벌 거대기업의 상장된 자회사다. 수십 년 전, 인도 정부는 글로벌 다국적 기업의 인도 자회사를 대상으로 국내 주식 시장에 상장할 것을 요구했다. 이에 따라 커민스Cummins, 네슬레Nestlé, 프록터 앤드 갬블Procter & Gamble, 지멘스Siemens, 유니레버Unilever 등 다수의 글로벌 다국적

투자, 진화를 만나다

기업들이 인도 현지에 상장된 자회사를 보유하게 되었다. 인도 기준으로 보면, 일부는 규모가 상당히 크다. 예를 들어, 인도의 유니레버 자회사인 힌두스탄 유니레버Hindustan Unilever의 시장 가치는 약 700억 달러에 이른다.

언뜻 보기에는 이런 다국적 기업의 이해관계와 인도 소액 주주들의 이해관계가 일치하는 것처럼 보일 수 있다. 하지만 그렇지 않은 경우도 많다. 수십 년 전, 인도에 상장사를 둔 어느 글로벌 다국적 기업이 '독립된' 완전 소유 자회사를 설립한 적이 있었다. 이는 이 글로벌 다국적 기업이 '자국' 시장에서 단 하나의 상장사만을 갖고 있었기에, 논리적으로 말이 안 되는 일이었다. 인도에 상장된 자회사의 소액 주주 입장에서는 이 완전 소유 자회사가 현재 상당한 규모의 사업을 하고 있기 때문에 등에 칼을 찔린 격이 되었다. 그렇다면 모회사는 왜 이런 일을 벌였을까? 그들은 가치 창출에 관심이 없는 걸까? 그렇지는 않다. 가치 창출에 관심이 있다. 하지만 인도에 상장된 자회사가 아니라 모회사의 가치 창출에 더 관심이 있다. 이 글로벌 다국적 기업은 독립된 완전 소유 자회사를 설립하고는 인도 소액 주주의 권익을 희생시켜가면서 자국 시장의 주주에게 가치가 돌아가도록 하고 있다. 상황은 더 심각해지고 있다. 이 다국적 기업에서 수년간 근무한 내 친구들은 여기서 가장 유능한 관리자들이 상장 기업이 아닌 비상장 기업으로 발령된다고 말했다. 그러면 소액 주주는 무슨 일을 할 수 있을까? 아무것도 없다.

모든 다국적 기업이 이런 치사한 방법에 의존하는 것은 아니지만, 충분히 많은 기업들이 그렇게 한다. 어떤 다국적 기업이 과거에는 좋게 행동했더라도, 미래에 마음을 바꿀 만한 이유가 충분히 있다. 모회사가 상장된 자회사를 두는 데는 구조적인 문제가 있다. 우리는 이처럼 갈등이 내재되어 있는 곳에 투자하는 것보다 더 나은 선택을 할 수 있다.

마지막으로, 인도의 기업 그룹을 피하려고 한다. 가장 잘 알려진 인도의 기업 그룹은 잠셋지 타타Jamsetji Tata가 1868년에 설립한 타타그룹Tata Group이다.[29] 이 그룹은 2022년 3월 기준으로 매출 총액이 1,280억 달러, 시장 가치 총액이 3,110억 달러에 달하는 29개의 상장사들을 거느리고 있으며, 철강, 금 세공품, 에어컨, 차, 자동차 등을 생산한다. 또한 뭄바이와 뉴욕에 있는 5성급 호화 호텔을 소유하고 운영한다. 그 밖의 기업 그룹으로는 아다니Adani, 아디티아 비를라Aditya Birla, L&T, 마힌드라Mahindra, RP-산지브 고엔카RP-Sanjiv Goenka 등이 있다. 이들 모두가 대체로 다양한 산업 부문에서 서로 관련이 없는 다양한 기업을 경영한다.

우리는 가치 창출은 지속적인 집중을 통해서만 가능하다고 믿는다. 다만, 집중은 필요하지만 그것이 경쟁이 치열한 세상에서 성공을 보장하지는 않는다. 사실 대부분의 집중하는 기업은 성공적이지 않다. 그렇다면 어떻게 완전히 다른 산업에 걸쳐 다수의 기업에서 탁월한 성과를 이루어낼 수 있을까? 어렵기는 하지만, 불가능하지는 않다. 세계를 주도하는 기술 서비스 기업 중 하나인 TCS는 타타그룹의 회사로, 2022년 중반에 시장 가치가 약 1,500억 달러에 이르러서 IBM보다 약 25% 더 높았다. 이 회사가 지난 몇 년간 11월에 열리는 뉴욕시 마라톤을 후원하면서, 많은 사람이 맨해튼 전역에서

투자, 진화를 만나다

이 회사의 이름이 여기저기를 장식하는 것을 보았다. TCS는 어떤 규칙에도 예외는 있다는 것을 보여준다.

언젠가 인도의 기업 그룹들이 전체 포트폴리오에 걸쳐 위대한 기업을 성공적으로 만들어갈 수도 있다. 하지만 우리는 그런 영광스러운 미래를 기다리고 싶지 않다.

이러면 테슬라를 놓치는데?

그렇다. 우리가 그랬다.

우리는 많은 종류의 위험을 피한다. 그게 우리 투자 전략의 핵심이다. 사기꾼이 경영하는 기업은 거르고, 턴어라운드 기업은 피하고, 레버리지와 가능한 멀리 떨어지고, M&A 중독자를 무시하고, 빠르게 변화하는 산업을 예상하려 하지 않고, 주주의 이해관계에 부합하지 않는 소유주와는 함께 가지 않는다. 그러면 투자할 만한 기업이 남기는 할까? 인도에서는 많지 않다. 시장 가치가 1억 달러가 넘는 800여 개의 기업 중 75~80개가 나란다의 후보에 올라 있다.

부모와 자식 간의 사랑을 제외하고 인생에 공짜는 없다. 나란다의 접근법에는 많은 사람이 받아들이기 힘든 상충 관계가 있다.

2017년 말, 테슬라에 관한 여러 언론의 보도에 깊은 인상을 받았다고 해보자. 테슬라가 만든 제품이 수많은 열성 팬을 보유한 승자로 보였다. CEO는 자신이 만든 자동차만큼이나 인상적으로 보였다. 하지만 2017년에 테슬라는 약 70억 달러의 순부채를 지고 있었고, 16억 달러의 영업 손실을 기록했다. 또 그해에 현금을 41억 달러 지

출해, 엄청난 속도로 소진하고 있었다. BMW, 포드Ford, GM, 도요
타Toyota와 같은 전통적인 자동차 기업들은 아직 전기차 경쟁에 뛰
어들지 않았지만, 야심찬 계획을 발표했다. 우리는 대부분의 부채를
혐오하지만, 빠르게 변화하는 산업에서 잉여현금흐름free cash flow이
마이너스인 기업의 부채는 더욱이나 혐오한다. 나란다에서 이런 기
업에 투자하자는 말을 꺼냈다가는 해고당할 수 있다.

우리가 하는 말에 설득된 사람은 테슬라에 투자하지 않았을 것이
다. 그에 따른 기회 손실은? 향후 3년 동안 투자금의 10배를 벌 수
있었다.

2007년에 나란다를 설립했을 때, 젊고 활력이 넘치는 싯다르타
랄Siddhartha Lal이라는 사람이 이끄는 에이처 모터스Eicher Motors라는
회사에 대해 많은 소문이 떠돌았다. 랄은 2004년에 아버지에게서
다수의 부실기업을 물려받았다. 이 기업들은 오토바이, 신발, 의류,
트랙터, 트럭, 자동차 부품을 포함해 여러 제품을 생산했지만, 어느
것도 업계에서 두각을 나타내지 못했다. 랄은 놀랍도록 대담한 전략
적 조치의 일환으로, 15개의 기업 중 13개를 매각하고, 트럭과 오토
바이 딱 두 개의 제품에만 집중하기로 했다.[30]

거의 모든 애널리스트들이 에이처의 미래를 열광적으로 전망했
는데, 이는 인도의 기업가로는 드물게 사업을 공격적으로 정리하는
역동적인 리더십에 매료됐기 때문이었다. 하지만 그건 2007년 당시
에는 성공에 대한 실증적 증거가 없는 턴어라운드 스토리에 불과했
다. 이 회사의 최대 히트작인 엔필드 클래식 오토바이는 2010년에
가서야 출시됐다.

투자, 진화를 만나다

우리는 이 회사에 투자하지 않기로 결정했다. 2010년대가 되어, 이 회사가 만든 오토바이는 인도 소비자들 사이에서 숭배의 대상이 됐다. 2009년 52,000대에 불과했던 판매량은 2019년 16배인 822,000대로 폭발적으로 증가했다.

우리가 전하는 조언에 귀를 기울이는 투자자는 이 기업에 투자하지 않았을 것이다. 기회 손실은? 2007년부터 2021년까지 투자금의 70배다.

테슬라와 에이처 모터스의 사례는 우리가 필연적으로 범하게 되는 2종 오류에 해당한다. 부채가 많은 기업, 빠르게 변화하는 산업에 속한 기업, 턴어라운드 기업을 거부했기 때문이다. 하지만 우리 방식은 바뀌지 않는다. 테슬라와 에이처 모터스와 비슷한 여러 사례들 중 수백 개의 검증되지 않은 사업 모델과 턴어라운드 스토리가 무자비하게 역사의 쓰레기통에 버려졌다. 평균적으로 1종 오류를 피하는 것이 장기적으로 놀라운 성공을 낳기 때문에, 우리의 성공이 테슬라와 에이처를 편안한 마음으로 버리는 것에 달려 있다고 믿는다. 그리고 지금까지 그랬다.

***

호박벌은 몸길이가 1인치에 불과한 털이 많은 곤충이다.[31] 약 300여 종의 호박벌은 약 3,000만 년 동안 생존해 왔다. 호박벌은 게거미와 새의 먹이다. 이들의 생존 전략은 런던 퀸메리대학교의 톰 잉스Tom Ings 박사와 라스 치트카Lars Chittka 교수가 2008년 《사이언스 데일리Science Daily》에 발표한 실험에서 잘 설명돼 있다.

이 과학자들은 로봇 게거미와 인공적으로 만든 꽃이 있는 정원을 만들었다. 일부 게거미를 숨기고 다른 게거미를 보이게 했다. 호박벌이 로봇 게거미가 있는 꽃에 앉아 있을 때마다 게거미가 집게발을 가지고 호박벌을 '붙잡았다'. 그러다가 몇 초 만에 게거미가 호박벌을 풀어주었다. 연구팀은 호박벌이 얼마 지나지 않아서 2종 오류를 더 많이 범하기 시작했음을 확인했다. 호박벌이 게거미가 없는 꽃도 피하기 시작해, 먹이 사냥의 효율성이 떨어진 것이다. 야생에서는 굶주림을 감수하고서라도 위험을 피하려는 본능이 호박벌이 오랜 세월에 걸쳐서 번성하는 데 중요한 역할을 했다.

호박벌이 할 수 있다. 우리라고 못 하라는 법이 어디 있을까?

투자, 진화를 만나다

진화론의 첫 번째 가르침

투자는 하는 법보다 하지 않는 법부터 배워야 한다.

1. 생명체는 다른 모든 것보다 생존을 우선시한다. 이는 동물의 세계에서 먹이와 포식자에게 적용된다. 식물은 생존이 위태로울 때 자원을 방어에 사용하고 성장의 기회를 포기한다.

2. 유기체는 수백만 년에 걸쳐서 누락 오류를 범하더라도 실행 오류를 최소화하는 방향으로 진화했다.

3. 워런 버핏의 두 가지 투자 원칙(절대로 돈을 잃지 마라, 절대로 돈을 잃지 마라는 원칙을 잊지 마라)은 큰 위험을 제거하는 데 반드시 필요하다.

4. 나란다는 우량 기업을 영원히 소유하기를 원한다. 그렇기에 수익을 극대화하기보다는 위험을 극소화하고자 한다.

5. 생물계와 마찬가지로, 우리는 자본 손실이 발생할 위험이 커지면 잠재적으로 달콤한 기회를 포기한다.

6. 잠재적으로 달콤한 기회라 하더라도, 사기꾼, 턴어라운드 기업, 부채가 많은 기업, 연쇄 인수자, 빠르게 변화하는 산업, 주주의 이해관계에 부합하지 않는 소유주를 피한다. 더 나은 거부자가 될 때만, 더 나은 투자자가 된다고 믿는다.

7. 이 방식의 단점은 때로 굉장히 매력적인 투자 기회를 놓친다는 것이다. 우리는 기꺼이 그 단점을 안고 살아간다.

WHAT I LEARNED ABOUT
INVESTING FROM DARWIN

제 2 부

적정한 가격에 우량주를 산다

2부에서는 진화론을 통해 나란다의 투자 철학을 설명하고 정당화한다. 많은 투자자들에게 적절한 시기에 적절한 기업을 찾는 것이 투자의 거의 전부다. 투자 채널을 보거나 경제 신문을 펼치거나 블로그를 살피다보면, 투자자들이 투자할 만한 기업을 찾기 위해 많은 시간과 공을 들인다는 사실을 확인할 수 있다. 참 유감스러운 일이다. 1부에서 이미 살펴본 바와 같이, 투자하지 않는 것도 (더 중요하지는 않더라도) 똑같이 중요한 기술이다.

또한 대부분의 펀드매니저들이 지지하는 투자 전략에는 깊은 수렁과 같은 난제가 있다. 2부의 주제는 '적정한 가격에 우량주를 산다'인데, '모두가' 비슷한 투자 철학을 내세운다. 저질의 주식을 높은 가격에 샀다고 공언하는 펀드매니저가 있다면 한번 데리고 와 보라.

그렇다면 전문 투자자들의 실적은 왜 그렇게 천차만별일까? 한 가지 이유 (유일한 이유는 아니지만 중요한 이유다)는 '적정한', '우량'의 의미를 투자자마다 상당히 다르게 이해하기 때문이다. 여기서는 여러 진화론의 요소와 나란다의 경험을 통해 우리가 생각하는 이 단어들의 올바른 의미를 명료하게 전할 생각이다. 2장부터 4장까지는 우리가 무엇을 매수하는지, 5장부터 7장까지는 우리가 어떻게 매수하는지를 설명한다.

이제 시베리아로 가 보자.

2장

은여우, 종목 선별을 말하다

털이 없는 개는 치아가 불완전하고, 털이 길고 거친 동물은 (주장하는 바와 같이) 뿔이 길거나 많은 경향이 있고, 발에 깃딜이 날린 비둘기는 밖으로 드러난 발가락 사이에 피부가 있고, 부리가 짧은 비둘기는 발이 작고, 부리가 긴 비둘기는 발이 큰 경향이 있다. 따라서 인간이 계속해서 어떤 특성을 선택하여 강화한다면, 성장의 상관관계에 대한 신비한 법칙에 따라 무의식적으로 이런 구조의 다른 부분들도 수정할 것이 거의 확실하다.

—

찰스 다윈, 《종의 기원》, 1장 사육과 재배 하에서 발생하는 변이

독점 판매권은 (1) 고객이 필요하여 원하고, (2) 비슷한 대체재가 없다고 생각하고, (3) 가격 규제를 받지 않는 제품이나 서비스에서 발생합니다. 이 세 가지 조건을 모두 충족하는 기업이 정기적으로 제품 또는 서비스 가격을 공격적으로 책정하여 높은 자본수익률을 달성할 수 있습니다. 또한 이런 독점 판매권이 잘못된 경영을 묵인하게 만들 수 있습니다. 무능한 경영자가 독점 판매권을 가진 기업의 수익성을 감소시킬 수는 있지만, 치명적인 피해를 입힐 수는 없습니다.

—

워런 버핏, 〈1991년 주주 서한〉

류드밀라 트루트Lyudmila Trut는 그저 어안이 벙벙했다.

모든 게 정확히 5년 전, 이 연구소의 유명한 소장 드미트리 벨랴예프Dmitri Belyaev를 만나면서 시작됐다. 지도교수로부터 드미트리의 프로젝트 이야기를 들은 류드밀라는 열정에 차서 자원했다. 만난 자리에서 드미트리의 솔직한 면모, 열정, 지적 능력에 사로잡혀버렸다. 그리고 놀랍게도, 드미트리는 여성이 열등한 존재로 취급받는 남성 중심의 분야에서 나이가 수십 살이나 많고 저명한 학자였는데도 류드밀라에게 동등한 동료로서 말을 건넸다.

드미트리는 비밀 프로젝트를 위해 대학원생을 모집하려 했지만, 류드밀라는 아직 학부 과정도 마치지 않은 상태였다. 그는 이 젊고 유능한 학생의 특별함을 발견하고는 단 한 번의 만남으로 채용을 확정했다. 류드밀라는 신체적으로 힘들고, 오랜 시간을 투자해야 하고, 무엇보다 이제 막 과학자의 길을 가기로 한 자신의 불확실한 운명에 대해 드미트리가 전하는 경고의 말을 가슴에 새겼다. 드미트리의 프로젝트에는 많은 위험을 따랐고, 실패할 수도 있었다. 그리고 프로젝트가 성공하더라도, 드미트리의 형을 포함해 여러 과학자들이 헛되이 목숨을 잃었기에 공공연히 이야기하기 힘들었다.

류드밀라는 이번 프로젝트를 좋게 포장하지 않고 있는 그대로 말해준 드미트리에게 감사했다. 그러나 프로젝트는 생각했던 것보다 훨씬 더 힘들었다. 시베리아 중부에서 프로젝트가 이루어졌는데, 모스크바에서 자랐음에도 살을 에는 듯한 추위에 적응하기 쉽지 않았다. 게다가 이번 프로젝트를 위해 춥고 어둡고 따분한 기차를 타고 시베리아 황야를 가로질러 멀리 떠나야 했고, 이제 막 걸음마를 시작한 마리나도 너무나 그리웠다. 전화도 없었기에 아이의 목소리조차 들을 수 없었다. 5년의 끊임없는 노력과 희생 끝에도, 드미트리에게 보여줄 만한 성과가 거의 없었다.

1963년 4월, 류드밀라는 평소처럼 우리 중 하나에 다가가고 있었는데, 발걸음을 뚝 멈춰세워야 했다. 한 번도 본 적 없는 광경이었다. 다른 사람들도 마찬가지였다. 자신이 본 광경이 실제일까, 아니면 일종의 환각이었을까? 그녀가 인내심을 가지고 부지런히 노력한 것이 결실을 맺었을까? 과학자인 그녀는 자신이 감정에 휩쓸려서는 안 된다는 것을 잘 알고 있었다. 그러나 샘솟는 기쁨을 억누를 수가 없었다.

믿기 힘들고, 상상하기 힘든 일이 일어났다. 은여우 엠버Ember가 꼬리를 흔들고 있었다.

　　　　　　　　　　　　　　　投資, 진화를 만나다

그렇다면 어디서 시작해야 할까?

상장 기업에 투자하기로 결심했다. 자신의 지적 판단력과 자제력에 자부심이 있으며, 친구와 친척 중 상당수가 성공한 투자자다. 대부분은 거짓말을 하는 것이지만, 그것은 또 다른 이야기다. 그들이 할 수 있다면, 나라고 못 하라는 법이 어디에 있나?

인덱스펀드에 투자하라는 버핏의 조언을 무시하고[1], 당장 기업 분석을 시작하기로 마음먹었다. 이 책의 첫 장을 읽었고, 글쓴이의 위험 회피 성향에 약간 짜증이 났지만, (감사하게도!) 일리가 있다고 생각했다. 글쓴이의 조언에 귀를 기울여 나중에 혈압을 오르게 할 수 있는 다양한 기업을 피하는 데 총력을 기울였다.

수백 개의 기업을 거부한 후 이제 우량 기업을 선별하는 데 열중하고 있다. 노트북을 열고, 기업 데이터가 담긴 어플리케이션을 실행하거나 웹사이트에 들어갔는데… 그다음에 무엇을 해야 할까?

모든 기업의 매출 증가율, 이익 증가율, 부채 수준, 마진율, 주가 변동, 애널리스트 평가, 채권 등급, 트위터Twitter에 떠도는 이야기, 주주 정보, 경영진 이력, 화상 회의 녹취록, 연례 보고서, 분기별 제출 자료, 언론 보도, 경쟁업체 프로필, 경영진의 주식 매매 현황, 미수금 및 재고 수준, CEO가 전하는 말, 커뮤니티 게시물, 헤지펀드 소유권 등 엄청나게 많은 정보를 언제든지 확인할 수 있다. 이 모든게 기업 차원에서 벌어지는 일이다.

텔레비전에서 소위 전문가라고 불리는 사람들이 하는 말을 들었고, 그중 상당수가 투자 결정을 할 때 거시경제 요인도 고려해야 한다고 주장한다. 이제 과거 GDP 성장률, 예상 GDP 성장률, 인플레이션, 인플레이션 기대치, 금리, 정부 재정 적자, 고용 수준, 원자재 가격 변동, 예상 인구 통계, 통화 공급, 정치 및 규제의 영향력 등 투자 결정을 할 때 중요하다고들 말하고 쉽게 얻을 수 있는 다양한 데이터에 빠져든다.

이걸 모두를 검토해야 할까, 아니면 그중 일부만 검토해야 할까? 더 알아보고 싶은 최종 후보군을 선별하는 작업은 어떻게 시작해야 할까? 고려해야 할 거시경제 요인이 있다면, 어떤 것이 있을까?

짧게 줄이자면, 어디서 시작해야 할까? 한 가지 방법은 고위험 기업을 버리고 남은 기업을 분석하는 것이지만, 문제는 시간이 무한정하지 않다. 남은 기업 수가 수백 개에 달할 수 있는데, 이들 전체를 검토하는 데 몇 년은 아니더라도 몇 달이 걸릴 수 있다.

또 다른 방법은 나란다가 사용하는 2단계 프로세스를 활용하는 것이다. 첫 단계에서 '하나'의 필터를 사용해 질이 낮거나 평균 수준인 기업을 걸러내고, 우량 기업으로 구성된 예비 목록을 만든다. 둘째 단계에서 예비 목록 기업들에 대해 더 많은 작업을 수행해 최종 후보군을 압축한다.

나란다가 투자를 생각할 수 있는 인도 기업(시장 가치가 1억 5,000만 달러가 넘는 기업)은 800개에 달한다. 이들 중 이전 장에서 설명했던 위험을 최소화하는 과정에서 약 350개 기업을 걸러냈다. 이제 약 450개의 기업이 남았다. 그다음에 이 목록을 약 150개 정도로 줄이기 위해 '하나'의 필터를 적용한다. 이 필터를 'F'라고 부르겠다. F가 만드는 건 그저 우리가 업체를 제외하거나 선별하기

투자, 진화를 만나다

위해 더 많은 작업을 수행할 예비 목록일 뿐이라는 점을 기억하자. 그 작업까지 하고 나니, 최종 후보군에는 약 75~80개 기업만 남았다. F는 훌륭한 출발점이었고, 지금도 여전히 그렇다. F가 추려낸 기업만 분석하면, 시간을 절약할 수 있기 때문이다.

이번 장에서는 이 F라는 필터를 다룬다. F는 무엇이고, 왜 필요할까? 당신은 F가 뭐라고 생각하는가? F가 제 역할을 하려면, 세 가지 기준을 충족해야 한다. 첫째, 쉽게 측정할 수 있는 것이어야 한다. 둘째, 질이 낮은 기업을 모두는 아니더라도 대부분 제외할 수 있어야 한다. 마지막으로, 우량 기업을 모두는 아니더라도 대부분 추려낼 수 있어야 한다.

이제 몇 가지 추론을 하면서 출발하자.

가장 그럴듯한 추론은 '훌륭한 경영진'이다. 훌륭한 기업과 뛰어난 경영진은 같은 말을 되풀이하는 것이나 마찬가지라고들 생각하니까. 훌륭한 리더를 찾으면 저절로 우량 기업으로 갈 수 있고, 그렇지 않더라도 우리가 원하는 필터로는 좋은 출발점일 수 있다. 뛰어난 경영진은 경쟁업체를 능가하는 매출과 이익의 증가, 안전한 대차대조표, 지속 가능한 경쟁 우위, 고객의 사랑을 받는 제품이나 서비스를 보장한다. 쉽다고? 속단은 금물이다.

어떻게 하면 훌륭한 경영진을 찾을 수 있을까? 소규모 투자자라면, 경영진 인터뷰 기사와 화상 회의 녹취록을 읽고, 트위터 피드를 확인하고, 유튜브에서 인터뷰 동영상을 시청하고, 연례 보고서를 정독하는 것이 가장 좋은 방법이다. 규모가 크거나 저명한 투자자라면, 고위 경영진을 직접 만날 수도 있다. 하지만 투자자로서의 내 경험에 따르면, 이런 활동이 경영진의 자질을 정확히 파악하는데 별 도움이 되지 않는다.

그걸 분명하게 확인할 수 있는 사례 하나가 있다. 시간이 있으면, 유튜브에서 엔론Enron 회장 제프리 스킬링Jeffrey Skilling을 비롯한 경영진이 2000년 1월에 엔론 브로드밴드Enron Broadband를 설립할 당시의 프레젠테이션 영상을 보기 바란다.[2] 감명받지 않을 수가 없다. 그들은 침착하고 자신감이 넘쳤으며, 적어도 내가 보기에는 대단히 유능했다. 전략이나 비전은 흠잡을 데가 없었고, 광대역 서비스 실행 계획은 빈틈이 없었다. 그러나 이처럼 인상적인 프레젠테이션이 하고 2년도 채 되지 않아 엔론은 파산했고, 2006년에 스킬링은 대형 사기 행각을 벌인 혐의로 감옥 신세를 졌다.[3] 경영진이 언론에 상당히 개방적인 태도를 견지했고 정기적으로 인터뷰를 했음에도 몇몇 공매도자들을 제외한 전문 애널리스트나 투자자 대부분은 엔론에서 무슨 일이 벌어지고 있는지 짐작할 수가 없었다.

지금 무슨 생각을 하는지 안다. 내가 엔론과 같은 아웃라이어를 가지고 전체를 싸잡아서 이야기한다고 생각하고 있을 것이다. 그럼 다른 각도에서 한번 생각해보자. 아마 CEO나 회장들 인터뷰 기사를 많이 읽어봤을 것이다. 그들이 고객을 돌보지 않는다거나, 혁신을 중단했다거나, 다른 회사에서 거부한 사람들을 고용한다는 말을 한 적이 있나? 기업의 리더가 자기 제품이나 서비스의 가치를 깎아내리거나, 경쟁업체가 더 낫다고 인정하거나, 사내 정치에 신물이 난다고 말하는 것을 들은 적이 있나? 경영진이 하는 말에서 통찰력 있는 정보를 얻는 경우는 거의 없다. 그들은 항상 정해진 대로 말을 하기

투자, 진화를 만나다

에, 그 말은 기껏해야 쓸모가 없고 최악의 경우에는 해롭다. 언론의 사례에서 알 수 있듯이, 그들은 말을 설득력 있게 하기 때문이다. 내 경험에 비추어 보면, 누군가가 '이 회사의 경영진은 훌륭해요'라고 말하면, 실제로는 '이 회사 경영진은 말을 정말 잘해요'라는 뜻이다. 따라서 '훌륭한 경영진'이라는 필터는 측정 가능성이라는(쉽게 측정할 수 있어야 한다는) 첫 번째 기준을 충족하지 못한다.

많은 전문 투자자들이 이런 내 주장에 동의하지 않을 것이다. 펀드업계의 많은 사람들이 경영진과 일련의 만남을 가지면 껍데기와 알맹이를 구분할 수 있다고 자부한다. 그들 중 일부는 그런 보기 드문 역량을 가지고 있을 수도 있지만, 대다수는 착각을 하고 있거나 거짓말을 하는 것이다. 경영진과 직접 만나서 회사의 자질을 평가할 수 있는 사람이 있다고 하면, 그 경기장 밖에서 기꺼이 박수를 쳐줄 수 있다.

회사의 전반적인 자질을 판별할 만한 다른 요소는 없을까? 매출 증가? 시장은 빠른 속도로 성장하는 기업을 좋아하니 말이다. 매출 증가라는 지표에도 문제가 있을까? 있다. 매출 증가를 달성하는 데 무엇이 작용했는지 알기가 힘들다.

이전 장에서 급변하는 산업 환경 속에서 닷컴 기업들 파산했던 시기를 이야기했었다. 이 시기는 빠른 속도로 성장하는 기업을 평가하는 것에 관해서도 시사하는 바가 있다. 1990년대 후반 대부분의 인터넷 기업들이 빠른 속도로 성장하고 있었지만, 매출보다 훨씬 더 많은 현금을 지출하면서 그런 자연의 힘을 거스르는 위업을 달성하고 있었다. 예상했던 대로 그리고 안타깝게도, 이런 성장이 투자자들이 기대했던 것과 같은 축복이 되지 못했다. 그들은 성장의 대가를 무시하다가 그 대가를 치렀다. 결국 닷컴 기업들은 거의 모두가 파산했다.[4] 2005년 말까지, 이처럼 유행의 첨단을 걷는 기업들의 시장 가치 손실이 거의 2조 달러에 달했다.

더욱 최근에는 위워크WeWork의 극적인 파산이 현금을 소진하면서까지 초고속 성장을 위한 자금을 조달하는 것에 대한 교훈을 제공한다.[5] 이미 알고 있겠지만, 소프트뱅크Softbank가 투자한 위워크는 세계 최대 규모의 공유오피스 회사 중 하나로, 한때는 시장 가치가 470억 달러에 달했다. 2021년 말에는 시장 가치가 약 50억 달러로 떨어졌다. 2016년 4억 1,500만 달러였던 매출은 불과 3년 만에 8배나 증가해 2019년에 35억 달러에 이르렀다. 유럽의 공유오피스 회사인 IWG의 2019년 매출은 27억 달러로, 2016년 대비 겨우 28%가 증가한 데 그쳤다. 위워크는 마치 달러를 찍어내는 일이 부업인 것처럼 현금을 지출하고 있었고, 2019년 3분기에만 12억 5,000만 달러의 손실을 기록했다. 결국 4분기에는 기업공개 계획을 철회해야 했다.

빠르게 성장하는 기업 중 상당수가 성장을 위해 자기자본을 쓰기보다 부채에 의존하는데, 채권 투자자는 주식 투자자와 달리 굉장히 규칙적으로 돈을 돌려받으려고 하기에 상황이 훨씬 나빠질 수 있다. 빠르게 성장하던 리먼 브러더스와 베어스턴스Bear Stearns를 기억하는가? 리먼은 2003년 170억 달러였던 매출이 2007년 590억 달러로 연평균 36%가 증가했다.[6] 이렇게 증가한 약 400억 달러의 매출은 약 900억 달러의 부채 덕에 가능했다. 마찬가지로 베어스턴스도

투자, 진화를 만나다

2003년부터 2007년까지 매출이 7배나 증가했다.[7] 이 기간에 증가한 35억 달러의 매출은 주로 420억 달러의 부채 증가 덕분이었다. 2008년 금융 위기가 도래하자, 이렇게 높은 레버리지를 일으키면서 위기의 근원이 된 기업들은 문제를 더 이상 숨길 수가 없었다. 그해에 모두가 파산했다.

매출 증가를 주요 필터링 기준으로 사용하지 않는 개인적인 이유도 있다. 내가 경험하기로, 빠르게 성장하는 기업은 제품 또는 서비스의 품질 문제, 사내의 안 좋은 문화, 부풀려진 대차대조표에 이르기까지 많은 문제를 숨길 수 있었다. 카우프만재단Kauffman Foundation과 Inc. 매거진Inc. Magazine이 실시한 조사에 따르면, '가장 빠르게 성장하는 기업'으로 선별한 5,000개의 기업 중 3분의 2가 5~8년이 지나서 문을 닫거나 규모를 축소하거나 손해를 보면서 매각됐다.[8] 따라서 '빠른 성장'은 쉽게 측정할 수 있지만, 필터의 두 번째 기준, 즉 질이 낮은 기업을 모두는 아니더라도 대부분 제외할 수 있어야 한다는 기준을 충족하지 못한다.

물론, 단 하나의 사례, 즉 애플의 사례를 들어 반론을 제기할 사람이 있을 것이다. 이 환상적인 기업은 2004년부터 2020년까지 매출이 연평균 25%의 속도로 33배가 증가했다. 하지만 모든 애플마다 수천 개는 아니더라도 수백 개의 레몬이 있다.

자, 요약을 해보자. 하나의 필터 F를 사용해 다음 단계에 분석할 가치가 있는 기업을 선별하려고 한다. 이렇게 하면 많은 시간과 노력을 절약할 수 있다. '경영진의 자질'이나 '빠른 성장'을 출발점으로 삼을 수 있을지 살펴봤다. 전자는 측정하기가 어렵고, 후자는 가슴앓이를 일으킬 확률이 높기에, 두 가지 모두가 좋은 필터의 후보에서 탈락했다.

분석의 가치가 있는 최종 후보군 선별을 위한 기준의 세 번째 후보는 마진율이다. 마진율이 높은 기업이 우량 기업인가? 많은 사람이 그렇게 생각한다. 마진율에는 매출 총이익률gross margin(매출액에서 매출원가를 뺀 금액을 매출액으로 나눈 값), EBITDA(법인세, 이자, 감가상각비를 차감하기 전의 영업이익을 매출액으로 나눈 값), 이자 및 세전 영업이익률earnings before interest and tax, 이하 EBIT(법인세, 이자를 차감하기 전의 영업이익을 매출액으로 나눈 값) 등 여러 가지가 있다. 이 중 어느 것을 필터로 사용해야 할까?

제품이나 서비스의 생산에 소요되는 직접 비용을 측정하는 매출 총이익률부터 시작해 보자. 회계사들은 이런 비용을 '매출원가'라고 부른다. 목욕 비누의 소매 가격이 1달러이고 이것을 만드는 데 30센트가 소요된다면, 매출 총이익률은 70%다. 매출 총이익률이 높으면, 기업의 자질도 높다고 말할 수 있을까? 그렇지는 않다. 닷컴 시대에 몇몇 인터넷 기업들은 90%가 넘는 매출 총이익률을 자랑했지만, 이들 대부분이 마케팅 지출로 인해 막대한 손실을 경험했다.

EBITDA 또는 EBIT(영업 마진율이라고도 불린다)은 어떨까? 사업을 하는 데 실제로 소요되는 비용인 감가상각비를 고려하기 때문에 EBIT를 측정하는 것이 더 합리적일 수 있다. 하지만 더 나은 지표라고 해서 좋은 지표라는 의미는 아니다.

이제 현실 세계에 있는 기업 두 개를 예로 들어보자. 기업 C는 지난 15년 동안 약 3%의 영업 마진율을 기록했다. 기업 T는 같은 기간에 19%의 영업 마진율을 기록했다. 기업 T가 기업 C보다 '더 낮다'는 이유로 기업 C를 거부하고 기업 T를 선택해야 할까? 그렇게 하면, 미국에서 가장 잘 나가는 기업 중 하나인 코스트코Costco를 거부하게 된다. 기업 T는 티파니 앤드 코Tiffany & Co.로, 잘나가는 기업이기는 하지만 코스트코만큼은 아니다. 무엇 때문에 영업 마진율이 3%인 코스트코가 19%인 티파니 앤드 코보다 더 나은 기업일까?[9] 이는 곧 설명하겠다. 여기서는 마진율을 출발점으로 삼아서 기업 목록을 줄이면 잘못된 길을 갈 수 있다는 사실만 짚어둔다. 즉, 필터의 두 번째와 세 번째 기준(질이 낮은 기업을 전부는 아니더라도 대부분 걸러내야 하고, 우량 기업을 전부는 아니더라도 대부분 추려내야 한다)을 충족하지 않는다.

우리는 최종 후보군을 선별할 때 아직 거시경제 요인은 고려하지 않았다. 그렇다면, 최종 후보군을 선별할 때 어떤 거시경제 데이터를 고려해야 할까? 예를 들어, '전문가들'이 인플레이션이 심해질 것으로 믿는다면, 증가된 비용을 고객에게 전가할 수 있는 소비자 기업만 최종 후보군으로 선별해야 할까? 그렇게 할 경우, 6개월이 지나서 인플레이션에 대한 기대가 반전되면, 목록을 완전히 수정해야 할까? 우량 기업으로 이루어진 최종 후보군을 선별하기 위해 거시경제 요인을 어떻게 고려해야 하는지 나는 잘 모르겠다. 그렇게 하는 것이 잘못되었다는 의미가 아니라 그것을 어떻게 해야 할지 모르겠다는 의미다. 따라서 우리는 거시경제 요인을 예비 필터로 사용하지 않는다. 그렇다면 최종 후보군을 선별할 때는 거시경제 요인을 고려할까? 이는 나중에 자세히 설명하겠다.

단일 선택 기준과 진화적 연쇄

미궁에 빠진 것 같다. 무엇이 필터 F가 될 수 있을까? 류드밀라와 꼬리를 흔드는 엠버가 도움을 줄 수 있지 않나 싶다.

하지만 이들에게 도움을 구하기 전에, 1920년대와 1930년대의 러시아로 잠시 떠나보자. 이오시프 스탈린Joseph Stalin이 이끄는 극악무도한 공산주의 정권은 농민들에게 토지를 내놓고 콜호즈kolkhozy, 즉 집단 농장으로 소유권을 통합하라고 강요했다.[10] 공산당의 중앙 계획가들은 규모의 경제와 국가의 생산 통제 강화를 통해 농업 생산량과 생산성을 획기적으로 높일 수 있다고 생각했다. 이를 통해 날로 증가하는 도시 인구를 먹여 살리고 수출을 늘릴 수 있으리라 기대했다. 하지만 결과는 정반대였다.

농민들은 조상 대대로 물려받은 토지와 재산을 내놓는 것에 강력히 저항했고, 실제로 많은 농민들이 집산화에 굴복하느니 농작물을 태워 버리고 가축을 도살하는 쪽을 선택했다. 스탈린은 수백만 명을 정치범 수용소로 보냈고, 농업 생산량 감소로 기근이 시작되면서 수백만 명의 아사자가 발생했다.

이런 재앙이 한창이던 때, 농학자 트로핌 리센코Trofim Lysenko는 농업 생산량을 획기적으로 늘릴 수 있는 새로운 기술을 발명했다고 주장했다. 이 '새로운' 기술은 식물의 후천적 특성이 유전될 수 있다는 상상에서 출발했다. 이는 유전의 단위가 유전자라고 (당시에는 실험으로만) 입증한 멘델의 유전학이나 다윈주의와 극명히 대조됐다. 그러나 리센코는 자신의 비과학적인 기술으로 농업 혁명을 이뤄

투자, 진화를 만나다

내겠다 약속했고, 이것이 러시아 식량 위기를 해결할 영웅이 절실히 필요했던 스탈린의 관심을 끌었다.

리센코는 시간이 지나면서 권력이 커지자, 유전학을 사이비과학으로 규정하고 현역으로 활동하던 유전학자들을 처형하거나 강제 노동 수용소로 보냈다. 이런 상황에서 당국은 유력한 유전학자인 드미트리 벨랴예프를 중앙연구소 모피동물 육종부서에서 해고했다. 누에의 유전을 연구하던 벨랴예프의 형은 1937년 리센코의 명령으로 처형당했다.

그런데도 드미트리는 비밀리에 유전학 연구를 계속했다. 1959년 니키타 흐루시초프Nikita Khrushchev가 권좌에 오르면서, 드미트리는 시베리아 노보시비르스크에 있는 러시아과학아카데미 세포학 및 유전학연구소 소장이 됐다. 1985년 세상을 떠날 때까지 26년 동안 이 직책을 맡았다. 이 기간에 그는 생물학 역사상 가장 주목할 만하고 기간이 가장 긴 실험 중 하나를 수행했다.[11] 그리고 이 실험은 오늘날에도 계속되고 있다.

드미트리 벨랴예프는 1) '개, 돼지, 염소, 소와 같은 동물의 가축화는 어떻게 시작됐는가?', 2) '왜 대부분의 가축이 축 늘어진 귀, 꼬불꼬불한 꼬리, 흑백 반점이 있는 털, 아기 같은 얼굴 등 비슷한 특성을 갖게 됐는가?'라는 두 가지 질문의 답을 찾고자 했다. 그는 동물의 가축화가 수천 년에 걸친 선택 과정에서 발생한 근원적, 유전적 변화에서 비롯됐으리라 생각했다.

답을 얻지 못한 중요한 질문은 '무엇이 선택됐는가?'였다. 자연선택과 인위 선택은 여러 세대를 거치면서 '무엇인가'가 선택돼야만 발생할 수 있다. 예를 들어, 치타와 사자는 모두가 사나운 포식자지만, 치타는 다른 여러 요인 중에서 속도, 사자는 크기와 힘으로 선택됐다. 다시 말하자면, 느린 치타는 자손을 남길 가능성이 작지만 크고 강한 사자는 자손을 많이 남길 가능성이 크다.

드미트리는 우리 조상이 야생동물을 가축화할 때 선택한 핵심 요인이 '길들이기tameness'였다는 가설을 세웠다. 따라서 선택 단위는 동물의 신체적 특성이 아니라 '행동'과 관련 있었다. 당시 대부분의 과학자들이 신체적 특성이 선택 단위라고 생각했기에, 이는 대담한 추론이었다. 어떻게 이 대담한 추론을 입증할 수 있을까? 우리 조상이 동물을 최초로 가축화하기 시작한 시대로 돌아가야만 했다. 그러려면 개의 경우, 야생 늑대를 대상으로 실험해야 했다. 하지만 시베리아에서는 야생 늑대를 찾기가 너무 어려워서 은여우를 선택했다. 그는 선택 요인으로 오직 '길들이기'에만 집중하는 선택적 번식 실험을 설계했다.

앞에서 설명했던 것처럼, 그는 시베리아에서 실험을 진행하기 위해 명문 모스크바대학교 학부생이었던 류드밀라 트루트를 데려왔다. 이후로 류드밀라는 대단한 끈기와 창의력을 발휘해 행동유전학 분야를 완전히 바꿔놨다.[12]

류드밀라에게 주어진 첫 번째 과제는 여우를 사육할 장소를 선택하는 것이었다. 그녀는 자신과 가족이 거주하고 있는 노보시비르스크에서 350킬로미터가 넘게 떨어진 레스노이Lesnoi라 불리는 대규모 상업 농장(여우 모피를 판매한다)을 선택했다. 그리고는 1960년 가을부터 여우 십여 마리를 가지고 실험을 시작했다. 또한 인근 마

투자, 진화를 만나다

을에 사는 여성 몇 명을 시설 관리자와 실험자로 고용했다. 실험 방법은 다음과 같다.

실험자들은 새끼 여우를 대상으로 생후 1개월부터 성적으로 성숙한 6~7개월이 될 때까지 일련의 테스트를 실시했다. 새끼 여우가 생후 1개월이 되었을 때, 실험자가 이 여우에게 손을 뻗어 먹이를 건네면서 쓰다듬어 준다. 새끼 여우는 두 차례 테스트한다. 한 번은 우리 안에서, 다른 한 번은 우리 밖에서 다른 새끼 여우들과 함께 자유롭게 돌아다니는 동안에 한다. 류드밀라는 새끼 여우가 성적으로 성숙할 때까지 이 테스트를 매달 반복했다. 이 테스트에 대한 새끼 여우의 반응이 오직 유전적 선택에 근거한 것임을 분명히 하기 위해 새끼 여우들을 따로 훈련하지 않았고, 실험자와의 간단한 상호 작용을 제외하고는 인간과의 어떤 접촉도 차단했다. 새끼 여우들은 생후 약 2개월까지는 어미와 함께 우리 안에서 지냈고, 그다음에는 한배에서 나온 새끼들과 함께 지냈다. 그리고 생후 약 3개월이 지나서는 각자의 우리에서 지냈다.

새끼 여우가 생후 약 7개월이 되었을 때, 실험자들은 새끼 여우를 길들이기의 정도에 따라 세 가지 범주 중 하나에 배정했다. 실험자에게 비우호적이며 도망을 치거나 공격적인 태도를 보이는 여우는 3등급. 무심하게 행동하며 실험자에게 감정적인 반응을 보이지 않는 여우는 2등급. 가장 우호적이며 실험자와 친밀하게 지내기를 바라는 것처럼 보이는 여우는 1등급.

류드밀라와 실험 팀은 짝짓기를 위해 가장 우호적인 1등급 여우 몇 마리를 선택해서 다음 세대의 새끼 여우를 대상으로 같은 실험을 반복했다. 1962년 3세대에 이르렀을 때, 류드밀라는 더 많이 길들여진 여우 중 일부가 다른 여우보다 며칠 이르게 짝짓기를 시작하고, 야생 여우보다 새끼를 조금 더 많이 낳는다는 사실을 확인했다. 그 외에는 의미 있는 변화의 징후가 없었다.

1963년 4월, 류드밀라가 4세대 새끼 여우들이 지내는 우리에 다가갔을 때, 엠버라는 이름의 수컷 여우가 꼬리를 활기차게 흔들었다. 바로 강아지가 하는 행동이었다. 강아지가 아닌 은여우가 우리에서 지내든, 야생에서 지내든, 사람을 보고 꼬리를 흔드는 모습을 본 사람은 지금까지 아무도 없었다. 엠버는 다른 사람들에게도 꼬리를 흔들었다. 같은 세대의 다른 새끼 여우들은 그렇게 하지 않았지만, 한 마리의 여우가 개를 흉내 내기 위해 자기 행동을 근본적으로 바꿨다는 사실은 의미 있는 소식이었다. 드미트리가 류드밀라를 처음 만났을 때, 여우를 개로 만들고 싶다는 말을 했다. 이제 그 과정이 시작된 것일까?

1966년, 엠버에게서 나온 6세대 여우들 중 상당수가 실험자에게 꼬리를 흔들기 시작했다. 엠버는 예외적인 존재가 아니라 개척자였다. 류드밀라는 꼬리를 흔드는 행동이 유전된다는 사실을 단정적으로 보여줬다. 이 무렵, 연구자들은 여우의 등급에 또 하나의 등급, 즉 엘리트 등급을 추가했다. 이 등급에 속한 여우는 매우 우호적이었고, 사람들과 친밀하게 지내기를 원했고, 개와 마찬가지로 사람의 관심을 끌기 위해 낑낑거렸다. 6세대에 가서는 새끼 여우 중 약 1.8%가 엘리트 등급이었다. 20세대에 가서는 거의 35%가, 35세대에 가서는 70% 이상이 엘리트 등급이었다.

　　　　　　　　　　　　　　　投資, 진화를 만나다

여우에게 진화의 속도는 정신없을 정도로 빨랐다. 드미트리와 류드밀라의 실험은 40년이 안 되어서 인간과의 접촉을 피하던 야생 여우를 가정에서 반려동물로 키울 수 있는 개와 같은 동물로 바꾸어 놓았다. 이런 여우들은 매우 온순하고, 인간의 관심을 끌기 위해 경쟁하며, 실험자와 깊은 정서적 유대를 형성했다. 이제 여우의 행동은 개의 행동과 구별하기가 힘들 정도가 됐다. 류드밀라와 실험 팀은 여우의 야생성을 거의 완전히 지워버렸다. 하지만 이 정도에 놀라워해서는 안 된다. 아직 이번 실험의 가장 흥미로운 결과는 말하지 않았으니까.

실험자들은 8세대에 가서는 더 많이 길들여진 여우들에게 몇 가지 새로운 '신체적' 특성이 나타나기 시작한 것을 확인했다. 첫 번째 변화는 털의 색상이었다. 일부 여우의 털에는 양, 개, 말, 돼지, 염소, 생쥐, 기니피그와 같은 가축에서 흔히 볼 수 있는 흑백 반점이 있었다. 흑백 반점은 일반적으로 흑색과 백색 두 가지가 동물의 피부에 불규칙한 반점을 형성할 때 나타난다. 처음 실험 대상이 된 야생 여우 중 흑백 반점이 있는 여우는 없었지만, 여러 세대를 거치며 계속 길들여지면서 이런 무늬가 나타나기 시작했다. 그 외에도 많은 가축, 특히 개에서 흔히 볼 수 있는 축 늘어진 귀와 꼬불꼬불한 꼬리와 같은 신체적 특성이 나타났다.

1974년, 류드밀라는 여우와 한집에서 함께 생활하며 실험에 모든 것을 걸었다. 우선, 푸싱카Pushinka라는 친근한 여우를 선택했다. 어느 날 저녁, 류드밀라는 평소와도 같이 푸싱카와 함께 집 밖 벤치에 앉아 편히 쉬고 있었다. 갑자기 푸싱카가 무슨 소리를 들은 듯이 자리에서 일어나 짖기 시작했다. 알고 보니 야간 경비원이 지나가는 소리였고, 푸싱카는 이 경비원이 류드밀라에게 위험한 짓을 하지 않는다는 사실을 깨닫고는 공격적인 자세로 짖는 것을 멈추었다. 류드밀라는 푸싱카가 주인을 잠재적 위험으로부터 지켜주기 위해 짖는 경비견과 같은 행동을 하는 걸 이전까지 한 번도 본 적이 없었디.

1990년대 초, 실험 팀은 길들여진 여우의 두개골과 턱이 야생 여우의 것과 달라지기 시작한 사실도 확인했다. 길들여진 여우의 두개골의 길이와 폭이 짧아졌다. 또한 코가 짧아지고 넓어져서 아기와 같은 모습을 했다. 이런 변화는 개와 늑대의 차이를 거의 정확하게 보여줬다.

잠시 생각을 해 보자. 드미트리와 그의 팀은 오직 하나의 특성만 선택했다. 길들여지려는 의지. 신체 크기, 털 색상, 두개골 모양, 귀의 뻣뻣함 등에는 전혀 관심이 없었다. '오직' 길들이기만을 기준으로 선택의 결과를 확인하기 위해 세심한 주의를 기울였다. 하지만 이 단 하나의 '행동' 특성 필터가 동물에게 많은 '신체' 변화를 일으켰다. 어떻게 이런 일이 일어날 수 있었을까?

길들여진 은여우에게 새로운 돌연변이가 나타나지는 않았다. 그러나 길들이기를 선택했기에 '유전자 발현'에 변화가 나타났다. 이는 유전자는 변하지 않지만 그것이 발현하는 방식은 변한다는 의미다. 유전자는 단백질이나 호르몬과 같은 화학 물질을 더 많이 또는 더 적게 생성한다. 예를 들어, 주인이 반려견을 사랑스러운 눈빛으로 바라보면 반려견과 주인의 몸속에서 옥시토신이 분비되어, 이들 모두가 서로에게 더 많은 기쁨을 주는 긍정적인 피드백 루프가 만들어진다. 같은 주인이 길을 가다 낯선 개를 만나면, 옥시토신이 분비되지 않는다. 같은 유전자라도 상황에 따라 유전자 발현이 달라지는 것이다. 과학자들은 유전자 발현이 동물의 신체와 행동에 커다란 영향을 미치려면, 약간의 변화만 있으면 된다는 것을 입증했다.

류드밀라와 실험 팀은 더 많이 길들여진 여우를 선택하면서 자기도 모르게 특정 유전자들의 발현에 영향을 미쳤다. 이런 선택은 여우의 발달, 신체 특성을 규정하는 특정 신경 화학 물질과 호르몬의 분비량과 분비 시기를 변화시켰다. 예를 들어, 멜라토닌 호르몬은 다수의 종에서 짝짓기 시기에 많이 분비된다고 알려져 있다. 실험 팀은 엘리트 등급의 암컷이 2등급, 3등급의 암컷보다 멜라토닌을 훨씬 더 많이 분비하고, 평소보다 며칠 더 일찍 짝짓기를 할 준비가 된 것을 발견했다. 일부 암컷은 호르몬 변화가 너무 심해 1년에 두 번이나 짝짓기를 할 준비가 됐는데, 야생에서는 결코 볼 수 없는 현상이었다. 길들이기를 선택한 것이 종의 번식 주기에 영향을 미친 것이다! 또한 야생 여우보다 엘리트 등급의 여우에서 HTR2C라는 유전자가 세로토닌과 도파민을 훨씬 더 많이 만들어냈다. 세로토닌은 동물의 초기 발달에 영향을 주는 중요한 호르몬으로, 이 호르몬의 증가가 길들여진 여우의 생리와 행동 특성을 변화시켰을 가능성이 크다. 또한 길들여진 여우의 아드레날린 수치가 야생 여우보다 훨씬 낮은 것도 발견했다. 아드레날린은 피부와 털 색을 결정하는 멜라닌 생성을 조절한다.

은여우 실험은 '왜 가축은 다양한 신체적 유사성을 보이는가?'라는 수 세기 동안 해결되지 않은 수수께끼의 답을 제공했다. 드미트리는 포유류가 유사한 호르몬 및 신경전달물질 조절 시스템을 공유하기에, 길들이기를 선택하면 이들 사이에 대체로 비슷하게 나타나는 발달, 신체 변화를 관찰할 수 있다는 타당한 가설을 세웠다.

60년이 넘게 진행된 드미트리와 류드밀라의 실험은 진화가 단편적으로 일어나지 않는다는 사실을 입증했다. 동물의 행동과 생리는 밀접하게 연관되어 있다. 예리한 관찰력을 지닌 다윈은 이 사실을 잘 알고 있었다. 이 장의 도입부에서 그는 털이 없는 개는 치아가 불완전하고, 발에 깃털이 달린 비둘기는 밖으로 드러난 발가락 사이에 피부가 있다고 주장한다. 그는 인간이 한 가지 특성을 선택하면, "성장의 상관관계에 대한 신비한 법칙"에 따라 이것이 다른 특성에서도 변화를 일으키리라고 예상했다.

드미트리와 류드밀라는 다윈이 옳았음을 입증했다.

역사적 ROCE를 선택하니, 다른 여럿이 딸려온다

투자자라면 기업의 한 가지 특성만 보고 선택하면 우량 특성이 여럿 딸려오면 좋겠다는 생각을 할 것이다. 앞에서 설명했듯, 이 한 가지 특성은 세 가지 기준, 즉 측정이 가능해야 하고, 질이 낮은 기업은 대부분 걸러내야 하고, 우량 기업은 대부분 추려내야 한다는 기준을 충족해야 한다. 모두가 아니라 대부분을. 우리는 훌륭한 경영진, 매출 증가, 마진율과 같은 몇 가지 특성이 이 세 가지 기준을 모두 충족하지 않는 것을 확인했다.

나란다는 기업 최종 후보군을 선별할 때 '역사적 사용자본수익률

return on capital employed, ROCE'을 가장 먼저 고려한다.

첫 번째 단어인 '역사적'부터 보자. 한 장 전체를 할애해 이렇게 중요하지만 자주 무시되는 단어를 설명할 수도 있겠지만, 지금은 ROCE 값은 기업이 '과거'에 이룬 것이라는 점을 분명히 하려고 한다. 우리는 앞으로 ROCE가 어떻게 개선될지에는 관심이 없다. 순전히 기업이 과거에 실현한 ROCE 값만 가지고 기업을 평가한다.

이제 몇 가지 정의를 살펴보자. ROCE는 기업의 총사용자본에 대한 영업이익의 비율이다. 간단하다. 앞에서 정의한 대로 영업이익은 이자 및 세금 차감 전 이익, 즉 EBIT다. 이것 대신에 세후 이익profit after tax, PAT을 사용하지 않는 이유는 무엇일까? 명심하자. 우리가 알고 싶은 건 기업의 영업 실적이다. 여기에 세금 및 이자와 같은 재무 지표와 섞으면 논점이 흐려진다. 기업을 전체적으로 평가할 때는 세금이나 이자 지출을 무시하지 않지만, ROCE를 계산할 때는 영업 실적에만 관심을 갖는다.

그렇다면 총사용자본? 대체로 순운전 자본과 순고정 자본 두 가지로 구성된다. 우리는 순운전 자본을 집계할 때 초과 현금(즉, 현금이 부채보다 훨씬 더 많은 경우 현금에서 부채를 뺀 값)을 제외하는데, 남는 현금은 영업 자산이 아니기 때문이다. 또한 ROCE가 높은 기업은 현금을 많이 창출하므로, 현금을 사용자본에 포함하면 ROCE가 쓸데없이 감소한다. 이렇게 하는 것이 불편하다면, 현금의 일부를 사용자본에 포함할 수 있다. 인수한 기업의 경우, 인수에 투자한 자본도 포함하지만 여기서는 그냥 단순하게 생각하자. 그러니 비금융 기업의 ROCE는 다음과 같이 정의할 수 있다.

EBIT ÷ (순유동 자본 + 순고정 자본)

이제 영업 마진율을 이용해 기업을 추리는 것이 최선의 방법이 아닌 이유가 보이는가? 마진은 그 마진을 얻기 위해 무엇을 투자해야 했는지를 알려주지 않는다. ROCE를 따지는 일의 장점은 분자에 해당하는 손익계산서의 특성과 분모에 해당하는 대차대조표의 특성을 모두 반영한다는 것이다. 이제 코스트코와 티파니의 사례로 돌아가 보자.

나는 영업 마진율이 3%인 코스트코가 19%인 티파니보다 더 나은 기업이라고 주장했다. '더 나은'의 정의를 ROCE로 한정하면, 내 주장이 맞다. 코로나19 이전인 2014년부터 2019년까지 코스트코의 평균 ROCE가 22%인데 반해, 티파니는 16%이기 때문이다. 코스트코는 티파니보다 자본을 훨씬 더 효과적으로 사용하고 있으며, 이는 코스트코의 낮은 마진율을 보완하고도 남았다. 사용자본의 중요한 부분 중 하나인 재고를 예로 들어보자. 코스트코는 창고와 소매점에 약 31일치의 재고를 보관한다. 티파니는 며칠일까? 521일. 거의 1년 반이다! 티파니의 영업 마진율은 인상적이지만, 코스트코가 재고 및 기타 자산을 훨씬 더 잘 관리하기 때문에 티파니보다 더 높은 ROCE를 달성할 수 있었다.

많은 투자자들이 자기자본 이익률(ROE)에 먼저 관심을 갖는다. 나는 아니다. ROE는 세금과 이자를 납부한 이후를 기준으로 계산되기 때문에, 영업 실적과 재무 전략 및 세금 체계가 뒤섞여 있다. 나는 기업의 소유주에, 영업 실적이 뛰어난가에 훨씬 더 많은 관심을 갖는다. 레버리지를 활용하고(ROE는 개선되지만, ROCE는 개선되지 않는다) 납세 '계획'을 짜는 일이 단기적으로나 중기적으로는 회사에 도움이 될 수 있다. 그러나 내 경험에 따르면 장기적 성공은 훌륭한 영업 실적을 통해서만 가능하다. 그래서 우리는 ROCE에 관심을 갖는다.

예를 들어, 어느 회사의 ROCE가 높다는 것(예를 들어, 20%)은 뭘 의미할까? 간단하다. 이 회사가 100달러를 투자할 때마다 20달러를 벌어들인다는 뜻이다. 100달러를 은행에 넣었더니, 1년이 지나 20달러를 버는 것과 같다. 우리는 인플레이션이 극심한 라틴 아메리카가 아니라 '일반적인' 세계에 살고 있다. 만약 ROCE가 이렇게 높은 기업을 소유하고 있다면, 달나라에 있는 것이나 마찬가지다. 이런 기업은 드물지만 존재한다. 그리고 이런 기업을 찾으면, 그 기업이 많은 걸 알려줄 것이다.

ROCE가 높은 것은 시베리아 은여우를 길들이는 것과 굉장히 흡사하다. 길들이기가 꼬불꼬불한 꼬리, 흑백 반점이 있는 털, 축 늘어진 귀를 만들어내는 것처럼, ROCE가 높은 기업에 우리 같은 소유주에게 의미 있는 다양한 특성이 따라온다. 몇 가지 예를 들어보자.

훌륭한 경영진이 경영할 가능성이 높다

뭐라고? '훌륭한 경영진'이라고? 그걸 직접 측정할 수 없다면서, 왜 슬며시 여기에 집어넣나?

인터뷰와 토론을 통해 경영진의 자질을 측정할 수 없다고 해서, 그게 훌륭한 경영진이 존재하지 않는다는 의미는 아니다. 그런 경영진은 당연히 존재한다. 우리에게 필요한 건 커피 한 잔을 마시며(또는 줌으로 영상 통화를 하며) 갖게 되는 근거 없는 느낌이 아니라 정량적인 척도다. 최고의 투수, 최고의 러닝백, 최고의 마라토너를 뽑을 때 인터뷰 혹은 자신의 우수성을 분명하게 표현하는 능력에 근거해 뽑지 않는다. 그런데 왜 경영진을 뽑을 때는 그렇게 하는가? 최고의 투구 기록과 최고의 완주 기록이 최고의 투수와 최고의 마라토너를 결정한다. 마찬가지로, 내 생각에 역사적 ROCE 실적이 경영진의 자질을 평가하는 유일하지는 않지만 훌륭한 지표다.

어떤 산업에서든, 높은 ROCE를 오랫동안 유지하는 건 매우 어려운 일이다. 미시경제학 이론에 따르면, 경쟁 시장에서는 초과 이윤이 0으로 접근하는데, 이는 기업이 그저 자본비용을 벌기 위해 치열하게 영업해야 한다는 것을 의미한다. 대부분의 기업은 여기에 해당하지만, 이론과 경쟁을 초월해 해마다, 10년마다 높은 ROCE을 달성하는 몇몇 기업이 있다.

우리 포트폴리오 기업 30개(대체로 설립된 지 35~40년 된 기업들이다)의 역사적 ROCE 중앙값은 약 42%다. 내가 이들 기업에 투자한 사람이기에 분명 편견이 있을 수는 있겠지만, 이 기업들의 경영진은 대단히 훌륭하다. 그들이 정말 훌륭한 사람들일까, 아니면 어쩌다가 ROCE가 높아서 내가 그렇게 생각하는 걸까? 잘 모르겠다. 그게 중요한가?

훌륭한 경영진에 다음과 같은 것들을 기대해야 한다. 고객에게 경쟁업체보다 뛰어난 제품과 서비스를 제공하고, 자본을 합리적으로 할당하고, 우수한 직원을 고용 및 유지하고, 규모와 매출에 상응

　　　　　　　　　　　　　　　　　투자, 진화를 만나다

하는 비용 구조를 관리하고, 대차대조표를 견실하게 유지하고, 계산된 위험을 감수해 끊임없이 혁신한다. 이 모든 것이 높은 ROCE와 상관관계가 있어야 하고, 실제로도 그렇다.

강력한 경쟁 우위를 가질 가능성이 높다

50년이 넘는 버핏의 편지와 연례 회의에서 가르침을 받은 장기 투자자는 모두 기업이 '지속 가능한 경쟁 우위sustainable competitive advantage, SCA'를 갖춰야 한다고 말한다. 하지만 기업이 SCA를 보유하고 있는지 알 수 있을까? 기업 경영과 투자 관련 서적을 자세히 읽어 보면, SCA의 원천으로 브랜드, 지적 재산권, 네트워크 효과, 규모의 경제, 저비용 등을 꼽는다.[13]

'브랜드'를 분석한다고 해보자. 내가 아는 거의 모든 투자자가 브랜드와 유통을 경쟁 우위의 원천으로 내세우며, 고객을 중시하는 기업이 주식 시장에서 성공한다고 장담한다. 고객 중시 투자의 성공 스토리는 30여 년 전인 1988~1989년에 버핏이 코카콜라와 질레트 주식을 매수하면서 시작된다. 버크셔는 1988년에 코카콜라에 거의 6억 달러를 투자했고, 1989년에는 거의 같은 금액을 질레트에 투자했다. 1993년에 버크셔가 보유한 이 두 회사의 주식 가치를 합치면 56억 달러로, 이 금액은 다른 모든 회사의 주식 가치를 합친 것과 비슷했다. 버핏은 이 두 회사에서 약 40억 달러의 수익을 올렸다. 1993년 연례 서한에서 그는 코카콜라와 질레트에 대해 이렇게 말했다. "이들은 브랜드가 갖는 힘, 제품 특성, 유통 시스템의 강점 덕분에 엄청난 경쟁 우위를 점하고 있으며, 경제적 성을 둘러싼 해자를 구축했습니다."

늘 그렇듯, 버핏은 옳다. 이 편지가 작성된 지 거의 30년이 지난 지금도 코카콜라와 질레트는 계속해서 큰 성공을 거두고 있으며, 점점 증가하는 시장 점유율을 고려하면 여전히 확고한 경쟁 우위를 차지하고 있다. 하지만 버핏이 이들이 강력한 브랜드와 제품 특성을 갖고 있기에 강력한 경쟁 우위를 확보했다고 결론내린 것일까, 아니면 그의 결론이 두 회사가 장기간에 걸쳐 ROCE가 높았고 시장 점유율이 계속 증가했다는 경험적 사실에 근거한 것일까? 우리는 버핏 본인이 아니니 그걸 실제로 알 수는 없다. 하지만 내 추측(주장?)은 후자에 가깝다.

현실에서는 대부분의 브랜드가 어떤(지속 가능이라는 말을 잊자) 경쟁 우위도 확보하지 못한다. 어떤 출처를 믿느냐에 따라 다르겠지만, 미국에서 매년 출시되는 수만 개의 브랜드 중 80~90%는 실패한다.[14] 성공할 기업을 고를 확률이 복권에 당첨될 확률 정도는 아니지만, 크게 다르지도 않다. 소규모의 검증되지 않은 기업만 실패하며, 코카콜라나 펩시 같은 브랜드는 성공한다고 생각할 수도 있다. 그건 잘못된 생각이다. 다음은 대기업이 개발한 브랜드가 두드러지게 실패한 사례 중 일부다. 뉴 코크(코카콜라), 크리스탈 펩시(펩시), 프리미어 무연 담배(R. J. 레이놀즈), 맥스웰하우스 즉석커피(제너럴 밀스), 수퍼 콤보(캠벨이 출시한 수프와 샌드위치 세트 메뉴), 올 내추럴 세척용 식초(하인즈) 등.

그저 브랜드를 갖는 것만으로는 아무런 의미가 없다. '브랜드'처럼 이해하기 쉬운 것이 경쟁 우위를 반드시 가져다주지는 않는다면

투자, 진화를 만나다

(이것이 경쟁 우위를 가져다준다고 하더라도, 단정적으로 그렇게 말하기는 매우 어려울 것이다), 기업이 경쟁 우위를 가졌는지 아닌지를 어떻게 알 수 있을까? 쉽게 추측할 수 있다. 그렇다. 일관되게 높은 ROCE가 어떤 기업이 경쟁 우위를 가지고 있다는 결론을 내리기 좋은 출발점이다. 그리고 이 기업이 코카콜라와 같은 소비자 기업이라면, 경쟁 우위가 브랜드일 수도 있고, 유통일 수도 있고, 경영진일 수도 있고, 그리고 어쩌면 이런 요소들과 그 밖의 요소들의 조합일 수도 있다.

우리가 어느 한 기업을 일관되게 높은 ROCE에 기초해 최종 후보군에 포함하고 나면, 해당 기업의 경쟁 우위를 분석하기 시작한다. 몇 주 또는 몇 달에 걸친 조사를 마치고는 우리가 이처럼 높은 ROCE가 지속 가능하지 않으며, 이 기업이 단지 역사적으로 운이 좋았다는 결론을 내릴 수도 있다. 정말 그럴 수도 있다. 그다음에, 우리는 이 기업에 투자하지 않기로 결정한다. 하지만 이런 방법(ROCE가 높은 기업에 대해서만 경쟁 우위 평가를 시작한다)을 채택하면, 많은 시간과 노력을 절약할 수 있다.

자본을 합리적으로 할당한다

우리는 (초)장기 투자를 하기에, 어떤 기업의 주식을 매수하기로 결정하면 장기적으로 상당한 수익을 올리길 바라면서 그 기업에 자본을 할당한다. 다른 선택지들을 꼼꼼히 따져봤고, 이 기업에 투자한 것이 최선인 올바른 결정이길 바라면서. 자본을 잘 할당하는 투자자는 좋은 실적을 낸다. 그러지 않으면 좋은 실적을 내지 못한다.

기업도 다르지 않다. 기업도 자본을 장기적으로 할당한다. 많은 선택지 중에서 가장 좋은 걸 선택하기 위해 노력하고, 그 투자로 상당한 수익이 발생하기를 바란다. 일부는 성공하지만 대부분은 실패한다. ROCE는 기업의 자본 운용 능력을 평가하는 훌륭한 척도다. ROCE가 높다는 것은 기업이 투자한 자본에 비해 높은 영업이익을 올린다는 뜻이다. 훌륭한 기업은 영업이익을 최대화하지도, 투자 자본을 최소화하지도 않는다. 투자한 자본 단위당 최대한의 영업이익을 올리고자 한다.

투자자들이 깨닫지 못할 수도 있지만, 전략과 대부분의 자본 할당 결정은 밀접한 관련이 있다. 예를 들어, 밀워키에 제조 공장을 설립하는 것과 중국으로 아웃소싱하는 것이 전략을 결정하는 것일까, 자본 할당을 결정하는 것일까? 그 구분에 별 의미가 없다. 회사의 성공에 커다란 영향을 미치는 결정이기에 두 가지 모두에 해당한다.

극히 다른 방식으로 자본을 할당하는 전략적 결정의 사례는 다음과 같은 것들이 있다. 자체 R&D 부서를 설립하는 것과 시장에서 최고의 디자인을 모방하는 것, 최고기술책임자를 고용해 기술 부서를 꾸리도록 하는 것과 그것을 아웃소싱하는 것, 핵심 부품 제조 부서를 설립하는 것과 공급업체에 자금을 지원하는 것, 신입직원을 고용해 수년에 걸쳐 교육하는 것과 자격을 갖춘 경력직원을 고용하는 것, 새로운 지역 진출을 위해 기업을 인수하는 것과 자연스럽게 성장하는 것, 손실을 내고 있지만 시장 규모가 큰 제품에 투자하는 것과 수익성이 좋지만 시장 규모가 작은 제품에 투자하는 것, SNS 광고를 수개월 동안 하는 것과 슈퍼볼 광고를 단 한 번 하는 것.

투자, 진화를 만나다

투자자는 이 수많은 자본 할당 결정 중 어느 것이 합당한지를 어떻게 알 수 있을까? 한 가지 방법은 철저한 분석이다. 예를 들어, 왜 같은 비용으로 구글이나 페이스북에 광고를 몇 주 또는 몇 달에 걸쳐 내기보다는 슈퍼볼 광고를 단 한 번 냈는지를 이해하기 위해 마케팅 부서장을 면담할 수 있다. 그런 다음, 재무 모델을 구축해 광고의 성공 가능성을 검증하고, 다른 회사의 광고 전략과 비교한 다음, 회사의 결정을 지지하거나 반대하는 결론에 도달할 수 있다.

다른 방법은 우리가 사용하는 방법, 즉 ROCE가 높은 기업을 추리는 것이다. 우리는 ROCE가 높은 기업이 대체로 자본을 잘 할당한다고 가정한다. 이런 기업이 가끔 잘못된 결정을 할 수도 있지만, 대체로 자본 할당과 전략적 결정을 상당히 잘하리라 믿는다.

그리고 솔직히 이 방법이 더 쉽다. 내가 다양한 자본 결정 시나리오를 검증하기 위해 몇 메가바이트에 달하는 스프레드시트를 만들려고 하면 처참히 실패할 것이다. 그것도 두 번이나. 한 번은 스프레드시트를 만드는 것 자체에서 실패하고, 또 한 번은 잘못된 결론에 도달해서 실패하고.

그러니 굳이 더 어려운 방법을 택할 이유가 없지 않을까?

재무 위험을 감수하지 않고도 사업 위험을 감수할 수 있다

자본주의는 위험 감수를 통해 번성한다. 그리고 위험 감수는 실리콘 밸리의 차고에서 회사를 창업한 10대들에게만 국한되지 않는다. 성장하고 성공하려면, 모든 기업이 계산된 위험을 계속 감수해야 한다. 위험 감수를 하지 않는 기업은 쇠퇴하거나 규모가 작은 상태를 계속 유지하다 도태되고, 과도한 위험을 감수하는 기업은 파산한다. 기업들이 계산된 위험을 감수하는 골디락스 존Goldilocks zone에서는 대부분의 기업이 번창한다. ROCE가 높은 기업은 계산된 사업 위험을 계속 감수할 수 있다. 그 이유는 다음과 같다.

매출이 적당히 증가하고 높은 ROCE를 기록하는 기업은 초과 현금이 생긴다. 이건 의견이 아니라 수학적 사실이다. 예를 들어, 매출 증가율이 10%, ROCE가 25%인 기업 X는 5년이 지나 0원에서 매출의 거의 18%에 달하는 현금 잔고를 보유한다(기타 가정: 마진율 15%, 세율 30%). 현금 잔고가 증가하면, X의 경영진은 새로운 제품을 출시하거나 새로운 지역을 공략할 수 있다. 신규 사업이 실패하더라도, X가 핵심 사업에서 현금을 창출할 역량이 있다면 회복할 수 있다.

이제 마진율(15%)도 같고 매출도 같은 비율(10%)로 증가하지만, ROCE가 12%로 기업 X보다 더 낮은 경쟁업체 Y를 보자. Y는 5년이 지나 매출의 3%에 해당하는 마이너스 현금 잔고를 갖게 된다. 다시 말하자면, Y는 X와 같은 비율로 매출이 증가하려면 차입을 해야 야 한다. Y는 대차대조표가 취약해지고 여유 현금이 부족해지면서 새로운 기회를 포기해야 하고, 새로운 제품을 출시하거나 새로운 지역을 공략하려면 더 많은 자금을 빌려야 한다. 이런 공략에 실패하면, 핵심 사업에서 대출금과 이자를 만기일에 상환할 만큼 충분한 현금을 창출하지 못하기에 심각한 위험에 처한다. 이에 따라 X와 Y의 격차는 더 벌어진다. 시간이 지나면서 X는 더 크게 성장해 성공하고, Y는 X를 쫓는 그림자에 불과해진다. 우린 다수의 산업에서 이

투자, 진화를 만나다

런 현상을 목격했다. ROCE가 높아 현금을 창출할 역량을 가진 소수의 기업이 시장 지배력을 더 공고히 한다.

높은 ROCE를 가진 기업이 실수를 저지르면 어떻게 될까? 2011년에 나란다 포트폴리오에 편입된 하벨스Havells라는 기업을 예로 살펴보자. 하벨스는 인도 최대의 소비자 가전 기업으로 선풍기, 조명기구, 회로 차단기, 전선, 온수기, 믹서와 토스터와 같은 주방용 가전기기를 판다.[15]

하벨스는 탁월한 지도자 아닐 굽타Anil Gupta의 지휘 아래 2007년부터 2017년까지 52%의 ROCE(!)를 달성했다. 이 기간에 연간 매출 증가율은 약 15%였으며, 2017년 3월에 2억 3,000만 달러의 현금을 보유했다. 이는 그해 매출의 약 28%에 해당했다. 2017년 5월, 하벨스는 빠르게 성장하는 로이드의 에어컨 사업에 끌려서 로이드 일렉트릭Lloyd Electric의 소비자 사업부를 인수했다.

우리는 이 인수가 그리 달갑지 않았다. 회사의 현금 잔고가 인수 가격보다 더 많았기에, 인수로 재무 위험을 감수하는 건 분명 아니었지만, 안전지대comfort zone를 벗어나는 위험을 감수하는 것이라 생각했기 때문이다.

가장 큰 문제라 생각한 건 기업 문화와 사고방식의 차이였다. 하벨스는 안목 있는 인도 소비자에게 고품질의 제품을 고가에 판매한다. 이를 위해 첨단 제조 공장을 설립하고, 소비자의 요구에 제품 기능을 맞추고, 기술 경쟁에서 앞서 나가고, 텔레비전과 인터넷 광고를 통해 브랜드 인지도를 높인다. 로이드는 여러 측면에서 하벨스와 정반대의 길을 걸었다. 중국에서 수입한 저가형 에어컨을 공격적으로 밀어 팔며 지난 10년간 시장 점유율을 높였다. 하벨스는 소비자를 '당기는' 전략을, 로이드는 대규모 딜러 인센티브와 제품 할인으로 자사 제품을 '미는' 전략을 구사했다. 로이드는 어떤 대가를 치르더라도 성장에만 집중한 반면에, 하벨스는 60년 동안 고품질의 제품을 제공하고 딜러와 소비자의 신뢰를 구축하며 성장했다.

하벨스 성공의 주요 요인 중 하나는 기존 판매 채널을 통해 신제품을 출시할 수 있는 역량이었다. 지난 수십 년 동안 충성도 높고 실적이 뛰어난 판매 대리점으로 이루어진 네트워크를 구축했다. 이런 공생 관계를 통해 선풍기에서부터 회로 차단기, 토스터에 이르기까지 광범위한 내구 소비재를 제조 및 판매할 수 있었다. 하지만 하벨스는 로이드를 인수하고 나서 처음으로 딜러 네트워크의 강점을 활용할 수가 없었다. 에어컨 판매 채널이 인도의 소비자 가전 판매 채널과는 완전히 달랐기 때문이다.

당연히 하벨스는 로이드 인수와 동시에 문제에 직면했다. 인수후 소유권이 변경된 지 몇 달 만에 로이드의 CEO와 다수의 고위 관리자들이 사표를 제출했다. 하벨스는 로이드가 소수의 딜러들을 통해서 제품을 판매하고 있었고, 이 딜러들이 지난 수년에 걸쳐 상당히 상당한 힘을 가지게 되었음을 알게 됐다. 이 딜러들은 더 높은 마진과 함께 더 많은 지분을 요구했다. 하벨스가 요구를 거부하자 딜러 상당수가 떠났고, 그것이 매출과 수익에 악영향을 미쳤다. 또한 하벨스 경영진은 브랜드 포지셔닝에서 근본적으로 다른 두 가지 접근 방식, 즉 하벨스의 고품질 제품을 고가에 판매하는 전략과 로이드의 공격적인 가격 경쟁 전략을 조합하려고 노력했지만, 이 과정에

투자, 진화를 만나다

서 상당한 불협화음이 발생했다. 하벨스가 로이드를 인수하고 2년이 지나자, 애널리스트들은 하벨스의 등급을 이전보다 낮게 평가했다. 로이드의 실적이 계속 실망스러웠기 때문이다.

이 상황에서 굽타는 로이드를 예전의 사업 방식으로 되돌리는 쉬운 길을 택할 수도 있었다. 그랬으면 매출과 수익이 탄력을 받으면서, 같은 회사의 그늘에서 서로 다른 두 종류의 사업을 창출했을 것이다. 하지만 그는 훨씬 더 어려운 길을 택했다. 로이드의 조직과 사업 모델에 장기적이고도 근본적인 변화를 일으키기로 했다.

굽타는 로이드 브랜드의 포지셔닝을 다시 했다. 기본 기능만 제공하고 평균 정도의 품질을 가진 저가형 제품에서 시장 최고의 제품에 상당하거나 그 이상의 기능을 갖춘 고품질의 제품으로. 하벨스는 약 3,500만 달러를 투자해 새로운 최첨단 에어컨 공장을 설립했고, 지금은 다양한 기능을 갖춘 최고급 에어컨을 생산하고 있다. 굽타는 수개월에 걸쳐 로이드의 고위 관리자들을 하벨스 문화에 흠뻑 젖은 관리자들로 서서히 교체했다. 하벨스는 몇몇 영향력이 있는 딜러들의 요구를 거부하면서 단기적으로 매출이 감소했지만, 더 탄탄한 새로운 유통망을 구축했다. 이제 로이드는 하벨스와 하나가 되어 전략 및 조직의 우선순위 차원에서 완전한 조화를 이뤘다.

하벨스가 장기적인 목표 달성을 위해 단기적인 고통을 견딜 수 있었던 중요한 원인은 대차대조표에 현금이 풍부했기 때문이다. 그리고 하벨스가 현금을 축적할 수 있었던 건 수년에 걸쳐 ROCE가 매우 높았기 때문이다. 어떤 기업이 '우리는 장기적인 가치 창출을 위해 노력하고 있다'고 말하기는 쉽다. 그러나 현금 잔고가 주는 용기가 없다면 그 말은 쓸모가 없다. 하벨스가 갚아야 할 부채와 이자가 많았다면 어떤 일이 벌어졌을지 정확히 알 수는 없지만, 은행이 목을 죄어오는 상황에서 길고 어렵고 불확실한 길을 계속 가려는 용기를 가졌을지는 의문이다.

하벨스는 적당히 위험한 인수를 추진했고, 초기에 문제가 발생해서 통합을 위해 시간과 노력을 기울였다. 그리하여 자칫 큰 실패가 될 수도 있었던 상황을 전략적 성공으로 전환했다. 아닐 굽타는 쩔었다. 하벨스도 쩔었다. 52% ROCE가 쩔기 때문이다.

투자에는 보장이 없다

드미트리와 류드밀라가 은여우의 여러 특성 중 길들이기를 선택해 그 밖의 다양한 특성을 만들어내는 데 도움을 얻은 것처럼, 우리는 높은 ROCE를 선택해 그 밖의 다양하고도 바람직한 자질을 가진 기업을 선택하는 데 도움을 받는다. 1장에서 설명한 대로, 위험 필터를 쓰면 역사적 ROCE가 장기에 걸쳐 20%보다 낮은 기업을 제외하게 된다. 약 150개 기업으로 이루어진 예비 최종 후보군에는 ROCE가 과거 5년에서 10년 혹은 10년이 넘는 시간 동안 20%가 넘는 기업들만 남는다.

기업을 고를 때 오직 ROCE만 봐야 한다고 주장하는 게 아니다. 그건 무모하고도 어리석은 짓이다. 내가 주장하려는 건 기업을 고를 때 역사적 ROCE를 살펴보는 것에서 '시작해야' 한다는 것이다. 현재 투자자이거나 투자자가 되기로 결심한 사람이라면, 자기만의 투자 방법과 스타일을 개발하게 될 것이다. 하지만 뭘 개발하든, 기업의 역사적 ROCE를 잘 이해하는 것에서 출발하면 경쟁자들보다 훨씬 더 앞서갈 수 있다.

하나를 사면, 여럿 공짜로 따라오니까.

이미 예상했을 수도 있지만, 첫 번째 필터로 ROCE를 선택하면 두 가지 문제가 있다. 첫째, 과거에 ROCE가 일관되게 높았다고 해서 '미래에도' 높을 것이라는 보장이 없다.

예를 들어, 어느 한 기업이 지역 버스 노선 운영권이나 구리 광산 운영권과 같이 해당 산업에서 독점권을 가지고 있는 경우, 자질이 부족한 경영진이라도 상당한 자본수익률을 기록할 수 있지만, 독점권이 만료되면 ROCE가 급격히 하락할 수 있다. 마찬가지로, 제품이나 원자재에 높은 관세를 부과하면, 이 제품이나 원자재를 판매하는 국내 기업은 열심히 노력하지 않고도 상당한 수익을 올릴 수 있다. 그리고 운도 작용한다. 주요 경쟁업체가 내부적으로 문제가 발생하면, 몇 년은 꽤 괜찮은 ROCE를 기록할 수 있다.

이런 기업은 예비 후보 목록에서 쉽게 제외할 수 있다. 식별하기 쉽기 때문이다. 그러나 이와는 결이 다른 범주의 잠재적 패배자(현재는 ROCE가 높지만 미래에는 낮아지는 기업)는 사전에 식별하기가 어렵다. 창업자가 이성을 잃거나, 회사가 전략을 바꾸거나, 경영진이 실패한 인수에서 헤어나지 못하거나, 공격적인 신규 경쟁업체가 회사를 어렵게 하면, 우량 기업도 길을 잃을 수 있다. 높은 ROCE가 이런 역경에 직면했을 때 어느 정도 완충 역할을 해주지만, 자신을 파괴하기에 여념이 없는 기업을 지켜주는 데는 한계가 있다.

하지만 이번 장은 훌륭한 기업을 찾기 위해 어디서 출발해야 할지 알려주기 위한 것이지, 상당한 투자 수익을 보장하기 위한 것은 아님을 명심해야 한다(스포일러 경고: 그런 건 없다).

ROCE가 높은 기업만으로 예비 후보군을 선별할 때 생기는 두 번째 문제는 미래에 크게 성공할 수 있는 기업을 놓친다는 것이다. 넷플릭스Netflix로 예를 들자. 우리가 2018년 초에 넷플릭스를 평가했을 때, 이 회사는 지난 10년(2008~2017년) 동안의 ROCE 중앙값이 10%로 너무 낮아 예비 후보군에 들어가지 못했다. 엄청난 부를 창출할 기회를 놓친 것이다. 넷플릭스의 주가는 2018년 1월부터 2021년 12월까지 2.9배나 뛰었다.

그런데 중요한 건, 우리가 이렇게 잃어버린 기회를 조금도 후회하지 않는다는 사실이다. 나는 우리가 넷플릭스 같은 기업을 놓치게 되리라는 걸 알고 있지만, 그래도 괜찮다. 초기 예비 후보 목록에 ROCE가 높은 기업만 포함하는 전략은 일부 잠재적 승리자들을 반드시 제외하지만, 우리가 절대로 투자하고 싶지 않은 질이 낮은 수백 개의 기업도 제외한다. 그래서 평균적으로 이 접근 방식이 우리에게 긍정적이라 믿는다.

경쟁업체들이 우리가 꺼리는 전략을 택해 돈을 벌었다고 해서, 우리가 우리 방식을 바꾸지는 않는다.

C'est la vie(그것이 인생이다).

***

2022년 초, 나는 노보시비르스크에 있는 세포학 및 유전학연구

투자, 진화를 만나다

소에 메일을 보냈다. 질문이 두 개 있었다. 첫째, 은여우 실험은 여전히 진행 중인가? 둘째, 류드밀라 트루트가 지금도 계속 활동하고 있는가? 지금부터 60여 년 전인 1959년에 류드밀라가 실험을 시작했기에, 나는 당연히 두 가지 질문 모두에 '아니요'라는 대답이 돌아올 거라 생각했다.

그런데 놀랍게도 이 연구소의 진화유전학 실험실 부실장 유리 허벡Yury Herbeck이 내 메일에 신속히 답장을 했다. '유쾌한 충격'을 받았다고나 할까?

실험은 여전히 진행 중일뿐만 아니라, 이제 거의 90세가 된 류드밀라 트루트도 여전히 활발히 활동한다고 한다! 게다가 획기적인 과학 논문도 발표하고 있다! 친절하게도 허벡은 메일에 최근 몇 년 동안 류드밀라 트루트가 동료 연구자들과 함께 권위 있는 과학 저널에 발표한 연구 논문 4편도 첨부했다. 가장 최근 논문은 2021년 7월 14일 《저널 오브 뉴로사이언스Journal of Neuroscience》에 게재됐는데, 제목은 〈러시아 사육장-여우 실험에서 길들이기의 선택과 공격성에 따른 신경형태학적 변화Neuromorphological Changes Following Selection for Tameness and Aggression in the Russian Farm-Fox Experiment〉다.

나는 우리가 15년 넘게 성공적으로 투자해 왔다는 사실에 자부심을 가졌었다. 이제는 아니다. 60년이 넘는 세월 동안 열정과 자기 수양, 탁월성을 유지해 온 류드밀라 트루트의 이야기를 듣고 나서는 냉혹하고도 고통스러운 현실을 직면했다.

갈 길은 아직 멀고도 멀다.

요약

진화론의 두 번째 가르침

데이터와 정보의 홍수에 휩쓸리지 않으려면, 먼저 바람직한
자질들이 함께 따라오는 기업 특성을 하나 선택해야 한다.

1. 자연에서는 한 가지 특성을 선택하는 것이 생명체의 다른 많은 행동 및 신체 특
   성에 영향을 미친다.

2. 드미트리 벨랴예프와 류드밀라 트루트가 시베리아에서 진행한 장기 실험은, 야
   생 은여우가 길들이기를 선택하면 몇 세대에 걸쳐 애완견과 유사하게 변한다는
   것을 보였다. 온순해지고 인간의 관심을 끌려고 한다. 귀가 늘어지고, 털에 흑색
   반점이 생기고, 코가 짧아지며, 1년에 한 번 넘게 짝짓기를 할 수 있게 된다.

3. 투자자에게는 다른 바람직한 자질들이 많이 딸려 오는 기업 특성을 선택하고 이
   에 집중하는 것이 큰 도움이 된다. 경영진의 자질, 높은 매출 증가율, 높은 마진
   율과 같이 널리 사용되는 요소들은 그런 특성으로 적합하지 않다.

4. 탁월한 기업의 여러 요소와 바람직한 상관관계가 있는 단 하나의 기업 특성은
   역사적 ROCE다. 우리는 역사적 ROCE가 높은 기업만 선택해 분석을 시작한다.

5. 반드시 그런 것은 아니지만, 일반적으로 ROCE가 높으면 경영진의 자질이 뛰어
   나고, 자본을 합리적으로 할당하고, 경쟁업체와 비교해 강력한 경쟁 우위가 있
   고, 성장과 혁신을 위한 여력이 있다.

6. 높은 ROCE는 분석을 위한 좋은 출발점이다. 선택의 폭을 좁히는 데 도움이 된
   다. 우리는 이런 초기 필터링을 거친 후에, 매력적인 기업으로 구성된 최종 후보
   를 선별하기 위해 훨씬 더 많은 작업을 수행한다.

7. 하지만 역사적 ROCE가 높은 기업이라고 해서 반드시 앞으로도 계속 좋은 기업
   으로 남는 건 아니다. 투자에는 보장이 없다.

투자, 진화를 만나다

3장

성계, 강인함을 말하다

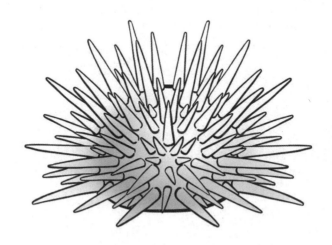

게다가 구조의 변화가 주로 위와 같은 원인이나 알 수 없는 원인에서 비롯된 경우, 처음에는 이것이 그 종에 도움이 되지 않을 수 있지만, 이후로는 그 종의 후손이 새로운 삶의 조건에서 새롭게 얻은 습관을 통해 이것을 도움이 되게 활용할 수 있다.

—

찰스 다윈, 《종의 기원》, 6장 이론의 난점

우리가 부채를 많이 동원하는 경우는 좀처럼 발생하지 않으며, 그렇게 하더라도 장기의 고정 금리를 기준으로 그것을 체계적으로 관리하려고 노력합니다. 우리는 대차대조표에서 레버리지를 과도하게 활용하기보다는 흥미로운 기회를 거절할 것입니다. 이런 보수적인 태도는 실적에 불리하게 작용했지만, 우리가 보험계약자, 예금자, 대출자 및 자신의 순자산에서 상당히 많은 부분을 맡긴 다수의 주식 보유자로부터 부여받은 의무를 고려할 때, 우리의 마음을 편안하게 해주는 유일한 행동 방식입니다.

—

워런 버핏, 〈1983년 주주 서한〉

뉴욕의 몇 평방마일에는 전 세계가 압축돼 있다. 뭄바이의 지저분함, 베를린의 예술, 파리의 패션, 런던의 음식, 도쿄의 활기, 상하이의 화려함, 델리의 무례함, 싱가포르의 쇼핑, 모나코의 퇴폐, 카이로의 혼돈, 뉴욕만의 장엄함 등. 나는 그걸 사랑한다. 그래서 나란다는 매년 6월 말에 뉴욕에서 투자자 연례 회의를 개최하고 있다.

내 아들이 어린 시절(아, 애들은 왜 자라는지)에 뉴욕에서 가장 좋아하는 장소가 두 곳 있었다. 시간이 지나면서 그곳들은 내가 가장 좋아하는 장소가 됐다. 센트럴 파크 동물원과 5번가에 있는 FAO 슈바르츠 장난감 가게. 우리는 거기서 아기 동물을 쓰다듬고 거대한 피아노 위에서 춤 추는 걸 가장 좋아했다.

FAO 슈바르츠에 기억에 남는 이유는 휘황찬란한 장난감들(몇 년에 걸쳐 그중 태반을 사들였다)보다는 경이로움과 놀라움에 흠뻑 빠져들었던 경험 때문이었다. 그곳에는 마술사, 루빅 큐브 아티스트, 귀여운 판다, 세계 최고 수준의 저글러, 그리고 한 번은 브로드웨이 배우와 견줄 만한 가수와 댄서들 있었다. 인도의 중소도시에서 자란 나는 장난감 가게에 가 본 적이 없었는데, 이 유명한 장소를 방문해서 더 신났던 게 아들이였는지 나였는지 아직도 잘 모르겠다.

2016년 아홉 번째 연례 회의를 마친 후, 나는 새로운 것에 또다시 매료되길 기대하며 5번가의 장난감 가게로 걸어갔다. 하지만 거기에 그런 건 없었다. 휴대폰으로 구글을 검색하자, 영혼이 착 가라앉아 버렸다. 매장이 영원히 문을 닫은 것이다.

도대체 왜 이런 일이 일어났을까? 늘 손님으로 붐비고 계산대도 항상 부족해 보이던 매장이 왜 문을 닫은 것일까?

맥킨지의 미스터리

글로벌 전략컨설팅회사인 맥킨지는 1991년 인도의 시장 자유화가 시작되자 1992년 인도에 진출하기로 결정했다.[1] 그리고 인도에 있는 MBA 스쿨 두 곳에서 신입 인턴을 뽑기로 결정했다. 1992년 당시 인도에는 전략컨설팅회사가 없었고, 이런 산업에 대해 아는 사람도 없었다. 또한 당시에는 인터넷이 없었기에, 이런 산업이나 회사에 대한 기본적인 조사조차 할 수 없었다. 학교 교수들도 답이 없기는 마찬가지였다.

나는 두 MBA 스쿨 중 한 곳의 졸업반 학생이었다. 회사The Firm(맥킨지 내부자들이 그렇게 불렀다)의 연봉은 어떤 이유에서인

투자, 진화를 만나다

지 연봉이 그다음으로 많은 회사(씨티은행)의 두 배였다. 나를 포함해 MBA 졸업반 학생 전체가 지원했다. 맥킨지가 어떤 일을 하는지 아무도 신경 쓰지 않았다. 돈의 유혹이 너무 강해 아무도 거부할 수가 없었다.

나는 운이 좋게도 알맞은 시기에 알맞은 장소에 있었고(인생이 그렇지 않나?), 맥킨지가 뽑은 5명의 MBA 졸업생 중 하나가 됐다. 나는 그곳에서 6년 정도 근무했다. 맥킨지는 참 좋은 회사다. 파워포인트 프레젠테이션과 장거리 출장이 너무 많아서 몸은 고되고 힘들었지만, 경쟁적 동료애, 회사의 고위 책임자와 함께 일하는 만족감, 글로벌 일체감(나는 6년 동안 해외 지사 4곳에서 근무했다)을 느낄 수 있었다. 맥킨지를 떠난 후에도 외국에서 오랜 세월을 보냈는데, 내가 맥킨지를 우러러보는 마음은 더 커져만 갔다. 맥킨지는 컨설팅 산업을 계속 지배했다.

1926년 제임스 O. 맥킨지James O. McKinsey가 맥킨지를 설립하기는 했지만, 회사를 지금의 지위에 올린 공로를 가장 많이 인정받아야 할 사람은 1933년에 입사한 마빈 바우어Marvin Bower다. 그는 작은 엔지니어링 및 회계법인을 오늘날의 경영컨설팅 업계 최강자로 바꿔놨다.

맥킨지는 설립 이후 90여 년 동안 대내외적으로 엄청난 충격들 여러 차례 경험했다. 우선 대외적 충격을 몇 가지 꼽자면, 대공황, 제2차 세계대전, 급격한 탈식민지화, 냉전, 오일쇼크, 미국을 비롯한 세계 주요 국가들의 여러 차례에 걸친 경기 침체, 인구 폭발, 대대적인 빈곤 퇴치, 대기업의 탄생과 소멸, 미국 제조업의 공동화, 중국의 부상, 연산 능력과 인터넷을 비롯한 통신 기술의 급격한 발전, 세계 금융 위기, 코로나19의 발생 등이 있다.

외부 세계가 급격한 변화를 겪을 때, 맥킨지 내부적으로도 몇 가지 충격을 경험해야 했다. 1950년대 후반 마빈 바우어에서 차세대 주자로의 권력 이양, 내부로부터 나오는 주식 상장에 대한 끊임없는 요구, 아닐 쿠마르Anil Kumar와 라잣 굽타Rajat Gupta의 투옥, 수년간 새로운 지역과 산업 부문으로의 대규모 확장, 남아프리카공화국 전력회사 에스콤Eskom과의 의심스러운 수임료 계약, 제약사 퍼듀 파마 Purdue Pharma에 마약성 진통제 오피오이드 판매 컨설팅을 제공한 것에 대한 책임을 다하기 위한 6억 달러에 달하는 합의금 지급 등.

맥킨지의 경쟁업체들 중 다수가 난투가 난무하는 컨설팅 업계의 급변 속에서 살아남지 못했다(모니터Monitor나 부즈Booz를 기억하는 사람?). 이와 달리, 맥킨지는 항상 해오던 일, 즉 고위 책임자가 신뢰할 수 있는 조언자의 역할을 충실히 수행해 생존했을 뿐만 아니라 계속 번창하고 있다. 맥킨지는 대내외적 충격에도 굳건하게 버텼다.

하지만 여기에 우습기도 하고 기이하기도 한 현실이 있다. 맥킨지는 변화 속에서 굳건히 버텼음에도, 지난 수십 년 동안 극적으로 변했다. 이 회사는 미국에서 출발했지만, 지금은 카이로, 카사블랑카, 청두에도 진출해 있고, 1990년대까지는 주로 전략 컨설팅을 제공했지만 지금은 경영 및 기술 컨설팅으로 그 영역을 확장했다. 초기에는 주로 제조업체를 대상으로 서비스를 제공했지만, 이제는 구글, 페이스북와 같은 실리콘 밸리의 새롭게 떠오르는 스타트업을 찾아다니고 있다. 그리고 내가 근무하던 시절에는 경력직을 거의 채용

투자, 진화를 만나다

하지 않았지만, 선임 파트너가 된 내 친구들에 따르면 지금은 능력
이 입증된 업계 전문가들을 수백 명이나 채용하고 있다고 한다.

생명체는 엄청나게 강인하다

MBA 프로그램, 경영 세미나, 많이 팔리는 경영 서적, 거대기업
등은 모두가 기업이 변화에 적응하고 더 나은 모습으로 진화하도록
가르치는 것처럼 보인다. 기업의 강박관념을 병에 담을 수 있다면,
그 병의 마개에는 '어떻게 하면 더 빠르게, 더 좋게, 더 쉽게 변화할
수 있을까?'라고 적혀 있을 것이다.

하지만 내 생각은 다르다. 경영자와 투자자가 마음속에 담아야
할 질문은 거의 정반대다. 어떻게 하면 변하지 않고도 변화할 수 있
을까?

그 이유를 설명하기 위해 진화생물학으로 가보자.

생물학자들은 생물계의 신비한 수수께끼를 늘 인식하고 있었다.
동물, 식물, 조류, 균류, 심지어 박테리아까지 생명체는 엄청나게 복
잡하다. 하지만 연약하지 않다. 외부 환경의 격렬하고 역동적이고
끊임없는 공격에도 불구하고 수억 년, 박테리아의 경우 수십억 년
동안 생존하고 번성했다. 심지어 내부에서도 돌연변이의 형태로 끊
임없이 반란을 일어나는 와중에 말이다.

이런 외부와 내부의 공격에도 불구하고, 생명체는 살아남았을 뿐
만 아니라 수백만 종으로 다양하게 성공적으로 뻗어나갔다. 얼음
으로 뒤덮인 빙하에서부터 뜨거운 물을 분출하는 심해의 열수분출

공에 이르기까지 지구상의 거의 모든 틈새를 차지하고 있다. 이 세계 최고의 신비 중 하나가 바로 이것이다. 생명체는 내부와 외부의 변화에 강하게 저항하는 '동시에' 진화하는 능력을 갖고 있다.[2] 이 내부와 외부의 공격 속에서도 잘 기능하는 능력을 나는 '강인함 robustness'이라고 부르겠다.

최초의 원시 단세포 생물이 너무 강인했다면, 35억 년 동안 변하지 않았을 것이고 버섯이나 미어캣meerkat이나 맨해튼족 인디언도 존재하지 않았을 것이다. 반면 충분히 강인하지 않았더라면, 화산 활동이 격렬하던 지구 역사 초기에 금방 멸종했을 것이다. 당신과 나 그리고 우리 주변에서 볼 수 있는 모든 생명체는 과거의 생물이 현상을 유지하는 것과 필요할 때 진화하는 것 사이에서 섬세한 균형을 이뤘기에 지금 여기에 존재한다. 어떻게 이런 현상이 일어났으며, 투자자는 여기서 무얼 배울 수 있을까?

변하지 않으면서도 변하는 이런 이중적인 기교는 서로 분리되어 있지만 밀접하게 연관된 두 가지 현상에서 비롯된다. 첫째, 생명체는 여러 수준에서 강인하다. 둘째, 이런 강인함이 중립 돌연변이가 미래 혁신의 원천이 되는 데 도움을 준다.

'여러 수준'은 무슨 뜻인가? 중립 돌연변이는? 너무 어렵게 들리는가? 처음에서 시작해 보자. 우리의 어머니, 우리의 조물주, DNA(디옥시리보핵산) 분자부터.

식물이든 인간이든, 모든 생명체의 DNA 분자는 두 가지 주요 기능을 수행한다. 하나는 생명체의 신체 부위(예: 피부, 신장, 꽃잎, 잎)를 구성하는 정보를 지니는 것이고, 다른 하나는 이것을 자손에

투자, 진화를 만나다

게 전달하는 것이다. DNA 기반 유전자 코드는 우리가 누구인지, 우리 자녀가 어떤 사람이 될지를 결정한다. DNA 분자는 이중나선 형태를 띠며, 뉴클레오티드라고 불리는 네 가지 종류의 단위, 즉 A(아데노신), C(시토신), G(구아닌), T(티민)으로 구성된다. 그림 3.1의 맨 윗부분을 보면 알 수 있듯이, 유전자는 수백 개에서 수백만 개에 이르는 뉴클레오티드 사슬로 구성된다! 여기서는 설명을 위해 9개의 뉴클레오타이드를 표시했다. 이런 DNA를 구성하는 뉴클레오타이드는 항상 염기쌍이라고 불리는 쌍으로 존재한다. 뉴클레오타이드 T는 항상 A와 쌍을 이루고, 뉴클레오타이드 C는 항상 G와 쌍을 이룬다. 그림 3.1은 염기쌍의 절반만 표시한 것으로, 염기서열은 ACGGATCGA이다.

모든 생명체의 DNA는 동일하게도 4개의 뉴클레오티드(A, C, G, T)로 구성되어 있다. 이에 대해 잠깐 생각해보라. 난초와 오랑우탄은 DNA 코드에서 이들 4개의 뉴클레오티드를 공유하지만, 배열이 각자가 다를 뿐이다. 인간은 30억 개의 뉴클레오티드의 염기쌍을 가지고 있다. 우리 몸 전체가 아니라 우리 몸에 있는 거의 모든 세포에서 말이다. 정말 놀랍기만 하다. 다음에 비좁은 여행 가방에 물건을 챙겨 넣을 때 이런 사실을 기억하자! 그리고 인간이 세상을 지배한다고 해서 이것이 인간 게놈의 크기가 가장 크다는 의미는 아니다. 인간 게놈의 크기는 평범한 수준이다. 하등한 단세포 생물인 아메바 두비아는 DNA에 6,700억 개의 염기쌍을 가지고 있는데, 이것은 여러분과 나의 게놈의 크기보다 약 220배가 더 크다는 것을 의미한다.[3]

이번 논의에서는 단백질 합성에 관여하는 유전자에만 집중하려고 한다. 우리 모두가 본질적으로 단백질 덩어리이다. 단백질은 신체를 구성 및 방어하고, 신체의 작동을 조절 및 감시한다. 우리 몸의 각 부위는 서로 다른 단백질로 이뤄져 있기 때문에, 서로 다른 역할을 한다. 예를 들어, 케라틴은 피부를 만들고, 헤모글로빈은 혈액 속에서 산소를 운반하고, 면역글로불린은 기생충으로부터 몸을 방어한다.

DNA는 전사transcription와 번역translation이라는 두 단계의 과정을 거쳐 단백질 합성에 관여한다.[4] 첫 번째 단계에서는 뉴클레오타이드 A, C, T, G의 긴 사슬을 가진 DNA 한 가닥이 mRNA(맞다. 이 분자는 화이자-바이온텍과 모더나가 만든 코로나19 백신의 기반이 되었다)라고 불리는 상보적인 메신저 RNA(리보핵산) 염기서열로 전사된다. 따라서 그림 3.1에 표시된 DNA 염기서열 ACGGATCGA는 mRNA 염기서열 UGCCUAGCU로 전사된다. 새롭게 등장하는 문자 U는 무엇일까? 전사 과정에서 DNA 뉴클레오티드 A(아데노신)는 mRNA 뉴클레오티드 U(우라실)로 전사되며, 앞에서 설명한 것처럼 C는 G와, T는 A와 쌍을 이룬다.

DNA 염기서열이 이에 상응하는 mRNA 염기서열을 생성했다. 이제 어떻게 될까? 두 번째 단계에서는 mRNA 분자의 서열이 단백질을 형성하는 아미노산 서열로 번역된다. mRNA는 단일 가닥 분자로, 특정 아미노산을 암호화하는 세 개의 뉴클레오타이드 서열인 코돈을 가지고 있다. 그림 3.1에 표시된 mRNA 염기서열 UGCCUAGCU에서 첫 번째 코돈인 UGC는 아미노산 티로신을, 두

투자, 진화를 만나다

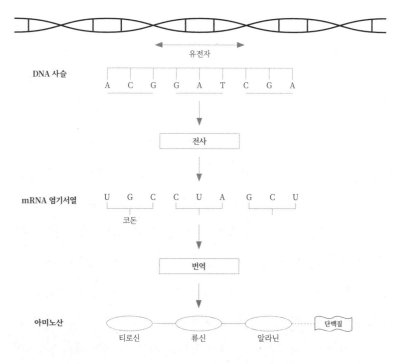

DNA 사슬　　A　C　G　G　A　T　C　G　A

전사

mRNA 염기서열　U　G　C　C　U　A　G　C　U

코돈

번역

아미노산　　티로신　　류신　　알라닌　　단백질

그림 3.1 **DNA가 mRNA를, mRNA가 단백질이 된다**

번째 코돈인 CUA는 아미노산 류신을, 세 번째 코돈인 GCU는 아미 노산 알라닌을 암호화한다. 이렇게 아미노산 서열이 단백질을 형성 한다. 보라! DNA가 mRNA가 됐고, mRNA가 단백질이 됐다.

생물학을 전공자들이여, 이걸 듣고 심장 발작을 일으키지 않기 를. 여기에 나오는 몇 줄의 글만으로 보편적 유전자 코드 작동의 복 잡함과 미묘한 차이를 담아내지 못한다는 사실을 잘 알고 있다. 여 기서 rRNA, tRNA, 비암호화 DNA, 효소는 다루지도 않았다. 하지 만 이 책은 생물학 교과서가 아니다. 앞으로의 이야기 전개를 위해, 유전자 코드에 대한 기본적인 이해를 갖출 수 있는 토대를 마련하려 는 것 뿐이다.

생명체가 여러 수준에서 강인하다는 것을 이해하기 위해, 가장 기초가 되는 보편적 유전자 코드에서 시작하자.

유전자 코드는 강인하다

앞에서 설명했듯이, 세 개의 염기로 이루어진 코돈이 아미노산을 생성한다. 따라서 코돈 AGC는 아미노산 세린을 생성하고 GGC는 아미노산 글리신을 생성한다. 네 개의 뉴클레오티드(A, C, U, G) 중 어느 것이든 세 개의 염기 중 하나를 차지할 수 있으므로, 생성 가능한 아미노산은 64종($4 \times 4 \times 4$)이다. 하지만 자연에는 20종의 아미노산만 존재한다. 왜 그럴까? 두 개 이상의 코돈이 동일한 아미노산을 암호화할 수 있기 때문이다. 예를 들어, GGU, GGC, GGA, GGG는 모두 글리신을 생성한다. 따라서 코돈의 처음 두 개의 자리가 GG이고, 세 번째 자리에서 어떤 돌연변이가 발생하더라도 항상 글리신을 생성한다. 이를 동의 돌연변이synonymous mutation라고 한다. 따라서 글리신의 생성은 세 번째 염기의 돌연변이에 대해 매우 강인하다. 전반적으로 봤을 때, 보편적 유전자 코드는 이런 종류의 동의 돌연변이를 통해 64종의 가능성을 단 20종으로 줄여났다.[5]

동의 돌연변이는 첫 번째 수준에서의 강인함에 불과하다. 과학자들은 번역 오류(코돈을 형성하는 순간에 발생하는 오류)가 세 번째 자리에서 가장 많이 발생하고 첫 번째 자리에서 가장 적게 발생한다는 사실을 발견했다. 놀랍게도, 앞에 나온 글리신에서와 마찬가지로, 강인함의 정도는 코돈의 세 번째 자리에서 가장 높다.[6] 따라서 세 번째 자리에서 번역 오류가 가장 많이 발생하지만, 이것이 생성

투자, 진화를 만나다

된 아미노산의 종류에는 아무런 영향을 미치지 않는다! 다시 말하자면, 진화는 유전자 코드가 돌연변이와 번역 오류에 매우 강인해지도록 했다. 멋지지 않는가?

단백질은 강인하다

이제 유전자 코드에서 수준을 한 단계 더 높여서 단백질이 아미노산 서열의 변화에 강인한지를 살펴보자.

앞에서 설명한 것처럼, 단백질은 특정 아미노산 서열로 구성된 거대 분자다. 단백질은 모든 생명체에 존재하며, 생명체를 만들고 유지하는 데 필수적인 모든 화학 작용에 직접 관여한다. 따라서 생명체의 형태가 안정적이라는 사실을 상기하면, 단백질은 굉장히 강인하리라 예상할 수 있고, 실제로 그렇다는 걸 확인할 수 있다.

단백질의 강인함에는 세 가지 유형이 있다. 첫째, 과학자들은 단백질의 기능이 아미노산대부분의 변화에 영향을 받지 않는다는 사실을 발견했다. 예를 들어, 대장균은 항생제 내성을 부여하는 베타-락타마제라는 단백질을 갖고 있다. 이 단백질은 263개의 아미노산 잔기로 구성되어 있는데, 이 중 84%는 돌연변이(즉, 다른 아미노산으로 바뀔 수 있다)를 일으켜도 효소의 기본적인 기능은 변하지 않는다. 잠깐 생각해보라. 100문제인 시험에서 84문제를 틀려도 A를 받는 것과 같다!

두 번째 유형의 강인함은 비슷한 기능과 구조를 가진 단백질이 서로 다른 아미노산 서열로 만들어질 수 있기 때문에 발생한다. 예를 들어, 미오글로빈과 헤모글로빈은 척추동물의 산소 결합 단백질이며, 게와 거미 같은 무척추동물과 식물에도 비슷한 종류가 많이 있다. 고래 미오글로빈과 조개 헤모글로빈의 3차원 구조는 거의 완벽하게 겹쳐질 수 있다! 이렇게 신비한 구조적·기능적 유사성에도 불구하고, 이 두 단백질의 아미노산 서열은 굉장히 다르다. 고래 미오글로빈과 조개 헤모글로빈의 아미노산 서열 중 겹치는 건 18%다. 셋째, 과학자들은 대부분의 아미노산 서열이 극히 소수의 구조로 귀결된다는 사실을 발견했다. 정말 극소수다. 얼마나 적은지 보자. 작은 단백질 하나가 100개의 아미노산을 가질 수 있으므로, 가능한 단백질의 수는 우주에 존재하는 모든 원자의 개수보다 많은 20^{100}개다.[7] 실제로 존재하는 단백질의 수는? 약 10,000개(또는 20^3개)다. 따라서 단백질의 구조와 기능은 지극히 강인하다.

몸은 강인하다

이제 성게를 예로 들어, 단백질보다 수준을 한 단계 더 높여서 몸으로 가 보자.

성게는 2억 5,000만 년 전부터 진화했으며, 지금 약 1,000여 종이 있다. 여기서는 오스트레일리아의 얕은 바다에서 발견되는 두 가지 종들인 헬리오시다리스 투베르쿨라타Heliocidaris tuberculata와 헬리오시다리스 에리스로그람마Heliocidaris erythrogramma에만 초점을 맞추려고 한다. 이들을 각각 T와 E이라고 부르자. 이 두 종은 체제body plan가 일정하게 유지되어 있다. 다시 말하자면, 겉모습은 같아 보이지만 발달 양식이 완전히 다르다.

T는 성체와 하나도 닮지 않은 유충(플루테우스)을 생산하며, 자

유롭게 헤엄치는 이 플루테우스는 성체로 성장하기 위해 플랑크톤을 먹는다. 반면에, E는 알에서 중간에 있는 유충 단계를 거치지 않고 바로 성체로 성장한다. 그러나 T와 E는 서로 상당히 가까운 종이라 할 수 있으며, 침팬지와 인간이 분화된 것과 거의 같은 시기인 약 500만 년 전에 분화됐다. 침팬지가 성체 침팬지와 전혀 닮지 않은 유충을 생산하는 것이나 마찬가지다! 알의 모양과 크기, 다양한 몸 부위로 발달하게 될 세포가 형성된 장소, 발달을 조절하는 유전자의 활성화 등 전체적인 발달 양식은 이 두 종이 불과 500만 년 전에 같은 조상에서 출발했다는 사실이 믿기지 않을 정도로 엄청나게 다르다. 이런 발달 양식의 차이에도 불구하고 구글에 T와 E의 이미지를 검색해보면 이들의 겉모습이 거의 같다는 사실을 알 수 있다.

성게는 어떻게 발달의 많은 근본적인 측면을 변화시키면서도 자신의 체제를 유지했을까? 그리고 아주 다른 발달 경로로 진화하면서도 대단히 강인한 체제를 유지함으로써 무엇을 얻어냈을까? 그 답은 잠시 후에 살펴보고, 일단은 지금까지의 내용을 정리해보자.

우리는 생명체와 종의 안정성이 유전자 코드, 단백질, 심지어 체제에 이르기까지 여러 수준에서의 강인함을 통해 유지된다는 사실을 확인했다. 너무 길어질 수 있으니, RNA의 2차 구조에서의 변화, 유전자 조절 영역에서의 변화, 효소 활성에서의 급격한 변화 등 다른 많은 수준에서의 강인함에 대한 자세한 설명은 생략한다.

돌연변이가 유전자의 DNA 염기서열을 바꾼다고? 전혀 문제가 되지 않는다. 동일한 아미노산을 생성한다. 돌연변이 또는 재조합이 아미노산 서열을 바꾼다고? 그것도 전혀 문제가 되지 않는다. 동일한 단백질을 생성한다. 단백질의 아미노산 서열에 변화가 생겼다고? 그것 역시 전혀 문제가 되지 않는다. 동일한 효소 활성이 계속된다. 생명체는 변화에 탄력적으로 저항하도록 만들어졌다.

진화 가능성의 진화

이런 생명체의 강인함은 이 장을 시작하면서 언급한 역설로 우리를 이끈다. 생명체가 이렇게 여러 수준에서 강인하다면 대체 종은 어떻게 진화하는 걸까? 종은 왜 고정되어 있지 않는 걸까? 무엇이 박테리아가 보노보 원숭이가 되게 했을까?

이 질문에 대한 간단하고도 놀라운 대답은 강인함 자체가 진화 가능성을 낳는다는 것이다!

이 역설을 해명하기 위해, 분자생물학 역사의 한 측면을 잠깐 들여다볼 필요가 있다. 1968년 일본의 유전학자 기무라 모토木村資生는 분자 진화의 '중립 이론neutral theory'을 제시했다.[8] 기무라는 DNA와 아미노산 수준에서 나타나는 대부분의 변화는 분자의 기능에 영향을 미치지 않으므로, 유기체의 생존과 번식 능력에 영향을 미치지 않는다고 주장했다. 또, 소수의 돌연변이가 유리하게 작용하며 자연선택이 이를 유지하게 한다고 주장했다. 일부 돌연변이는 해롭게 작용하기 때문에 거부되지만, 대부분의 돌연변이는 유기체에 실질적인 영향을 미치지 않는다. 기무라에 따르면, 대부분의 돌연변이는 중립적이고, 그게 유기체가 강인해지는 원인이다.

그렇다면 중립 돌연변이가 어떻게 진화로 이어지는가? 중립적 변화는 주요 기능primary function은 그대로 두고 보조 기능secondary function을 바꾼다. 그게 미래 혁신을 위한 원천이 된다.

유전자 A가 주요 기능 F를 갖고 있다고 가정해 보자. 돌연변이로 인해 유전자 A가 유전자 B로 바뀌지만, 강인한 시스템을 가지고 있기 때문에 유전자 B는 기능 F를 계속 수행한다. 그런데 유전자 B는 보조 기능인 FS에 영향을 미친다. FS는 유기체의 적합성을 변화시키지 않지만, 유기체의 후손이 이를 완전히 새로운 기능을 위해 사용할 수 있고, 그게 진화로 이어질 수 있다. 결국 유전자 코드가 강인하더라도(유전자 A가 유전자 B로 바뀌어도 그것이 기능 F에는 영향을 미치지 않기 때문에), FS가 영향을 받아서 유기체가 진화할 수 있다.

강인한 생명 시스템에서 진화의 가능성이 열린다!

이제 성게의 예로 돌아가 보자. T와 E는 수백만 년에 걸쳐 중립 돌연변이를 통해 발달 주기를 변화시키면서도 체제의 강인함을 유지했다. 예를 들어, T의 배아세포 32개 중 16개가 외배엽(낭배기에 배胚의 표면에 남는 세포층)이 되는 반면에, E의 배아세포 32개 중 26개가 외배엽이 된다. 성게의 몸 구조는 배아 발달에서 나타나는 다양한 변화에도 강인하게 유지된다. 결과적으로, 성게는 완전히 새로운 생태적 지위와 삶의 방식을 개척했다. 예를 들어, E는 T가 생존할 수 없는 심해와 극지방에 풍부하게 서식하는데, 이는 E가 생존을 위해 플랑크톤에 크게 의존하는 유충 단계를 거치지 않고 바로 성체로 성장하기 때문이다.

지난 세기 동안 맥킨지에서도 비슷한 일이 벌어졌다. 오늘날의 맥킨지는 지리적 입지, 조직 프로세스, 고객 서비스 유형, 전문성의 수준에서 마빈 바우어 시절의 맥킨지와 닮은 점이 거의 없다. 하지만 문화, 일체감, 문제 해결 방식, 고위 관리자와의 협력 등 근본적인 수준에서는 여전히 고집스러울 정도로 바우어 특유의 모습을 유지하고 있다. 맥킨지는 변하지 않고도 변했다. 이것이 비로 우리가 기업의 소유주로서 추구하는 것, 즉 강인함을 유지하면서 계속 진화할 수 있는 능력이다.

강인해야 진화할 수 있다

지금까지의 여정을 되짚어보자. 우리는 큰 위험을 피하고(1장), ROCE를 이용해 예비 후보군을 선별했다(2장). 이제 강인함을 기준으로 기업을 선별해야 한다.

다음은 나란다에서 체화한 교훈들이다.

강인함의 형태는 다양하다

투자자는 어떻게 기업의 강인함을 측정할 수 있을까? 간단한 정량적 답이 있었으면 좋겠다. 하지만 그런 건 없다. 투자의 거의 모든 것이 그렇듯, 그 답은 주관적이고, 모호하며, 논란의 여지가 있다. 하지만 우리한텐 도움이 된다. 강인함을 평가하는 가장 좋은 방법은 표 3.1에 열거된 양극단을 대조하는 것이다.

투자, 진화를 만나다

표 3.1 **기업 강인함의 예**

가장 강인함	가장 허약함
오랜 기간에 걸쳐 역사적 ROCE가 높다.	기업 역사의 대부분 혹은 전체 기간에 걸쳐 영업 손실을 기록하고 있다.
다변화한 고객 기반을 갖고 있다.	소수의 고객에만 의존한다.
부채가 없고, 초과 현금이 존재한다.	레버리지 비율이 높다.
강력한 경쟁 우위를 갖는다.	경쟁에서 벗어날 수 없다.
다변화한 공급업체 기반을 갖고 있다.	소수의 공급업체에만 의존한다.
안정적인 경영진을 보유하고 있다.	경영진 교체가 잦다.
해당 산업이 느리게 변한다.	해당 산업이 빠르게 진화한다.

표 3.1은 완전한 목록은 아니지만, 내가 어느 기업이 강인하다고 말할 때, 그게 무얼 의미하는지는 대략 이해할 수 있길 바란다. 강인한 기업은 표에서 나열한 양극단 중 왼쪽에 치우쳐 있다.

2장에서 정량적 기준인 ROCE를 사용해 기업을 선별했던 것과는 다르게, 강인함을 설명하는 많은 요소가 정성적이라는 것을 알 수 있다. 게다가 내 경험에 따르면 모든 요소가 왼쪽이나 오른쪽 열에 속하는 기업은 거의 없다. 강인함은 흑과 백의 이분법이 아니다. 감사한 일이다. 그랬다면 좋은 투자자와 위대한 투자자를 구분할 방법이 없지 않을까?

투자자마다 표 3.1에 나열된 요소에 부여하는 가중치가 다르다. 예를 들어, 많은 투자자들이 고객 집중도customer concentration•를 문제라고 생각하지 않는다. 우리는 문제라고 생각한다. 나란다를 설립

• 기업의 매출이 소수의 고객에게 집중되는 정도.

한지 몇 달 안 됐을 때, 이 상반된 견해로 재미를 좀 봤다.

WNS는 미국에 상장된 인도의 비즈니스 프로세스 아웃소싱 business process outsourcing, 이하 BPO* 기업이다. WNS 같은 선도적인 BPO 기업은 보통 고객사에게 내부 팀과는 비교가 안 되는 품질과 가격으로 다양한 미션 크리티컬mission critical** 서비스를 제공한다. 예를 들어, 고객의 회계 결산을 지원하고, 미수금과 미지급금을 관리하고, 소비자 분석을 시의적절하게 수행하고, 모기지 신청을 처리하고, 그 밖의 고객 문제를 해결한다. 우리는 2007년 나란다를 설립할 때부터 WNS를 관심을 가지고 지켜봤다. 높은 ROCE, 부채 제로, 강력한 경쟁 우위, 안정적인 경영진 모두 갖고 있었지만, WNS가 소수의 고객에만 의존하는 것이 마음에 들지 않았다. 2006년에 WNS의 5개 고객사가 전체 매출의 41%를 차지했는데, 2007년에는 이 비율이 급격히 증가해 55%가 됐다.[9] 우리는 이 회사가 강인하지 않기에 쇠퇴하지 않을까 걱정했다. 하지만 시장은 걱정하지 않았고, 2007년 중반에 WNS의 주가는 35달러에 달했다.

2007년 하반기에 WNS는 주요 고객을 잃었고, 또 다른 고객은 계약을 연장하지 않겠다고 위협했다. 이는 단기적으로 좋은 소식이 아니었고, 시장은 WNS에 가혹했다. 2008년 초에 WNS의 주식은 13달러까지 폭락했다. 우리는 WNS가 더 다변화한 고객 기반을 통해 더 강인해질 것이라 판단했다. 2008년 1월부터 3월까지 WNS 지분을 약 6% 매수했다. 13년이 지난 2020년, WNS의 5대 고객사

---

* 경쟁력 강화를 위해 핵심 역량을 제외한 회사 업무 처리의 전 과정을 외부 전문업체에 맡기는 전략적 차원의 아웃소싱.
** 업무 수행을 위해 필수 불가결한 요소.

는 전체 매출에서 겨우 25%만을 차지했다. 2007년에는 안 좋게 들리던 뉴스가 2020년에는 상당히 좋게 들렸다!

강인함을 직접 평가해, 진화 가능성을 간접 평가한다

영원한 소유주가 되고자 하는 우리 나란다의 임직원들은 변화하는 환경에 적응하고 진화할 수 있는 중립적 전략을 성공적으로 실행할 수 있는 기업을 갈망한다. 우리는 진화 가능성을 원한다. 아니다. 진화 가능성이 '있어야 한다'. 우리가 투자하고 나면, 기업에 인공지능과 같은 기술의 공세를 이겨내고, 온라인과 오프라인 경쟁에서 우위를 점하고, 여러 번에 걸쳐 불황을 견뎌내고, 기후 변화가 미치는 악영향을 극복하고, 경영진의 교체에도 살아남아야 한다. 적응할 수 있어야만 한다.

하지만 진화생물학자들이 진화 가능성을 평가하기 힘들어 하는 것처럼,[10] 나도 아직 변화하는 세상에 적응하는 기업의 능력을 사전에 미리 직접 평가할 수 있는 신뢰할 만한 방법을 찾지 못했다. 많은 투자자들이 경영진과의 인터뷰나 토론이 기업이 미래에 적응하는 능력을 평가할 수 있는 훌륭한 방법이라고 주장한다. 그럴 수도 있다. 하지만 나는 시간 낭비라고 생각한다. 그것에 관해서는 나중에 7장에서 자세히 설명하겠다.

하지만 내가 원하는 것을 충족시킬 수 있는 간접적이지만, 상당히 신뢰할 만한 방법이 없는 건 아니다. 바로 기업이 강인한지를 평가하는 것이다. 강인함은 생명체 진화의 토대 마련한다. 기업도 마찬가지다. 강인함은 기업이 성공적으로 진화하기 위한 필요조건이지만 충분조건은 아니다.

살아있는 생명체와 마찬가지로, 강인한 기업에는 진화 가능성이 열려 있다.

같은 산업에 속한 두 기업의 예를 들어보자. 기업 A는 업계 선두를 달리고 있고, 매출 100달러에서 20%의 마진을 남긴다. 고정 자산, 미수금 및 재고로 구성된 사용자본이 50달러라고 가정해 보자. A의 ROCE는 40%(100×20%÷50)로 상당히 탄탄하다. 회사의 성장률이 ROCE보다 낮으면, 잉여현금흐름도 계속 발생할테니 부채가 없다. 기업 B는 이보다 뒤처져 있다. 매출은 A의 절반인 50달러고, 15%의 마진을 남긴다. 공급업체(빨리 결제해달라고 한다)와 고객(늦게 결제하려 한다)을 상대할 협상력이 충분하지 않기에, 사용자본은 기업 A와 똑같은 50달러다. B의 ROCE는 15%(50×15%÷50)다. B의 부채는 10달러(영업이익이 7.50달러이므로 많지 않다)고, 부채 이자율은 5%다.

따라서 두 기업 모두 ROCE가 꽤 괜찮고, 대차대조표도 상당히 건실하다. A가 더 좋지만, B도 나쁘지 않다.

모든 게 나쁘지 않아 보인다. 그렇지 않을 때까지는.

코로나19가 발생하고, 정부가 폐쇄 조치를 시행했다. 두 기업의 매출과 영업 마진율이 반토막이 났다. 업계 선두를 달리는 A는 현금을 동원하고 재고를 정리해 사용자본을 25달러로 낮췄다. 반면, B는 A와 '같은' 매출 및 영업 마진율의 감소를 겪었지만, 고객이 대금 납부를 거부했고 수요가 부족한 여건에서 만들어둔 제품을 팔 수도 없었다. 이 기업의 사용자본은 50달러에서 제자리걸음을 했다. 이제

투자, 진화를 만나다

A의 ROCE는 20%(50×10%÷25)고, B의 ROCE는 4%(25×7.5% ÷50)다.

그렇기에 코로나19가 유행하는 동안에도, A는 상당한 수준의 ROCE를 기록해 여전히 성장에 투자할 수 있었다. ROCE는 20%로 여전히 높은 수준을 유지했고, 부채 이자율이 5%에 불과하고 부채가 없었기에 필요할 때 시장에서 자금을 빌릴 수도 있었다. 유행병 이전에는 평범한 수준을 편안하게 유지하던 B는 이제 생산, 마케팅, 유통에 투자할 자금이 없어 문을 닫을지도 모르는 위험에 처했다. 4%의 ROCE로는 부채 이자율 5%도 힘겨웠다. 불안정한 대차대조표와 마진율 감소를 고려하면, 대출 기관도 더 많은 자금을 빌려주기 꺼려할 것이다.

적어도 단기적으로, A는 시장 점유율을 높이고 B는 지금보다 더 나빠질 가능성이 크다. A는 ROCE가 더 높아 더 높은 정도의 강인함을 지녔기에, 나빠진 외부 여건에서도 적응하고 진화할 수 있다.

이 설명을 그저 이론적 구조물로 치부해서는 안 된다. 우리는 많은 기업에서 이런 전개를 봤다. 유행병이 시작됐을 때, 모든 인도 기업이 어려워지리라는 생각이 널리 퍼져 있었다. 2020년 3월과 4월에 주식 시장은 이런 생각을 반영해 급격하게 하락했다. 하지만 몇 개월이 지나면서, 유행병이 기업에 미치는 영향은 강인함의 정도에 따라 각기 다르다는 사실이 극명하게 드러났다. 코로나19 위기 동안과 그 이후에, 페인트, 이너웨어, 에어컨, 타이어, 파이프, 배터리 등 우리가 투자한 많은 산업 부문의 기업에서 이처럼 서로 다른 결과가 나타나는 광경을 목격했다.

우리 포트폴리오 기업 중 가장 잘나가는 기업을 꼽으면 2008년 리먼 브라더스가 파산하고 며칠 후에 운 좋게 인수한 페이지 인더스트리즈Page Industries다. 페이지는 인도에서 자키Jockey 브랜드에 대한 독점 판매권을 갖고 있으며, 인도에서 가장 규모가 큰 이너웨어 기업이다.[11] 페이지는 코로나19 위기로 많은 경쟁업체들이 문을 닫거나 어려움을 겪고 있을 때 공격적으로 신제품을 출시하고 신규 매장을 개설했다.

인도에는 4개의 이너웨어 기업이 상장돼 있으며, 나머지 3개는 맥스웰Maxwell, 루파Rupa, 러브어블Lovable이다. 2018년 12월, 상장된 동종업체 중 페이지의 시장 점유율은 66%로 이미 가장 높았다. 그런데 2020년 12월, 페이지의 시장 점유율은 70%로 상승했다. 수십 개의 비상장 기업 데이터까지 본 건 아니지만, 일화적 증거 anecdotal evidence와 업계 관계자들의 말에 따르면, 유행병 기간에 페이지의 시장 점유율 상승폭이 다른 기업들보다 훨씬 더 컸던 것으로 보인다.

나는 페이지의 강인함이 코로나19 위기 속에서도 지속적으로 성공할 수 있었던(가장 중요한 이유이거나 유일한 이유는 아니더라도) 주요 이유 중 하나라고 생각한다. 표 3.1에 나열된 강인함을 구성하는 다양한 요소에 비추어 페이지가 얼마나 좋은 평가를 얻는지 보자. 2020년 3월에 끝나는 회계연도 동안 페이지의 ROCE는 63%였고, 부채가 없었고, 고객 및 공급업체 기반이 상당히 다변화되어 있었다. 나는 페이지가 지난 25년 동안 브랜드와 유통에 투자해 깊고도 광범위한 해자를 구축했다고 생각한다. 또한 1995년 이후로 소

　　　　　　　　　　　　　　투자, 진화를 만나다

유주가 바뀌지 않았고, 해당 산업이 매우 느리게 변하고 있었고, 상위권 업체는 10년이 넘게 바뀌지 않았다.

강인함이 커지면, 진화 가능성도 커진다.

기업이 여러 수준에서 강인하기를 요구한다

인류와 35억 년 전에 출현한 모든 생물의 마지막 공통 조상(과학자들은 LUCAlast universal common ancestor라고 부른다) 사이에는 끊어지지 않는 생명의 사슬이 있다.[12] 이처럼 끊기지 않고 진화하는 계보의 모든 부분은 유전자, 단백질, 체제 등 여러 수준에서 강인함을 지니고 있었다. 나는 20년이 넘게 투자업계에 종사하면서 비슷한 양상을 기업에서도 발견했다. 여러 수준에서 강인할수록 진화 가능성도 커진다.

강인함의 7가지 요소를 나열한 표 3.1을 다시 보자. 앞에서 언급했듯, M&A 중독, 기업 지배구조 등 다른 요소들을 떠올릴 수 있지만, 지금은 여기에 나오는 7가지 요소에만 집중하자. 내 목표는 직접 떠먹여 주는 것이 아니라 방향을 제시하는 것이다.

우리는 기업이 표 3.1에 나오는 모든 요소에서 왼쪽으로 치우치기를 원한다. ROCE 수준, 고객 기반 집중도, 레버리지 정도, 경쟁 우위 정도 등에서 기업이 강인하기를 바란다.

너무 많은 걸 요구한다고? 물론, 그렇다. 우리는 영원한 소유주가 되기를 원한다. 여기서 핵심 단어는 '영원한'이다. 영원히 지속할 수 없는 기업이라면, 소유하고 싶지 않다. 여러 수준의 강인함이 없다면, 기업이 오랫동안 살아남으리라 어떻게 확신할 수 있을까? "이 회사는 강인한가?"라는 질문을 받으면 확신을 갖고 답하고 싶다. 나는 투자하는 사람이기에, 강인함을 평가하는 일은 판단의 문제이며 이 과정에 지름길은 없음을 잘 알고 있다. 그간의 투자 경험을 통해 스스로 깨우친 것이 있다면, 강인함에 분명 흑과 백의 극단이 존재하긴 하지만(예: 고객이 단 두 명인 기업), 많은 어쩌면 대부분의 기업이 회색 지대에 놓여 있다는 사실이다.

예를 들어, 부채 비율이 2.0인 회사는 강인할까? 아마 아닐 것이다. 그럼 0.2 또는 0.5이면 어떨까? 아마 강인할 것이다. 그런데 강인함을 뒷받침하는 요소에 따라 그 답이 달라질 수 있다. 우리 포트폴리오 기업들은 거의 모두 부채가 없다. 하지만 2010년에 인도의 대표적인 가정용 및 농업용 플라스틱 파이프 제조업체인 슈프림 인더스트리즈Supreme Industries에 투자했는데, 이 회사의 부채/EBITDA 비율은 0.6이었다. 높지는 않았지만, 제로가 아니었다. 작긴 해도 부채를 안고 있음에도 강인하다는 결론을 내렸다. 이 회사가 업계를 확실히 선도하고 있었고, 시장 점유율이 경쟁업체보다 높았고, 자본수익률이 30%를 넘겼고, 지난 10년 동안 많은 제품을 성공적으로 제작해 출시했고, 인도 전역에 걸쳐 수천 개의 유통 지점을 확보하고 있었고, 공급업체와 최상의 조건으로 협상할 수 있었고, 불필요한 인수에 시간과 자금을 낭비하지 않았기 때문이었다. 완벽하게 강인하지는 않았지만, 충분한 회복력이 있었다. 현재 이 회사는 부채가 없으며, 2위와는 큰 격차를 벌리면서 업계 선두를 달리고 있다.

회사가 더 많은 수준에서 강인할수록, 우리는 군침을 더 많이 흘린다.

강인한 기업이 계산된 위험을 감수하며 진화한다

앞에서 살펴본 것처럼, 중립 돌연변이는 유기체를 강인하게 만드는 동시에, 진화의 씨앗을 심는 역할을 한다. 기업의 세계에서도 중립적 변화는 단기적으로는 영향을 미치지 않을 수 있지만, 장기적으로는 커다란 변화를 일으킬 수 있다. 생물학에서 중립 돌연변이에 해당하는 것은 기업의 세계에서 '계산된 위험'이라는 두 단어로 요약할 수 있다.

세상에는 놀랍도록 강인하지만 규모가 작은 채로 남아 있을 소기업이 수없이 많다. 그와 달리 강인함의 한계를 시험하다가 파멸하는 기업도 있다. 전자는 위험을 전혀 감수하지 않고, 후자는 너무 큰 위험을 감수한다. 나는 이런 양극단 사이의 골디락스 존을 '계산된 위험'이라고 부르겠다. 이런 위험은 고위 관리자의 심기를 불편하게는 하지만, 지나치게는 아니다. 조직이 혁신하도록 밀어붙이지만, 지나치게는 아니다. 회사가 투자를 하게 만들지만, 지나치게는 아니다. 잠재적 성장 영역을 더해주지만, 너무 많이는 아니다.

내가 생각에 계산된 공격성과 위험 감수를 가장 잘 보여주는 회사는 월마트Walmart다.

잠깐 여담으로, 질문의 답을 알고 있는지 확인해보자. 샘 월튼Sam Walton은 몇 살 때 월마트를 창업했을까? 10대 혹은 20대라고 답했다면, 나와 같은 답을 한 것이다. 그리고 나와 마찬가지로 틀렸다. 샘 월튼이 1962년 아칸소주 로저스에 월마트Wal-Mart 1호 매장을 열었을 때가 마흔네 살이었다(Wal-Mart는 2018년에 Walmart가 되었다).[13] 현대의 위대한 창업자들 모두가 실리콘 밸리 출신인 건 아니고, 모두가 뜨거운 피가 흐르는 10대였던 것은 아니고, 모두가 '세상을 바꾸고' 싶어했던 것도 아니다.

대학을 졸업한 월튼은 1940년에 제이씨페니에서 영업사원으로 커리어를 시작한 후, 제2차 세계대전이 한창이던 1942년에 군입대를 했다. 1945년에 아칸소주 뉴포트(당시 인구는 7,000명이었다)에서 벤 프랭클린Ben Franklin 프랜차이즈 매장을 관리하기 시작했다. 1950년쯤에는 뉴포트에서 두 개의 매장을 관리하며 실험과 혁신을 통해 적당한 성공을 거둔 상태였다. 당시 고객에게 선풍적인 인기를 끌었던 혁신적 아이디어 중 하나는 아이스크림 머신이었다. 그는 자서전에서 이렇게 적었다. "물론 우리가 시도한 모든 미친 짓이 아이스크림 머신만큼 좋은 성과를 내지는 못했지만, 신속하게 수정하지 못한 오류를 저지르지는 않았고, 회사를 위협할 정도로 심각한 오류도 저지르지 않았다."

계산된 위험을 이보다 더 잘 정의할 수 있을까?

로저스에 연 첫 월마트 매장이 성공하자, 샘 월튼은 더 많은 매장을 열었다.[14] 1967년까지, 24개의 매장을 열었고 약 1,300만 달러의 매출을 올렸다. 1980년에는 매출 10억 달러를 달성했고, 그무렵 월마트는 276개의 매장과 약 21,000명의 직원을 거느렸다. 1967년부터 1980년까지 매장을 개설하고, 매장을 통해 더 많은 제품을 판매한 것이 성장을 촉진했다. 이 13년이라는 기간에 매장당 매출은 약 7배 증가했다. 월튼이 어떻게 이런 실적을 올릴 수 있었

투자, 진화를 만나다

을까? 끊임없이 새로운 것을 시도하고, 제품군을 확장하고, 고객 기반을 넓혔기에 가능한 일이었다.

모든 실험이 성공했던 것은 아니다. 예를 들어, 1980년대 초 월튼은 댈러스-포트워스 지역에 식료품과 잡화를 판매하는 대형 매장인 하이퍼마트Hypermart 두 곳을 열었다. 하지만 이 시도는 실패했다. 할인 약품 매장인 닷 디스카운트 드러그Dot Discount Drug와 주택 개선용품 매장인 세이브 모르Save Mor을 실험했지만, 모두 폐업했다. 그런데 실험 중 하나는 엄청난 성공을 거뒀다. 1983년에 대량 구매를 하는 소매업체 대상의 샘스클럽Sam's Club을 출시했는데, 10년 만에 매출 100억 달러를 돌파했다. 샘스클럽의 눈부신 성공은 관리 가능한 위험을 감수할 때 따르는 약간 나쁜 측면과 엄청나게 좋은 측면을 보여준다.

1장에서 설명한 것처럼, 대부분의 M&A는 실패한다. 그리고 규모가 큰 M&A는 기업을 파멸로 몰아갈 수 있다. 월마트는 바람직한 방식으로 인수 대상 기업을 관리한다. 인수 대상 기업을 관리하기 쉽게 소규모로 유지하고, 자금을 조달할 때 부채를 많이 동원하지 않는다. 월마트는 창업 15년 만에 처음으로 인수를 단행했다. 당시 매출은 5억 달러에 가까웠고, 자서전에서 알 수 있듯이 이 무렵 샘 월튼은 회사의 미래에 대해 상당한 자신감을 갖고 있었다. 그런데도 신중하게 행동했다. 1977년에 월마트의 약 10분 1 규모였던 모어 밸류Mohr Value라는 소규모 할인 매장 사업체를 인수했다. 그는 자서전에 이렇게 적었다. "매장 5곳을 폐쇄하고, 나머지 16곳을 월마트로 전환했지만, 그게 우리 시스템에 큰 충격을 가하지는 않았다."

1991년이 되어 월마트는 미국 49개 주에 진출했고, 경영진은 해외 진출 방안을 모색하기 시작했다. 월마트는 1호 매장을 개설한 지 거의 30년이 지나서, 멕시코 최대 소매업체 씨프라CIFRA와 합작 투자를 해서 최초의 해외 진출을 시작한 것이다. 1997년에는 씨프라의 최대 주주가 되었다. 이것이 '중립적' 변화였을까? 돌이켜 보면, 확실히 그래 보인다. 씨프라와의 합작 투자는 소규모로 시작했기에, 미국 영업에 영향을 미치지 않았을 것이다. 또한 합작 투자였기에 발만 살짝 담글 수 있었다. 새로운 지역에 적응한 이후에는 씨프라의 지분을 인수해 발을 더 깊이 담가도 된다는 자신감을 가졌다. 1991년에 처음 출범한 월마트 해외 사업 부문은 2020년에 매출이 1,200억 달러에 달해, 회사 전체 매출의 23%를 차지했다.[15]

월마트는 웹 비즈니스를 시작할 때도 이와 비슷한 방식으로, 즉 적은 위험을 소규모로 신중하게 감수했다. 2000년에 월마트는 실리콘 밸리의 선도적인 투자회사인 액셀 파트너스Accel Partners와 협력해 월마트닷컴Walmart.com을 출범했다. 아 참, 액셀은 2005년에 초기 단계에 있던 페이스북이라는 회사에 1,270만 달러를 투자해 명성이 자자한 곳이었다(어마어마한 부도 쌓았다).[16] 약 18개월이 지난 2001년 중반, 월마트는 액셀이 보유한 소수 지분을 인수해 월마트닷컴을 완전히 소유했다. 2020년까지 월마트의 이커머스 부문 매출은 240억 달러로 증가했고, 월마트닷컴의 매출은 월마트 미국 전체 매출의 10%에 육박했다. 2000년에 '중립적' 전략으로 시작했던 것이 이제는 시장 점유율을 올리기 위한 월마트의 핵심 전략으로 빠르게 자리 잡아가고 있다.

투자, 진화를 만나다

우리의 가장 규모가 큰 투자자 중 하나는 미국 어느 명문대학교의 기부금 펀드다. 그들은 수십 년 동안 전 세계의 펀드에 투자해 왔다. 2011년에 그곳 최고재무책임자chief financial officer, CFO가 우리 싱가포르 사무소를 방문했다. 규정 준수와 다른 관련 문제에 대해 이것저것 캐묻는 시간이 끝난 후, 나는 그에게 그간의 투자에서 배운 걸 우리에게 공유해줄 수 있는지 물었다. 그는 소속 펀드매니저들이 시대와 지역에 상관없이 지속적으로 손실을 보고 있는 업종 하나가 있는데, 바로 소매업이라고 말했다. 이를 감안하면, 월마트의 성공은 경외감을 자아내게 한다.

그렇다면 2020년 말 월마트는 어느 정도 강인했을까? 두 가지 지표만을 언급하겠다. 유형의 사용자본수익률return on tangible capital employed은 46%였다. 따라서 2020년에 일상적으로 발생하는 업무에 497억 달러의 자본을 투입해 229억 달러의 영업이익을 올렸다. 순부채 수준은 268억 달러에 불과해, 자기자본가치 520억 달러와 EBITDA 380억 달러보다 훨씬 더 낮았다. 이런 지속적 강인함이 경영진이 미국뿐만 아니라 전 세계에서 계산된 위험을 감수할 수 있게 도왔다.

성장과 확장을 향해 꾸준히 천천히 갔던 것이 월마트의 유일한 성공 요인인 것처럼 말을 꾸미고 싶지 않다. 틀림없이 월마트가 번창한 데는 다양한 요인이 작용했을 것이다. 샘 월튼이 창업자라는 것 외에 다른 어떤 요인이 월마트의 성공에 작용했는지 나는 잘 모르겠다. 다양한 비즈니스 서적과 월마트에 관한 기사에서 몇 가지를 떠올릴 수는 있겠지만, 그런 것들이 성공의 원인인지 결과인지 잘 모르겠다. 하지만 나는 월마트가 계산된 위험을 감수하고 강인하고 건전한 상태를 유지한 것이 지난 60년에 걸친 실적과 밀접한 상관관계가 있다고 생각한다.

나란다 포트폴리오 기업들 거의 모두가 그랬듯이 말이다. 우리가 처음 투자했던 2008년 당시에 페이지 인더스트리즈는 주로 남성용 이너웨어를 제조 및 판매했다. 다음은 이후로 페이지에서 일어난 몇 가지 이정표가 될 만한 일과 중립적 전략이다.

> 2008~2009년: 주로 남성용 이너웨어를 판매하는 회사.
>
> 2009~2010년: 여성용 레저웨어와 남성용 스포츠웨어 출시.
>
> 2010~2011년: 델리에 여성용 제품 매장을 최초로 개장, 생산직 직원을 위한 트레이닝 센터를 최초로 개장.
>
> 2011~2012년: 남아용 및 여아용 제품 출시, 스피도Speedo와 독점 라이선스 계약 체결.
>
> 2012~2013년: 여성용 잠옷 출시, 남성용 퍼포먼스 스트레치 출시, 방한용 제품 출시.
>
> 2013~2014년: 새로운 세계 표준에 부합하는 소매 아웃렛 개장, 여성용 심리스 잠옷 출시.
>
> 2014~2015년: 두바이와 아부다비에 단독 아웃렛 개장.
>
> 2015~2016년: 남아용 컬렉션(7-12세) 출시.
>
> 2017~2018년: 여아용 이너웨어 및 아우터웨어 출시, 남성용 및 여성용 애슬레저 제품 출시.
>
> 2018~2019년: 여성 청소년용 제품 출시.

투자, 진화를 만나다

2019~2020년: 실시간 생산 데이터를 갖춘 최초의 디지털 제조 부서 설치.

이 목록에서 주목할 만한 점은 '무엇이 여기에 포함돼 있지 않은 가'다. 목록에는 인수도 없고, 주력 제품과 무관한 사업 다각화도 없고, 세상을 바꾸겠다는 '비전에 입각한' 계획도 없고, 금융 공학도 없다. 오직 계산된 위험만 있다. 예를 들어, 2009~2010년에 남성용 스포츠웨어를 출시했다. 그리고 그걸 기존의 유통 채널과 직원, 제조 부서, 동일한 브랜드명을 통해 진행했다. 스포츠웨어 부문이 수년에 걸쳐 확장되면서, 이제 자체 공급망과 사업부를 확보하고 자체 광고까지 하게 됐다.

목록에는 2011~2012년에 유아용 제품을 출시한 것도 나온다. 페이지는 연례 보고서에서 자키 브랜드의 자연스러운 확장을 이렇게 설명한다. "자키 브랜드는 자키 키즈Jockey Kids를 출시해 미래 소비자에게 다가간다…. 우리는 100% 면 소재의 매우 부드럽고 흡수력이 뛰어난 원단을 사용해 편안함을 최우선 가치로 하는 유아용 제품을 선보였다." 페이지의 투자자로서 새로운 타깃층을 공략하려는 시도를 들뜬 마음으로 지켜봤다. 자키 브랜드로 접근할 수 있는 시장이 두 배로 넓어지기 때문이다.

페이지는 인도에서 사업을 시작한 지 17년이 지나서야, 브랜드를 새로운 부문으로 확장할 수 있는 권리를 얻었다. 하지만 뜻밖에도 실패했다. 유아용 제품이 잘 팔리지 않았고, 회사는 제품 판매를 중단했다. 그게 회사의 재정이나 영업에 부정적인 영향을 미쳤을까?

그렇지는 않다. 계산된 위험이었다. 기업의 강인함에 영향을 미치지 않는 중립적 전략이었다. 2011~2012년 ROCE는 59%였으며, 유아용 제품이 실패했음을 깨달았을 시점인 2012~2013년에는 64%로 더 높았다. 2012~13년에는 전체 매출이 26% 증가했고, 이익은 24% 증가했다. 당시 페이지는 부채가 거의 없었다. 소규모의 베팅을 할 수 있는 탄탄한 기반을 구축해놓고 있었고, 이것이 확실한 장점이 됐다.

2015~2016년에 페이지는 과거의 전략으로 되돌아가서 남아용 제품만 출시했다. 남아용 제품 중에서도 7~12세만을 위한 제품을 선보였다. 왜 5세나 13세 남아는 포함하지 않았을까? 나는 잘 모르겠다. 내가 제품 마케팅을 잘 모르지만, 다행히도 페이지는 잘 안다. 1년이 지나서는 여아용 이너웨어와 아우터를 출시했다. 2020년이 되어, 남아용과 여아용 제품이 인기를 끌면서, 이것이 전체 매출과 수익 증가에 기여하기 시작했다. 2011~12년의 작은 실험이 마침내 결실을 맺은 것이다.

2020년 3월 중순에 코로나19가 유행하며 인도 정부가 전면적인 폐쇄 조치를 시행함에 따라, 2020년 3월 말 페이지의 연간 매출은 3% 증가하는 데 그쳤다. 수익은 15% 감소했지만, 부채가 없는 상태에서 ROCE는 63%에 이르렀다. 이 강인함 덕에 페이지는 앞으로도 몇 년은 계산된 전략적 베팅을 계속 할 수 있을 것이다.

강인함이 성공을 보장하지는 않는다

1,000종이 넘는 다양한 파충류 동물로 구성된 공룡은 1억 8,000

만 년 동안 우리가 사는 지구를 지배했다.[17] 이에 비해, 우리 호모사피엔스는 등장한 지 20만 년이 채 되지 않는다. 공룡이 극히 강인하고 적응력이 뛰어나지 않았더라면, 그처럼 오랫동안 생존하고 번성할 수는 없었을 것이다. 분자생물학의 증거에 따르면, 현생 포유류 목인 육식류, 영장류, 장비류는 백악기(1억 4,500만~6,600만 년 전)에 최소 3,000만 년 동안 공룡과 공존했으며, 어쩌면 이보다 훨씬 더 이전에도 그랬던 것으로 밝혀졌다. 공룡 시대의 포유동물은 다람쥐 크기의 작은 몸집을 하고 아마도 곤충을 잡아먹으며 살았을 것이다. 외계인이 6,500만 년 전에 지구에 왔다면, 하찮은 포유동물의 작은 분파가 언젠가 최고의 자리에 오를 것이라고 전혀 예상하지 못했을 것이다.

6,500만 년 전 멕시코의 유카탄Yucatan 반도에 소행성이 떨어지는 대격변의 여파로 공룡은 절멸했다. 하지만 포유류는 살아남았다. 그 이유는 아무도 모른다. 공룡의 놀라운 강인함이 진화 가능성을 보장하지는 않았던 것이다.

보통은 강인함이 클수록, 진화 가능성도 커진다. 하지만 때로는 강인함이 기업이 적응하는 데 도움이 되지 않는 경우도 있다. 이는 굉장히 강인한 회사임에도 불구하고 더 이상 성장하지 못했던 갭Gap의 사례에서 확인할 수 있다. 2005년부터 2020년까지 갭은 10년이 넘게 20%가 넘는 ROCE를 기록했고 레버리지도 없었다. 하지만 매출은 약 160억 달러에서 제자리걸음만 했다. 보통은 여러 수준에서 강인한 것이 한 가지 수준에서 강인한 것보다 더 낮다. 하지만 전 세계 수천 개의 신문사들이 그랬던 것처럼, 여러 수준에서 강인하더라도 그것이 미래를 보장하지는 않는다. 보통은 강인한 기업이 계산된 위험을 감수하면서 진화한다. 그러나 아주 드물게도, 넷플릭스의 사례에서 볼 수 있듯이, 엄청난 위험을 감수하면서 성공하는 기업도 있다.

나란다는 절대로 확률에 반하는 베팅을 하지 않는다. 그래서 몇 가지 반례가 드물게 있더라도, 우리는 투자에서 강인함을 가장 중요하게 생각해 왔고 앞으로도 계속 그럴 것이다. 영원한 소유주로서, 기업이 장기적으로 적응하고 생존할 수 있는가를 평가할 수 있는 최고의 이용 가능한 기준은 기업의 강인함이다. 이보다 더 나은 기준이 있을 수도 있겠지만, 나는 그게 뭔지 잘 모르겠다. 우리는 굉장히 강인한 기업에만 투자한다. 이들 중 상당수가 수십 년 동안 강인한 상태를 유지하면서 매출과 수익을 증가시켜왔다. 하지만 우리의 성적이 완벽하지는 않다. 이 접근 방식에 두 가지 중요한 문제가 있다는 걸 확인했다.

첫 번째는 기업이 강인함을 잃을 수 있다는 것이다. 우리는 고객 중시 기업 중 한 곳에서 이런 일이 발생하는 것을 목격했지만, 어떻게 또는 왜 강인함을 잃었는지는 지금도 모른다. 우리는 이 회사가 설립된 지 거의 20년이 지나서 투자했다. 그동안 경영진은 자국 내 업계에서 가장 큰 브랜드를 구축했다. 우리가 투자했을 당시에 이 회사는 부채가 없었고, 지난 5년간 매출이 매년 20%씩 증가했고, ROCE는 50%가 넘었다. 하지만 투자를 하고 몇 년이 지나서, 회사의 재고와 미수금이 가파르게 증가하기 시작했고, 이는 잠재적인 매출 문제를 나타내는 주요 징표였다. 계속 수익을 내고는 있었지만,

투자, 진화를 만나다

초기에 증가하던 현금이 이제 감소하기 시작했다. 그 결과, 대출금 상환에 어려움을 겪으면서 현금을 빌리기 시작했다. 우리는 영원한 소유주이기 때문에, 매출·마진·시장 점유율이 하락하는 것은 감수할 수 있다. 하지만 생존이 위태로운 것은 감수할 수가 없다. 회사가 강인함을 급격히 잃어가자, 우리는 손해를 보며 이 회사에서 손을 뗐다. 이 회사는 살아남았지만, 예전의 영광은 찾아보기 힘들어졌다. 우리가 2007년에 나란다를 설립한 이후로 포트폴리오 기업 중 이처럼 알 수 없는 이유로 강인함이 하락한 경우는 단 한 번뿐이긴 하지만, 어쨌든 이런 일이 실제로 발생했다는 것에 주목해야 한다.

두 번째 문제는 지나친 강인함이다. 나란다 포트폴리오에 포함된 우량 기업 중 하나가 지나치게 강인했다. 고객 기반, 제품 부문, 지역을 확장하기 위한 중립적 전략을 실행할 능력이 없거나 의지가 없었다. 그 결과, 10년 동안 매년 5% 미만의 매출 증가율을 기록했고, 이 기간에 수익은 제자리걸음을 했다. 공정을 기하자면, 속한 산업이 잔혹한 불황을 겪는 가운데 이 회사가 유일하게 수익과 잉여현금흐름을 지속적으로 창출하고 있었고, 부채가 없는 상태였다. 또 우리 포트폴리오 기업 중에서 계산된 위험을 기피해 강인함을 극한까지 끌어올린 유일한 기업이기도 했다. 어쩌면 이 회사는 중립적 전략을 실행할 수가 없거나 그럴 필요가 없는 산업에 속해 있는지도 모른다. 산업에 호황이 도래하면, 회사가 드디어 날개짓을 할지도 모른다. 혹은 그렇지 않을 수도 있다. 우리는 계속 이 회사의 소유주로 남아 있을 것이다. 수익이 발생하기는 했지만, 기대에는 못 미쳤다. 하지만 나는 이 회사를 좋게 보고 있다. 이 회사가 너무나 어려운 상황에서 단연 두각을 나타내고 있다고 생각한다. 우리는 강인함을 위해 성장을 기꺼이 희생할 것이다.

우리는 지금까지 약 40건의 투자를 진행했으며, 모든 투자에서 강인함이 중요한 선택 기준이었다. 하지만 유일한 기준은 아니었다. 우리는 강인함이 성장과 발전으로 이어진다고 가정하고 투자를 진행했는데, 이 가정은 두 차례 어긋났다. 한 번은 회사가 강인함을 잃었고, 다른 한 번은 강인함에 지나치게 집중한 나머지 성장을 희생했다. 나는 우리 전략의 낮은 실패율이 놀랍다. 지금까지 운이 상당히 좋았고, 앞으로도 계속 첫 번째 또는 두 번째 종류의 실패에 부딪히겠지만, 계속 강인함을 추구할 것이다.

강인함의 상실을 대비하는 유일한 방법은 안전 마진 설정이다

"건전한 투자의 비결을 두 단어로 압축해야 하는 문제에 직면한 우리는 안전 마진Margin of Safety이라는 개념을 과감하게 제안한다." 이는 버핏의 현실적·정신적 멘토인 벤자민 그레이엄Benjamin Graham의 명저, 지상 최고의 투자 서적이라 평가받는 《현명한 투자자The Intelligent Investor》, 그 중에서도 가장 빛나는 장에 나오는 최고의 조언이다. 이 장의 제목은 "투자의 핵심 개념으로서 '안전 마진''Margin of Safety' as the Central Concept of Investment"이다. 그레이엄은 기업의 세계는 매우 불확실하며, 투자자가 갖출 수 있는 최선의 보호 수단은 그가 기업에 지급하는 가격이라는 것을 알고 있었다.

또 다른 투자의 대가 세스 클라먼Seth Klarman은 너무나 적절한 제목을 붙인 명저 《안전 마진: 사려 깊은 투자자를 위한 위험 회피형

투자, 진화를 만나다

가치 투자 전략Margin of Safety: Risk-Averse Value Investing Strategies for the Thoughtful Investor》에서 다음과 같이 조언한다. "내재 가치에서 상당한 정도로 할인된 가격으로 거래되는 증권에 투자하는 가치 투자 전략은 하방 위험이 극히 제한적이면서 우수한 투자 실적을 기록한 오랜 역사를 갖고 있다."

이번 장에서는 안전 마진의 개념을 기업의 다른 여러 측면으로 확장하기 위해 '강인함'이라는 단어를 사용했다. 우리는 높은 ROCE와 광범위하고도 경쟁력이 있는 해자를 요구함으로써 기업의 자질에 대해, 부채가 없을 것을 요구함으로써 강한 대차대조표에 대해, 고객과 공급업체의 다변화를 요구함으로써 협상력에 대해, 업계가 느리게 변할 것을 요구함으로써 경제의 지속 가능성에 대해 안전 마진을 추구해 왔다.

그러나 이런 여러 수준의 강인함 또는 안전 마진조차도 경제, 산업, 기업에서의 예측할 수 없는 변화로 인해 무너질 수 있다. 코로나19의 유행이 엄청나게 강인해 보였던 호텔 체인에 심대한 영향을 미쳤다. 반도체 칩 부문에서 인텔의 독주 체제는 AMD, 앤비디아 Nvidia, 삼성 등에 의해 뒤집혔고, 아마존이 등장해 다수의 크고 작은 소매업체들을 파괴했으며, 미국과 유럽의 규제 당국이 지금과 같은 형태의 구글과 페이스북의 존재 자체를 위협하고 있다.

우리는 현재의 그리고 잠재적인 수준의 강인함에 근거해 기업을 선별하기 위해 최선을 다하고 있다. 하지만 언젠가는 나쁜 일이 일어날 것이고, 그것이 무엇인지, 언제·어떻게 일어날지는 알 수 없다. 그렇기에 투자에서 전적으로 우리의 통제 범위에 있는 한 가지 측면, 즉 우리가 지급하는 가격에 주목한다.

우리가 추구하는 기업의 특징, 즉 위험이 거의 없고 자질이 뛰어난 기업이어야 한다는 요구를 고려할 때, 저렴한 가격으로 해당 기업의 주식을 사들일 수 있는 경우는 거의 없다는 사실을 잘 알고 있다. 시장은 바보가 아니며, 대체로 효율적으로 작동한다. 대체로 그런 것이지, 항상 그런 것은 아니다. 우리는 우리가 '적정한' 가격이라고 부르는 값을 치를 수 있는 몇 안 되는 기회를 기다린다. 너무 낮지도 않고 너무 높지도 않은 가격.

여기서 '적정한'은 어느 정도일까? 말로 설명하기보다는 실제 수치를 보여주겠다. 나란다 포트폴리오 기업의 가입 직전 12개월 trailing twelve-month, TTM 순이익 기준 주가수익비율의 중앙값은 14.9다. 2005년부터 2020년까지 인도의 주요 지수인 센섹스를 구성하는 기업의 직전 12개월 순이익 기준 주가수익비율의 중앙값은 19.7이고, 미드캡을 구성하는 기업의 경우 23.8이다. 즉, 우리는 지수와 비교해 25~30% 할인된 가격으로 뛰어난 기업이라고 생각하는 기업의 주식을 매수한다.

25년에 동안 투자업계에 종사하면서, 잘못된 결정을 여러 번 했다. 주식을 매수할 때 가격에 대한 안전 마진이 내 잘못된 결정의 대가를 지급했던 것이다.

선도자가 실패자로 전락하다

신약성서에는 예수가 베다니의 나사로Lazarus of Bethany를 기적적

으로 되살린 이야기가 나온다.[18] 찰스 래저러스Charles Lazarus는 토이
저러스Toys "R" Us를 세계에서 가장 크고 존경받는 장난감 회사로 만
들어 현대 자본주의의 기적을 일으켰다. 나사로는 신약성경의 4대
복음서 중 세 번째인 누가복음의 한 비유에 등장하는 거지이기도 하
다. 한때 나사로의 기적을 일으켰던 토이저러스가 거지 나사로의 운
명을 맞았다고나 할까.

찰스 래저러스는 1957년에 토이저러스 1호 매장을 열었다.[19] 그
시대에는 부모들이 대체로 백화점에서 장난감을 샀다. 장난감 판매
량은 계절에 따라 달랐고, 크리스마스에 이르기는 6주 동안이 한 해
매출의 대부분을 차지했다. 대부분의 장난감 매장이 가족 중심의 소
규모로 운영됐고, 소수의 장난감만을 취급했다. 1948년부터 1957
년까지 유아용 가구점을 운영하면서 부모들의 쇼핑 습관을 알게 된
래저러스는, 위험을 무릅쓰고 새로운 전략을 실행하기로 결심했다.
일 년 내내 장난감을 판매하고, 부모와 아이들에게 참신한 쇼핑 경
험을 선사하고 싶었다. 래저러스의 1호 매장은 규모가 25,000평방
피트(약 2,300제곱미터)에 달했고, 수천 종의 장난감을 갖췄다. 이
매장은 경쟁업체처럼 장난감을 전시용 진열장에 넣지 않고, 식료품
점처럼 줄을 지어 차례로 늘여 놓았다.

이 매장은 큰 규모와 다양한 제품, 저렴한 가격으로 큰 인기를 끌
었다. 래저러스는 초기 성공에도 불구하고 처음에는 사업을 천천히
확장해 1966년까지 4개의 매장만 개설했다. 1973년에 토이저러스
는 깜찍하게 생긴 기린인 제프리Geoffrey라는 매장 마스코트를 이용
해 텔레비전 광고를 시작했다. 또한 저렴한 장난감을 만들기 위해

일본 제조업체를 활용하기 시작했고, 대량 구매를 위한 좋은 조건의 단가를 협상하기 시작했다. 1978년에 주식 상장을 추진했고, 이후로 10년 동안 매년 20%가 넘는 성장을 보였다. 모건 스탠리의 소매업 전문 애널리스트는 1982년 토이저러스를 유서 깊은 IBM에 빗대며 이렇게 말했다. "저는 토이저러스가 독특한 기업이라고 생각합니다. 발상이 혁신적이라는 측면에서 IBM에 견줄 수 있는 유일한 독점 판매자라 할 수 있습니다."《워싱턴포스트Washington Post》는 토이저러스를 미국의 상징인 또 다른 브랜드 맥도널드McDonald's에 빗대며 이렇게 선언했다. "일관된 서비스와 표준화된 햄버거와 감자튀김을 제공하는 맥도널드와 마찬가지로, 토이저러스도 미국을 상징하는 기업이 됐다."

토이저러스는 천천히 하지만 꾸준히 매장을 개설하면서 시장 점유율을 높여 나갔다. 래저러스에게 존경심을 표하는 은행가들이 매주 찾아왔지만, 그는 '판을 뒤집을 만한' M&A의 유혹에 빠져들지 않았다. 토이저러스는 계속해서 계산된 위험을 감수했고, 1983년에 의류 매장인 키즈러스Kids "R" Us를 개설한 것도 그중 하나였다. 또한 사업을 해외로 확장하기 시작해, 1984년에는 캐나다와 싱가포르에 해외 매장을 최초로 개설했다. 1985년에는 영국에 매장 5곳을 개설했고, 1991년에는 맥도날드와 80:20의 비율로 합작 투자해서 일본에 진출했다. 영국에서는 불과 3년 만에 시장 점유율 9%를 차지했다. 토이저러스는 초기에 성공한 이후로도 해외 시장에서 사업을 계속 확장했다.

1988년 《월스트리트 저널》은 "장난감 기업 토이저러스는 성장을 멈추지 않을 것"이라는 대담한 전망을 내놨다. 그런데 그 말을 기다렸다는 듯이 문제가 터지기 시작했다. 1988년 월마트는 시장 점유율 17.4%로, 16.8%의 토이저러스를 근소하게 앞섰다. 15년 동안 선두 자리를 지키던 토이저러스가 2위로 밀려난 것이다. 토이저러스는 저렴한 가격으로 경쟁하는 월마트, 타겟, 코스트코 같은 할인 체인과 고가의 전문 장난감과 더 나은 서비스를 제공하는 자니 브레이니Zany Brainy, 누들 키두들Noodle Kidoodle, 이매지너리움Imaginarium 과 같은 이른바 에듀테인먼트edutainment* 기업들에 의해 양쪽에서 압박을 받고 있었다.

1998년, 토이저러스는 웹사이트인 토이저러스닷컴ToysRUs.com을 개설하고, 우편 주문 카탈로그를 최초로 제작했다. 그래도 토이저러스는 난관을 극복하지 못했고, 1998년에 '구조조정'을 단행했다. 구조조정은 보통 연구 프로젝트와 손실이 발생하는 신규 사업 중단을 완곡하게 표현할 때 쓴다. 토이저러스는 대규모 재고 감축, 미국·프랑스·독일 매장 59곳 폐쇄, 키즈러스 매장 39곳 폐쇄, 직원 3,000명 정리 해고 등을 발표했다. 구조조정의 대가는 너무 커서 주식 상장 이후 처음으로 순손실이 발생했다.

곤경에 처한 기업은 걸핏하면 인수를 통해 탈출구를 찾으려고 한다. 토이저러스도 예외는 아니었다. 1998년 이매지너리움 토이 센터즈Imaginarium Toy Centers를 인수했다. 경영진도 자주 교체됐다. 1994년부터 2000년까지 토이저러스를 거쳐간 CEO가 3명이나 됐다. 하지만 아마존이 장난감 부문으로 진출하면서 토이저러스의 하

* 아이, 특히 초등학생을 겨냥한 오락성을 겸비한 교육 상품.

락세는 계속됐다. 1997년부터 2004년까지 매출은 110억 달러로 제자리걸음을 했고, 이 기간에 영업이익은 약 65% 감소했다. 1997년에 15%였던 ROCE는 2004년에 4%로 하락했다. 토이저러스는 너무 상황이 안 좋은 나머지 장난감 사업에서 완전히 철수하고 베이비저러스Babies "R" Us 체인에만 집중할 수도 있다고 발표해 세상을 깜짝 놀라게 했다.

여기서 잠시 멈추고, 2005년의 상황을 요약해 보자.

토이저러스는 1950년대 후반부터 1990년대 후반까지 약 40년에 걸쳐 눈부신 성공을 거뒀다. 하지만 2000년대 중반이 되면서 더 이상 성장하지 못했고, 시장 점유율이 하락했고, 수익성에도 커다란 타격을 입었다. 그 이유야 어찌 됐든, 회사가 난관에 부딪힌 것은 틀림없는 사실이었다. 회사의 강인함이 심하게 흔들리고 있었다. 운이 나빴을 수도 있고, 경영진의 과실이었을 수도 있고, 아니면 두 가지 모두가 작용했을 수도 있다.

이 상황을 이해하기 위해 최근 몇 달 동안 실력이 급격하게 떨어진 엘리트 마라토너가 있다고 가정해보자. 이 선수는 예전에는 건강하고 활기찬 모습을 보였지만, 요즘에는 지쳐 보이고 예전의 마라톤 페이스대로 10km도 달리지 못한다. 이제 이 선수가 보스턴 마라톤 대회의 출발선에 서 있다. 이 선수의 코치라면 레이스가 시작되기 전에 무엇을 바랄까? 내가 코치라면, 레이스를 포기하고 몇 달 동안 휴식과 회복의 과정을 거친 다음에 달리기를 천천히 다시 시작하라고 조언할 것이다. 다르게 조언할 수도 있다. 몸의 손상을 최소화하기 위해 메달에 연연하지 말고 편한 마음으로 그냥 완주만 하라는 식으로 말이다. 코치가 이 선수에게 전속력으로 달리게 했을 뿐만 아니라 무게가 10파운드(약 4.5킬로그램)이 나가는 가방을 등에 짊어지고 달리게 한다면, 아마 대부분의 사람은 깜짝 놀랄 것이다!

그런데 그게 바로 토이저러스에 일어난 일이었다. 2005년에 거대 사모펀드인 KKR과 베인, 부동산 회사인 보르나도Vornado가 토이저러스를 66억 달러에 인수했다.[20] 그러나 이들의 자기자본은 13억 달러에 불과했고, 인수 대금으로 53억 달러를 차입했다. 그리고 이 차입금에 대한 상환 부담을 토이러저스가 지게 했다! 레버리지에 의한 기업 매수leveraged buyout, LBO가 무엇인지 전혀 모른다면, 어처구니가 없어 눈만 끔뻑거릴지도 모른다. 사모펀드가 토이저러스를 거액에 인수하기로 하고는 인수 자금을 조달하기 위해 이 금액의 80%를 차입한 다음, 차입금 상환 부담을 토이저러스가 지게 했다고요? 그렇습니다. 놀라운 금융의 세계에 온 것을 환영합니다!

레버리지는 기업 재무의 관점에서 보면 좋을지 모르겠지만, 내 관점에서는 그렇지 않다. 관점의 차이라고 생각할 수 있지만, 나는 적어도 위기에 처한 기업의 경우 레버리지는 상당히 나쁘다는 데 모두가 동의했으면 좋겠다. 엘리트였지만 몸이 아픈 마라토너, 토이저러스가 보스턴 마라톤에 출전해 세계적인 선수들과 경쟁해 달라는 요청을 받았다. 그것도 10파운드의 짐을 등에 짊어지고서 말이다. 자본주의 세계는 지금도 계속 열리는 보스턴 마라톤과 같다는 사실을 명심해야 한다. 두 시간 동안의 고된 레이스를 마치고도 쉴 수가 없다. 이 레이스는 하루에 24시간, 1주일에 7일, 1년에 365일 계속되고 또 계속된다. 끝도 없고, 자비도 없고, 용서도 없는 레이스다.

토이저러스는 막대한 부채 부담으로 인해 2007년에는 영업이익의 97%를 이자 지급에 사용했다. 혁신을 하고, 매장에 투자하고, 광고를 하고, 최고의 인재를 채용 및 교육하고, 최고의 자리를 유지하기 위해 해야 할 일을 하는데 필요한 자금은 어디서 조달할까?《디애틀랜틱The Atlantic》에 실린 기사에서는 인터뷰이가 토이저러스의 실패를 두고 이렇게 말한다.[21] "회사가 수갑을 찬 상태여서 투자를 할 수가 없었습니다." 또 다른 사람은 다음과 같이 정확하게 지적했다. "그들이 아마존에 대응할 수 없었던 것은 사실입니다. 하지만 왜 그렇게 됐는지 스스로 물어야 합니다." 조지타운대학교 맥도너 경영대학원 재무학 교수 캐서린 월독Katherine Waldock은《월스트리트 저널》기사에서 이렇게 말했다. "연간 4억 달러에 달하는 부채 상환액이 다른 기업들과 경쟁을 해야 하는 상황에서 엄청난 압박으로 다가왔을 겁니다."

토이저러스는 이미 여러 수준에서 강인함을 잃었고, 사모펀드 소유주들을 통한 추가 레버리지가 마지막 지푸라기였음이 드러났다. 2017년 9월 파산 신청을 했고, CEO 데이비드 브랜든David Brandon은 솔직하게 인정했다. "레버리지에 지나치게 의존하는 회사의 자본 구조로 인해 매장 활성화에 투자하는 것을 비롯해 꼭 필요한 운영 및 자본 지출에 많은 제약이 있었습니다. 그 결과, 회사는 여러 측면에서 주요 경쟁업체들에 뒤처지게 됐습니다." 더 이상 무슨 말이 필요할까.

***

2009년 5월, 토이저러스가 FAO 슈바르츠를 인수했다. 두 회사 모두 할인 소매업체와 아마존 같은 웹 기반 소매업체에 맞서 고군분투하고 있었다. 인수의 대부분은 구매자의 강인함을 손상시키는데, 토이저러스 같이 이미 취약해진 기업은 성공 가능성이 훨씬 더 낮아진다. 아니나 다를까, 토이저러스는 2015년 7월 맨해튼을 상징하던 FAO 슈바르츠 매장을 폐쇄했다.[22] 나는 그 사실에 심란해졌다.

친애하는 아마존 여러분, 맨해튼에 오프라인 서점을 열었다고 들었습니다. 이제 장난감 가게를 열 생각은 없습니까?

진화론의 세 번째 가르침
내부와 외부의 충격에 탄력적으로 대응하면서도
계속 진화하고 성장하는 강인한 기업만 소유한다.

1. 생물계에는 한 가지 역설이 있다. 생명체는 대단히 복잡하지만 허약하지도 않다. 생명체는 끊임없이 변화하는 외부 환경 속에서 지내면서도, 그리고 내부 돌연변이의 공세를 겪으면서도 수억 년 동안 생존해 왔다. 이는 생명체가 여러 수준에서 강인하기 때문이다.

2. DNA 염기서열의 우연한 변화가 어떤 아미노산이 생성되는지에 영향을 미치지 않고, 아미노산이나 그 서열의 변화가 단백질 합성에 영향을 미치지 않으며, 단백질의 변화가 생명체의 체제에 영향을 미치지도 않는다.

3. 중립 돌연변이는 현재의 기능을 중단시키지 않으면서 새로운 기능과 적응을 가능하게 한다.

4. 우리는 기업이 역동적인 외부 환경에서 생존하고 번영하며, 내부의 전략·조직 차원의 격변을 견뎌내고, 계산된 위험을 감수하며 진화하기 위해, 생물계의 강인함을 모방하기를 바란다.

5. 우리는 여러 수준에서 강인한 기업에만 투자한다. 강인한 기업은 ROCE가 높고 부채가 없거나 최소한도로 있고, 강력한 경쟁 우위를 갖고 있고, 다변화된 고객 및 공급업체 기반을 확보하고, 안정적인 경영진을 보유하고 있고, 느리게 변하는 산업에 속해 있다.

6. 지금 기업이 강인하다고 해서 앞으로도 계속 강인하리라는 보장이 없다. 강인함의 상실을 대비하는 유일한 방법은 지급하는 가격에 주목하는 것이다. 우리는 시장이 매력적인 가격을 제시하지 않으면 투자하지 않는다. 그리고 시장이 그런 가격을 제시하는 경우는 드물다.

4장

쇠똥구리, 주가 변동을 말하다

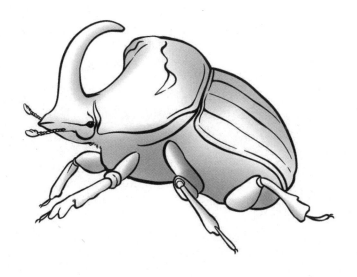

각 종이 생존 가능한 개체 수보다 더 많이 태어나고, 그 결과 생존을 위한 투쟁이 빈번하게 발생하기 때문에, 어떤 존재라도 복잡하고 때로는 변화하는 삶의 조건에서 조금이라도 자신에게 유리한 방식으로 변화한다면, 생존 가능성이 더 높아지고, 따라서 자연적으로 선택을 받게 된다.

—

찰스 다윈, 《종의 기원》, 서론

예측할 수 없는 경제 혹은 주식 시장에 대한 단기적인 우려 때문에, 장기적인 미래가 예측 가능한 우량 기업 주식을 매수하지 않는 것은 어리석은 짓이라고 생각합니다. 도대체 무슨 이유로 정보에 근거하지 않은 추측 때문에 정보에 근거한 결정을 폐기하려고 합니까?

—

워런 버핏, 〈1994년 주주 서한〉

A는 대머리가 되어가고 있다. 나이 때문이 아니라 머리를 쥐어뜯어서.

A는 몇 달 전에 어느 펀드매니저와 10만 달러짜리 투자 약정을 체결했다. 이 펀드매니저는 당장은 자금을 모집할 생각이 없었고, 시장에 투자할 만한 매력적인 기회가 보이면 약정을 실행하자고 말했다. 그럴싸한 파워포인트로 설득력 있게 프레젠테이션을 했고, 투자업계의 모든 이들이 그렇듯 장기 투자에 충실하겠다고 약속했다. 그리고 (모든 이들이 그러는 것처럼!) 자신은 돈을 잃는 것을 좋아하지 않고, 기업의 자질을 신중하게 평가하며, 모두가 팔려고 할 때 사들인다고 주장했다. 굉장히 버핏스럽고, 굉장히 고전적이었다. 모두가 똑같은 말을 했지만, 이 사람은 어쩐지 꽤 진실한 사람 같았다. 아니면, 적어도 그 펀드매니저의 연기가 훌륭했다.

몇 분기가 지났고, 펀드매니저가 40,000달러를 요구했다. 분기

말이 되어, 투자한 40,000달러의 가치는 38,000달러가 되었다. A
는 최근 시장이 다소 약세였다는 것을 알았기에, 약간의 손실은 무
시한다. 인내심이 있는 사람이라 친구들과는 다르게 투자금의 가치
를 매일같이 초조한 마음으로 들여다보지 않는다.

하지만 다음 분기에 투자금을 확인하니, 그 가치가 32,000달러
에 불과하다는 사실에 아연실색했다. 한 분기 만에 15%가 하락한
것이다. 이 펀드매니저는 불난 집에 부채질하듯이, 15,000달러를
더 요구한다. 그런 권리가 있었다. A가 100,000달러 한도까지 계속
투자하겠다는 약정서에 서명했기 때문이다. 그래서 추가로 15,000
달러를 투자했다.

한 분기가 더 지나고, 투자금 55,000달러의 가치가 이제 39,000
달러에 불과하다. 정신이 아득해진다. 6개월 만에 30%나 하락한 것
이다! 이 펀드매니저는 같은 주문呪文, 즉 "우리는 멀리 내다보면서
인내심을 갖고 어쩌고저쩌고…"를 반복하면서, 15,000달러를 추가
로 요구한다! A는 주식 시장 전문가로 보이는 친구들을 만나서 이런
저런 이야기를 나눈다. 모두가 더 이상의 투자를 중단하고, 당장 남
은 돈을 찾아오라고 조언한다. 안타깝게도, 변호사는 탈출구가 없다
고 한다. 수년 동안 자금을 인출하지 않기로 약속했기 때문에 남은
돈을 찾아올 수가 없을뿐더러, 약정을 실행해야 한다. 그래서 마지
못해 15,000달러를 추가로 투자한다. 이제 투자금 총액은 70,000
달러다.

A는 워런 버핏이 보낸 훌륭한 연례 주주 서한을 읽었고, 텔레비
전에서 그와의 인터뷰를 들었다. 버핏이 투자자들에게 보유 주식의

가치를 지나치게 자주 확인하지는 말라고 조언한 것을 명심한다. 이번에는 보유 주식의 가치가 얼마가 되었는지를 살펴보지 않고 6개월을 기다리기로 결심했다. 그 인내심에 찬사를 보낸다!

드디어 그날이 왔다. A는 위조 신분증으로 술집에 처음 들어갔던 날 이후로 이렇게 긴장한 적은 없었다. 두려운 마음으로 계좌 명세서를 열어보았다. 가장 걱정했던 것이 현실이 되었다. 투자한 70,000달러가 36,000달러가 되어 거의 절반으로 줄었다. 지난 6개월 동안 보유 주식의 가치는 40% 가깝게 하락했다. 게다가 펀드매니저는 돈을 더 많이 투자하라는 위협을 가한다.

이제 남아 있는 머리를 쥐어뜯는 것 외에 무엇을 해야 할까?

쇠똥구리 뿔에 답이 있을지도 모른다.

어떻게 vs 왜

쇠똥구리는 똥을 좋아한다. 그렇다. 약 8,000종에 달하는 이 곤충 세계의 청소부들은 똥을 먹고 산다. 똥으로 둥지를 짓고, 둥지에서 생활하며, 그곳에서 알을 낳고 애벌레를 키운다.[1] 그림 4.1는 놀랍도록 다양한 쇠똥구리의 일부다. 쇠똥구리는 곤충임에도 새끼를 양육하는 독특한 특징이 있는데, 아비는 먹이를 구해오고 어미는 둥지를 돌본다.

수년 전 케냐의 마사이마라 국립공원에 간 적이 있는데, 야외에서 볼일을 보던 중에(자세히는 묻지 마라), 쇠똥구리의 모습을 보기 전에 다가오는 소리가 먼저 들렸던 경험이 있다. 엄청나게 빠른 속

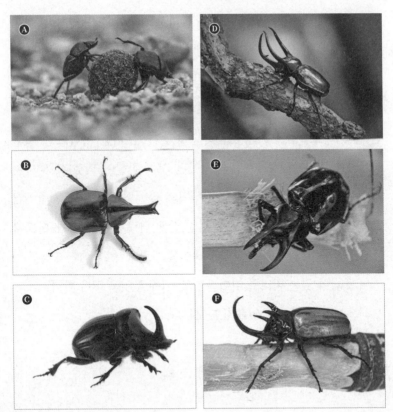

그림 4.1 **쇠똥구리의 놀라운 다양성**

출처: iStockphoto (Getty Images)

도로 시끄럽게 기어가는 소리였다. 수컷의 뿔 모양이 인상적인데, 약 8,000종에 달하는 쇠똥구리는 저마다 뿔의 모양이 다르다. 코뿔소 뿔, 코끼리 엄니, 사슴의 가지진 뿔, 심지어 톱니 모양의 칼을 닮은 것도 있고, 크기는 아주 작은 것부터 거대한 것에 이르기까지 다양하다. 쇠똥구리 몸통 전체보다 훨씬 더 큰 뿔도 있다.

어떻게 이 뿔을 설명할 것인가? 진화생물학자들은 호르몬, 발달 및 유전 메커니즘으로 이 설명한다. 예를 들어, 2019년 《사이언스

투자, 진화를 만나다

Science》에 실린 논문에서는 쇠똥구리가 날개 유전자를 이용해 뿔을 자라게 한다는 증거를 제시했다.[2] 이 유전자의 스위치는 뿔이 자라는 초기 단계에서 켜진다. 이후에는 이 유전자 스위치가 꺼지고 새로운 유전자들이 뿔을 자라게 하고 모양을 만든다.《저널 오브 인섹트 피지올러지Journal of Insect Physiology》에 실린 어느 논문에서는 수컷의 뿔 길이를 조절하는 호르몬의 종류와 양을 탐구했다.[3] 여기서 메토프렌Methoprene이라는 호르몬이 뿔 생성에 중요한 영향을 미친다는 것이 밝혀졌다. 이 과학자들은 '어떻게'라는 질문을 던지고 있다. 뿔은 어떻게 자라는가? 뿔의 길이는 어떻게 다른가?

뿔의 생성 원인을 탐구하는 또 다른 방법은 뿔의 적응적 특성을 살피는 것이다. 이는 '왜'라는 질문을 하게 만든다. 뿔은 왜 생겼는가? 왜 뿔이 쇠똥구리의 적응력을 키우는가? 왜 뿔을 하나의 적응 수단으로 간주할 수 있는가? 자연선택론자들은 뿔이 있는 수컷 쇠똥구리가 자원을 더 많이 확보하고 둥지를 지키고 최고의 암컷을 차지하기 위한 경쟁에서 승리해서 뿔이 없는 수컷보다 번식을 더 많이 할 수 있다고 주장한다. 예를 들어,《저널 오브 인섹트 비헤이비어 Journal of Insect Behavior》에 실린 논문에서는 실험을 통해 뿔이 큰 수컷이 암컷에게 먼저 다가갈 수 있고, 따라서 적응력이 있다고 간주할 만한 증거를 제시한다. 같은 논문에서 일부 수컷의 작은 뿔이 갖는 적응적 가치에 대해서도 설명한다. 뿔이 작은 수컷은 이동 능력이 뛰어나서 뿔이 큰 수컷 주변을 몰래 돌아다니며 암컷과 짝짓기를 할 수 있다!

쇠똥구리의 뿔에 대한 첫 번째 설명('어떻게'라는 질문을 던지는)

의 범주는 근접 원인proximate cause이라고 하고, 두 번째 설명('왜'라는 질문을 던지는)의 범주는 궁극 원인ultimate cause이라고 한다. 근접 기제에 관한 연구에서는 유기체의 특성에 미치는 직접적이고도 신체적인 영향을 탐구한다. 유기체의 역사는 궁극 원인, 특히 어느한 특성을 다른 특성보다 선호하게 만드는 자연 선택의 역할을 알려준다.

좀 더 자세한 설명을 위해, 섹스에 대해 이야기해보자.

조금 더 정확하게는 포식성 진드기 종인 사막이리응애Neoseiulus californicus의 일처다부제에 대해 이야기해 보자.[4] 일처다부제는 한 마리의 암컷이 다수의 수컷과 짝짓기 하는 것을 의미하며, 한 마리의 수컷이 다수의 암컷과 짝짓기 하는 일부다처제의 반대 개념이다. 영국의 유전학자의 이름을 딴 베이트먼의 원리Bateman's principle에 의하면, 동물의 세계에서는 일부다처제가 널리 퍼져 있다. 그는 암컷이 수컷보다 자녀에게 훨씬 더 많은 시간을 투자하고, 이것이 수컷의 경쟁을 완화하는 요소로 작용하여, 일부다처제를 초래한다고 주장했다. 그러나 일처다부제는 베이트먼의 생각보다 더 널리 퍼져 있으며, 많은 종에서 암컷이 그저 짝짓기를 기다리지 않고 적극적으로 여러 수컷을 찾아나선다. 사막이리응애가 그런 종에 해당한다.

하지만 동물의 세계에서 일부다처제가 지배적인데, 무엇이 이 진드기가 일처다부제를 받아들이게 했는가? 페터 샤우스베르거Peter Schausberger와 그의 동료들은 《플로스 원PLoS One》에 실린 논문에서 이 문제를 다루었는데, '근접'과 '궁극'에 입각하여 두 가지 서로 다른 설명을 내놓았다.

　　　　　　　　　　　투자, 진화를 만나다

이 연구자들은 사막이리응애에서 관찰되는 일처다부제의 궁극 원인이 직간접적인 적응력에 있다는 것을 발견했다. 짝짓기를 여러 번 하는 암컷은 한 번만 하는 암컷보다 새끼들을 더 많이 낳았고, 이 새끼들은 더 오래 생존했다. 연구자들은 근접 원인에 대해서는 첫 번째 교미에 소요되는 시간이 중요하다는 것을 밝혀냈다. 암컷의 첫 번째 교미 시간이 특정 임계값(150분) 미만이면, 수컷 파트너를 계속 찾고 있을 가능성이 커졌다. 암컷이 더 많은 섹스를 원하는 직접적인 원인은 섹스의 결핍에 있었다. 이제 어느 누가 과학이 따분하다는 말을 할 수 있을까?

20세기 최고의 진화생물학자 중 한 사람인 에른스트 마이어Ernst Mayr는 1961년 《사이언스》에 실린 〈생물학에서의 원인과 결과Cause and Effect in Biology〉라는 획기적인 논문에서 근접-궁극의 이원성을 제안했다.[5]

그는 철새의 이동을 예로 들어 이런 질문을 던졌다. "왜 뉴햄프셔에 있는 여름 철새인 휘파람새가 8월 25일 밤에 남쪽으로 이동하기 시작했을까?" 그가 이런 이동의 원인으로 제시한 것은 네 가지였다. 첫째, 생태학적 원인으로, 겨울 동안 뉴햄프셔에 머물면 새가 굶어 죽을 수 있다는 것이다. 둘째, 수백만 년에 걸쳐 형성된 유전적 원인으로, 이것이 휘파람새가 외부 자극에 반응하게 했고 이동하지 않는 휘파람새와 비교해 선택적 우위를 얻게 했다는 것이다. 셋째, 내부의 생리적 원인으로, 일조 시간이 일정 수준 이하로 감소하면 새가 그곳을 떠나게 된다는 것이다. 마지막으로, 외부의 생리적 원인으로, 8월 25일에 기온이 갑작스럽게 떨어진 것이다. 휘파람새는 이미 생리적으로 이동할 준비가 되어 있었는데, 갑작스러운 한파로 그 날 떠나게 된 것이다. 마이어는 앞에 나오는 두 가지 설명을 궁극 원 인으로, 뒤에 나오는 두 가지 설명을 근접 원인으로 간주했다.

근접 원인에 집중해서는 안 되는 이유

지금껏 진화생물학에서 얻은 여러 철학적 문제 중 가장 중요한 것은 근접 원인과 궁극 원인의 차이를 인식하는 것이다.

우리는 소유한 기업의 가치가 장기적으로 상승하기를 바란다. 그 리고 이런 결과를 얻는 유일한 방법은 기업이 수년 혹은 더 바람직 하게는 수십 년에 걸쳐 좋은 실적을 내는 것이다. 단타 매매자나 단 기 투자자에게는 투자의 성공과 기업의 성공이 상관관계가 없을 수 있다. 그러나 우리에겐 투자의 궁극적인 성공이 거의 전적으로 기업 의 궁극적인 성공에 달려 있다.

이 전제를 받아들인다면, 영원한 소유주로서 장기적으로 기업의 자질과 실적에만 집중해야 한다. 그게 바로 우리가 하는 일이다.

하지만 그게 말처럼 쉽지만은 않다. 오늘날과 같이 페이스북, 인 스타그램Instagram, 레딧, 트위터, 왓츠앱WhatsApp 등 영혼을 파괴하 는 발명품이 등장한 세상에서는 궁극적인 성공의 원천을 찾고자 하 는 열망을 꺾는 주변 소음에서 벗어나기가 쉽지 않다. 그리스 채무 불이행의 망령이 도사리고 있고, 미국이 고용 감소를 발표하고, 석 유수출국기구Organization of Petroleum Exporting Countries, OPEC와의 협 상이 결렬되고, 연방준비제도Federal Reserve, 이하 연준가 저금리 시대가

투자, 진화를 만나다

끝났음을 넌지시 알리고, 기업의 수익이 감소하면, 주가가 하락할 수 있다. 마찬가지로, 국제통화기금International Monetary Fund, IMF이 세계 경제 성장에 대해 낙관적으로 전망하고, 중국 은행들이 자본을 확충하고, 기업이 신제품 출시에 성공하고, 세계적인 유행병에 맞서 백신 접종이 더욱 빠른 속도로 진행되면, 주가가 상승할 수 있다.

이 모든 것들이 주가 변동의 근접 원인이다. 그리고 이 모든 것들이 궁극적으로 기업의 성공 또는 실패(그리고 그로 인한 시장 가치의 상승과 하락)와 동떨어져 있다. 투자자들이 자주 묻지는 않지만, 반드시 물어봐야 하는 질문은 비교적 간단하다. 이런 근접 원인이 조금이라도 기업을 성공에 이르게 하는 궁극 원인과 관련이 있는가?

근접 원인과 관련해서 재밌는 점은 거의 모두가 헤드라인의 현란한 문구와 뉴스 앵커의 호들갑으로 나타난다는 것이다. 다행히도, 궁극 원인은 너무 따분해서 언론에서 다루지 않는다. 왜 '다행'인가? 곧 설명하겠다.

이 뒤에서는 주가 변동의 근접 원인을 거시경제 요인, 시장 관련 요인, 테마 관련 요인, 기업 고유의 요인 등 네 가지 범주로 나누어서 설명한다. 그 넷이 모든 요인을 총망라한 것은 아니다. 실제로는 일일이 열거할 수 없을 정도로 많은 요인이 있다. 다만, 이 정도면 근접 원인을 접했을 때 그게 근접 원인이라는 걸 알아볼 수 있지 않을까 한다.

거시경제 관련 근접 원인

우리는 불확실한 세상에 살고 있다. 하지만 실제로는 그보다 더 좋지 않다. 우리는 불확실한 초연결의 시대에 살고 있다. 전반적으로 봤을 때, 이런 초연결성은 인류에게 혜택이다(일례로 우리는 싱가포르에서 노르웨이산 연어를 먹을 수 있다). '더 좋지 않다'라는 말은 초연결성이 내가 속한 공동체, 즉 펀드매니저 업계에 미치는 영향에만 국한된 것이다. 내가 투자자가 되기 전엔 1998년에, 누군가가 인플레이션이나 미국 고용 데이터가 인도에 있는 페인트 회사 주가에 영향을 미칠 것이라고 말했다면, 나는 그 사람이 자기도 이해 못하는 말을 지껄이고 있다고 단정했을 것이다. 하지만 그게 현재 일어나고 있는 일이다.

1997년 10월 27일, 다우존스 산업평균지수Dow Jones Industrial Average는 하루 최대 낙폭을 기록했다. 554포인트, 즉 7.2% 하락했던 것이다. 뉴욕증권거래소는 역사상 처음으로 거래를 중단했다. 세계의 주요 주식 시장이 모두 영향을 받았다. 홍콩 항셍지수는 6%, 영국 FTSE 지수는 6%, 오스트레일리아 주식 시장은 7%, 독일 DAX 지수는 거의 6% 하락했다. 간단히 말해, 금융 패닉 그 자체였다.

이런 혼란의 근접 원인은 무엇일까? 아시아 금융 위기의 확산이었다.[6] 1997년 7월 2일, 태국 정부가 미국 달러화 대비 바트화의 고정 환율제를 지탱할 외화가 부족해지자 바트화의 시세를 변동하면서 모든 것이 시작됐다. 외환 시장에서 인도네시아, 한국, 말레이시아, 필리핀 통화의 가치도 급격히 하락했다. 이 국가들에서 많은 기업이 달러화로 차입을 한 상태였고, 그런 기업들에서 채무불이행이 시작됐다.

표 4.1은 당시의 미국 및 영국의 시장 지수와 몇몇 유명 기업의

투자, 진화를 만나다

주가를 조사한 것이다. 미국 시장의 하락은 10월 24일(금요일) 대비 10월 27일(월요일)을 기준으로 했다. 영국 시장은 시차로 인해 미국 시장의 움직임에 하루 늦게 반응하므로, 영국 시장 데이터는 10월 24일(금요일) 대비 10월 28일(화요일)을 기준으로 했다.

표 4.1 **1997년 10월 27일 이후 미국 및 영국의 시장 지수**

지수	1997년 10월 27/28일	6개월 이후
미국 시장		
다우존스	-7%	+25%
월마트	-6%	+57%
씨티그룹	-11%	-7%
보잉	-11%	+16%
마이크로소프트	-5%	-35%
엑손	-7%	+26%
영국 시장		
FTSE 250	-6%	+23%
BP	-5%	+14%
롤스로이스	-4%	+29%
디아지오	-7%	+50%
유니레버	-8%	+40%
HSBC	-7%	+23%

첫 번째 열에 나오는 모든 숫자는 마이너스값이다. 왜일까? 미국 현지 기업인 월마트와 글로벌 기업인 보잉Boeing의 주가가 10월

27일에 하락한 이유는 무엇일까? 그리고 1997년 매출과 이익의 약 70%를 선진국에서 벌어들인 유니레버와 글로벌 석유 회사인 BP는 왜 태국에서 발생한 채무불이행의 영향을 받았을까?

근접 원인 편집증을 궁극의 실제와 뒤섞어서다.

그 증거는 1997년 10월 27일을 기준으로 6개월 후의 지수 수준과 주가가 적혀 있는 두 번째 열에 있다. 다우존스 지수와 FTSE 지수가 25% 상승했고, 월마트·디아지오Diageo·유니레버와 같은 기업의 주가가 가파르게 올라 10월 27일에 패닉으로 주식을 내던진 일부 펀드매니저들은 아마 해고됐을 것이다.

펀드매니저들이 충동적이고 방아쇠를 당기기를 좋아한다고 비난하고 싶다면, 얼마든지 해라. 하지만 우리가 일관성이 없다고 비난하지는 말아 달라. 시장이 거시경제 사건에 흥분할 때마다, 펀드매니저들은 주가라는 근접 시류에 편승해 예측 가능한 행동을 한다. 그러고는 여유가 생기면, 지난 일을 후회한다.

펀드매니저는 거시경제 혹은 시장 데이터에 조건반사적 반응을 보인다. 금리가 올라갈 것 같다? 매도한다. 인플레이션이 낮아질 것 같다? 매수한다. 재정 적자가 증가하면? 매도한다. 아니, 매수해야 하나? 대부분의 기업은 단기의 거시경제적 움직임에 비교적 영향을 받지 않아야 하고, 실제로도 그렇다. 그 기업들의 주가는 뭔지 모를 이유로, 표 4.1에서 봤듯이, 그렇지 않다.

어떤 이들은 특정 유형의 기업, 즉 대출과 예금에 의존하는 은행이나 금융회사의 경우, 금리가 장기적인 실적에 커다란 영향을 미친다고 주장한다. 그러니 금리 변동은 기업 실적의 근접 원인이자 궁

투자, 진화를 만나다

극 원인이라 말한다. 1999년 12월 31일부터 2019년 12월 31일까지 20년간 인도 대형 은행 3곳의 주가 변동 데이터를 보자.

HDFC은행 81배

ICICI은행 33배

인도스테이트은행 16배

20년 동안 인도준비은행Reserve Bank of India은 금리를 50회 이상 인상하거나 인하했다.[7] 금리는 5%에서 12% 사이에서 큰 폭의 등락을 거듭했다. 더욱 중요한 건, 모든 은행들이 동일한 금리 체제와 그 밖의 거시경제 요인의 영향을 받았다는 사실이다. HDFC은행의 주주에게 금리가 얼마인지 혹은 인도준비은행이 금리를 어느 정도 속도로 변경했는지가 중요할까?

HDFC은행의 사업 실적(그에 따라 주가 역시)은 인도 기업 역사상 가장 뛰어난 지도자 중 한 사람인 아디트야 푸리Aditya Puri CEO 덕분에 극적으로 상승했다. 2020년 10월, 《이코노미스트Economist》는 그를 세계 최고의 은행가로 선정했다.[8] 금리, 경상수지 적자, 환율 및 그 밖의 난해한 지표는 푸리가 탁월한 실적을 달성하는 데 걸림돌이 되지 않았다.

내가 나한테 유리한 내용만 선별한 것이 아니다. 장기적으로 보면, 잘나가는 기업은 거시경제 여건과 관계없이 많은 가치를 창출한다. 아마존, JP 모건JP Morgan, 미쉐린Michelin, 네슬레, 지멘스, 테스코, 월마트, 자라Zara 등 뛰어난 기업들이 인플레이션과 재정 적자에게 지배당한다고 진지하게 생각하는 사람이 있을까? 뛰어난 기업의 사업 실적과 주가가 거시경제적 변동의 영향을 받지 않는다면, 이런 기업에 투자하는 투자자도 경제를 무시하는 편이 더 낫지 않을까?

개별 기업을 분석하면서 거시경제 데이터를 고려하는 데는 또 다른 큰 문제가 있다. 타이어 사업의 예로 이 골치 아픈 문제를 살펴보자. 인도에는 상장된 타이어 제조사가 많으니 즐겁게 사냥 놀이를 해볼 수 있을 것이다. 세계은행이 인도의 내년 GDP 성장률이 8%에 달할 것이라 전망했다고 가정해 보자. 인도에는 좋은 소식으로 보인다. 타이어 산업은 어떨까? GDP 증가가 개인의 부 증가로 이어져, 소비자들이 자동차를 더 많이 구매하고, 따라서 타이어도 더 많이 구매할 것이라고 주장할 수 있다.

그럼 타이어 제조사의 주식을 사들여야 할까? 그런데 여기서 잠깐. 매출 증가가 곧 이익 증가는 아니다. 타이어 제조사의 주요 원재료는 매출의 약 60%를 차지하는 고무다. 내년에 인도 타이어 제조사들이 고무를 더 많이 구매할 것으로 예상되서 고무 가격이 급등하면 어떻게 될까? 그럼 상황이 아주 복잡해진다. 엄청난 연산 능력을 가진 첨단 기기로 무장한 애널리스트의 도움이 필요해진다.

엄청나게 똑똑한 애널리스트가 몇 주 동안 밤을 새워가며 100기가바이트의 엑셀 모델을 구축하고는 고무 가격이 급등하지는 않을 것이라고 예상한다. 안도의 한숨을 내쉰다. 이제 타이어 제조사의 주식을 사들여야 할까? 그런데 잠깐만. 수십 개의 타이어 제조사들이 여건이 좋을 때 어떤 전략이나 전술을 채택할지를 어떻게 알 수 있을까? 소규모 회사 중 하나가 시장 점유율을 높이기 위해 가격 전쟁을 벌이기로 하면 어떻게 될까? 과거에도 몇몇 기업이 그렇게 했다. 지배적인 기업이 세계적인 스포츠 대회를 후원해 광고 예산을 크게 늘리면 어떻게 될까?

이 애널리스트가 어떤 기업도 '잘못 행동하지는 않을 것'이라 예상한다고 가정해 보자(정말 똑똑한 애널리스트다!). 이제 투자할 준비가 된 걸까? 그럴리가. 타이어 업계 전체의 수익에 최종적으로 영향을 미치게 될 다양한 타이어 부문의 성장을 어떻게 알 수 있을까? 트럭 타이어 부문은 규모가 가장 크고 수익성이 가장 낮지만, 이륜차 타이어 부문은 수익성이 가장 높지만 업계 전체의 수익에서 극히 일부만 창출한다. 따라서 트럭 타이어 부문이 나머지 타이어 부문보다 더 빠르게 성장하면, 타이어 업계 전체의 수익이 감소할 수 있다.

이제 애널리스트에게 부문별 성장률을 예측해 달라고 요구한다. 그에게 다시 답을 듣고서 계획 단계로 되돌아간다. 그러고 나니 불편한 깨달음을 얻고 혼란스러워진다. 타이어 산업은 자본집약도가 상당히 높고, 이 사실이 기업의 부채 수준에 크게 영향을 미치고, 그 사실이 기업의 강인함과 주가에 영향을 미칠 수 있다. 어느 타이어 회사가 얼마나 투자를 할 것인지 어떻게 예측할 수 있을까? 아, 이렇게 하자. 우리의 유능한 애널리스트에게 다시 물어보는 것이다!

이런 식으로 애널리스트를 계속 찾아갈 수는 있다. 하지만 결과는 더 나빠진다(물론 초과 근무 수당 넉넉히 받아내는 똑똑한 애널리스트에게는 더 좋다). 타이어 산업의 예에서는 GDP 성장률만 분석해 기업의 실적을 예측하려고 했다. 하지만 거시경제 데이터에는 고용 수준, 환율, 인플레이션, 정부 재정 적자, 통화 공급, 경상수지 등 훨씬 더 광범위한 지표들이 포함된다. 타이어 제조사에 투자하려는 관점에서, 이 모든 요소를 어떻게 분석하고 평가할 수 있을까? 게다가 펀드매니저는 타이어 산업에만 투자하지 않는다. 투자자는 수십 개의 산업과 수백 개의 기업에 대해 이 엄청난 작업을 반복해야 할까? 더 나아가서는 세계 경제의 초연결성까지 감안해, 다른 국가의 거시경제 데이터도 의사 결정에 반영해야 할까?

이제 포기할 생각이 드는가?

앞에서 거시경제 요인을 중요한 근접 원인으로 취급할 때 발생하는 두 가지 문제를 살펴봤다. 우선 아시아 금융 위기와 같은 대형 거시경제 사건조차 주가의 장기적인 변동과는 상관관계가 없음을 확인했다. 그리고 인도 타이어 산업의 예를 통해 근접 원인에 해당하는 경제 데이터를 사용해 산업과 기업의 실적을 평가하는 것은 불가능하지는 않더라도 너무 어렵다는 결론을 내렸다.

경제 데이터를 사용할 때 발생하는 세 번째 문제는 너무 자명한 내용이다. 미래는 아무도 모른다. 그렇다. 약간은 과장된 말이긴 하지만, 아주 약간일 뿐이다. 경제학자들조차 경제를 제대로 예측하지 못하는데, 우리 같은 투자자가 뭐 하러 그것을 중요하게 취급하면서 귀중한 시간을 낭비해야 할까?

경제학자의 중요한 역할 중 하나가 불황을 예측하는 것이라고 생각할 수 있다. 그러면 정부가 광범위한 고통을 예방하는 데 필요한 조치를 취할 수 있다. 2018년 3월, IMF는 〈경제학자들은 불황을 얼마나 잘 예측하는가?How Well Do Economists Forecast Recessions?〉라는 제목의 조사 보고서를 제출했다.[9] 저자들은 63개국을 대상으로 1992

투자, 진화를 만나다

년부터 2014년까지 실질 GDP 예측치와 실제 성장률 데이터를 비교했다. 이에 따르면, 불황 기간에 GDP는 평균 2.8% 감소했지만, 불황 이전 해의 합의된 예측치consensus forecast는 3%가 성장하는 것으로 나타났다! 더 심각한 것은 불황이 발생한 해에도 평균 예측치는 0.8% 감소였지만, 실제로는 2.8% 감소했다.

이 IMF 조사 보고서의 저자 중 한 사람인 프라카시 라운가니Prakash Loungani는 《더 가디언The Guardian》과의 인터뷰에서, 자신이 분석한 바에 따르면 경제학자들은 지난 150회의 불황 중 148회를 예측하지 못했다고 말했다! 그리고 이렇게 말했다. "불황을 예측하지 못한 기록이 사실상 흠이 되지는 않습니다." 더 많은 데이터, 더 발전한 연산 능력, 더 나은 알고리즘이 개발되었으니 우리의 예측 능력이 수년에 걸쳐 향상됐을 거라 생각할 수 있다. 퍽이나. 또 다른 《더 가디언》 기사에서 파리에 있는 경제협력개발기구Organisation for Economic Co-operation and Development, OECD의 고용, 노동 및 사회 문제 담당 부국장 마크 피어슨Mark Pearson은 이렇게 말했다. "세계가 점점 더 복잡해지고 있기 때문에, 우리의 예측 능력은 점점 더 나빠지고 있습니다." 힘내요, 마크.

많은 투자자들이 경제 데이터를 분석하느라 많은 시간을 보낸다고 알고 있다. 그런 사람들은 아마 투자 결정에서 환율 변동이나 국가의 외채 수준을 고려하는 방법을 생각해 냈을 것이다. 나는 그렇게 못한다. 거시경제 지표를 특정 기업에 대한 전망으로 해석하는 방법을 여전히 잘 모르겠다.

우리는 거시경제와 관련된 모든 근접 정보를 무시한다. 이런 데이터가 기업의 궁극적인 성공 또는 실패를 평가하는 데 도움이 되지 않는다고 생각한다. 경제 자문위원을 두지 않고, 은행이나 증권사의 경제학자에게 조언을 구하지도 않으며, 팀 미팅에서도 경제 지표를 논하지 않는다.

우리 투자 결정에서 경제 지표가 차지하는 비중은 제로다.

시장 관련 근접 원인

나는 지금은 금융업계 사람들과 아이디어나 정보를 나누기 위해 친목을 도모하지는 않는다. 하지만 1998년 워버그 핀커스에서 투자자로 경력을 쌓기 시작했을 때, 인도 증권시장에서 활동하는 펀드 매니저 및 금융 전문가들과 상당히 많은 시간을 보냈다. 컨설턴트로 일한 경력이 있었고, 자본 시장과 그 참가자들의 움직임을 이해하고 싶었다. 당시엔 배울 것이 많다고 생각했다. 내 생각이 옳긴 했다. 그게 생각했던 것과는 달랐을 뿐.

워버그에 입사한 지 불과 몇 달 만에, 나는 금융업계 전문가들이 만나서 인사를 할 때 무슨 말을 할 지 정확히 예상할 수 있었다. "안녕하세요?", "어떻게 지내세요?"가 아니었다. 거의 항상 "캬 라그타 하이?Kya lagta hai?"였다. 이 힌디어 표현을 주식 시장에서 쓰는 말로 번역하면, "앞으로 시장이 어떻게 될 것 같습니까?"라는 뜻이다. 당시 나는 상당히 혼란스러웠다. 내가 시장이 어떻게 움직이는지를 이해하려고 노력하는 초보자인데, 이 '전문가'가 나한테 그런 걸 묻는다고? 그 사람이 정말 모르는 걸까? 내가 그 사람이 정말 모른다는 결론을 내리기까지 시간이 좀 걸렸다. 아무도 모른다.

투자, 진화를 만나다

앞에서 거시경제 관련 근접 원인의 문제를 이야기하기 위해 아시아 금융 위기로 인한 시장의 하락을 다뤘었다. 눈치채지 못했겠지만, 거기서 사실 교묘하게 속임수를 쓴 부분이 있다. 나는 시장 조정 market correction의 원인을 안다는 듯이 썼다. 사실 나는 시장 조정의 원인을 모르는데, 아시아 통화의 가치가 폭락한 것이 일정한 역할을 한 것처럼 보인다. 시장 움직임과 경제 데이터 사이에 연결고리가 있다고 전제했지만, 그게 허구일 수도 있다.

하지만 그저 시장이 움직이기 때문에 시장이 움직이는 경우가 꽤 있다. 그게 시장의 본성이다. 시장 움직임의 근접 원인은 아직 알려지지 않았고, 내 생각에는 알 수가 없다.

이제 2002년 7월 24일로 돌아가 보자. 다우존스 지수는 489포인트나 급등하며, 1987년 이후로 역대 두 번째로 높은 포인트 상승과 최고의 퍼센트 상승률을 기록했다.[10] 그 이유가 뭘까? 많은 뉴스 기사를 읽어도 나는 잘 모르겠다. 어쨌든, 여러 소식통에 따르면 이번 상승은 의회에서 기업의 사기 행위에 대한 모종의 합의에 도달한 것에서 비롯됐다고 한다. 또한 이전까지 케이블 방송사인 아델피아Adelphia를 상대로 사기 행위를 벌인 경영진이 체포됐다고도 했다. 잘 모르겠지만, 그렇단다.

이제 표 4.2를 통해 미국과 영국의 주가가 이처럼 '엄청난' 뉴스에 어떻게 반응했는지 살펴보자.

표 4.2 **2002년 7월 24일 이후 미국 및 영국의 시장 지수**

지수	2002년 7월 24/25일	6개월 이후
미국 시장		
다우존스	+6%	-2%
월마트	+6%	+?%
씨티그룹	+10%	+16%
보잉	+6%	-26%
마이크로소프트	+7%	+11%
엑손	+10%	+1%
영국 시장		
FTSE 250	+1.5%	-14%
BP	+6%	-18%
롤스로이스	+2%	-31%
디아지오	+9%	-15%
유니레버	+7%	+6%
HSBC	+2%	-7%

이 표에서 알 수 있듯이, 6개월이 지나서 미국의 다우존스 지수는 2002년 7월 24일의 상승분을 반납하고 2% 하락했다. 월마트, 씨티그룹, 보잉과 같은 대기업의 주가가 이날 하루 크게 상승해 도취감에 빠져들게 했지만, 그 기분은 오래가지 못했다. 보잉은 6개월이 지나자 주가가 4분의 1만큼 빠졌다.

더 주목할 만한 것은 영국 시장의 움직임이다. 아마 미국에서 실시한 기업 사기 행위에 대한 수사가 영국 시장에 영향을 미칠 거라 생각하는 사람은 별로 없을 것이다. 하지만 우리 펀드매니저들은 경악을 금치 못했다. 미국 주식 시장이 6% 상승한 다음 날 FTSE 250 지수는 1.5% 상승했고, 표 4.2의 첫 번째 열에서 알 수 있듯이, 대기업의 주가는 2~9% 상승했다. 이는 시장 가치가 높은 기업에게는 작은 숫자가 아니다. 도취감은 오래가지 않았다. 이런 일이 있고 나서 6개월이 지나 롤스로이스의 주가는 거의 3분의 1만큼 빠졌고, BP와 디아지오의 주가는 15% 혹은 그 이상 빠졌다.

7월 24일 미국의 다우존스 지수가 크게 상승하고 나서, 7월 25일 영국의 펀드매니저들은 무슨 이유로 BP, 롤스로이스, 디아지오에 투자하기 시작했을까? 주식 시장 참가자들이 복잡한 정답 맞추기 게임을 하고 있다고 주장한 위대한 존 메이너드 케인스John Maynard Keynes가 떠오르는 순간이다.[11] 그는 게임 참가자들에게 100장의 인물 사진에서 얼굴이 가장 예쁜 미녀 사진 6장을 골라내는 게임을 상상해 보라고 했다. 승자는 가장 예쁜 얼굴을 고른 사람이 아니라, 모든 참가자들이 평균적으로 생각하는 예쁜 얼굴을 고른 사람이 된다.

당신이라면 이 게임을 어떻게 풀어갈 것인가? 나라면 얼굴이 가장 예쁜 미녀 6명을 고르려고 하지 않고, 다른 참가자들이 어떤 얼굴을 고를 지 추측하면서 주어진 시간을 보낼 것이다. 나는 이런 2단계 전략을 쓸 거라며 우쭐대고 있지만, 나보다도 통찰력이 뛰어난 사람은 한 걸음 더 나아가서 3단계 전략을 구사할 것이다. 그는 평균적인 의견을 가진 사람이 예상하는 평균적인 아름다움이 무엇인지를 추측하려고 할 것이다. 그리고 추측은 이런 식으로 점점 더 높은 단계로 나아간다.

케인스는 시장에서의 이런 정답 맞추기 게임이 엄청난 시간 낭비라는 사실을 쓰라린 경험을 통해 깨달았다. 1920년대에 정밀한 경제 모델을 사용해 시장 수준을 예상했지만, 1929년 대폭락Great Crash of 1929을 예상하지 못했다. 게다가 이 시기에 시장을 능가하지도 못했다. 케인스는 버핏처럼 주식을 선별해 투자하는 쪽으로 방향을 바꿨고, 분산 투자를 기피했다. 그는 이렇게 말했다. "올바른 투자 방법은 자신이 잘 안다고 생각하는 기업에 상당히 많은 금액을 투자하는 것입니다."

케인스가 훌륭한 투자자가 된 것은 당연한 일이었다. 1924년부터 1946년까지 케임브리지 킹스 칼리지의 기부금 펀드를 관리했는데, 22년에 걸쳐 매년 거의 14%씩 대학의 재산을 불렸다. 1924년 초에 누군가가 케인스에게 100파운드를 투자했다면, 그가 사망한 1946년에는 약 1,675파운드가 됐을 것이다. 그 돈을 영국 주식 시장 지수에 투자했다면, 겨우 424파운드가 됐을 것이고. 놀랍게도 이 시기에는 1929년 대폭락, 대공황, 심지어 제2차 세계대전까지 발발했다.

금융업계가 케인스의 통찰을 받아들여야 하지 않을까?

2019년 12월은 여느 때와 마찬가지로 월스트리트의 주식 시장 전략가들이 2020년의 시장 성장을 예측하는 데 여념이 없었다. 2000년 이후로, 월스트리트가 내놓은 내년도 예측치의 중앙값이 주식 시장 하락을 예고했던 적은 단 한 번도 없었다. 제대로 읽은 게 맞다. 예측가들은 내년에는 주식 시장이 하락할 수 있다고 '단 한 번

투자, 진화를 만나다

도' 예상하지 않았다. 현실은 어땠을까? 여섯 차례 하락했다. 2000 년부터 2020년까지 예측치의 중앙값은 실제값과 12.9%나 차이가 났는데, 이는 이 기간 연평균 상승률인 6%의 두 배가 넘는 값이다!

이제 2019년 12월로 다시 돌아가 보자. 당시에는 코로나19가 유행할 것이라고 아무도 예상치 못했다. 예측가들이 내놓은 예측치의 중앙값에 따르면, 2020년에는 시장이 2.7% 상승할 것으로 예상됐다.[12] 만약 그때 예측가들이 2020년 3월부터 2020년 12월까지 유행병이 세계 전역으로 퍼질 것을 미리 알았다면 2020년 예측치는 어땠을까? 알 수는 없지만, 아마 폭락을 예상했을 것이다. 어쨌든, S&P 500 지수는 2020년에 16.3% 상승했다. 하지만 2020년의 유행병은 한 세기에 한 번 있을까 말까한 사건이니, 예측가들이 13.6%나 틀렸다고 비난하면 곤란하다. 뭐, 그럴 수 있다.

그럼 2020년 5월 초에 저명한 예측의 대가가 내놓은 예측치를 보면 어떨까? 2020년은 8개월 밖에 남지 않았고, 유행병이 맹위를 떨친지 4개월이 지났으며, 이것이 경제에 미친 영향이 어느 정도인지 분명해 보였던 시점이다. 나는 이 단계에서 '전문가'가 틀릴 수는 있지만, 크게 틀리지는 않을 것이라고 생각했다.

'역발상의 역발상론자'으로 알려진 해리 덴트 주니어Harry S. Dent Jr.는 일본 경제의 붕괴, 2000년 닷컴 붕괴, 도널드 트럼프Donald Trump의 당선 등을 정확하게 예언했다.[13] 그는 하버드 경영대학원에서 MBA 학위를 받은 후, 베인앤드컴퍼니Bain & Company에서 근무했고, 지금은 독자적으로 리서치회사를 운영하고 있다. 또한 CNBC, CNN, 폭스Fox, 폭스 비즈니스Fox Business, 굿모닝 아메리카Good Morning America, PBS에 정기적으로 출연하고 있으며, 《배런스Barron's》, 《포춘Fortune》, 《비즈니스 위크Business Week》, 《월스트리트 저널》를 포함해 그 밖의 여러 간행물에서 특집 기사로 소개된 적도 있었다. 그밖에도 월간 뉴스레터인 〈HS 덴트 포캐스트HS Dent Forecast〉를 발행하고 있다. 간단히 말하자면, 전문가 중의 전문가라 할 수 있다.

2020년 5월 초, 덴트는 《씽크어드바이저ThinkAdvisor》와의 인터뷰에서 2020년 8월에 시장이 정점을 찍을 것이며, 투자자들은 5~10%의 수익을 올릴 수 있을 것이라고 예측했다. 투자자들에게 '나가라'고 조언하며, '사지 말라'고 충고했다. 그가 얼마나 틀렸냐고? 시장은 12월 31일까지 계속 상승했고, 5월 초 덴트가 《씽크어드바이즈》와 인터뷰를 한 시점부터 S&P500 지수는 32%나 상승했다! 덴트가 말하는 수익률 범위에서 가장 높은 10%를 적용하더라도 8개월 동안 22%의 차이가 난다. 이것을 연간으로 환산하면 33%가 된다. 저런.

내가 의도적으로 가장 심하게 틀린 예측가를 데려왔다고 비난하기 전에, 2020년 5월에 그해 12월 말까지 시장이 25~30% 상승할 것이라고 주장한 전문가가 있는지 찾아보기 바란다. 나는 못 찾았다. 진심으로 찾으려고 노력했다.

공정을 기하자면, 나는 시장을 예측할 수 있다고 주장하는 금융 전문가를 단 한 번도 보지 못했다. 그렇다면 왜 투자업계 종사자들은 미래의 시장 수준에 집착하며 많은 시간을 보내는 걸까? 왜 펀드매니저들은 다른 펀드매니저들의 생각과 행동에 집착하며 엄청나게

투자, 진화를 만나다

많은 시간과 노력을 쏟아붓는 걸까? 잘못된 동기, 잘못된 위안, 남들보다 한 수 앞서려고 하는 것 등 다양한 이유가 있을 수 있다. 그런 것은 중요치 않다.

우리는 모든 시장 전망을 무시한다.

아니, 모두는 아니다. 웃고 싶을 때 종종 시장 전망을 본다.

테마 관련 근접 원인

끔찍했던 2020년이 지나갈 무렵, 나는 내가 60억 달러나 틀렸다는 것을 깨달았다.

2020년 9월 초, 니콜라Nikola는 주식 시장의 사랑을 받았다. 이 스타트업은 겨우 1년 전 상장할 당시에, 기업 가치가 40억 달러에 달했다. 이후로 기업 가치는 5배나 상승해 거의 200억 달러가 되었다. 때로 일론 머스크Elon Musk와 비견되곤 하는 카리스마 넘치는 창업자 트레버 밀턴Trevor Milton이 이끄는 니콜라는 수소 연료전지와 배터리로 구동되는 세미트럭을 개발할 계획이었다. 얼마 전에 디트로이트의 거대기업인 GM과 파트너십을 체결했는데, 이에 따르면 GM이 니콜라의 세미트럭을 설계하고 제작하는 대가로 20억 달러를 투자해 11%의 지분을 갖기로 되어 있었다.

2020년 9월 10일, 유명 투자 회사이자 공매도 전문업체인 힌덴부르크 리서치Hindenburg Research는 〈니콜라: 어떻게 거짓말의 바다로 미국에서 가장 규모가 큰 자동차 OEM과 파트너십을 체결하게 되었나Nikola: How to Parlay an Ocean of Lies Into a Partnership with the Largest Auto OEM in America〉라는 제목의 통렬한 보고서를 발표했다. 이 보고서의 첫 줄은 이렇게 적혀 있었다. "니콜라는 창업자이자 회장인 트레버 밀턴이 했던 수십 차례에 걸친 거짓말을 기반으로 한, 잘 짜인 사기다."[14]

2017년, 니콜라는 자사의 기술이 효력이 있다는 것을 입증하기 위해 세미트럭 프로토타입이 도로를 따라 질주하는 모습을 담은 〈움직이는 니콜라 원Nikola One in Motion〉이라는 제목의 동영상을 배포했다. 힌덴부르크는 이 동영상이 니콜라가 외딴 지역에서 일반 트럭을 언덕 꼭대기까지 견인한 다음, 그 트럭이 언덕을 따라 굴러 내려가는 모습을 촬영한 것이라 주장했다. 보고서 발간 후, 니콜라는 어쩔 수 없이 사실을 인정하면서 이렇게 말했다. "우리는 동영상에서 트럭이 자체 추진력으로 주행하고 있다고 말한 적이 없습니다." 이게 무슨 말인가?! 질주하는 트럭 말고 보여줄 게 있나? 도로인가?

이처럼 뻔뻔스러운 거짓말을 폭로한 것은 긴 보고서의 시작에 불과했다. 힌덴부르크 보고서에서는 몇 가지 문제를 더 밝혀냈다. 니콜라는 밀턴의 주장과는 다르게 배터리 기술을 보유하고 있지 않았고, 수소 연료전지 관련 전문 기술이 없었다. 심지어 밀턴은 다른 회사의 기술을 가져와 자기 기술이라고 주장한 전력이 있었다. 또한 실패, 고소, 맞고소 등으로 끝난 문제가 많은 파트너십의 전력이 있었으며, 니콜라의 본사가 존재하지 않는데도 완전한 에너지 독립형 본사 건물에서 3.5메가와트짜리 태양 전지판을 사용한다고 주장한 사실이 있었다. 힌덴부르크의 긴 보고서에 나오는 비판을 더 많이 인용할 수도 있겠지만, 여기서는 니콜라의 미래가 암울해 보였다는 말만 해둔다.

투자, 진화를 만나다

트레버 밀턴은 이 보고서가 발간된 후 며칠 만에 회장 자리에서 물러났고, GM은 니콜라와의 파트너십을 중단했다. 미국 증권거래위원회Securities and Exchange Commission, SEC와 법무부는 자체 조사에 착수했다. 당연히 니콜라의 주가는 폭락하기 시작했다.

여기서 질문 하나. 힌덴부르크의 폭로가 있고 3개월이 지난 2020년 12월 말이 되면, 니콜라의 시장 가치는 얼마가 될까? 이 회사는 배터리나 수소 연료전지 기술도 없었고, 프로토타입도 없었고, 창업자는 불명예 퇴진을 했고, GM은 파트너십을 중단했고, 정부는 사기 혐의에 대한 조사를 시작했다는 사실을 기억하자. 내가 생각에 니콜라의 시장 가치는 0에 가깝다.

이게 웬일. 60억 달러였다!

힌덴부르크 보고서는 사실에 근거한 것으로 보였다. 보고서의 작성자들은 문서, 사진, 문자 메시지, 동영상 및 인터뷰에 근거해 주장을 펼쳤다. 내가 그들의 주장을 재검토할 수 있는 위치에 있지는 않다. 하지만 밀턴이 물러나고 GM이 파트너십을 중단한 사실을 보면, 보고서 전체는 아니더라도 상당 부분이 신빙성이 있었을 것이다. 그렇다면 니콜라 같은 회사의 기업 가치가 60억 달러에 달하는 것은 어떻게 설명할 수 있을까? 사실 이는 공정치 못한 질문이다. 내가 보기에 기업 가치를 평가하는 방법을 완전히 이해하는 사람은 없기 때문이다. 하지만 이 경우에는 두 단어로 답을 내려 한다.

테마 투자.

여기서 테마는 다음과 같다. "새시대의 자동차 회사가 세상을 지배한다." 2020년 이후로 자동차 기술 스타트업이 선풍적인 인기를 끌고 있다.[15] 2021년 1월 《파이낸셜 타임즈》에 실린 기사에 따르면, 이 회사들이 시장 가치는 모두 합쳐 600억 달러에 달했지만 대부분 매출이 단 한 푼도 발생하지 않았다고 한다. 왜 매출이 없었을까? 니콜라처럼 제품이 없었기 때문이다! '사실이 허구보다 더 낯설다'는 말은 새시대의 자동차 스타트업의 가치평가에 딱 들어맞는다.

《파이낸셜 타임즈》 기사에는 9개의 상장된 스타트업들을 예시했는데, 그중 규모가 가장 큰 기업은 190억 달러의 가치를 지닌 퀀텀스케이프QuantumScape다. 이 회사는 2024년에 가서야 처음으로 1,400만 달러의 매출이 발생할 것으로 예상하고 있다. 그리고 첫 매출을 낸 지 불과 4년이 지난 2028년에는 100억 달러의 매출을 돌파할 것으로 예상하고 있다! 일례로, 테슬라는 2008년에 첫 매출을 기록한 이후로 100억 달러를 돌파하는 데 9년이 걸렸다고 한다. 그리고 그 당시에 테슬라가 시장 점유율이 가장 높았다는 사실을 기억해야 한다. 퀀텀스케이프 웹사이트를 보면 회사 사명을 "지속 가능한 미래를 달성하기 위해 에너지 저장에 혁명을 일으키는 것"이라고 규정한다. 퀀텀스케이프의 투자자들의 면면을 보면, 클라이너 퍼킨스 Kleiner Perkins, 라이트스피드Lightspeed와 같은 유명 벤처캐피털에서부터 폭스바겐Volkswagen, 상하이자동차SAIC와 같은 자동차 회사에 이르기까지 다양하다.

기사에는 퀀텀스케이프 외에도 많은 기업들이 예시되어 있었다. 시장 가치가 26억 달러인 하이리온Hyliion은 하이브리드 트럭을 제조할 계획이었고, 39억 달러인 벨로다인 라이다Velodyne Lidar는 자율주행 자동차에 쓰이는 감지 솔루션을, 41억 달러인 피스커

　　　　　　　　　　　　　　　투자, 진화를 만나다

Fisker는 전기 자동차를, 101억 달러인 루미나 테크놀로지스Luminar Technologies는 물체 감지 기술을, 40억 달러인 카누Canoo는 전기 자동차를 제조할 계획이었다. 이제 그림이 보일 것이다.

특정 개념이나 테마에 대한 관심도를 확인하기 위한 가장 좋은 방법은 구글 트렌드를 사용해 구글 검색을 분석하는 것이다. 미국에서 2014년 1월부터 2019년 1월까지 '전기 자동차'라는 용어를 검색하면, 비교적 평탄한 추세를 확인할 수 있다. 그러나 2019년 1월과 2021년 2월 사이에는 전기 자동차에 대한 관심도가 4배로 상승했다. 이제 방금 예시한 기업들의 상장일을 확인해 보라.

니콜라 2020년 6월

벨로다인 라이다 2020년 9월

피스커 2020년 10월

하이리온 2020년 10월

퀀텀스케이프 2020년 11월

카누 2020년 12월

루미나 2020년 12월

이 기업들의 상장이 검색어에 대한 관심도를 높인 것인지, '전기 자동차'에 대한 검색 증가가 상장의 선행 지표가 된 것인지는 알 수 없다. 긍정적인 피드백 루프를 통해 서로에게 영향을 미쳤을 수도 있다. 어떤 경우든, 앞에서 봤듯이, 전기 자동차라는 테마 그리고 이와 관련된 기업의 상장 사이에는 강력한 상관관계가 있다. 이는 강력한 근접 기제가 작동하고 있음을 보여주는 전형적인 사례다.

게다가 2021년 1월에는 최소 8~10개의 스타트업들이 상장 준비를 마쳤으며, 모두가 차지포인트ChargePoint, 이브이고EVgo, 라이트닝 이모터스Lightning eMotors, 라이온 일렉트릭Lion Electric, 모티브 파워 시스템즈Motiv Power Systems와 같이 이름만 들어도 알 만한 기업들이었다. 이 상장 기업들의 시장 가치가 유지된다면, 나는 앞으로 몇 년 안에 이 테마에 해당하는 상장 기업이 수십 개는 더 생길 것이라 확신한다.

매출은 수백만 달러에도 못 미치지만, 가치는 수십억 달러가 넘는 이런 기업들은 근접 원인 테마에 기반을 둔 투자 전략의 전형이다. 고금의 거의 모든 근접 요인 테마가 그랬듯, 자동차 기술 테마도 세 가지 특성이 있다. 전체 시장total addressable market, TAM을 과대 선전하고, 이해하기가 쉬우며, 실행에 옮길 수 있다.

전체 시장부터 보자. 투자 경력을 쌓기 시작한 1998년 이후로 내가 접했던 모든 테마는전체 시장의 규모가 엄청났다. 어찌나 큰지 현재 해당 산업이나 테마에서 활동하는 기업이 난쟁이 같이 느껴지게 한다. 과열된 테마가 가장 두드러진 근접 원인이 되는 것은 어쩌면 당연한 일이다.

2021년 3월, UBS가 발간한 보고서에 따르면 무공해 트럭 시장의 잠재 규모가 1조 5,000억 달러에 달하며, 기존 제조업체와 스타트업이 주도권을 잡기 위해 경쟁을 벌이고 있다고 한다. 2021년 3월에 트럭을 제조하지 않던 테슬라의 2020년 매출은 '겨우' 320억 달러에 불과했다.

내 경험에 비춰볼 때, 전체 시장을 기반으로 근접 요인 테마를 쫓는 데는 딱 한 가지 문제가 있다. 쓸모가 없다. 점성술을 이용한 예측이 훌륭하게 보일 정도다. 전체 시장은 수익이 발생할지를 말해주지 않기 때문에 무의미하며, 수익이 발생하더라도 누가 그 수익을 낼 것인지도 말해주지 않는다.

규모가 매우 큰 전체 시장 중 하나는 의류 및 신발 산업이다.[16] 미국의 의류 및 신발 시장의 규모는 약 3,700억 달러다. 그리고 이 시장은 수익을 창출하기 가장 어려운 부문 중 하나이기도 하다. 유행병 기간에 파산 신청을 한 의류 및 신발 기업이 브룩스 브라더스Brooks Brothers, 센트릭 브랜드Centric Brands, 센추리 21Century 21, 지스타G-Star, 제이씨페니, 제이크루J. Crew, 존 바바토스John Varvatos, 니만 마커스Neiman Marcus, 테일러드 브랜즈Tailored Brands를 포함해 수십 개에 이르면서, 이 산업이 강인함이 부족하다는 사실이 분명하게 드러났다. 누군가 이 기업들에게 전체 시장이 구해줄 거라고 말해주지 않은 모양이다.

유행병 이전에도 대부분의 의류 브랜드가 성장하고 규모 있는 수익을 창출하는 데 어려움을 겪었다. 잘 알려진 브랜드인 갭의 사례를 살펴보자. 갭은 2007년 이후로 미국에서 매출이 150~160억 달러 사이를 맴돌면서 성장하지 못했고, 2014년에 13억 달러라는 최고의 순이익을 기록했다. 게스Guess는 2009년부터 2020년까지 매출이 20억 달러에서 26억 달러 사이를 맴돌았고, 2016년 이후로 ROCE는 10%를 넘기지 못했다. 애버크롬비앤드피치Abercrombie & Fitch는 2006년에 매출이 33억 달러를 찍었고, 2019년에는 겨우 36

억 달러로 증가했다. 이 브랜드도 게스와 마찬가지로 2014년 이후로 ROCE가 10%를 넘기지 못했다.

의류 및 신발의 세계 시장 규모는 약 1조 9,000억 달러로, 전체 시장의 규모가 엄청나게 크다. 하지만 매출과 이익이 지속적으로 증가하는 의류업체는 H&M, 유니클로Uniqlo, 자라Zara 뿐이다. 항공사, 레스토랑, 인프라, 은행, 소매업과 같은 다른 산업도 마찬가지다. 이 산업들의 전체 시장은 상당히 크지만, 대부분의 참가자는 수익을 내지 못한다. 그렇다고 하면 장기 투자자에게 전체 시장이 무슨 의미가 있을까?

이제 근접 요인 테마가 이해하기가 쉽다는 측면을 보자. 경제 뉴스를 우연히 읽는 사람이라도 이커머스, 재생 에너지, 전기 자동차, 핀테크, 음식 배달, 인공지능, 자율주행 자동차, 인프라, 생명공학 등의 테마는 잘 알고 있을 것이다. 'GDP', '통화 공급' 등의 전문 용어로 가득한 경제 예측과는 다르게, 일반인도 이런 테마에 공감할 수 있다. 재생 에너지가 무엇인지, 왜 국가가 인프라 부문에 더 많이 투자해야 하는지는 누구든 쉽게 이해할 수 있다. 자동차 기술 스타트업에 대해 다음과 같은 이해하기 쉬운 주장을 할 수 있다. 전기 자동차와 자율주행 자동차가 세계 자동차 시장을 지배할 것이다. 테슬라의 시장 가치가 7,000억 달러에 달하니, 이런 테마가 가까운 미래에 수조 달러의 가치를 창출하지 않을까? 그렇다면 이와 관련된 스타트업의 가치가 수십억 달러에 달하지 말라는 법이 어디에 있나? 이런 전제는 이해하기가 쉽기에 매력적으로 와닿는다.

마지막은 실행에 옮길 수 있다는 측면이다. 소비자들이 외식보다 저렴하고 간편하다는 이유로 집에서 음식을 예전보다 더 많이 주문할 것이라는 테마를 믿는다고 하자. 그럼 도어대시DoorDash나 딜리버루Deliveroo에 투자할 수 있다. 매출을 실제로 발생시키는 전기 자동차 회사에 관심이 있나? 그럼 테슬라에 주목하라. 전기 자동차를 만드는 회사보다는 관련 기술을 보유한 회사에 믿음이 가나? 벨로다인 라이다가 손짓한다. 트럭이 더 큰 기회라고 생각하는가? 니콜라가 애타게 기다린다. 창업자가 어쩌면 사기꾼일지도 모른다는 사실이 중요하기나 할까?

2025년이나 2030년이 되어, 자동차 스타트업이라는 테마가 어떤 결말을 맞을지 난 잘 모르겠다. 다만 자본 시장의 역사와 철도나 인터넷 같은 새로운 시대의 기술에 비춰 보면, 이 테마가 언젠가는 안 좋은 결말을 맞지 않을까 싶다.

2000년대 초반에 주택 가격이 영원히 상승할 것이라는 테마가 유행했던 기억하는 사람이 많을 것이다(좋은 기억은 아니겠지만). 당시 은행이나 금융사는 이 테마에 편승해 주가 상승으로 이익을 챙겼다. 이제 우리는 주택 가격이 영원히 상승하지는 않으며, 과도한 부채로 구매한 고가의 주택은 가격이 조금만 하락해도 패닉을 유발할 수 있다는 사실을 알게 됐다. '주택이 최고의 투자처'라는 테마에 투자한 그 누구도 다음과 같은 유명 회사들이 파산하거나 엄청난 규모의 구제금융을 요청하게 되리라고는 상상하지 못했을 것이다. 리먼(자산 규모 6,910억 달러), 워싱턴 뮤추얼Washington Mutual(자산 규모 3,280억 달러), CIT 그룹(자산 규모 800억 달러), 손버그 모기지(자산 규모 390억 달러), 제너럴 그로우스 프로퍼티즈(자산 규모

300억 달러) 등.

인도 시장도 별반 다르지 않다. 나는 부동산, 인프라, 교육, 소액 금융, 소비자 대출, 기술 서비스 등의 테마가 자본 시장에서 수십억 달러의 가치를 창출하고는 다시 파괴하는 것을 여러 번 지켜봤다. 인도 사모펀드 시장을 보면, 2022년 초까지 에듀테크, 핀테크, 이커머스, 서비스형 소프트웨어software-as-a-service, SaaS, 물류, 소셜 미디어 등의 테마가 장부상으로 많은 가치가 창출했다(아직 파괴하지는 않았다). 지난 역사에 기초해 판단하면, 그중 상당 부분이 붕괴할 것이다. 어느 것이 언제 붕괴할지는 모르겠지만.

테마가 강세 혹은 약세에 있을 때, 근접 원인과 궁극 원인을 어떻게 구분할 수 있을까? 유감스럽게도, 나는 확실한 방법을 모르겠다. 다만 우리 나란다가 사용하는 방법은 이렇다.

우리는 분석 단위를 기업으로 분명하게 정의한다. 경제도 아니고, 시장도 아니고, 테마도 아니다. 기업의 근본적인 측면에만 관심을 갖는다. 그 밖의 것에는 관심을 갖지 않는다. 우리는 테마에 투자한 적이 없으며, 앞으로도 그럴 계획이 없다.

다시 한번 분명히 해두기 위해서 말하지만, 모든 테마 투자가 결함이 있다는 말을 하려는 게 아니다. 테마 투자를 성공적으로 해내는 펀드매니저도 있을 거다.

우리가 할 수만 있다면 하겠지만, 그럴 수가 없으니 하지 않을 뿐이다.

기업 고유의 근접 원인

2016년 12월. 우리는 3년에 걸쳐 실적이 기대에 못 미친 바이브하브 글로벌Vaibhav Global에서 완전히 손을 떼는 문제를 두고 처음으로 열띤 토론을 벌였다. 우리가 궁극 원인과 근접 원인을 혼동한 것은 아닐까?

바이브하브는 미국과 영국에서 TV와 인터넷을 통해 저가 보석과 기타 액세서리를 판매하는 소매업체다. 우리는 미국에서는 https://www.shoplc.com, 영국에서는 https://www.tjc.co.uk에 들어가서 웹 쇼핑을 할 수 있다. 한번 들어가 보라. 만족스러운 거래를 할 수 있을 것이다. 바이브하브는 주로 QVC, HSN과 같은 거대 홈쇼핑 업체뿐만 아니라 그 밖에도 수백 개의 온라인 및 오프라인 소매업체와 경쟁을 벌인다.

우리는 2007년 말에 바이브하브에 투자했다. 이 회사는 처음 몇 년 동안에 실망스러운 실적을 보이더니, 2011년 3월부터 2014년 3월까지 매출과 영업이익이 연평균 약 30%씩이나 증가했다. 2014년 7월에는 주가가 사상 최고치인 174루피를 찍었고, 우리가 매수한 가격은 48루피였다. 창업자이자 CEO인 수닐 아가르왈Sunil Agarwal 은 최근 몇 년 동안 아주 훌륭하게 자기 일을 해냈다.

하지만 2014년 4월 이후로 바이브하브의 매출과 영업이익이 감소하기 시작했는데, 이는 주로 이 회사가 스스로 저지른 세 가지 실수에서 비롯됐다. 첫째, 미국 내 경쟁업체들이 취한 중요한 전략적 조치에 제대로 대처하지 않았다. 바이브하브의 주요 경쟁업체들은 모두가 고객에게 제품 구매 시 분납을 선택할 수 있게 했다. 그러나 바이브하브는 그러려고 하지 않았다. 수닐이 불필요한 재정적 위험을 감수하려는 의지가 없었기 때문이다. 또한 경쟁업체들의 평균 판매 가격이 개당 50~100달러인 것에 비해, 바이브하브의 평균 판매 가격은 20~25달러에 불과했다. 수닐은 고객들이 양질의 제품을 충분히 저렴한 가격에 구매할 수 있다면, 분납에는 관심이 없을 것이라 생각했다. 하지만 실제로 확인해보니 고객들은 분납에 관심이 있는 것으로 나타났다.

둘째, 강건한 기술 플랫폼을 설계하고 구현하는 데 소극적이었다. 이 회사는 고객 대면 웹사이트와 앱의 품질 면에서 다른 모든 경쟁업체보다 뒤처졌다. 심지어 일부 백엔드 기술 플랫폼(예: 어떤 제품을 언제 판촉할지 결정하는 데 도움이 되는 플랫폼)은 구식이고 유연하지도 않았다. 바이브하브의 인터넷 매출은 회사 매출의 16%를 차지했지만, QVC는 51%를 차지했다. 회사는 기술 책임자에게 그 책임을 묻고 해고했지만, 새로운 책임자가 이 문제를 해결하는 데는 시간이 걸렸다.

마지막으로, 핵심 고위 관리자들을 잃었다. 일부는 수닐이 해고했지만, 일부는 더 나은 곳으로 떠났다. 그리고 그들이 떠난 빈자리를 채울 만한 유능한 인재를 영입하는 데 어려움을 겪고 있었다.

2014년 3월부터 2016년 3월까지, 매출이 2% 감소했지만, 영업이익은 70% 가까이 감소했다. ROCE는 2014년 55%에서 2016년 13%로 급격히 하락했다. 주식 시장도 이 상황에 맞게 반응했다. 2016년 12월 바이브하브의 주가는 54루피로, 2014년 7월의 최고점 대비 70% 가까이 하락했다.

투자, 진화를 만나다

우리는 딜레마에 빠졌다. 경쟁업체에 대한 늑장 대처, 강건한 기술 플랫폼의 부재, 고위 관리자의 부족과 같은 문제가 주가가 하락하게 된 근접 원인일까? 아니면 이런 골칫거리들이 회사의 좀 더 근본적이고 장기적인 문제를 반영하는 것일까? 이 문제는 '해결 가능한' 것일까? 아니면 부활의 희망을 포기해야 하는 걸까? 우리는 기업의 영원한 소유주이고자 하며, 돌이킬 수 없는 피해가 발생하지 않는 한 기업에서 손을 떼지 않는다. 바이브하브의 과오들은 일시적인 것일까? 이 회사가 이번 역경을 극복할 수 있을까?

이번 장에서 논의했듯, 우리는 경제, 시장, 심지어 산업 관련 근접 원인에서 비롯되는 문제를 무시한다. 하지만 문제의 근접 원인이 기업 자체와 관련되어 있으면 딜레마에서 빠져나오기가 훨씬 더 어렵다. 어떤 회사가 지난 몇 분기 동안 매출과 수익이 감소한 반면에, 주요 경쟁업체는 그런 어려움을 겪지 않았다고 가정해 보자. 실적 문제가 근접(따라서 일시적인) 원인과 관련 있는지, 궁극(따라서 영구적인) 원인과 관련이 있는지 어떻게 판단할까? 내 경험에 비추어 보면, 기업에서 벌어진 사건들 관련해 실패 또는 성공의 근접 원인과 궁극 원인을 식별하는 방법과 직관을 개발하는 일은 장기 투자자에게 매우 중요하다.

20년 넘게 투자자의 길을 걸으면서, 내가 가장 자주 넘어졌던 지점이 바로 여기다. 늘 그렇듯, 극단에서는 답이 간단하다. 한두 분기에 걸친 경기 침체로 주가가 하락하는 경우, 이를 근접 원인에서 비롯되는 사건으로 간주하고서 무시한다. 하지만 시장 점유율이 3년 연속으로 하락한 데서 비롯되는 주가 하락이라면, 기업에 근본적인 문제가 있는 것은 아닌지를 묻게 된다. 가장 골치 아픈 상황은 양극단 사이에 있는 회색 지대다. 나는 이런 수수께끼를 푸는 확실한 방법을 모른다. 수수께끼의 답은 거의 항상 개별 기업마다 다르다.

바이브하브는 회색 지대에 있었다. 근접 원인에서 발생한 것처럼 보이는 문제가 궁극 원인에서 발생했을 수도 있지만, 그렇지 않았을 수도 있다.

우리는 바이브하브에서 손을 떼지 않기로 결정했다. 바이브하브는 수닐의 리더쉽 하에 불과 3년 전까지만 해도 뛰어난 실적을 올렸고, 이후에도 시장에는 아무런 변화가 없었다. 새로운 진입자도 없었고, 고객 행동도 예전 그대로였다. 더 중요하게는 가격이 20~25달러 범위에 있는 보석과 액세서리를 판매하는 바이브하브의 경쟁적 지위가 어려운 시기에도 그대로 유지됐다. 어떤 경쟁업체도 바이브하브가 제시하는 가격에 맞설 능력도, 의지도 없었다. 게다가 우리는 시간이 지나면서 수닐이 문제를 해결하기 위해 필요한 조치를 시의적절하게 취하는 것을 확인했다. 2014년 말, 그는 분납제를 시행해 고객이 더 이상 이탈하지 않도록 했다. 영업이익이 감소함에도 불구하고, 기술 팀을 구성하고 인프라를 구축하는 데 공격적으로 투자했다. 결정적으로, 고위 관리자를 외부에서 영입하는 대신에 내부 직원을 발탁해 그 자리에 앉혔는데, 여기서 우리는 문제 해결의 조짐을 확인할 수 있었다.

다행스럽게도, 수닐과 그의 팀은 회사를 성공적으로 반전시켰다. 2016년 3월부터 2020년 3월까지 매출은 매년 11%씩 증가했으며, 영업이익은 거의 5배나 증가했다. 이 기간에 ROCE는 13%에서

투자, 진화를 만나다

45%로 급증했고, 연간 잉여현금흐름은 거의 4배나 증가했다. 주가는 2016년 12월 54루피에서 2022년 9월 352루피로 6.5배나 상승했다.

바이브하브의 경우는 우리 입장에서 결과가 좋았다. 그런데 우리는 갈림길에서 굉장히 불확실한 결정을 했다. 사실 어느 쪽으로든 갈 수 있었다. 영원한 소유주로서 기업에서 손을 떼지 않으려는 본능이 바이브하브와 결별하지 않게 했다. 가장 중요하게는, 운이 너무나 좋았다.

헤드라인 장식의 고통과 이득

이제 이번 장을 시작하면서 던졌던 질문으로 되돌아가보자. 36,000달러의 가치를 지닌 펀드에 70,000달러를 투자했다. 펀드매니저가 손을 대는 것마다 하락하는 것만 같다. 머리를 계속 쥐어뜯는 것 외에 무엇을 해야 할까?

아무것도 하지 않는다.

이번 이야기가 끝날 무렵은 2009년 3월이었다. 아무것도 하지 않고 이 펀드를 놔두었다면, 2022년 9월 말에 36,000달러는 77만 달러가 조금 넘는 가치가 됐을 것이다. 이는 13.5년 동안 21.4배가 됐다는 뜻이다. 주요 주가 지수는 이 기간에 6배 상승했다.

짐작했겠지만, 사실 이건 가상의 상황이 아니다. 내가 나란다에서 경험한 일이다. 내가 제시한 수치를 보면 2008년 세계 금융 위기 당시 우리의 공격적인 매수가 펀드의 장기 실적에 나쁜 영향을 미친 것을 알 수 있다. 달러를 루피로 바꾸기만 하면 된다.[17] 인내심이 결실을 맺을 것이다. 그것도 아주 많이.

2008년 3월부터 인도 시장이 하락하기 시작하자, 우리는 우량 기업의 주식을 공격적으로 매수하기 시작했고, 이 기조를 2009년 초까지 계속 이어갔다. 시장이 하락할수록, 우리의 매수 열기는 커져만 갔다. 2008년 12월에 펀드의 연평균 수익률(투자 용어로 내부수익률internal rate of return, IRR이라고 한다)은 -55%(!)를 기록했고, 우리는 가능한 선에서 계속 투자를 이어갔다. 2022년 9월, 이 펀드의 모든 수수료와 비용을 지급한 이후의 연평균 루피화 수익률은 20.3%였다.

세상이 무너질 것 같은 시기에, 어떻게 우리는 투자를 계속 이어갈 수 있었을까? 주가 하락의 모든 근접 원인을 무시하고, 오직 기업을 성공에 이르게 하는 궁극 원인에만 집중했다. 한 가지 예를 들어보자.

지금까지 우리의 가장 성공한 투자 사례로는 페이지 인더스트리즈를 꼽을 수 있다. 2008년 10월, 이 회사는 10년이 넘게 뛰어난 실적을 기록했으며 인도에서 가장 규모가 큰 이너웨어 브랜드였다. 1995년에 인도 시장에 들어온 페이지는 수십 년 전에 먼저 들어온 경쟁업체들을 따돌리고서 최고의 지위에 올랐다. 지난 5년 동안 이 회사는 매출이 매년 32% 증가했고, ROCE는 57%를 기록했다.

리먼이 파산하고 나서 3주가 지난 2008년 10월 7일, 우리는 페이지 지분 8%를 주당 455루피에 매수했다. 당시 주당 370루피였던 가격에 23%의 웃돈이 붙은 것이었다. 매수한 바로 다음 날 명목상

투자, 진화를 만나다

손실이 발생했다. 실제로 주가는 2009년 4월까지 6개월 동안 우리가 매수한 가격을 넘기지 못했다. 2022년 7월 말, 페이지의 주가는 우리 매수 가격의 107배인 48,873루피에 달했다. 이 기간에 센섹스는 5.5배 상승했다.

금융 위기 당시에 우리는 페이지와 그 밖의 7개 기업의 주식을 매수하면서, 세계적인 사건이 좋은 기업의 주가에 영향을 미칠 수는 있겠지만 그들이 지닌 강점에는 영향을 미치지 않을 것이고, 투자자들이 주식을 염가에 처분하는 것은 골칫거리가 아니라 기회가 될 것이고, 기업의 시장 가치가 잠시 타격받을 수는 있겠지만 내재 가치는 훼손되지 않을 것이고, 어려운 시기에 투자하지 않는 데서 발생하는 기회비용이 명목상 손실로 인한 단기적인 고통에 따르는 비용보다 훨씬 더 클 것이라 보았다. 우리가 페이지에 투자해 성공한 것은 부분적으로는 시장이 패닉에 빠진 시기에 공격적으로 투자한 데서 나온 결과이기는 하지만, 주로 훌륭한 기업을 어떤 가격에도 팔지 않으려는 우리의 의지에서 나온 결과이다. 하지만 이에 관한 자세한 이야기는 뒤에서 하겠다.

이 책 2부의 제목은 '적정한 가격에 우량주를 매수하라'였다. 듣기에는 좋은 전략이지만, 실제로 실행에 옮기기는 쉽지 않다. 문제는 우량 기업 주식을 적정한 가격에 사들이기가 좀처럼 쉽지 않다. 대부분의 경우, 시장은 효율적으로 작동한다. 하지만 근접 원인이 궁극 원인과 결별할 때, 시장은 훌륭한 기업의 주식도 적정한 가격에 제공할 때가 있다. 우리는 이런 일시적인 광기를 최대한 활용하기 위해 실탄을 총동원하며 뛰어들었다. 페이지에 투자해 기록한 직전 12개월 순이익 기준 주가수익비율은? 18배였다. 믿어지나?

우리가 이처럼 분에 넘치는 행운을 누렸던 것은 내가 '헤드라인 희롱headline harassment'이라고 부르는 것의 직접적인 결과였다. 2008년과 2009년 초에 우리가 훌륭한 기업의 주식을 바쁘게 사들일 때, 인도에서 가장 널리 읽히는 경제 일간지《이코노믹 타임즈 Economic Times》에는 다음과 같은 헤드라인(그리고 이와 유사한 헤드라인)이 실렸다.[18]

"시가 평가에 따른 손실이 인도 기업들을 걱정케 하다." (2008년 7월 18일)

"경제 활동이 빠르게 둔화되고 있다." (2008년 8월 25일)

"금융 위기: 다국적 기업의 일자리는 안전한가?" (2008년 9월 26일)

"센섹스, 2008년 최저점을 빠르게 경신하다" (2008년 10월 16일)

"경기 침체, 정리 해고가 힘의 균형을 바꾸고 있다." (2008년 11월 15일)

"센섹스는 왜 20,000에서 10,000으로 추락했는가?" (2008년 12월 20일)

나쁜 뉴스가 좋은 뉴스보다 눈길을 훨씬 더 많이 끈다는 것은 상식이다.[19] 이런 편향을 두고 언론을 탓할 수도 있겠지만, 심리학자들은 사람들이 나쁜 뉴스를 우선적으로 읽고 기억도 더 잘 한다는 것을 증명했다. 언론은 이미 존재하는 편향을 활용할 뿐이다. 《사이커로지컬 사이언스Psychological Science》에 실린 〈영양과 인간에 관하여: 부정적인 자극의 우선적 감지On Wildebeests and Humans: The Preferential Detection of Negative Stimuli〉라는 제목의 논문은 피실험자들이 긍정적인 단어보다 부정적인 단어를 더 빨리, 더 자주 기억한다는 사실을

드러냈다.[20]

위기 상황에서는 이런 편향이 더 강화된다. 몇 주 혹은 몇 달 동안 리먼 파산을 다루는 신문을 읽고 TV 뉴스를 본다고 한번 생각해보라. 세계가 헤드라인 희롱에 시달리던 시절을 말이다. 훌륭한 기업이 마침내 우리가 거부하기 힘든 가격에 나타나는 것은 전혀 놀라운 일이 아니다.

이와 대조적으로, 이 기간에 우리 포트폴리오 기업이 될 우량 기업들에 대해서는 여느 때와 같은 기념사는 없었다. "WNS, 또 다른 모기지 신청 처리", "트리베니 공장, 올해 39호 터빈 생산", "페이지 인더스트리즈, 오늘 아우랑가바드에 매장 두 곳 개설", "첸나이의 카보런덤 공장, 또 다른 교대 근무 완료"와 같은 헤드라인은 없었다.

앞에서 나는 "다행히도, 궁극 원인은 너무 따분해서 언론에서 다루지 않는다"고 썼다. 이제 왜 다행스러운지 알 것이다.

2008년에 우리가 투자업계에 종사하는 다수의 사람들과는 정반대의 행동을 취할 수 있었던 데는 중요한 이유가 한 가지 더 있다. 운이 좋게도 장기 투자자(주로 미국 대학의 기부금 펀드와 미국과 유럽의 패밀리 오피스family office•들이 세상의 종말이 다가온 것처럼 보였을 때 우리의 공격적인 행동을 지지했다. 어느 누구도 약정을 깨지 않았다. 머리를 쥐어뜯는 이는 아무도 없었다(그러지 않았기를 빈다)! 내가 알기로 2008년에 다수의 사모펀드와 헤지펀드가 투자자들에게 자금을 더 많이 투자하도록 설득하지 못했다.

우리는 상당히 운이 좋았다.

• 고액 자산가를 대상으로 하는 사적인 투자 자문 회사.

***

내가 미래를 예언하는 사람은 아니지만, 2008년 세계 금융 위기를 겪고 나서 앞으로 수십 년 동안 그런 수준의 주식 시장 패닉을 목격할 가능성은 없다고 나 자신에게 말하곤 했다. 이보나 더 큰 오판은 없을 것이다.

코로나19의 유행이 절정에 달하던 2020년 3월, 인도 주식 시장은 23% 하락했다. 하지만 우리는 주식 매수를 멈출 수가 없었고, 그 한 달 동안의 투자는 지난 4년을 합친 것보다 12% 더 많았다. 이와는 반대로 2020년 3월, 인도의 외국인 투자자들은 인도 주식 시장에서 87억 달러를 회수했다. 우리는 2020년 9월까지 상당히 적극적으로 매수했고, 이후로는 관심을 가졌던 기업들의 주가가 급격히 상승해 매수를 중단해야 했다. 2020년에 우리가 투자한 총액은 2007년부터 2019년까지 13년 동안에 투자한 누적액의 3분의 1이 넘었다.

우리 결정이 옳았는지는 잘 모르겠다. 하지만 나는 타이어, 효소, 보일러, 진단 서비스, 자동차 임대, 위생 도기와 같은 업종이 곧 파멸할 것이라는 우려를 하게 만드는 근접 원인이 성공의 궁극 원인과 결별했다는 사실은 알고 있다. 우리는 약 10년 동안 주로 이런 기업들을 주의 깊게 살펴봤고, 이들이 장기적으로는 어떤 단기적인 고통이라도 극복할 수 있을 것이라는 확고한 믿음을 가졌다. 어쨌든, 결과는 곧 알게 될 것이다.

2030년이 멀지 않았으니까.

투자, 진화를 만나다

진화론의 네 번째 가르침

주가 변동의 근접 원인을 무시하고 기업 성공의 궁극 원인에 집중한다.

1. 진화생물학은 자연 현상을 탐구할 때 근접 원인과 궁극 원인을 찾으려고 한다. 근접 기제는 특성에 미치는 직접적인 영향을 설명한다. 자연 선택의 역할은 유기체가 특정 환경에서 성공하거나 실패하는 궁극 원인을 설명하는 데 있다.

2. 진화생물학자들은 쇠똥구리 뿔의 놀라운 크기와 다양성을 이해하기 위해 근접 원인에 대한 질문(예: 어떤 유전자 네트워크에 스위치가 켜졌는가?)과 궁극 원인에 대한 질문(예: 뿔의 적응적 가치는 무엇인가?)을 던진다. 과학자들은 이 두 가지 유형의 질문은 서로 답의 유형이 다르며, 이 두 가지 유형의 질문을 모두 제기해야 한다고 생각한다.

3. 투자의 세계에서도 근접 원인과 궁극 원인의 차이를 인정해야 한다. 주가 변동의 근접 원인은 거시경제, 시장, 산업 또는 기업 자체에서 비롯될 수 있다. 근접 원인은 눈에 잘 띄기 때문에(예: 연준의 금리 인하 발표 또는 기업의 매출 증가세의 둔화 발표), 투자자는 의사 결정 과정에서 이런 원인을 지나칠 정도로 중요하게 취급하는 오류를 범하기 쉽다.

4. 우리는 기업을 분석할 때 모든 근접 원인은 무시한다. 오직 기업의 근본적인 측면, 즉 기업 성공과 실패의 궁극 원인에만 집중한다.

5. 2008년 금융 위기 동안과 코로나19가 유행하던 초기에 우리가 공격적인 투자를 했던 이유는 시장이 근접 원인을 지나치게 우려한 나머지, 여러 우량 기업을 성공에 이르게 한 궁극 원인을 간과했기 때문이다.

5장

다윈, 가치평가를 말하다

미개인이라면 함선을 자신이 이해할 수 있는 범위를 완전히 뛰어넘는 대상으로 바라보지만, 우리가 유기체를 그런 식으로 바라보지 않는다면, 우리가 자연에 있는 모든 생명체를 역사를 가진 것으로 바라본다면, 우리가 훌륭한 기계의 발명을 노동력, 경험, 추론, 심지어는 수많은 노동자들의 실수가 모여서 이루어진 것으로 보는 것과 마찬가지로, 모든 복잡한 구조와 본능을 하나하나가 소유자에게 유용한 수많은 장치들의 총합으로 바라본다면, 따라서 우리가 각각의 유기체를 바라볼 때, (내 경험에 비추어 말하자면) 박물학 연구가 지금보다 훨씬 더 흥미로워질 것이다!

___

찰스 다윈, 《종의 기원》, 14장 요약 및 결론

우리는 일관된 수익 능력을 입증하길 원합니다(우리는 미래 예측에는 별로 관심이 없으며, 기업의 턴어라운드에 대해서도 마찬가지입니다).

___

워런 버핏, 〈1982년 주주 서한〉

세계 일주 항해를 할, 인생에 다시없을 기회가 찾아왔다. 그런데 커다란 산 하나가 앞을 가로막고 있다.

밤늦게 집에 도착한 22살의 한 청년이 자기 앞으로 온 커다란 봉투를 보고 뛰는 가슴을 진정시키지 못했다. 봉투에는 편지 두 통이 들어 있었다. 하나는 대학교 지도교수가 보낸 편지, 다른 하나는 청년이 가장 좋아하는 선생님 존 스티븐스 헨슬로John Stevens Henslow 목사가 보낸 편지였다. 첫 번째 편지에는 한 달 후에 2년간의 세계 일주 항해가 시작되니 참여를 제안하는 내용이 적혀 있었고, 두 번째 편지에는 그 제안을 받으라고 설득하는 내용이 적혀 있었다.

청년의 아버지 로버트는 부유한 사람이라, 여행 비용은 아무런 문제가 되지 않았다. 문제는 청년이 이미 두 번이나 직업을 바꿨고, 자리잡을 조짐이 보이지 않아 아버지가 좌절하고 있다는 것이었다.

로버트는 아들이 세계 일주 항해에 흥분하는 모습을 보고 흥미롭지만 헛된 일에 집착한다며 고개를 내저었다. 로버트는 아들에게 성직자가 될 자격이 있는 사람이 도대체 왜 이번 항해에서 '박물학자'로서 참여하라는 제안을 받았는지를 물었다. 계획 자체가 미덥지가 않았다. 설상가상으로, 이 청년의 남매들인 수잔, 캐롤라인, 캐서린도 아버지와 같은 생각을 하고 있었다. 로버트는 깊은 유감을 표하며, 아들에게 온 제안에 반대했다.

다음 날, 청년은 로버트가 쓴 봉인된 편지를 가지고 조스를 찾아갔다. 조스는 로버트의 절친한 친구이자 가장 신뢰하는 사람이었다. 편지에서 로버트는 아들의 세계 일주 항해에 대한 집착이 못마땅하다는 말을 하면서도 이런 말을 덧붙였다. "자네 생각이 내 생각과 다르다면, 아들이 자네 생각을 따랐으면 하네."

조스는, 청년에게는 천만다행히도, 로버트와 생각이 달랐다. 이번 항해를 전적으로 지지했다. 그는 로버트에게 보낸 답장에 이번 항해가 청년의 인격을 형성하는 데 많은 도움이 될 것이고, 헛된 일이 아니라 오히려 아주 좋은 일이라고 적었다. "박물학은 … 성직자에게 매우 적합한 분야이기 때문에" 이 청년이 성직자가 되기 위한 준비를 더욱 훌륭하게 할 것이라는 주장이 결정적이었다. 그제야 로버트는 허락했다.

1831년 12월 27일 눈부시게 아름다운 아침, 플리머스에서 비글Beagle호가 닻을 올렸다. 청년은 브라질, 아르헨티나, 우루과이, 칠레, 페루, 뉴질랜드, 오스트레일리아, 모리셔스, 마다가스카르, 남아프리카공화국, 갈라파고스 제도로 가는 세계 일주 항해를 시작했다.

투자, 진화를 만나다

비글호의 항해는 5년 동안 이어졌다.

비글호의 항해는 청년을 바꿨다. 그리고 과학도, 세상도 바꿨다.

그들의 실적이 저조한 숨겨진 이유

이 책의 서문에서 두 가지 가혹한 현실과 마주했다. 펀드매니저의 약 90%가 시장을 이기지 못하고, 시간이 지나면서 점점 더 실적이 나빠지고 있다.

왜 펀드매니저의 실적이 저조한가?

십여 명의 업계 종사자에게 이 질문을 하면, 각양각색의 이유를 들을 수 있다. 자주 나오는 불만 중 하나는 펀드매니저에게 지급하는 보수 체계가 잘못 설계되어 있다는 것이다. 펀드 운용사는 실적이 아닌 규모에 따라 수수료를 받는다. 하지만 많은 연구자들이 펀드 규모가 커지면 장기적으로 실적이 저조할 수 있다는 사실을 확인했다. 예를 들어, 2009년 《저널 오브 파이낸셜 앤드 퀀티터티브 어낼러시스Journal of Financial and Quantitative Analysis》에 실린 한 논문에서 1993년부터 2002년까지 미국에서 활발하게 운용된 펀드를 분석한 결과, "펀드의 규모와 실적에 유의미한 반비례 관계"가 있다는 사실을 밝혀냈다.[1] 마찬가지로, 1996년 《파이낸셜 서비시즈 리뷰Financial Services Review》에 실린 논문은 "주식형 펀드의 규모가 커지면, 동종 펀드에 비해 실적이 좋지 않다"고 썼다.[2] 저자들은 투자자에게 소규모 펀드에 투자하라고 조언했다.

펀드매니저의 실적이 저조한 또 다른 이유는 그들 펀드가 시장보다 실적이 저조한 상황을 싫어하기 때문이다. 상당히 역설적이지 않는가? 시장을 이기기 위해 노력하다보면 결국 실적이 저조해진다! 왜 그럴까? 편의상 어떤 지수에 10개의 종목이 있고, 각 종목에 대한 가중치가 10%라고 가정해 보자. 펀드가 시장에 100달러를 투자하고 각 종목에 10달러를 투자했다면, 지수를 완벽하게 모방한 것이다. 이 경우에 펀드의 적극적 투자 비중active share은 0%다. 펀드가 어느 한 종목에도 투자하지 않았다면, 적극적 투자 비중은 100%다.

따라서 적극적 투자 비중은 펀드매니저의 용기와 신념을 나타내는 척도다. 자신의 투자 경력이 위험에 처할 리스크를 회피하기 위해 투자자의 수익을 기꺼이 양보하는 펀드매니저는 적극적 투자 비중이 낮다. 지수를 모방하지 않고 위험을 무릅쓰며 과감하게 투자하는 펀드매니저는 적극적 투자 비중이 높다.

안티 페타지스토Antti Petajisto는 2013년 《파이낸셜 애널리스트 저널Financial Analysts Journal》에 실린 논문에서, 2009년 미국 뮤추얼펀드 1,380개의 적극적 투자 비중을 계산해 다음과 같은 결론을 도출했다. "예상대로 클로젯 인덱서closet indexer*들의 실적은 좋지 않았다."[3] 또한 적극적 투자 비중이 높은 펀드가 투자자에게 더 많은 수익을 제공한다는 사실을 지적했다. 그가 조사한 뮤추얼펀드 중 적극적 투자 비중이 80%가 넘는 곳은 44%에 불과했다.

IBM을 샀다고 해고당하는 사람은 아무도 없다는 말을 들어봤는가? 투자업계에서도 비슷한 일이 벌어진다. 펀드매니저의 적극적 투

---

* 펀드매니저가 투자 포트폴리오를 적극적으로 관리한다고 주장하지만, 실제로는 벤치마크 지수를 모방해 관리하는 전략.

자 비중이 낮으면 시장에서 낙오될 가능성이 거의 없고, 다른 모든 펀드매니저가 같은 배를 타고 있기 때문에 해고될 위험도 별로 없다. 펀드매니저들은 야생의 초식동물에게서 적어도 한 가지를 배웠다. 다수가 함께 있는 것이 안전하다.

그밖에도 여러 이유가 있다. 이를테면, 높은 포트폴리오 회전율, 유동성이 높은 주식 보유, 성장주 투자, 높은 운용 수수료 등도 저조한 실적과 상관관계가 높다. 권위 있는 금융 저널에 실린 여러 논문을 살펴보면 그 외의 이유도 많이 찾을 수 있다.

그런 논문들에서는 찾을 수 없는 숨은 이유가 이번 장의 핵심이다. 나는 과거의 보물은 간과하면서 미래의 보상에만 집중하는 것이 펀드매니저들이 계속해서 저조한 실적을 내는 중요한 이유라고 생각한다.

나란다에서는 진화생물학자들의 연구 방식과 동일한 방식으로 투자를 한다. 다시 말하자면, 역사의 맥락 속에서 현재를 해석한다. 진화생물학에서는 물리학이나 화학과는 다르게 예측을 하지 않는다. 우리도 그렇다. 대신, 과거에 일어난 일을 해석해 현재를 설명하는 접근 방식을 취한다.

지금은 고인이 된 하버드대학교 고생물학자 스티븐 제이 굴드 Stephen Jay Gould는 진화론에 관한 저작에서 이렇게 적었다. "관찰된 결과를 얻기 위해 현재의 과정에서 나타나는 작은 효과들을 합칠 수 있을 때만, 현재가 의미가 있고, 따라서 과거가 과학으로서 자리를 잡게 된다."[4] 굴드가 우리 투자 방식에 대한 글을 썼으면 얼마나 좋았을까.

토머스 헉슬리의 탄식

이제 비글호를 타고 인생을 바꾼 여행을 떠난 젊은 찰스 다윈의 이야기로 되돌아가 보자.[5] 다윈이 동물학자이자 식물학자로 명성을 얻긴 했지만, 비글호에 몸을 실을 때 열정적인 지질학자였다. 다윈은 1831년 여름에 지도교수 애덤 세지윅Adam Sedgwick과 함께 웨일즈 북부 지방의 지질을 조사하기 위해 길을 떠나면서, 과학자로 첫발을 내디뎠다. 그는 이번 여행을 마치고 과학에 대해 이렇게 결론 내렸다. "과학은 사실을 종합해 일반 법칙이나 결론을 도출하는 것을 말한다." 여행이 끝날 무렵, 그가 작성한 지질작 노트는 1,383쪽에 달했고, 동물학 노트는 368쪽이었다.[6]

지질학자 찰스 라이엘Charles Lyell은 다윈에게 큰 영감을 줬다. 다윈은 비글호에 그의 《지질학의 원리Principles of Geology》 1권을 들고 탑승했다. 항해 도중에 2권을 받았고, 집으로 돌아와서는 3권을 읽었다. 라이엘은 지질학의 핵심 신조라 할 동일과정설 Uniformitarianism의 강력한 신봉자였으며, 다윈은 훗날 이것을 진화론의 지도 원리로 채택했다. 동일과정설에 따르면, 지구상에 나타나는 모든 중요한 변화는 수백만 년에 걸쳐 천천히 꾸준히 작용하는 자연 과정에서 비롯된다.

지질학에 깊은 관심을 가진 결과, 다윈의 머릿속은 대부분의 사람이 상상할 수 없는 엄청나게 긴 기간을 개념화할 준비가 되어 있었다. 그는 진화에서 '깊은 시간Deep Time'*의 중요성을 처음으로 이

• 지질학자들이 지구가 통과해온 수백만 년, 수십억 년의 시간을 이르는 말.

투자, 진화를 만나다

해한 사람이었다. 그는 이렇게 적었다. "나는 항상 내 책의 절반은 라이엘의 머리에서 나왔다고 느끼는데, 그걸 충분할 정도로 인정한 적은 없었다. … 나는 늘 《지질학의 원리》의 위대한 면모는 누군가의 사고방식을 완전히 바꿔놨다는 점이라고 생각해왔다."

다윈은 25권이 넘는 저작을 남겼고[7], 그와 그의 저작을 다룬 책도 수백 권에 달한다. 여기서 그의 천재성을 극히 일부조차도 제대로 다루지 못한다. 이번 장에서는 다윈 방법론의 한 가지 측면에만 집중하려 한다. 이는 획기적인 저작 《종의 기원》에 분명하게 드러나는데, '진행 중'인 진화의 과정을 추론하기 위해 '역사적' 정보에 집중했다는 점이다.

다윈은 《종의 기원》에서 하나나 둘이 아닌 세 가지 혁명적인 이론을 제시했다. 자연 선택, 성 선택, 공통 조상common ancestry. 이 이론들이 어떤 내용인지 간략하게 살펴보고, 다윈이 이 셋 모두에서 모든 생명체에 대한 급진적인 해석에 도달하기 위해 역사를 어떻게 활용했는지 알아보자.

우선 가장 널리 알려진 자연 선택론에서 시작한다.

나 같이 전문가가 아닌 사람이 보기에, 다윈의 대표적 업적이라 할 자연 선택 이론이 더 빨리 알려지지 않았고 그의 생전이나 사후에 다수의 확고한 사람들에게 받아들여지지 않은 이유는, 굉장히 긴 시간에 걸쳐 작은 변화가 축적되는 것이 얼마나 강력한 효과를 발휘하는지 이해하는 사람이 거의 없었기 때문이다. 그러나 역사의 중요성을 이해하는 사람들에게는 너무나 강력하고도 쉽게 와닿는 이론이었다. 유명한 생물학자 토머스 헉슬리Thomas Huxley가 이런 말을 남길 정도였다. "그 생각을 못했다니, 얼마나 어리석은 일인가."[8]

자연 선택에는 세 가지 핵심 요소가 갖춰져야 한다.[9] 첫째, 유기체의 자손 사이에서 무작위적인 변이variation가 있어야 한다. 여기서 '무작위'라는 단어에 주목해야 한다. 변이에는 어떤 목표가 없다. 둘째, 해로운 변이는 도태되고 유리한 변이는 보존되도록 변이 사이에 '차등 적합성differential fitness'이 존재해야 한다. 마지막으로, 유리한 형질은 다음 세대로 전달되도록 '유전 가능heritable'해야 한다. 이 세 가지 요소는 수백만 년, 심지어 수십억 년에 걸쳐 무한히 반복된다. 그 결과 원생동물에서 천산갑이 등장했다. 다윈의 말을 빌자면, "이처럼 유리한 개체 차이와 변이는 보존하고 해로운 개체 차이와 변이는 파괴하는 과정을 나는 자연 선택이라고 표현했다."

다윈의 통찰을 이해하기 위해 기린을 보자. 기린은 우제류 목에 속하는 동물로 약 3,400만 년 전에 소, 영양, 사슴, 양과 같은 다른 동물에서 갈라져 나왔다.[10]

기린의 조상은 무작위적인 돌연변이로 인해 목이 약간 더 긴 새끼를 낳았을 수 있다. 이런 돌연변이에 특별한 이유는 없다. 이 동물이 더 긴 목을 특별히 바라지는 않았다. 그냥 그렇게 됐을 뿐이다.

목이 긴 기린은 키가 큰 나무로 다가가서 즙이 많은 새싹과 잎을 더 많이 먹을 수 있기 때문에, 성년이 되면서 다른 초식동물 경쟁자들보다 더 나은 영양을 섭취했을 것이다. 더 나은 음식을 더 많이 먹은 기린은 더 건강하고 튼튼해졌고, 이것이 포식자를 피하는 데 유리하게 작용했을 것이다. 결과적으로 목이 짧은 경쟁자들보다 짝짓기를 더 많이 하고, 새끼도 더 많이 낳았을 것이다. 자손의 목은 대

투자, 진화를 만나다

체로 길었겠지만, 길이는 저마다 달랐을 것이다. 목이 더 긴 자손은 상대적으로 목이 짧은 자손보다 영양 상태가 더 좋았을 것이고, 포식자를 더 잘 피했을 것이고, 짝짓기도 더 많이 했을 것이다. 그리고 목 길이는 유전되기 때문에(다윈은 유전자가 유전에 관여한다는 사실을 몰랐지만, 무엇인가가 관여한다는 사실은 알고 있었다), 목이 더 긴 자손은 세대를 거듭할수록 상대적으로 목이 짧은 자손과 경쟁자보다 더 긴 목을 가지게 되어 더욱 유리한 지위를 차지했을 것이다. 이처럼 긴 목을 갖기 위한 경쟁은 수천 년간 이어졌고, 드디어 오늘날의 기린이 등장했다.

다윈은 자연 선택 이론에 도달하기 위해 방대한 역사적 단서들을 수집했으며, 이 책에서 그 모든 단서를 나열하지는 않는다. 몇 가지만 소개하려 한다.

다윈은 비글호를 타고 여행을 떠날 당시만 해도 창조론자였다. 자서전에 이렇게 적었다. "비글호에 탑승하던 당시, 나는 상당히 정통적인 신념을 갖고 있었다."[11] 케임브리지에서 다윈은 시계의 비유로 신 존재를 증명한 것으로 유명한 윌리엄 페일리William Paley 신부의 저작을 연구했다.[12] 페일리 신부의 주장은 이랬다. 어떤 사람이 우연히 땅바닥에 놓인 복잡한 기계 장치로 이루어진 시계를 주웠다고 해보자. 우리는 그 시계가 박식한 누군가의 작품이라고 결론 내릴 것이다. 다양한 부품이 완벽한 조화를 이뤄 작동하는 시계가 우연히 조립될 수는 없다. 자연은 시계보다 훨씬 더 복잡하기에, 우주 창조의 배후에는 지적인 설계자가 존재한다 결론 내려야 한다.

다윈은 세계 전역을 돌아다니며 자연을 관찰하고, 표본을 수집하고, 방대한 노트를 작성하면서 의문을 품기 시작했다. 그러다 1832년 아르헨티나의 푼타알타Punta Alta만에서 처음으로 유골 화석을 발견했다. 화석이 된 대퇴골과 치아는 멸종한 거대 나무늘보의 것으로 보였다.

고생물학의 창시자라 할 조르주 퀴비에Georges Cuvier는 지구가 수많은 멸종을 지켜봐왔음을 지적하며, 두 가지 명백한 사실을 제시했다.[13] 첫째, 유골 화석의 주인공들에게는 지금 살아있는 동료가 없고, 둘째, 유골 화석이 오래될수록 지금 살아있는 종과의 차이가 더욱 뚜렷하다. 그러나 퀴비에는 이 사실에 대해 신을 끌어들여 설명하면서, 멸종이 발생할 때마다 신이 나서서 새로운 종이 지구에 거주하게 했다고 주장했다.

다윈은 이런 질문을 품었다. 그렇다면 왜 현재의 나무늘보가 과거의 멸종한 나무늘보와 굉장히 비슷한 골격을 갖는가? 만약 신이 나무늘보들을 개별적으로 창조했다면, 왜 멸종한 거대 나무늘보와 현재의 살아있는 나무늘보 종이 서로 관련이 있어 보이는가? 그는 세계 전역을 돌아다니면서 더 많은 화석을 발견했고, 이 질문은 그의 뇌리를 떠나지 않았다.

창조론의 핵심 교리 중 하나는 신이 기후와 물리적 환경이 비슷한 곳에 비슷한 식물과 동물을 서식케 했다는 것이다. 다윈은 그렇지 않다는 사실을 발견했다. 열대 지방인 갈라파고스 제도의 생물은 다른 열대 지방의 동식물과 닮지 않았다. 오히려 남아메리카 본토의 생물과 더 밀접한 관련이 있어 보였다. 다윈은 《종의 기원》에 이렇게 적었다. "가장 놀랍고 중요한 사실은 섬에 사는 생물들이 가장 가

　　　　　　　　　　　　　　투자, 진화를 만나다

까운 내륙에 사는 생물들과 실제로 동일한 종은 아니지만 서로 가까운 유연관계에 있다는 것이다."[14]

1837년 3월, 조류학자이자 다윈의 친구인 존 굴드John Gould가 갈라파고스 제도에서 발견된 26종의 새 중 25종이 이곳에서만 서식하며, 다른 곳에서는 발견되지 않았다는 사실을 알려주었다.[15] 창조론자는 항상 신이 종을 개별적으로 창조했고, 모든 종은 창조 이후로 변하지 않았다고 주장한다.[16] 그렇다면 갈라파고스 제도에 서식하는 다양한 종의 새를 어떻게 설명할 수 있을까? 모두가 본토의 종과 비슷하면서도 상당히 달랐다. 다윈은 다음과 같이 상당히 다른 결론에 도달했다. 어느 하나의 새 종이 아주 오래전에 본토를 떠나 우연히 갈라파고스 제도에 도착하고는 여러 종으로 분화되어 서로 다른 영역을 차지했다.

역사를 새로운 관점으로 바라보는 다윈의 놀라운 능력을 가장 잘 보여주는 예는 《종의 기원》 1장에 나오는 집비둘기에 대한 설명이다. 다윈은 수년 동안 비둘기를 면밀하게 관찰했다. 손에 넣을 수 있는 모든 비둘기 품종을 구매해 직접 사육했고, 멀리 떨어진 페르시아에서 비둘기의 피부를 조달하기도 했다. 런던의 유명한 비둘기 사육사들과도 친분을 쌓았고, 비둘기 클럽 두 곳에도 가입했다. 19세기 영국에서 비둘기 관련 비즈니스는 꽤 컸고, 다윈도 거기에 빠져들었다.

다윈은 《종의 기원》에서 여섯 쪽에 걸쳐 다양한 비둘기 품종들의 특징에 대해 설명한다. 그는 이런 문장으로 시작한다. "영국의 통신용 비둘기와 공중제비를 하고 얼굴이 짧은 비둘기를 비교해 보면, 부리에서 놀라운 차이를 확인할 수 있고, 이것이 두개골에서 이에 상응하는 차이를 일으킨다." 그다음 그는 다양한 품종에서 관찰되는 다양한 부리, 크기, 모양, 색상, 비행 패턴을 설명했다. 당시 대부분의 박물학자들과 마찬가지로, 그는 이 모든 품종이 바위비둘기 Columba livia의 후손이라고 믿었다. 그는 《종의 기원》에서 이런 믿음을 뒷받침하는 증거를 충분히 제시한다.

다윈의 친구인 렙시우스Lepsius 교수는 다윈에게 기원전 3000년 이집트 제5왕조 시대에 비둘기에 대해 기록했을 정도로 인류가 수천 년 동안 비둘기를 사육해 왔다는 사실을 알려줬다. 로마 시대와 인도의 무굴 시대에도 비둘기는 높은 위상과 금전적 가치를 지녔다. 인간이 오랜 세월에 걸쳐 비둘기를 각자의 특수한 취향에 맞게 변형시킨 것이 분명했다. 다윈은 이런 현상을 '인위 선택artificial selection'이라고 불렀다.

그런 후 지금까지 누구도 하지 않았던 대담한 도약을 했다. 그는 이렇게 단언했다. "비록 선택 과정이 서서히 진행되지만 만일 연약한 인간이라도 인위 선택의 힘으로 많은 것을 할 수 있다면, 나는 변화되는 정도에 제한이 없을 뿐만 아니라, 모든 유기체들 사이에, 즉 어느 한 유기체와 다른 유기체들 사이에 그리고 어느 한 유기체와 그것이 살아가는 물리적인 조건 사이에 나타나는 상호 적응의 무한한 아름다움과 복잡성에도 제한이 없는 것을 볼 수 있을 것인데, 이런 상호 적응은 선택과 관련된 자연의 힘이 오랜 과정에 거쳐 만들어낸 결과일 것이다."[17]

인간이 비둘기를 철저하게 변형시킬 수 있다면, 엄청나게 긴 시간을 자기 마음대로 쓸 수 있는 자연이 오늘날 우리가 보는 것과 같은 다양성을 창조하기 위해 유기체를 변형시키지 못할 리가 있겠는가? 지금 우리에게는 너무나도 명백하게 보이지만, 다윈 이전에는 어떤 박물학자도 인위적으로 만들어진 다양한 품종의 비둘기, 개 혹은 식물을 자연계에서 보편적으로 나타나는 자연적 이질성과 연관지어 생각하지는 않았다.

공작의 꼬리에 숨겨진 수수께끼

다윈이 《종의 기원》에서 두 번째로 대담하게 추론한 것은 성 선택이었다.

다윈은 이렇게 적었다. "공작의 꼬리에 달린 깃털을 볼 때마다 내 마음이 아프다."[18] 그는 공작의 화려한 꼬리와 같은 수컷의 장식물이 생존에 방해가 되기 때문에, 이것이 자연 선택과는 배치된다고 생각했다. 공작이 왜 장수의 가능성을 위협하는 방향으로 진화했을까? 다윈은 자연 선택은 생존뿐만 아니라 번식에서도 나타난다는 결론을 내렸다.

어떤 동물이 자손을 더 많이 생산할 수 있게 해주는 특성은, 그 자손이 그들의 자손을 더 많이 생산할 수 있도록 해서 결국에는 승자가 되게 한다. 더 화려한 꼬리를 가진 공작은 평생 동안 새끼를 더 많이 생산하기 위해 더 많은 암컷 공작을 유혹한다. 결과적으로 훨씬 더 화려한 꼬리를 갖기 위한 경쟁이 일어난다. 다윈은 《종의 기원》에서 이렇게 적었다. "이런 종류의 선택은 다른 유기체나 외부 여건과의 관계에서 벌어지는 생존을 위한 투쟁이 아니라 어느 한 성의 개체, 일반적으로 수컷 사이에서 벌어지는 다른 성을 소유하기 위한 투쟁에 달려 있다." 수컷 공작은 꼬리의 아름다움으로 서로 투쟁한다. 이 투쟁은 생존이 아니라 성적 파트너를 얻기 위한 것이다.

또한 다윈은 암컷에게 선택권을 부여함으로써 자신이 살던 빅토리아 시대의 독자들에게 충격을 줬다. 그는 이렇게 주장했다. "암컷 새들이 수천 세대에 걸쳐 그들이 정해 놓은 아름다움의 기준에 따라 가장 아름다운 소리를 내거나 아름다운 외모를 갖춘 수컷 새를 선택함으로써 뚜렷한 영향력을 발휘한다는 사실을 의심해야 할 이유를 찾을 수 없다." 수컷 공작의 꼬리가 지닌 아름다움에 대한 결정권은 암컷 공작에게 있다는 것이다. 암컷 공작이 수컷 공작 꼬리의 심미성을 독단적으로 결정한다.

물론 성 선택은 새에만 국한되지는 않는다. 다윈은 이전 세대의 박물학자들과 마찬가지로, 사슴, 닭, 딱정벌레, 그밖의 포식성 종들의 수컷이 암컷을 두고 공격적으로 싸우는 모습을 관찰했다. 그는 다음과 같이 정확하게 지적했다. "뿔이 없는 수사슴이나 쇠발톱이 없는 수탉은 자손을 많이 남길 가능성이 별로 없다." 그는 사자의 갈기나 연어의 갈고리 턱과 같은 수컷의 부속 기관을 칼이나 창에 비유했다. 거대한 뿔을 가진 수사슴은 사자에게는 손쉬운 먹잇감이 될 수 있지만, 결과적으로는 평범한 뿔을 가진 수사슴보다 자손을 더 많이 낳게 된다.

다윈은 자연 선택 이론을 서술하면서 그랬듯, 이미 확립된 사실을 새로운 관점에서 검토함으로써 자신의 성 선택 이론을 빚어냈다.

투자, 진화를 만나다

우리는 하나다

다윈이 《종의 기원》에서 제시한 세 번째 공통 조상에 관한 이론은 나 같은 평범한 사람의 눈에는 가장 중요한 지적 도약으로 보인다.

그는 이렇게 적었다. "나는 동물은 기껏해야 4~5개 조상의 후손이며, 식물은 그보다 더 작거나 같은 수의 조상의 후손이라고 생각한다. 유추를 하자면, 여기서 한 걸음 더 나아가 모든 동물과 식물은 어떤 원형의 후손이라는 믿음으로 이어질 수 있다." 빅토리아 시대의 사람들은 흑인과 백인이 공통 조상의 후손이라는 사실조차 인정하지 않았지만, 다윈은 서로 다른 종들의 동일성을 주장했다.

《종의 기원》 14장에서는 대부분의 종들이 극소수의 공통 조상에서 진화해 왔다는 다윈의 주장을 뒷받침하는 풍부한 증거를 제시한다. 그는 이런 현상을 "변화를 동반한 계승descent with modification"이라고 불렀다. 그는 당연한 사실, 즉 유기체는 집단에 속해 있다는 것을 짚으면서 시작한다.[19] 여기서 위계의 순서는 오름차순으로 종, 속, 과, 목, 강, 문, 계로 나열된다.

따라서 개는 카니스 파밀리아리스Canis familiaris 종으로서, 개속에 속한다. 개속을 늑대 및 자칼과 함께 분류할 경우, 이들은 개과에 속한다. 개과를 고양이과, 곰과, 족제비과 등과 같은 다른 과와 함께 분류할 경우, 이들은 식육목에 속한다. 식육목을 고래목(고래와 돌고래), 말목(말, 맥), 바다소목(듀공), 토끼목(토끼) 등과 같은 다른 목과 함께 분류할 경우, 이들은 포유강에 속한다. 포유강을 양서강 등과 같은 다른 강과 함께 분류할 경우, 이들은 척색동물문에 속한다. 척색동물문을 연체동물문, 선충문 등과 같은 다수의 다른 문과 함께 분류할 경우, 이들은 동물계에 속한다.

스웨덴의 식물학자 카롤루스 린네Carolus Linnaeus가 1735년 《자연의 체계Systema Naturae》에서 이런 분류 체계의 토대를 마련했다고 전해진다.[20] 린네 이전의 박물학자들은 생물을 상호 배타적으로 분류했지만, 모든 생물을 중첩된 위계로 바라본 것이 린네의 천재성이었다. 린네는 매우 독실한 신자였으며, 자연의 위계적 체계가 신의 계획에서 나온 것이라 믿었다. 놀랍게도, 오늘날의 생물학계는 약간의 수정만 가했을 뿐 린네의 분류 체계를 따르고 있다.

보다시피, 이런 분류 체계에는 어떤 특별한 자연적 질서가 있는 것으로 보인다. 개는 자칼과 함께 적절하게 분류되고 있고, 개과와 고양이과는 같은 과에 속한다. 그리고 말과 듀공을 포유강으로 분류하지 않는다면, 달리 어떻게 하나의 집단으로 분류할 수 있을까? 하지만 다윈이 《종의 기원》 14장에 쓴 것처럼, "단순한 유사성을 넘어서는 더 깊은 유대가 우리의 분류 체계에 포함되어 있음을 시사하는 것처럼 보인다. 나는 그렇다고 믿으며, 공통 조상(개체들 사이의 긴밀한 유사성을 만드는 하나의 원인으로 알려진 것)이 그 유대라고 믿는다. 이 유대는 비록 다양한 정도의 변형으로 관찰되지만 우리의 분류 체계를 통해 우리에게 부분적으로 그 존재를 드러낸다."

이 지점에서 다윈은 대단히 독창적인 주장을 한 것이다. 분류 체계가 우리에게 옳아보이는 이유는 지구상에 존재하는 모든 유기체의 진화 경로를 반영하기 때문이다. 린네는 모든 유기체가 서로 연관되어 있다는 것을 보여줬다. 그리고 이 자연적 질서가 신의 작품

투자, 진화를 만나다

이라고 봤다. 다윈은 모든 유기체가 하나 또는 소수의 공통 조상을 갖고 있을 때만, 그렇게 될 수 있다고 봤다.

다윈은 공통 조상에 대한 두 가지 증거를 추가로 제시한다. 첫째, 포유류, 조류, 파충류처럼 겉으로는 서로 관련이 없어 보이는 집단의 초기 단계 배아들이 구별하기가 힘들 정도로 많이 닮았다. 그림 5.1에 나오는 비슷한 모습을 보면 놀랄 것이다. 그림에 나오는 5개의 종이 초기 배아 단계에 있을 때는 구별이 거의 불가능하다. 발달의 후기 단계에서 도롱뇽은 물고기와 비슷하게 생겼고, 인간은 거북과 비슷하게 생겼다. 왜 그럴까? 다윈은 이렇게 적었다. "따라서 배아 구조에서 나타난 공동체는 혈통 공동체라는 것을 보여준다."

둘째, 다윈은 조상과 현재 생명체 사이의 혈통 관계를 보여주는 증거로 흔적 기관rudimentary organs을 제시한다. 그가 말하는 '흔적 기관'은 유기체 내에 흔적이 남아 있기는 하지만, 기능을 상실한 기관을 의미한다. 그는 수컷 포유류의 유방, 딱정벌레의 몸통과 하나가 된 쓸모없는 날개, 육지에 사는 도롱뇽 올챙이의 아가미, 잇몸을 뚫고 나가지 못하는 송아지의 위턱 치아, 보아뱀의 뒷다리와 골반 등 흔적 기관의 많은 사례를 제시했다. 다윈은 예전에는 기능을 했던 기관도 더 이상 기능을 하지 않으면 흔적 기관이 될 수 있다고 주장했다. 따라서 흔적 기관은 유기체와 먼 과거의 공통 조상 사이의 직계 관계를 입증한다. 육지에서 숨을 쉬기에 쓸모없는 아가미를 가진 올챙이는 수생 동물과 조상이 같다. 보아뱀의 숨은 뒷다리는 다리를 가진 동물과 조상이 같음을 의미하고, 딱정벌레의 몸통과 하나가 된 날개는 날개를 가진 곤충과 조상이 같다는 걸 의미한다.

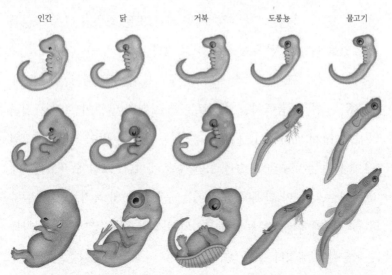

| 인간 | 닭 | 거북 | 도롱뇽 | 물고기 |

그림 5.1 **5개의 종의 발달 단계. 물고기, 거북, 인간의 초기 배아에는 차이가 있는가?**

출처: 아이스톡포토iStockphoto (Getty Images)

당연하게도, 다윈의 생각이 옳았다. 과학자들은 우리의 마지막 공통 조상(LUCA)이 35억 년에서 40억 년 전에 출현했다고 보고 있다.[21] LUCA는 동물, 식물, 균, 원생생물, 진정세균, 고세균 등 6개의 중요한 생물계를 탄생시켰다. 다윈은 여기에 나오는 6개의 계 중 4개의 계를 알지 못했지만, 그런데도 옳은 결론에 도달했다는 사실이 놀랍기만 하다. 대단한 천재였다.

우리는 기업의 역사를 공부한다

투자업계에는 온갖 종류의 점쟁이들이 있다. 일부는 수상쩍은 사람들이지만, 대부분은 미래를 이야기하는 데 엄청난 에너지를 쏟아붓는 선의의 전문가들이다. 우리는 그중 하나가 아니다.

투자, 진화를 만나다

이야기를 진행하기 전에, 한 가지를 분명히 해두고 싶다. 다윈과 그의 이론은 비할 데 없이 독보적이다. 내 눈에는, 어떤 과학자도 다윈의 위대함에 미치지 못한다. 아인슈타인 정도가 거론될 수는 있겠지만, 그조차도 부족하다. 다윈이 과학자로서 하는 일과 우리가 투자자로서 하는 일을 비교할 때, 나는 그게 거대한 사과와 손톱만한 오렌지를 비교하는 것 같은 일임을 충분히 되새긴다. 전체를 멀리서 보면, 나는 우리 금융 투자자들이 세상에 별다른 영향을 주지 않는 존재라고 생각한다. 다윈은 그렇지 않았다.

그럼, 다윈이 주는 교훈으로 되돌아가 보자.

- 우리는 오직 역사의 맥락 속에서 현재를 해석한다.
- 우리는 다른 사람들이 보는 것과 동일한 역사적 사실을 본다.
- 우리는 미래 예측에 아무런 관심이 없다.

우리는 기업의 재무 상태를 이해하고, 전략을 평가하고, 경쟁적 지위를 파악하고, 최종적으로 그것에 가치를 부여하기 위해 기업의 역사를 공부한다. 이제 하나씩 살펴보자.

기업의 재무 상태를 이해한다

금융업계에 종사하는 사람이라면 애널리스트가 작성한 보고서를 봤을 거다. 하지만 금융 전문가가 아니거나 애널리스트 보고서를 본 적이 없는 사람들을 위해, 간략한 설명을 해보자. JP 모건, 모건 스탠리, 골드만 삭스 같은 증권사에서는 리서치 애널리스트를 고용한다. 이들은 그 이름에서 알 수 있듯이, 상장 기업을 자세히 조사하고, 고객이라 할 투자자를 위해 보고서를 발간한다. 전형적인 애널리스트 보고서는 기업이 추진하는 사업과 재무 상태를 설명하고, 전반적인 선략과 방향을 서술하고, 고객에게 해당 기업 주식의 매수, 보유, 매도를 권고한다. 일부 증권사의 경우에는 애널리스트들이 이런 권고를 하면서 '실적 부진', '과도한 비중', '축적', '중립' 등과 같은 난해한 전문 용어를 비롯해 다양한 표현을 사용하지만, 기본적으로는 매수, 보유, 매도라는 세 가지 범주로 나눌 수 있다.

대부분의 애널리스트 보고서에는 보통 기업 개요와 함께, 최근 회계연도의 손익계산서, 대차대조표, 향후 2~5년에 걸친 재무 전망 등이 나온다. 이런 보고서에 지난 5~10년은 물론이고, 지난 2~3년에 걸친 재무 정보가 나와 있는 경우는 상당히 드물다. 지난 5년에 걸친 회사의 매출 증가율, 마진율의 과거 장기 추세를 알고 싶거나 지난 10년에 걸쳐 ROCE와 잉여현금흐름이 어떻게 변동했는지를 알고 싶으면 직접 찾아봐야 한다.

이 글을 쓰고 있는 현재, 내 손에는 시장 가치가 약 1,500억 달러에 달하는 인도 최대의 기술 서비스 기업인 타타 컨설턴시 서비스 Tata Consultancy Services에 대한 5개의 증권사 애널리스트 보고서가 있다. 모든 보고서에 향후 2~3년에 걸친 재무 전망과 작년의 재무 정보가 나와 있다. 지난 3년에 걸친 재무 정보를 제공한 것은 딱 하나다. 지난 5~10년에 걸친 재무 정보를 제공하는 것은 하나도 없다.

실제로 벌어진 사건 하나를 통해 왜 이런 현상이 나타나는지 알 수 있다. 몇 년 전, 우리 중 3명이 포트폴리오 기업 중 한 곳을 방문한 적이 있었다. CEO와 CFO를 만나서 약 한 시간 정도 이야기를 나눴다. 우리가 떠나려고 할 때쯤, CFO가 휴대폰으로 전화 한통을 받았고 통화하고 있는 사람에게 짜증을 내며 이렇게 외쳤다. "현재 는 드릴 말씀이 없습니다. 몇 주가 지나야 결과가 나올 겁니다." 나 중에 알고 보니, 잘 알려진 투자자 하나가 분기 매출과 수익이 어떻 게 진척되고 있는지를 확인하려던 것이었다.

투자자들이 다음 분기 실적을 가지고 회사 경영진을 괴롭힌다면, 리서치 애널리스트에게도 그렇게 하지 않을까? 그렇다면 애널리스 트가 굳이 과거의 장기 추세에 신경을 쓸 필요가 없지 않을까? 애널 리스트는 고객이 예측치를 요구하기 때문에 예측치를 내놓는다. 나 는 애널리스트 대다수가 그게 쓸데없는 짓이라 생각할 거라 본다. 그 이유는 다음과 같다.

다음 해의 재무 상태를 예측한다고 가정해 보자. 판매량, 단위 가 격, 매출원가, 판매 비용, 미수금, 자본 지출 등 최소 10개(그 이상 은 안 되더라도)의 숫자를 예측해야 한다. 추측을 엄청 잘해서, 10개 의 숫자 각각을 90%의 확률로 정확히 맞힌다고 하자. 그럼 다음 해 에 발생할 10개의 숫자를 모두 맞힐 확률은 35%(0.90^{10})에 불과하 다. 10개의 숫자가 모두 독립 변수는 아니니까, 이들을 곱하면 안 된 다는 반론을 제기할 수도 있다. 그렇기는 하다. 하지만 변수의 개수 는 10개보다 훨씬 많으며, 모든 변수가 최소한 반¥독립적이다. 다 음 해의 재무 상태를 정확하게 맞힐 확률을 어떤 방식으로 계산하 든, 그 값은 동전을 던져 앞면인지 뒷면인지 맞히는 것보다 더 낮다.

하지만 이건 다음 해 예측일 뿐이다. 다음 해와 그다음 해도 예측해야 한다. 이 예측치가 얼마나 정확할까?

우리는 오로지 10년 혹은 그보다 이전의 재무 정보만 준비한다. 예측은 보지 않는다. 대신, 모든 사람이 볼 수 있는 것과 동일한 사실에 입각한 재무 정보를 사용한다. 다윈도 다르지 않았다.

다윈이 자신의 이론을 발전시키는 과정에서, 남들은 모르는 비밀 데이터나 정보를 손에 넣었던 게 아니다. 비글호 항해를 하면서 새로운 대륙과 생명체를 접하긴 했지만, 특별한 발견을 한 건 아니었다. 다윈은 5년에 걸친 항해를 하면서, 동물과 식물 1,529종, 피부, 뼈 및 그 밖의 표본 3,907점을 수집했다.[22] 그러나 내가 보기에, 그 모든 조사를 하는 과정에서 다윈이 과학계에 알려지지 않은 중요한 무언가를 우연히 발견했다는 인상을 받지는 못했다.

전문가들이 다윈에게 그가 수집한 표본에 관한 새로운 사실을 일깨워주는 경우는 자주 있었다. 예를 들어, 1845년 다윈의 친구인 식물학자 조지프 후커Joseph Hooker는 다윈과 그의 팀이 갈라파고스 제도에서 수집한 것들에서 200여 종의 식물을 식별해냈다.[23] 이들 중 약 150종은 한 섬에만 서식하는 고유종이었지만, 지구상의 다른 어떤 곳에서도 찾아볼 수 없는, 제도의 다른 섬들에 서식하는 식물들과 관련이 있었다. 조류와 마찬가지로, 일부 식물의 조상도 오래전에 우연히 갈라파고스 제도에 도착해 현지 환경에 적응하면서 시간이 지남에 따라 다양한 종으로 분화했다.

조류학자들과 박물학자들이 수 세기 동안 공작의 짝짓기 의식을 관찰해 왔지만, 어느 누구도 수컷 깃털을 선택하는 권한을 암컷에게 부여하지는 않았다. 아마추어 조류학자조차도 수컷만 화려한 깃털로 장식되어 있고, 모든 조류 종에 걸쳐 깃털의 크기, 모양, 색상이 놀라울 정도로 다양하다는 사실을 알고 있었다. 하지만 다윈처럼 성 선택의 관점에서 조류를 관찰하고 해석한 사람은 없었다.

마찬가지로, 린네의 《자연의 체계》도 비밀이 아니었다. 린네는 이 책에 나오는 식물의 암수 성별에 기초한 분류 체계를 통해 명성을 얻었다. 그는 이후 출간한 《식물의 속Genera Plantarum》에서 식물의 성 분류 체계를 수정했다. 여기서 자신이 말하는 속이 갖는 '자연적 특성', 즉 꽃과 열매의 형태적 특성에 기초해 식물을 분류했다. 하지만 린네뿐만 아니라 어느 누구도 이런 자연적 질서의 근원을 설명하지 못했고, 그저 그것이 신의 계획이라고 주장할 뿐이었다. 린네가 세상을 떠나고 80년이 지나서, 다윈이 마침내 공통 조상의 이론을 가져와서 이런 자연적 질서를 설명했다.

보다시피, 모든 경우에서 다윈은 다른 모든 사람들이 보는 것과 동일한 역사적 사실을 봤다. 다만 해석이 근본적으로 새롭고 달랐을 뿐이다. 나는 우리 방식도 마찬가지라 믿는다.

재무 상태를 예측하지 않는다고 하면, 과거의 수치들을 가지고 무얼 할 수 있을까? 아주 많은 걸 할 수 있다. 우리는 영원한 소유주를 지향하기에 기업의 재무 실적에 엄청나게 집착한다. 우리가 과거의 재무 정보를 활용해 포트폴리오 기업을 평가하는 방법은 이렇다.

인도에서 규모가 두 번째로 큰 페인트 제조사인 버거 페인트Berger Paints을 예로 들어보자. 우리는 2008년부터 버거를 소유하고 있었다. 버거가 분기별 실적을 발표하면, 우리는 절대적 분석과 상대적 분석이라는 두 종류의 광범위한 역사 분석을 수행한다.

예를 들어, 장기 평균 15~16%였던 매출 증가율이 지난해에 10%로 감소한 이유는 무엇인가? 3년간 계속해서 높은 마진율을 기록한 이유는 무엇인가? 이 회사가 영업 및 마케팅에 평소보다 비용을 적게 지출하기 시작했는가? 이번 분기에 미수금이 대폭 감소한 이유는 무엇인가? 지난해에는 자본 지출이 예년보다 많았는가? 지난 2년 동안의 ROCE가 그 이전 5년과 비교하여 증가한 이유는 무엇인가?

우리는 장기적인 역사의 맥락 속에서 버거의 실적을 분석하는 데서 멈추지는 않는다. 우리는 영원한 소유주로서, 상대적으로 실적이 좋은 기업, 즉 모든 경쟁업체보다 실적이 더 좋은 기업에 투자하려고 한다. 그렇기에 매출, 이익, 시장 점유율, ROCE, 잉여현금흐름 등을 기준으로 버거의 분기, 연간, 다년간 실적을 경쟁업체들과 비교한다. 주로 업계 1위인 아시안 페인트와 칸사이 네로락Kansai Nerolac, 아크조 노벨Akzo Nobel, 인디고Indigo로 구성된 경쟁업체 네 곳과 비교해 버거의 실적을 추적한다. 또한 이보다 규모는 작지만 공격적으로 성장하기 시작한 비상장 기업들에 대한 시장 피드백도 얻는다. 이처럼 우리는 재무 정보에 기초한 경쟁 분석을 통해 버거가 이번 분기와 작년에 시장 점유율이 증가했는지 혹은 감소했는지를 확인할 수 있다. 지난 2년간 칸사이의 시장 점유율이 증가한 이유는 무엇인가? 아크조의 시장 점유율이 하락한 데서, 누가 가장 많은 이익을 얻었는가? 인디고는 케랄라주를 벗어난 곳으로 확장할 수 있었는가? 경쟁업체 대비 버거의 광고비 지출 추세는 어떤가?

이렇게 우리가 과거의 재무 정보를 갖고 하는 일은 상당히 많다. 여기서는 특정 포트폴리오 기업에 대해 우리가 제기하는 예시가 될

투자, 진화를 만나다

만한 쟁점을 간략히 설명했다. 새로운 기업을 평가할 때도 분석 방법은 다르지 않다. 우리는 투자 대상 기업의 실제 기록에 기초해서 절대적으로나 상대적으로 뛰어난 재무 실적을 요구한다.

이미 손에 쥐고 있는 과거의 정보를 갖고 할 게 이렇게 많은데, 뭐하러 의미없는 예측을 하느라 시간을 날리겠나?

기업의 전략을 평가한다

'전략'은 의미가 많은 단어다. 여기서는 우리 목적에 맞게, '불확실한 상황에서 기업이 목표를 달성하기 위해 하는 모든 일'이라고 정의한다. 순수주의자들은 '전술'과 '전략'의 정의를 가지고 이의를 제기할 것이다. 그러게 내버려두자. 우리는 실제로 돈을 투자하는 사람들이니 좀 더 현실적인 문제로 넘어가자.

지금쯤이면, 내가 무슨 말을 할지 '예측'할 것 같다! 그렇다, 우리는 기업을 이해하기 위해 전략의 역사를 평가한다. 다음은 우리가 집중하는 전략적 쟁점의 몇 가지 예시들이다. 어떤 고객층을 목표로 삼았는가? 제품이나 서비스가 고객의 요구를 어떻게 충족시켰는가? 경쟁업체와는 어떤 측면에서 차별화했는가? 이제까지 자본을 어떻게 할당했는가? 자본 구성은 어떻게 됐으며, 그 이유는 무엇인가?

이런 질문들을 읽다 보면, 두 가지 사실이 분명하게 떠오른다. 이 질문들은 회사가 과거에 취했던 전략적 조치를 묻고 있으며, 학부 1학년생도 제기할 수 있는 쟁점이다. 엄청나게 특별한 질문들인가? 아니다. 우리가 이 질문들을 하는 이유는 그 답을 객관적으로 평가하기 위해서가 아니다. 성공 또는 실패에 대한 우리의 기존 가설에 부합하는지를 주관적으로 평가하기 위해서다. 그렇다, 우리는 최초의 질문을 하기 전에 우리가 원하는 답을 알고 있다.

우리가 여러 해에 걸쳐 괜찮은 실적을 올렸다면, 이는 이런 평범한 질문을 했기 때문이 아니라 우리 안에 내재된 편향이 정해진 패턴에 맞는 답을 요구했기 때문이다. 우리는 성공과 실패의 일정한 패턴이 그려진 템플릿을 갖고 있으며, 회사의 전략이 그런 패턴에 맞는지를 평가하는 것을 목표로 한다. 극소수만 그렇게 한다(자세한 내용은 6장에서 설명할 예정이다).

이런 방식은 다윈의 것과 크게 다르지 않다. 다윈은 1861년 헨리 포셋Henry Fawcett에게 보낸 편지에서 다음과 같은 유명한 글을 남겼다. "모든 관찰이 도움이 되려면, 모든 사람이 그것을 특정 견해에 찬성하거나 반대하는 것으로 여겨서는 안 된다는 사실이 정말 신기하지 않은가?"[24] 다윈의 독특한 능력은 누구나 이용할 수 있는 객관적 정보를 자신의 주관적 가설에 비추어 평가하는 데 있었다.

다윈이 생존 투쟁이 있어야 하는 이유에 대해 어떻게 설명하는지 보자. 1798년 영국의 경제학자 토머스 맬서스Thomas Malthus는 인구 증가의 원리에 관한 논문을 발표했다.[25] 맬서스는 인구는 기하급수적으로 증가하는 반면, 식량은 산술급수적으로 증가하기 때문에 생식에 엄격한 제한이 없다면 인류의 번영은 불가능하다고 주장했다. 또한 인간이 아이를 적게 낳지 않는다면, 식량 부족을 피할 수 없게 되고, 결국 영원한 생존 투쟁에 빠져들게 될 것이며, 기근, 전쟁, 질병만이 인구 증가를 억제한다고 주장했다. 이것은 인류에 대한 어둡고도 비관적인 전망이었다.

투자, 진화를 만나다

다윈은 1838년에 맬서스의 논문을 읽었고, 인구 증가 원리의 적용 범위를 살아있는 생물계 전체로 확장했다.[26] 이전에는 아무도 이렇게 하지 못했다. 내가 거장이 했던 말보다 이를 잘 표현할 수는 없으니 직접 들어보자. "자연 수명을 다하는 동안 여러 개의 알이나 종자를 생산하는 모든 존재는 생애의 어떤 기간에 그리고 어떤 계절이나 특별한 해에, 파멸을 겪어야 한다. 그렇지 않으면 그 수가 기하급수적으로 증가하게 되어, 갑자기 엄청나게 많아져서 어떤 지역도 새로 태어나는 개체를 부양할 수 없게 될 것이다. 따라서 생존 가능한 개체 수보다 더 많은 개체가 태어나면, 모든 경우에 (하나의 개체와 같은 종의 다른 개체와의 투쟁이든, 다른 종의 개체와의 투쟁이든, 물리적인 살아가는 조건과의 투쟁이든 상관없이) 생존 투쟁이 일어날 수밖에 없다."

주변의 모든 사람들과 마찬가지로, 다윈 역시 어떤 동물이나 식물 종은 수백, 수천의 종자나 자손을 생산하고 있음에도 지구를 지배하지 못하는 걸 목격했다. 하지만 다윈과 같은 방식으로 역사를 해석한 사람은 아무도 없었다. 맬서스에게서 영감을 받은 그는, 유기체의 상상하기 힘든 역사적 파괴와 절멸이라는 가설을 가져와 생물계의 현재 상태를 설명했다. 그가 관찰한 것은 생존 투쟁이라는 패턴에 잘 맞아떨어졌다.

이것을 투자업계의 실제 사례로 설명하는 것보다 더 좋은 방법은 아마 없을 것이다. 우리는 NRB 베어링즈NRB Bearings라는 회사의 주주다. 이 회사의 소유주이자 CEO인 하쉬비나 자베리Harshbeena Zaveri는 웰즐리 칼리지에서 인류학을 공부했다. 그녀는 아마 우리 포트폴리오 기업의 CEO 중에서 가장 전략적인 사고를 하는 사람일 것이다. NRB는 자동차 부품으로 쓰이는 니들 롤러 베어링을 제조하며, 인도 시장 점유율은 약 65~70%다. 나머지는 글로벌 대기업인 섀플러Schaeffler가 차지한다. 베어링은 자동차 원가에서 겨우 1~2%를 차지하지만, 문제가 생기면 치명적인 사고로 이어질 수 있는 중요한 부품이다.

우리가 자동차 부품 회사를 피하는 이유는 대체로 고객인 자동차 제조사들이 그들에게 수익을 허용하지 않기 때문이다. 예를 들어, 미국에서는 상위 5대 자동차 제조사가 2021년 시장의 약 3분의 2를 장악했다.[27] 이처럼 소수가 시장을 장악하면, 공급업체인 자동차 부품 회사가 좋은 조건으로 가격 협상을 하기가 어려워진다. 당연하게도, 부품 회사들 중 괜찮은 수익을 지속적으로 올릴 수 있는 곳은 많지 않다. 인도는 미국보다 훨씬 더 소수에 시장이 집중되어 있는데, 마루티 스즈키Maruti Suzuki가 인도 자동차 시장의 절반을 장악하고 있다. 인도 오토바이 시장은 단 세 개의 회사가 차지하고 있다. 부품 회사에게 고객 집중도가 높은 것은 드문 일이 아니며, 보통 최대 고객이 전체 매출의 30~50%를 차지한다.

따라서 우리에게는 자동차 부품 회사는 피하고 보자는 편향이 있다. 하지만 예외가 있을 수 있다. 예외는 다음과 같이 정해진 패턴에 부합해야 한다. 첫째, 부품 회사는 독점 기술이 필요한 핵심 부품을 제조해야 하며, 수년에 걸쳐 고객 집중도가 낮아야 한다. 경쟁업체가 한두 개에 불과해야 하고, 업계의 경쟁 역학이 장기적으로 안정적이어야 한다. 마지막으로, 수년에 걸쳐 업계에 신규 진입자가 없

투자, 진화를 만나다

어야 하며, 역사적으로 재무 상태가 건전한 기업이어야 한다. 여기서 어떤 기준도 미래와 관련이 없다는 것을 명심해야 한다.

NRB는 이 기준들을 모두 충족했기에, 우리는 기업 가치가 원하는 수준에 도달하자마자 10%의 지분을 사들였다. 우리는 역사를 검토하고, 가설을 세우고, 굳이 예측을 하지 않았으며, 2013년 이후로 이 회사를 소유했다는 것을 만족스럽게 생각하고 있다.

전략을 이해하기 위한 전략이 없으면, 기업 전략을 평가하는 건 아무런 의미가 없다.

기업의 경쟁적 지위를 파악한다

다윈은 어느 한 종의 성공이 최고가 되는 것이 아니라 그저 경쟁자보다 더 낫다는 것에 달려 있다는 사실을 발견했다. 우스갯소리 하나를 통해 이를 더 쉽게 이해할 수 있다. 숲속을 걷던 두 친구가 사자와 마주친다. 그들 중 하나가 운동화를 신기 시작한다. 다른 친구가 말한다. "왜 그러는 거야? 그런다고 사자보다 더 빨리 달릴 수는 없잖아." 그러자 그 친구가 답한다. "나도 알아. 하지만 너보다 더 빨리 달리기만 하면 돼! 사자가 아니라."

요통이나 탈장으로 고생하는 사람 혹은 비밀리에 레버리지 거래를 하려는 사람이 고백하듯, 우리 인류는 이상적인 신체나 두뇌 구조를 갖고 있지 않다. 하지만 하나의 종으로서 우리는 호모속의 다른 수십 종의 자매종보다 확실히 우월했고, 그 덕분에 80억 명이 넘는 인류가 세상을 지배할 수 있었다.

투자자, 애널리스트, 학자들은 '지속 가능한 경쟁 우위'라는 표현을 지겹도록 많이 사용해 왔다. 하지만 진화론에서와 마찬가지로, 진정한 문제는 지속 가능한 경쟁 우위가 있느냐가 아니라 경쟁자보다 지속적으로 더 나을 수 있느냐다. 그럼 '더 낫다'는 것의 의미는 뭔가? 우리에게는 그것이 ROCE, 시장 점유율, 잉여현금흐름, 대차대조표의 건전성, 재무 상태의 일관성을 비롯해 그 밖의 측정 가능한 지표와 관련 있다.

우리는 이 모든 것들을 역사적으로 평가한다. 그러니 우리는 절대 "앞으로 경쟁업체보다 더 나아질 것인가?"를 묻지 않는다. "지금까지 지속적으로 경쟁업체보다 더 나았는가?"를 묻는다.

시장 점유율을 예로 들어보자. 어떤 회사가 시장 점유율이 계속 감소하고 있고, 경쟁업체들은 소프트뱅크, 타이거, 알리바바, 내스퍼스가 10억 달러를 제공해 아무런 걱정 없이 현금을 쓸 수 있다면, 어느 누구도 내게 이 회사가 지속 가능한 경쟁 우위를 갖고 있다는 믿음을 줄 수가 없다. 반면, 어떤 회사가 시장 점유율이 계속 증가하고 있다면, 이 회사는 방어용 해자를 구축했을 가능성이 상당히 크지 않을까? 우리는 포트포리오 기업들이 장기에 걸쳐 시장 점유율을 확대하기 바란다. 추세선이 단기적으로는 가끔 역전될 수 있다는 사실을 충분히 인식한 상태로 말이다.

이런 맥락에서, 내가 저질렀던 실수 중 하나를 들려주는 것도 도움이 될 듯하다. 내가 투자한 소규모 기업은 대부분의 기업들이 꽤 괜찮은 ROCE를 달성하는 세분화된 산업에 속해 있었다. 이 기업은 30%가 넘는 ROCE를 달성했고 지난 3년 동안 연평균 29% 성장했다. 레버리지도 없었다. 우리는 이 기업에 매력적이라고 생각하는 가격에 투자했다. 5년이 지나 약 40%의 손실을 보면서 매도하고는 가격은 문제의 극히 일부라고 생각했다. 이 기업의 경쟁 우위를 제대로 파악하지 않은 것이 패착이었다.

이 기업은 지난 몇 년 동안 비교적 좋은 실적을 올렸지만, 장기적으로는 시장 점유율이 상당히 감소했다. 이 기업과 비슷한 시기에 설립된, 업계에서 가장 눈에 띄는 기업 두 곳의 매출이 이 기업보다 20배가 더 많았다. 이 기업이 설립되고 나서 12년이 지나 설립된 업계 세 번째 기업의 매출도 이미 이 기업보다 11배나 더 많았다.

우리는 실사 과정에서 경영진, 고객, 심지어 경쟁업체로부터 이 기업의 전략과 방향이 최근 몇 년 동안 어떻게 결실을 맺기 시작했는지에 대한 다량의 정성적 정보를 입수했다. 해당 기업은 최근까지 좋은 성과를 냈지만, 좀 더 장기적인 시야로 봤을 때는 만성적인 저성과 기업이라는 사실을 깨달았어야 했다. 게다가 설립 당시의 창업자와 관리자들로 이루어진 팀이 이 기업을 계속 경영해 왔다. 향후 5년의 실적이 지난 25년의 실적과 어떻게 다를 수 있겠는가?

나는 큰 실수를 저질렀다. 일부 예외를 제외하면, 경쟁적 지위를 파악할 때 장기간에 걸친 시장 점유율, 매출, 이익을 평가하는 것보다 더 좋은 방법은 거의 없다.

우리는 겪으면서 배운다.

기업에 가치를 부여한다

몇 년 전, 펀드매니저 친구를 만나서 커피를 마실 때였다. 그는 우리 포트폴리오 기업의 실적을 알고 싶어했는데, 나는 조심스럽게 이들이 너무 고평가됐다며 불평하기 시작했다. 이들의 주식을 더 많이 매수하고 싶었지만, 가격이 너무 많이 오른 것 같았다. 친구는 깜짝 놀라며, 지나치게 고평가되지는 않았다면서 반론을 폈다. 그 정도 가격이면 적절하다는 것이었다. 나는 "A사의 주가수익비율(PER)이 45이네"라고 말했고, 친구는 "그렇지 않아, 25밖에 안 돼"라고 반박했다. 그러다가 내가 Y사의 주가수익비율이 55라고 불평하면, 친구는 놀란 표정으로 그 회사의 주가수익비율은 28에 불과하다면서 바로잡아주곤 했다. 나는 실망하기 시작했고, 친구는 상당히 놀라워하는 것 같았다. 내가 포트폴리오 기업의 가치를 제대로 평가하지 못했던 것일까?

그러다가 문득 깨달았다. 내가 45라고 말한 주가수익비율은 후행 trailing 비율이었다. 친구가 25라고 말한 것은 선행forward 비율이었다. 친구가 말하는 선행 주가수익비율은 내년 것도 아니고, 내후년 것이었다! 투자업계 용어에 익숙하지 않은 사람들을 위해 말하자면, 나는 작년에 실현된 수익을 기준으로 기업의 가치를 평가했다. 반면, 친구는 내후년 수익에 대한 업계 애널리스트들의 평균 추정치를 예상 수익으로 간주하고, 이를 기준으로 주가수익비율을 계산했다.

다음 예시가 이해를 도울 수 있을 것 같다. 어떤 회사의 지난 12개월에 걸친 세후 수익이 1,000만 달러고, 시장 가치가 4억 5,000만 달러라고 가정해 보자. 그러면 후행 주가수익비율은 45(450÷10)가 된다. 업계 애널리스트들이 이 회사의 내년 수익이 1,400만 달러, 내후년 수익이 1,800만 달러라고 예상하는 경우, 내년의 선행 주가수익비율은 32(450÷14)가 되고, 내후년의 선행 주가수익비율

투자, 진화를 만나다

은 25(450÷18)가 된다.

여기에 나오는 세 가지 주가수익비율(45, 32, 25) 중 어느 게 맞을까? 투자자에 따라 다르다. 우리가 보기에는 후행 주가수익비율 45가 맞고, 그 친구가 보기에는 선행 주가수익비율 25가 맞다. 주가수익비율 또는 주가순자산비율price/book value ratio, EV/EBITDA 비율enterprise value/EBITDA와 같은 가치평가비율은 대부분 선행 비율을 의미한다. 우리가 논의하는 주가수익비율이 유일하게 과거에 실현된 수익과 관련이 있다. 지난 12개월일 수도 있고 지난 3년일 수도 있다. 혹은 경기 순환의 영향을 심하게 받는 기업의 경우에는 과거 10년 평균 주가수익비율(현재 시장 가치를 과거 10년간의 평균 수익으로 나눈 값)을 의미할 수도 있다. 우리는 다른 가치평가비율도 사용하지만, 모두가 과거 실적을 기준으로 기업의 가치를 평가한다.

나는 일부 투자자들이 1~2년 후의 수익을 예측하는 것은 이해할 수 있다. 그리 먼 미래를 예상하는 것이 아니기 때문이다. 최선은 아니지만, 이해할 수는 있다. 이해할 수 없는 건 투자자들이 왜 그보다 더 나쁜 짓을 하는가다. 훨씬 더 나쁜 짓을 말이다.

이 짓은 현금흐름할인discounted cash flow, DCF 분석이라고 불린다.

이를 이해하는 간단한 방법이 있다. 지금이 2000년이고, 어머니가 앞으로 2년간 매년 100달러의 용돈을 주겠다 약속했다고 가정해 보자. 현금이 급하게 필요해 어머니께 지금 당장 현금을 달라고 요구했다고 하자. 어머니는 2001년과 2002년이 되면 100달러의 가치가 지금보다 작기 때문에 200달러를 주려고 하지 않을 것이다(그렇다, 어머니는 까다롭고 셈에 밝다). 어머니가 얼마를 주어야 할까?

그 답을 내는 게 DCF 분석이다.

그러려면 할인율 또는 자본비용을 알아야 한다.[28] 어머니는 5%가 돼야 한다고 생각한다(아마도 은행 금리가 5%이기 때문일 것이다). 따라서 2001년에 100달러의 가치는 2000년에 95달러(100달러÷1.05)다. 2002년에 100달러의 가치는 2000년에 91달러(100달러÷1.05²)다. 따라서 지금 돈을 모두 받겠다고 하면, 어머니는 186달러(95달러+91달러)을 줘야 한다. 이게 DCF 분석이다.

여기까진 아무 문제가 없다.

문제는 어머니를 기업으로 대체하면서 시작된다. 어이쿠! 좀 이상하게 들릴 수도 있지만, 무슨 말을 하려는 것인지는 알 것이다. 잘 모르겠다면, 좀 더 이야기를 진행시켜보자. 기업 재무 이론에 따르면, 기업의 가치는 미래의 모든 현금흐름을 현재 시점으로 할인한 금액의 단순 합이다. 학문적으로 타당하고, 수학적으로도 맞다. 하지만 현실에서 투자를 할 때는 거의 무의미하다. 그 이유를 알아보자. DCF 분석을 위한 스프레드시트를 작성하려면, 두 가지 주요 요구 사항이 있다. 할인율과 현금흐름을 예측해야 한다.

먼저 할인율부터 시작하자.

할인율은 부채 비용과 자기자본 비용의 가중 평균으로, 어머니의 예에서 사용한 5%에 해당한다. 부채 비용은 알겠는데, 자기자본 비용은 무엇인가? 기업 재무 이론이 도움의 손길을 내밀며 명료한 공식 하나를 알려준다. 공식은 다음과 같다. (무위험 수익률)+β×(시장의 기대 수익률-무위험 수익률). 깔끔하지 않나? 공식에 숫자를 집어넣기만 하면 답을 얻을 수 있다. 하지만 속아서는 안 된다. 여기

　　　　　　　　　　　　　투자, 진화를 만나다

에는 몇 가지 중요한 문제가 숨어 있다.

위험도를 나타내는 그리스 문자 β부터 시작하자. 이는 주식 시장 대비 특정 주식의 변동성을 평가한다. 따라서 주식 시장과 완벽하게 함께 움직이는 주식의 경우에는 β가 1이다. 그런데 다시 말하지만, 변동성이라는 대리변수로 위험을 평가하려는 게 바보 같지 않은가? 1장에서 설명했듯이, 위험도와 변동성은 별다른 연관이 없지 않을까? 투자자에게 기업의 위험도는 그 기업에 투자했을 때 자본 손실이 발생할 가능성과 정비례한다. 손실이 발생할 가능성이 클수록, 위험도도 크다. 나는 β에 전혀 관심이 없고, 앞으로도 그럴 것이다.

공식에서 알 수 있듯이, 시장의 기대 수익률을 의미하는 숫자가 필요하다. 전문가 10명에게 시장의 기대 수익률을 물으면, 10개의 서로 다른 답을 얻을 수 있다. 무얼 선택해야 할까? 평균? 중앙값? 그냥 내 마음이 가는 대로? 기업 재무 이론이 건넨 공식은 이에 대해선 아무런 말을 하지 않는다.

공식에서 기업의 부채가 얼마나 되는지를 알 수 있는가? 부채가 엄청나게 많은 기업의 자기자본 비용이 부채가 없는 기업의 자기자본 비용과 같아야 한다고 생각하는가? 이 공식이 그런 부분에 대해서도 말하지는 않는다. 공식은 기괴하고 우스꽝스럽기까지 하다. 실제로 레버리지 비율이 높은 부실기업은 주식 투자자들이 높은 자기자본 비용을 요구하기 때문에 헐값에 매각된다.

이 정도로 충분하지 않다면, 그럴싸한 수학 공식이 우리를 심각한 오류로부터 보호할 수 있다고 믿을 때 발생하는 해로운 문제를 보기로 하자.

어머니의 예로 되돌아가 보자. 어머니가 현금흐름을 5%가 아닌 7%로 할인하기로 하면, 186달러가 아닌 181달러를 받는다. 하지만 3%로 할인하기로 하면, 5달러를 더 받게 되어 191달러를 받는다. DCF 분석은 현금흐름이 영원히 계속된다고 가정하기에, 현재 가치는 어머니의 예에서 살펴본 것보다 할인율에 훨씬 더 민감하다. 예를 들어, 100달러의 현금흐름이 25년 동안 매년 10%씩 증가한다고 가정해 보자. 할인율 10%를 적용하면, 할인된 현재 가치는 2,500달러다. 할인율을 1%만 낮추어서 9%로 하면 어떻게 될까? 2,795달러가 돼 12% 증가한다. 마찬가지로 할인율을 1% 올리면, 이 값이 10% 감소한다. 할인율을 소수점 이하 두 자리로 해 수학적 정밀성을 높이는 것이 추측을 하는 것보다 더 낫다면서 자신을 속인다고 해서 무슨 도움이 될까?

믿거나 말거나, 이제 DCF 분석의 진짜 문제를 다룰 차례다. 그렇다, 아직 시작도 안 했다!

어머니의 예로 다시 되돌아가 보자. 어머니는 앞으로 2년간 100달러를 주기로 약속했다. 회사가 무기한으로 같은 약속을 할 수 있을까? 물론, 불가능하다. 하지만 DCF 분석은 현금흐름 예측을 요구한다. 그래서 모두가 현금흐름을 예측한다.

이론적으로는 이런 예측을 무기한으로 해야 하지만, 편의상 10년이 끝나는 시점을 '최종 가치terminal value'로 설정하려 한다. 여기서는 어지러울 만큼 복잡한 최종 가치의 문제를 더 깊이 다루지 말자. 나를 믿으시라. 더 다가가면 소화불량에 걸릴 것이다.

금융업계에 종사하지 않더라도, 개별 기업들의 주가가 갑자기 하

투자, 진화를 만나다

락하거나 상승하는 소식을 읽거나 들어본 적이 있을 것이다. 스마트폰을 가진 10대라면 누구나 사용하는 앱 스냅챗Snapchat을 예로 들어보자.[29] 2017년 5월 초, 스냅챗이 성장 속도가 기대에 못 미치고 22억 달러에 달하는 대규모 손실이 발생하면서, 주가가 단 하루 만에 25% 가까이 하락했다. 이 회사의 정보는 많이 공개돼 있었고 최근에 상장됐기에, 투자자들과 애널리스트들이 미래의 현금흐름을 굉장히 상세히 분석했다. 하지만 그들은 이런 끔찍한 결과를 전혀 예측하지 못했다.

며칠 또는 몇 달 뒤의 현금흐름도 예측할 수 없는데, 어떻게 몇 년 뒤의 현금흐름을 예측할 수 있을까? 그런데 DCF 분석은 바로 이걸 요구한다. 투자자와 애널리스트는 향후 수년간의 현금흐름을 예측하기 위해 수십 가지 요인들을 평가하는 방대하고 복잡한 재무 모델을 성공적으로 구축한다. 엑셀 만세!

애널리스트, 은행가, 컨설턴트, 투자자 등 이런 엑셀 모델을 구축하는 사람들이 그곳에 내재된 함정을 모르는 건 아니다. 하지만 어떤 이유에서인지, 정확한 숫자에 도달하기 위해 먼 미래를 내다보려는 깊은 욕망이 잘난 척하지 말라고 충고하는 이성적인 목소리를 압도한다.

이런 미래에 대한 집착을 확인할 수 있는 가장 좋은 곳은 기업의 분기별 실적에 관한 화상 회의 녹취록이다. 대부분의 기업은 웹사이트의 '기업 홍보Investor Relations' 섹션에 이 녹취록을 게시한다. 내가 3개의 기업, 즉 월마트(2018년 2분기), 프록터 앤드 갬블P&G(2017년 4분기), 제너럴 모터스General Motors, GM(2017년 2분기)의 화상 회의 녹취록을 분석한 결과, 이 집착이 극명하게 드러났다.

월마트의 경우, 애널리스트들과 투자자들은 미래에 관한 질문 49 개 중 28개에 관심을 집중했다(예: '지침이 의미하는 마진율 EBIT의 추세'). P&G의 경우, 질문 20개 중 14개가 경영진에게 일종의 예측을 요구했다(예: '시장에서 인기를 끌 만한 새로운 계획이 또 있는가?'). GM의 경우, 질문 33개 중 무려 27개가 미래를 내다보는 것이었다(예: '구조조정 조치로 예상되는 비용 절감의 추세에 대해 어떻게 생각해야 하는가?').

애널리스트와 경영진 사이의 줄다리기는 봐주기가 힘들 때도 있다. 애널리스트는 매출과 마진율을 정확히 예측하려 한다(그러면 DCF 분석 모델에 데이터를 채워 넣을 수 있기 때문이다). 미래는 본질적으로 예측할 수 없다는 사실을 잘 알고 있는 경영진은 몇 가지 일반적인 언급으로 질문을 피해가려고 한다.

예를 들어, 2017년 2분기에 열린 GM 화상 회의에서 어느 한 애널리스트가 GM 자동차에 설치된 첨단 통신 시스템을 판매하는 GM 자회사 온스타OnStar의 매출 전망을 알고 싶어했다. CFO의 답변은 이랬다. "이전에 말씀드린 대로, 온스타는 매출이 발생하고 있습니다. 구체적인 금액을 별도로 공개하지는 않습니다. 매출은 계속 증가하고 있습니다." 나는 회사 경영진에 공감한다. 그들은 자신이 미래에 어떤 일이 일어날지를 모른다는 사실을 알고 있다. 그러나 다른 한편으로는, 기업에서 일해 본 적이 없는 대부분의 애널리스트와 펀드매니저는 미래에 어떤 일이 일어날지를 아는 것이 경영진의 임무라고 생각한다. 그렇지 않으면 DCF 분석 모델에 데이터를 어떻게

투자, 진화를 만나다

채워 넣을 수 있겠는가?

나는 25개가 넘는 기업 이사회에 참석했지만, 수년 동안 경영진이 예산에 맞게 지출하는 모습을 본 적이 없었다. 어떤 때는 예산보다 많이 지출하고, 다른 때는 적게 지출한다. 때로는 이런 초과 또는 미달이 큰 폭으로 발생하기도 한다. 회사 경영진이 예측을 제대로 할 수가 없는데, 투자자가 어떻게 예측을 할 수 있을까? 제대로 할 수 없다. 더 중요하게는 예측을 하려는 생각을 버려야 한다.

우리는 DCF 분석을 해본 적이 없으며, 앞으로도 하지 않을 것이다. 하지만 다수의 투자자와 애널리스트(대부분은 아니더라도)가 한다고 알고 있다. 아마도 그들은 내가 모르는 먼 미래를 내다보는 방법을 알아낸 것인지도 모른다. 어떤 상황에서든 우리는 간명한 방식을 사용한다.

적당한 속도로 성장하면서 경기 순환의 영향을 받지 않는 기업으로 예를 들어보자. 우리는 이 기업의 후행 주가수익비율이 19 또는 20 정도라는 것을 알고 있다. 우리는 ROCE가 높고, 광범위한 해자를 구축하고, 사업 및 재무 위험이 낮은 특별한 기업에, 시장 가격에 혹은 이보다 낮게 주당순이익의 배수를 지급한다. 정말 특별하게 후행 배수를 10대 후반 혹은 20대 초반으로 간주해 조금 더 많이 지급하는 경우도 있지만, 이런 경우는 극히 드물다. 우리가 포트폴리오 기업의 주식을 매수할 당시 후행 배수의 중앙값은 14.9다.

우리는 경기 순환의 영향을 받고 수익이 꾸준히 증가하지는 않은 기업(예: 지난 5년간 수익이 제자리걸음을 했거나 작년에 두 배로 증가한 경우)에도 이 방법을 조금 손봐서 적용한다. 하지만 일반적인 원칙은 과거에 실현된 역사적 재무 정보를 바탕으로 공정한 가치를 부여하는 것이다.

마지막으로 가치평가에 대해 한 가지 덧붙이고 싶은 말이 있다. 우리는 가치평가를 항상 마지막에 논의한다. 기업을 평가할 때 위험이 맨 처음이고, 품질이 두 번째, 가치평가가 맨 마지막이다.

필요조건이 충분조건은 아니다

뉴욕주립대학교 스토니브룩 캠퍼스의 더글러스 푸투이마Douglas Futuyma 교수는 이렇게 말했다. "진화생물학의 핵심은 진화의 역사를 서술하고 분석하며, 진화의 원인과 메커니즘을 분석하는 데 있다."[30] 결과적으로 자연은 역사적 과정에 대한 추론이 없이는 답을 낼 수 없는 몇 가지 질문을 던진다. 예를 들어, 일부 종에서는 왜 암컷이 수컷을 두고 싸울까? 왜 다섯 개가 아닌 두 개의 성별이 있을까? 왜 게놈의 극히 일부만이 단백질 코딩을 담당할까? 왜 사자는 영아살해를 할까? 새는 공룡에서 어떻게 진화했을까?

장기 투자자로서 우리는 '무슨 일이 일어날 것인가?'라는 강박을 '실제로 무슨 일이 일어났는가?'라는 질문으로 대체했다. 전자는 수많은 추측과 의견으로 구성돼 있고, 후자는 주로 사실로 구성돼 있다. 물론, 사실 그 자체만으로는 공허하며 중요한 것은 이런 사실에 기초한 의견이지만, 적어도 사실이 토론을 위한 기초를 제공한다.

예를 들어, 어떤 회사의 지난 10년간 역사적 ROCE가 40%에 달했을 때, 두 명의 투자자가 이 '사실'을 두고 크게 다른 의견을 가질 수 있다. 한 사람은 이 회사의 미래가 밝다고 주장할 수 있고, 다른 사람은 미시경제학 이론에 기초해 새로운 경쟁업체들이 진입하면서 수익률이 대폭 감소할 것이라고 주장할 수 있다. 투자자들이 이 회사가 과거에 현저하게 높은 수익을 올렸다는 사실을 알면, 수익의 원인과 지속 가능성에 관심을 기울이게 된다. 예를 들어, 이 회사가 외국 경쟁업체들의 진입을 가로막는 규제로 보호를 받았기 때문에 그런 수익을 올릴 수 있었는가? 그렇다면 진정한 경쟁에 직면하지 않은 기업에 투자해도 괜찮은가? 아니면, 치열한 경쟁에 직면하고도 그처럼 높은 수익을 올렸는가? 경쟁업체들과 비교해 특별한 수익을 올릴 수 있었던 이유는 무엇인가?

역사의 맥락 속에서 현재를 해석하는 데 초점을 맞추는 것에 문제가 전혀 없지는 않다.두 가지 범주의 문제를 다뤄보려 한다. 두 가지 범주 모두 과거의 실적이 필요조건인가 충분조건인가라는 문제와 관련이 있다.

한때 유명한 회사였던 노키아Nokia는 첫 번째 범주의 문제를 잘 보여준다. 노키아는 1990년대 후반에 잘나가던 기업으로, 오늘날의 아이폰처럼 휴대폰 시장을 지배했다.[31] 1990년대 중국과 인도 같은 대규모 신흥 시장은 휴대폰 보급률이 상당히 낮았다. 과거의 실적만 놓고 보면, 노키아가 세계를 지배할 것처럼 보였다.

투자자들은 노키아 주식을 사는 데 혈안이 되었고, 2000년에 노키아의 시장 가치는 약 3,250억 달러에 달하며 정점을 찍었다. 이후로 노키아의 시장 가치는 90%가 넘게 하락했다. 2000년만 하더라도, 재무 실적, 경쟁적 지위, 평판, 대리점과 고객이 전하는 피드백 등 노키아에 대한 모든 역사적 신호가 '노키아는 엄청난 회사다'라고 외치는 것만 같았다. 하지만 이후 10년 동안 애플, 삼성을 포함해 중국과 인도의 수많은 현지 경쟁업체들과의 경쟁에서 뒤처졌고, 이제 노키아 휴대폰은 박물관의 유물이 됐다.

누구라도 노키아의 역사에만 의존해 투자했다면 엄청난 손실을 입었을 것이다. 과거의 실적에 무게를 두는 것은 투자가 성공하기 위한 필요조건이지만, 결코 충분조건은 아니다. 이는 기술 관련일 수도 있고 아닐 수도 있는, 빠른 속도로 변하는 부문에서는 더욱 그렇다. 따라서 노키아의 경우, 투자자들이 역사적 신호를 보면서 이 회사가 정말 뛰어난 기업이라는 결론을 내릴 수도 있었지만, 빠른 속도의 변화가 일상적으로 나타나는 기술 부문의 특성을 고려하면 보류해야 했다.

우리는 전염병을 피하듯 빠른 속도로 변하는 부문들을 피했고, 심지어 이들 중 다수는 기술과 관련이 없었다. 소매업, 소액 금융, 음식 배달, 이커머스 같은 부문은 인도에서 진화의 초기 단계에 있다. 역사적 정보만 가지고 이런 부문들에 편안한 마음으로 투자하기에는 혼란스러운 부분이 너무 많다.

투자자는 기술 기업과 그 밖의 빠른 속도로 진화하는 부문을 피해야 할까? 우리는 피한다. 이 부문에 속한 기업의 역사적 신호를 해독할 수 없기 때문이다. 하지만 많은 투자자들이 이 부문을 평가하는 방법을 생각해 냈다. 나는 빠르게 진화하는 부문과 기업을 분석하는 방법을 모르기 때문에, 그런 방법을 생각해 내지 못했다. 노키아와 같은 기업과 마주치면, 이렇게 말하는 게 편하다. "저는 잘 모

투자, 진화를 만나다

르겠습니다. 고맙지만, 사양하겠습니다."

역사적 분석이 갖는 두 번째 범주의 문제는 스타벅스의 사례로 뚜렷하게 보여줄 수 있다. 이 사례에서는 역사적 분석이 놀라운 반전을 파악하는 데 도움이 되지 않기에, 상당한 수익을 창출할 기회를 놓쳤을 것이다. 1982년 스타벅스에 합류한 하워드 슐츠Howard Schultz는 시애틀에 매장이 겨우 4개 있던 스타벅스를 2000년까지 약 20억 달러의 매출을 올리는 회사로 키웠다. 하지만 안타깝게도 2000년에 휴식의 시간을 갖기 위해 스타벅스를 떠났고, 얼마 지나지 않아 스타벅스의 실적은 떨어지기 시작했다.

2008년 슐츠가 회사에 복귀했을 때, 사방에서 안 좋은 소식이 들려왔다.[32] 매출은 한동안 하락세를 보였다. 맥도널드와 던킨도너츠가 자체 고급 커피 브랜드를 출시하면서 스타벅스를 강력하게 압박했다. 그 결과, 스타벅스의 주가는 전년 대비 거의 절반 수준으로 하락했다. 슐츠는 2008년부터 확장을 늦추고, 수백 개의 매장을 폐쇄하고, 새로운 인스턴트커피 브랜드를 출시하고, 소비자에 다시 집중함으로써, 스타벅스의 운명을 극적으로 반전시켰다. 투자자들은 다시 스타벅스를 사랑하게 됐고, 그 결과 2008년 12월부터 2019년 12월까지 주가는 18배가 넘게 상승했다.

스타벅스의 모든 것이 무너질 것 같았던 2008년으로 돌아가 보자. 고객 피드백, 시장 점유율, 동일 매장 매출 증가율 등 모든 역사적 신호는 이 회사가 잃어버린 영광을 되찾기 위해 처절하게 몸부림치고 있음을 보여줬다. 슐츠가 8년 전에 이 회사의 CEO로 재직하기는 했지만, 이후로 수천 개의 매장이 새로 생겼고 경영진도 교체됐고 고객과 경쟁업체의 행동도 달라지는 등 많은 변화를 겪었다. 슐츠가 회사를 되살릴 수도 있지만, 다시 돌아온 CEO가 최고의 놀라운 반전을 이끌어낸다는 증거는 없다. 2008년에 반전을 가리키는 역사적 데이터가 부족한 상태에서, 나는 이 회사에 투자하지 않았고 엄청난 수익의 기회를 놓쳤다.

해결책은 무엇일까? 나는 모른다. 하지만 빠른 속도로 변하는 부문에서 기업의 미래를 어떻게든 알 수 있다면, 혹은 반전에 베팅을 걸 수 있다면, 건투를 빈다.

그러기 힘든 평범한 인간에 불과한 내게는, 역사적 정보에 의존하는 것이 유리한 승률을 확실하게 유지하는 오랜 세월에 걸쳐 검증된 방법이다. 물론 이것이 매번 승리를 보장하지는 않지만(어떤 투자 방식도 마찬가지다), 충분히 자주 승리하게 해줄 것이다.

***

직업 군인이었던 아버지가 2년마다 부대를 옮겨 다녔기 때문에, 나도 학교를 12년 다니면서 전학을 7번이나 했다. 내가 다닌 학교들은 모두 공립학교였는데, 그곳 선생님들의 능력은 최고 수준이라 말하기는 힘들었다. 하지만 아무리 좋은 사립학교라 하더라도, 라토드 Rathod 선생님처럼 훌륭한 교사는 없었을 것 같다.

중학교 1학년 때 우리 집은 잠나가르Jamnagar라는 작은 마을로 이사했다. 나는 이전에 살던 데후 로드Dehu Road라는 마을의 친구들과 헤어져서 마음이 아팠고, 새로운 학교에서 새로운 친구들과 적응하느라 힘든 시기를 보냈다. 하지만 라토드 선생님과 그의 역사 수업

투자, 진화를 만나다

덕분에, 그 해를 견딜 수 있었다. 선생님은 역사를 교과서에 나오는 대로 가르치지 않았다. 그 대신, 학생들에게 학교 도서관에서 책과 대중 만화를 통해 인도의 고대와 근대 역사를 공부하라고 했다. 모든 학생에게 특정 주제를 정하고, 공부한 내용을 수업 시간에 발표하라고도 했다. 발표를 듣는 학생들은 발표자의 의견에 자유롭게 반론을 제기할 수 있었고, 라토드 선생님은 우리가 자기 주장을 체계적이고 논리적으로 펼칠 수 있게 자신감을 심어 줬다. 영국이 인도에 미친 영향을 논쟁할 때는 12살짜리 소년들이 거의 싸울 뻔했다.

라토드 선생님을 만나기 전까지, 내게 역사는 객관적이고 논쟁거리가 없고 변하지 않는 것이었다. 이전의 역사 선생님들은 어떤 문제에 정답은 오직 하나라고 가르쳤다. 라토드 선생님은 역사 시험에서 문제에 대한 답은 '상황에 따라 다르다'로 시작해야 한다고 가르쳤다. 중학교 1학년 시절, 라토트 선생님은 역사가 우리에게 그들이 누구였는지보다는 우리가 누구인지에 대해 훨씬 더 많이 가르쳐준다는 사실을 직간접적으로 보여줬다.

역사를 분석하기만 하면, 모두가 훌륭한 투자자가 될 수 있다는 생각은 잘못됐다. 역사는 우리 프로세스의 기본에 해당하지만, 우리가 누구인지 알아야 효과를 발휘한다. 그래서 나는 내 편견과 편향을 역사의 대차대조표에 내놓는다. 때로는 과거를 해석하는 방법을 두고 치열한 의견 다툼을 한다. 이런 충돌은 우리처럼 오랫동안 함께 일해온 규모가 작고 잘 짜인 팀에서도 일어난다. 이런 격렬한 충돌의 한가운데서, 나는 라토드 선생님이 그리워지곤 한다. 선생님이 여기에 와서 판결을 내려 주면 얼마나 좋을까?

진화의 다섯 번째 가르침

미래에 끊임없이 집착하는 대신,
기업과 산업의 역사를 연구하고 이해해야 한다.

1. 근대 진화론의 창시자인 다윈은 현재가 과거의 누적된 효과의 결과라는 사실을 이전 시대를 살았던 그 누구보다도 더 잘 이해했다.

2. 다윈은 역사를 새로운 시각으로 해석해, 자연 선택, 성 선택, 공통 조상이라는 세 가지 혁신적인 이론을 제시했다.

3. 진화생물학에서는 물리학이나 화학과는 다르게 예측을 하지 않는다. 진화생물학에서는 '인간에게 어떤 일이 일어날까?'라는 질문에 답하기보다는 '두 발로 걷는 인간은 조상인 네 발로 걷는 유인원에서 어떻게 진화했을까?'라는 어려운 문제를 깊이 생각한다.

4. 투자업계는 미래에 집착한다. 역사 연구는 예측의 뒷전으로 밀려나 있다.

5. 우리는 진화생물학을 본보기로 삼아, 기업을 분석하기 위해 널리 공개되고 이용 가능한 역사적 정보에만 집중한다. 예측에 시간을 낭비하지 않는다.

6. 우리는 앞으로 일어날 일에 신경 쓰지 않고 이미 일어난 일을 분석하는 방식으로, 기업의 재무 상태, 전략, 경쟁적 지위, 가치에 대한 의견을 내놓는다.

7. 하지만 과거에 집중하는 데는 두 가지 주요 문제가 있다. (1) 역사적으로 성공한 기업이 앞으로도 계속 성공할 것이라고 잘못 생각하거나 (2) 실패하거나 실패한 기업이 앞으로도 계속 실패할 것이라고 잘못 생각할 수 있다.

6장

대장균, 패턴을 말하다

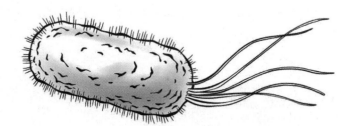

두 사람이 때로는 독립적으로 아주 같은 발명품을 거의 똑같은 방식으로 만드는 것처럼, 각각의 유기체들의 이익을 위해 작동하고 유사 변이의 장점을 활용하는 자연 선택도 때로는 두 유기체들의 두 신체 부위를 거의 같은 방식으로 변형시키는데, 이들 유기체들은 같은 조상에게서 물려받은 공통 구조가 거의 없다.

—

찰스 다윈, 《종의 기원》, 6장 이론의 난점

찰리와 저는 척Chuck과 시즈See's와의 인연에 감사해야 할 이유가 많이 있습니다. 분명한 사실은 우리가 대단한 수익을 올렸고, 그 과정에서 좋은 시간을 보냈다는 것입니다. 마찬가지로 중요한 사실은 시즈를 소유하면서 프랜차이즈 평가에 대해 많은 것을 배웠다는 것입니다. 우리는 시즈에서 배운 교훈 덕분에 특정한 보통주에서 상당한 수익을 올렸습니다.

—

워런 버핏, 〈1991년 주주 서한〉

팀 쿠퍼Tim Cooper는 2003년 1월, 미시간주립대학교 실험실에서 보낸 춥고 바람 부는 토요일 오전이 자기 인생에서 가장 중요한 순간이 될 거라고 전혀 생각지 못했다.

팀은 잘 준비된 일련의 작업을 수행하기 시작했다. 지난 3년 동안 수십 번이나 해온 작업이었지만, 그는 언제나 작업을 조심스럽게 해야 했다. 그리고 실제로 조심스럽게 했다. 이 실험은 14년 동안 끊기지 않고 진행됐고, 팀은 문제가 발생하더라도 책임을 지는 위치에 있지는 않았다.

팀은 먼저 새로운 플라스크 12개를 가져와서, 각각에 정확히 9.9밀리리터의 용액을 조심스럽게 담았다. 그다음에 배양기로 가서, 세대 번호가 33,127에 해당하는 이전의 플라스크 12개를 끄집어냈다. 이전의 플라스크 12개에서 각각 0.1밀리리터의 용액을 가져와서 새로운 플라스크에 주입했다. 하지만 그전에 플라스크를 확인해야 했다.

이전 플라스크 두 개를 집어 들고 예상했던 것을 확인했다. 그다음 두 개의 플라스크도 괜찮았다. 하지만 그다음 두 개의 플라스크 중 '아라-3Ara-3'이라는 라벨이 붙은 플라스크 용액이 이전의 다른 플라스크처럼 구름이 약간 낀 모양을 하지 않고 불투명하게 변했다. 일어나서는 안 되는 일이었다. 실험실에서는 과거에도 오염으로 인해 비슷한 문제를 겪은 적이 있었다. 이 문제를 해결하기 위한 엄격한 프로토콜이 있었고, 팀은 그것을 잘 알고 있었다.

팀은 '문제가 있는' 아라-3 라벨이 붙은 이전의 플라스크를 교체하고, 일요일에 다시 와서 결과를 확인했다. 당연히 통상적인 결과를 예상했다. 하지만 또다시 놀라운 결과를 경험했다. 아라-3 라벨이 붙은 새로운 플라스크도 불투명하게 변한 모습이 보였다.

뭔가 매우 잘못됐다. 아니면 매우 잘 된 일일 수도 있었다.

놀라운 아놀도마뱀

우리의 투자 전략에는 유별난 특징이 있다. 우리는 개별 기업에 투자하지 않는다. 그렇게 투자하는 것처럼 보이지만, 실제로는 그렇지 않다.

그렇다면, 대체 우리는 어디에 투자하는 걸까?

이 질문의 답을 찾기 위해 진화론적 사고 실험을 해 보자. 태양과 같은 별에서 비슷한 거리에 있는 지구와 같은 또 다른 행성을 상상

투자, 진화를 만나다

해 보자. 우주에는 약 10^{21}개의 별이 있기 때문에, 이런 행성의 존재가 완전히 불가능하지는 않다. 이 행성에서도 지구처럼 생명체가 진화했을까? 인동덩굴과 코뿔새가 있을 가능성은 얼마나 될까?

철학자들은 이 질문을 가지고 수천 년 동안 고민해왔지만, 현대의 과학자들 중 최초로 답을 제시한 사람은 하버드대학교 고생물학자이자 진화생물학자로 지금은 고인이 된 스티븐 제이 굴드였다. 그는 저서 《원더풀 라이프Wonderful Life》에서 진화를 예측할 수 없다는 입장을 견지했다. "테이프를 백만 번 다시 감아도, … 호모사피엔스와 같은 존재가 또다시 진화할 수 있을지는 의문이다."

'진화 테이프'를 백만 번 다시 감는다면, 각각의 결과는 두 가지 상반된 힘에 따라 달라질 것이다. 한편으로는 자연 선택의 무작위적이지 않은 힘이 유기체가 환경이 부과한 문제를 해결할 소수의 예측 가능한 방안을 개발하도록 보장한다. 다른 한편으로는 우연한 돌연변이와 드물게 발생하는 환경적 사건이 어떤 종류의 예측이든 힘들게 한다. 어느 쪽이 승리할까? 굴드는 이렇게 생각했다. "안 좋은 소식은 우리가 실험을 할 수가 없다는 것이다."

좋은 소식은 우리는 실험을 할 수 없지만 자연은 할 수 있고, 실제로 해왔다는 것이다. 증거를 보여달라고? 도마뱀부터 시작해 보자.

카리브해에 퍼져 있는 700여 개의 섬에는 약 150종의 아놀도마뱀(속)이 서식하고 있다. 카리브해의 섬에 서식하는 모든 종의 도마뱀들은 수백만 년 전에 본토를 떠나온 단 두 종의 후손들이다. 워싱턴대학교 생물학과 교수로 재직하는 조나단 로소스Jonathan Losos는 1980년대 후반부터 카리브해에서 4개의 큰 섬, 즉 쿠바, 자메이카,

히스파니올라, 푸에르토리코에서 아놀도마뱀을 연구해왔다.[1]

로소스 교수는 이 4개의 섬에 서식하는 150여 종의 아놀도마뱀이 대체로 줄기, 잔가지, 꼭대기-대형, 줄기-꼭대기, 줄기-땅, 풀밭-덤불로 이루어진 6개의 집단, 즉 '에코모프ecomorph'로 나눌 수 있다는 사실을 확인했다. 이런 분류는 몸통 길이, 꼬리 길이, 팔다리 길이, 발가락에 덧댄 얇은 판(아놀도마뱀의 발에 있는 비늘로 표면에 달라붙도록 해준다), 색상, 서식지를 기준으로 한다.

예를 들어, 줄기 에코모프는 나무줄기에 서식하고, 평균 몸길이는 약 5센티미터이고, 꼬리는 회색이고 짧다. 이와 전혀 다른 풀밭-덤불 에코모프는 풀밭과 덤불에 서식하고, 평균 몸길이는 4센티미터이며, 꼬리는 갈색이고 굉장히 길다.

여러 에코노프의 행동 및 신체 특성은 이들이 독특한 지역 환경에 잘 적응하도록 도왔다. 풀밭-덤불 에코모프의 긴 꼬리는 풀잎처럼 좁고 불안정한 표면에서 멋지게 균형을 잡는 데 도움이 되며, 갈색은 풀밭과 덤불의 색에 잘 녹아든다. 줄기 에코모프는 일생 동안 발아래에 단단한 나무줄기가 있기 때문에, 균형을 잡기 위해 긴 꼬리가 필요하지 않다. 그리고 회색 나무줄기를 배경으로 위장해 포식자와 먹이를 속이려면 회색을 띨 필요가 있다. 잔가지 에코모프는 다리가 짧아서 작은 나뭇가지 사이를 돌아다니는 데 도움이 된다. 마지막으로 줄기-땅 에코모프는 나무줄기와 땅 위를 효율적으로 달릴 수 있도록, 다리가 길게 진화됐다.

카리브해의 아름다운 섬에서 다윈의 자연 선택 이론이 살아 숨쉬고 있다는 사실이 전혀 놀랍지가 않다.

투자, 진화를 만나다

하지만 놀라운 사실은 이들 4개의 섬에서 동일한 에코모프를 볼 수 있다는 것이다. 쿠바의 줄기 에코모프는 히스파니올라의 줄기 에코모프와 굉장히 유사한 모습과 행동을 보여주고, 푸에르토리코의 꼭대기-대형 에코모프는 자메이카의 그것과 구별할 수 없을 정도로 많이 닮았다.

지금 아마 이런 생각을 하고 있을 것이다. 쿠바와 히스파니올라에 서식하는 줄기 에코모프는 같은 종이 아닌가? DNA 분석 결과, 이들은 같은 종이 아니라는 사실이 밝혀졌다! 쿠바에 서식하는 여섯 종류의 에코모프는 다른 섬에 서식하는 에코모프보다 서로 훨씬 더 밀접한 관련이 있다. 따라서 쿠바의 줄기 에코모프는 히스파니올라의 줄기 에코모프보다 쿠바의 잔가지 에코모프와 훨씬 더 밀접한 관련이 있다. 쿠바와 히스파니올라에서 나무줄기에 사는 아놀도마뱀은 상당히 다른 종이지만, 비슷한 환경을 마주하면서 같은 행동 및 신체 특성을 발달시켰다. 이것은 다른 에코노프에도 마찬가지로 적용된다. 카리브해에서 서로 다른 섬에 서식하는 아놀도마뱀들은 고유의 문제가 주어졌을 때, 꼬리 길이, 몸통 길이, 색상처럼 똑같은 해결 방안을 개발해왔다. 놀랍게도, 이들은 이 작업을 서로 독립적으로 수행했다.

아놀도마뱀은 서로 무관한 유기체들이 비슷한 환경에서 서로 독립적으로, 같은 신체 특성을 발달시키고 적응을 해나가는 '수렴 convergence' 진화의 교과서적인 사례다.[2]

수렴 진화는 도처에 있다

 카리브해의 아놀도마뱀이 보여준 수렴 진화의 흥미로운 사례는
자연계에서 볼 수 있는 예외가 아니다. 하나의 규칙이다.

 돌고래는 우리와 같은 포유류고 상어는 어류다. 하지만 이들 모
두가 굉장히 유사한 방추형 체형을 하고 있고, 더 흥미롭게는 같은
색을 띠고 있다. 또한 모두가 배는 밝은 색을 등은 어두운 색을 띠기
에 위에서든 아래에서든 포착하기가 어렵다. 고생물학자인 조지 맥
기George McGhee는 상어, 돌고래, 참치, 그리고 멸종한 어룡ichthyosaur
이 비슷하게 생긴 것은 빠르게 헤엄치는 동물의 진화는 오직 한 가
지 길밖에 없기 때문이라고 주장한다.[3]

 척추동물의 경우, 새, 박쥐, 지금은 멸종한 익룡에서 동력 비행이
진화했다. 이들의 공통 조상인 육지에 사는 네발 동물은 날개가 없
었다. 이들의 날개는 비슷해 보이지만, 각자 독립적으로 진화했다.
모두가 팔뚝이 날개로 변했고, 같은 방식, 즉 도약 전진을 위해 날개
를 아래로 퍼덕거리는 방식으로 하늘을 향해 날아올랐다.[4]

 오스트레일리아는 스포츠 세계에서 인구 규모를 훨씬 뛰어넘는
성과를 내고 있다. 인구가 2,500만 명에 불과한 이 나라는 2020년
도쿄올림픽 이전까지의 하계 올림픽에서 547개의 메달을 획득해,
인구 규모가 훨씬 더 큰 국가들을 넘어섰다.[5] 예를 들어, 오스트레일
리아의 메달 수는 인구가 13배나 더 많은 미국의 5분의 1이다(인도
의 메달 수를 언급하기는 적절한 시기도 장소도 아닌 것 같다).

 이 나라, 아니 이 대륙을 독특하게 만드는 것은 스포츠 외에도 또

투자, 진화를 만나다

있다. 오스트레일리아는 약 1억 8,000만 년 전에 분리되기 시작한 초대륙supercontinent• 판게아와 그 남쪽 부분인 곤드와나의 일부였다. 그 결과, 오스트레일리아는 약 3,500만 년 동안 독립된 대륙으로 존재해 왔다. 이 기간에 이 거대한 섬에 서식하는 포유류는 독특한 진화의 길을 걸어왔다.

오스트레일리아의 포유류는 모두 유대류다. 아직 발달하지 않은 새끼를 낳아 외부 주머니에서 키운다. 나머지 지구 대부분에서는 우리 인간처럼 완전히 발달한 새끼를 낳는 태반류가 서식한다. 생활사와 발달 과정이 극적으로 다르니 유대류와 태반류는 아주 다른 모습을 하고 있을까? 놀랍게도 그렇지 않다.

그림 6.1은 오스트레일리아에 서식하는 유대류와 태반류의 모습을 비교한다.[6] 나란히 놓고 보면, 늑대와 지금은 멸종한 틸라신, 생쥐와 물가라, 마멋과 웜뱃을 구별하기 쉽지 않다. 이들이 유전적으로는 아무런 관련이 없지만 비슷한 모습을 하는 건, 세계의 다양한 지역에서 비슷한 문제를 비슷한 방식으로 해결했기 때문이다.

이제 흰개미를 주로 잡아먹는 틈새 포식자를 예로 들어보자. 이런 생명체는 어떻게 디자인해야 할까? 어떤 특성을 가져야 할까? 흰개미를 잡아먹을 수 있도록 혀가 길고 끈적해야 하고, 흰개미 굴을 파헤칠 수 있도록 앞발톱이 단단해야 하며, 머리는 작고 흰개미 굴에 쉽게 들어갈 수 있도록 주둥이가 길어야 한다는 생각을 할 것이다. 축하한다. 유대류 개미핥기(늄뱃이라고도 불린다)와 태반류 개미핥기의 모습을 잘 떠올렸다. 예상했겠지만, 이들은 놀라울 정도로

• 현재의 형태로 분열되기 전의 대륙.

그림 6.1 **태반류와 유대류의 수렴**

태반류(Ⓐ늑대, Ⓑ생쥐, Ⓒ마멋)와 유대류(Ⓓ틸라신, Ⓔ물가라, Ⓕ웜뱃) 사이에서 뚜렷하게 나타나는 수렴
출처: Ⓐ, Ⓕ: 위키미디어 커먼스 Wikimedia Commons. Ⓑ, Ⓒ, Ⓓ, Ⓔ: 사이언스 포토 라이브러리Science Photo Library.

서로 닮았다. 흰개미를 어떻게 잡아먹을 것인가의 문제를 해결해야
했기 때문에, 가까운 공통 조상이 없이도 수렴 진화를 통해 비슷한
외모와 신체 부위를 발달시켰다.

　찰스 다윈은 수렴 진화의 위력을 인식하고는 이렇게 주장했다.
"가장 다른 두 혈통에 속하는 동물은 비슷한 환경에 쉽게 적응할 수
있으며, 따라서 비슷한 외모를 갖게 된다."[7] 다윈의 주장이 옳았지
만, 완전히 정확한 건 아니다.

　수렴 진화는 도처에 존재하며, 동물의 외모나 형태에만 국한되지

　　　　　　　　　　　　　　　　　　　　　　　　투자, 진화를 만나다

않는다. 동물의 행동을 비롯해 식물, 균류, 심지어 박테리아에서도 널리 관찰된다.

동물의 행동부터 시작해 보자. 코브라, 큰가시고기, 문어, 거미로 구성된 4개의 종에는 어떤 공통점이 있을까? 카리브해의 아놀도마뱀과는 다르게, 이들의 신체 특성에는 수렴이 나타나지 않는다. 하지만 각각의 종이 성공적으로 생존할 수 있게 했던 한 가지 행동, 즉 암컷이 알을 지키는 행동에서는 수렴이 나타난다.

수렴 행동의 가장 좋은 사례는 인간 그리고 (기대하시라) 개미에서 관찰된다! 나는 이런 수렴을 두 눈으로 직접 목격했다. 눈부시게 아름다운 페루 아마존에서 가족들과 휴가를 보내고 있을 때, 나는 우리 인류보다 수백만 년을 먼저 농경 생활을 시작했던 작은 생명체, 잎꾼개미를 우연히 보았다.

나는 이런 기적을 목격하려고 몇 년을 기다려왔는데, 마침내 기적이 눈앞에서 화려하게 펼쳐졌다. 숲 바닥에서 수천 개의 커다란 녹색 잎들로 이루어진 긴 줄 하나가 잎들의 의지에 따라 완전히 하나가 되어 움직이는 기적을 보는 것 같았다. 한 마리의 작은 개미가 각각의 커다란 잎을 옮기고 있었는데, 전리품을 전문가인 자매 개미들에게 넘겨주기 위해 땅속으로 사라졌다. 전문가 자매 개미들은 잎을 씹어 으깨서 전체 개미가 식량으로 사용할 균류 농장을 조성한다. 우리 농부들이 하는 것과 마찬가지로, 균류의 성장을 돕는 비료(아미노산과 효소)를 생산하고, 농작물 생산에 방해가 되는 오염 물질을 제거하고, 재배 대상을 까다롭게 선별하고, 거대한 농장을 끊임없이 보살핀다.[8]

우리 인류가 농경 생활을 통해 지구를 지배하는 종이 됐듯, 잎꾼 개미도 신대륙을 지배하는 초식동물이 됐다. 잎꾼개미는 열대림 지역에서 생산되는 모든 잎의 6분의 1에 가까운 양을 소비한다. 인간과 잎꾼개미는 시간과 종의 경계를 넘어, 비슷한 해결 방안으로 수렴함으로써 식량 문제를 해결해 왔다.

이제 식물로 넘어가 보자. 커피, 차, 초콜릿(카카오를 원료로 해 만든 것) 음료를 마셔본 적이 있을 것이다. 브라질 사람이라면, 아마존 우림 지역에서 자라는 과라나를 원료로 만든 음료인 과라나 안타르치카를 많이 마셨을 것이다. 이 네 식물 모두 인간이 원하는 동일한 화학물질을 생산한다. 바로 1,3,7-trimethylpurine-2,6-dione 이라 불리는 퓨린 알칼로이드, 즉 카페인이다.[9]

이 네 식물은 밀접한 연관이 있어 보이지만, 실제로는 그렇지 않다. 차와 커피의 공통 조상은 1억 년 전으로 거슬러 올라간다. 카카오는 차와 커피보다는 단풍나무와 유칼립투스 나무와 더 밀접한 관련이 있다. 신기하게도, 커피의 조상은 감자와 토마토를 낳았지만, 차를 낳지는 않았다! 식물은 포식자에 대한 다양한 방어 메커니즘을 가지고 있으며, 그중 일부가 카페인 생산이라는 똑같은 해결 방안으로 수렴한 듯하다.

많은 식물이 꽃의 수분을 위해 새에 의존한다. 그렇다면, 식물이 수분을 위해 벌새에 의존할 경우, 어떤 방식으로 할까? 빨간색이 벌새에게 매력적으로 보이기 때문에, 빨간색 꽃을 만들어야 한다. 그 결과, 벌새가 수분하는 18종의 식물들이 밝은 빨간색 꽃을 만들도록 진화했다.

투자, 진화를 만나다

다른 식물들은 파리와 딱정벌레가 냄새 나는 부패한 시체에 알을 낳는 습성을 이용하는 전략을 개발했다. 시체 백합과 왕서각(또는 썩은 고기 꽃)을 포함한 7종의 식물들은 썩은 고기와 비슷한 냄새를 내도록 진화했다. 이 냄새는 곤충을 속여서, 이들이 알을 낳기 위해 식물에 다가와서는 꽃가루를 다른 꽃으로 옮기게 한다.[10]

자연계에서 나타나는 수렴 진화의 사례로 이 책을 채울 수도 있지만 그러진 않겠다. 이제 과학자들은 수렴 진화가 자연계에서 예외가 아닌 하나의 규칙이라는 데 동의한다. 이를 가장 잘 표현한 건 수렴 진화의 강력한 주창자인 케임브리지 고생물학자 사이먼 콘웨이 모리스Simon Conway Morris다. 그는 이 주제로 두 권의 책을 썼는데, 수렴 진화를 이렇게 설명한다. "물론 지구와 비슷한 모든 행성에 인간에 가까운 생물은 두말할 것도 없고, 어떤 생명체라도 존재하리라는 보장은 없다. 하지만 고도로 발달한 식물을 만들고자 하면, 무척이나 꽃을 닮을 것이다. 파리를 만들고자 하면, 몇 가지 방법밖에 없다. 상어처럼 헤엄치기를 원하면, 역시 몇 가지 방법밖에 없다. 새나 포유류 같은 항온 동물을 창조하려면, 몇 가지 방법밖에 없다."

- 자연에서의 수렴 진화는 심오한 진리 하나를 상징한다. 바로 성공과 실패에는 패턴이 있다는 것이다.
- 카리브해의 아놀도마뱀, 오스트레일리아의 볏꼬리주머니쥐, 그리고 카페인에서 투자자는 무엇을 배울 수 있을까?
- 기업의 세계에서 수렴 진화는 심오한 진리 하나를 상징한다. 바로 성공과 실패에는 패턴이 있다는 것이다.

우리는 개별 기업에 투자하지 않는다

앞에서 나는 우리가 개별 기업에 투자하지 않는다고 주장했다. 그렇게 투자하는 것처럼 보이지만, 실제로는 그렇지 않다.

그럼, 대체 어디에 투자할까?

우리는 수렴하는 패턴에 투자한다. 우리는 반복되는 패턴을 추구한다. 앞에서 봤듯 '생물계의 테이프'를 다시 감으면, 비슷한 결과가 나오는 경우가 많다. 우리는 기업의 세계도 다르지 않다는 원칙에 따라 투자를 한다. '나는 이 회사를 좋아한다'라고 말하는 것과 '나는 이 회사의 구조를 좋아한다'라고 말하는 것에는 큰 차이가 있다. 우리는 전자가 아닌 후자를 열렬히 내세운다. 기업에 관심이 있는 것이 아니라 기업의 패턴을 상당히 중요하게 생각한다.

똑같은 문제에 대해 소수의 해결 방안으로 수렴하는 자연계와 마찬가지로, 우리는 세계의 기업들이 비슷한 환경에 직면했을 때 비슷한 방식으로 행동하는 것을 봤다. 항상 그러지는 않았지만, 충분히 자주 그랬다. 우리는 다음과 같은 수렴에 관한 간단한 질문을 중요하게 취급했고, 엄청난 혜택을 누렸다. "우리가 이런 패턴을 다른 곳에서도 본 적이 있었나?"

패턴을 무시할 때의 대가는, 늘 그렇듯, 우리가 겪은 고통스러웠던 경험에서 잘 드러난다.

1999년 또는 2000년에 어느 한 투자은행이 '세간의 관심을 끄는' 사모펀드 투자를 알려줬다. 많은 투자자들이 관심을 보였다(아니면, 투자은행이 그렇게 믿게 만들었다!). 투자은행이 투자하라고 한 곳은 신용카드 회사였는데, 지난 몇 년 동안 적당한 성장세를 보였다. 당연히, 투자은행은 이 회사가 다음해에는 눈부시게 성장하기 시작하리라 예상하고 있었다. 나는 처음에는 회의적으로 생각했지만, 어쨌든 이 회사 경영진을 만나고 신용카드업계 관계자들과 이 회사에 투자했던 사람들과도 만나서 이야기를 나눴다. 그런 다음 인도의 신용카드 보급률이 낮다는 것을 확인하고는, 이 회사 경영진과 투자은행의 예상이 공격적이긴 하지만 크게 빗나가지는 않은 것이라 믿었다. 그래서 매력적인 가격으로 이 회사에 투자했다.

나는 틀렸다. 그것도 끔찍할 정도로 틀렸다. 이 회사는 5년이 넘도록 예상치를 달성하지 못했다. J 곡선 모양의 성장은 결코 이뤄지지 않았다. 나는 그게 투자은행의 잘못도 아니고 회사 경영진의 잘못도 아니라는 점을 강조하고 싶다. 그들은 자기가 해야 할 일을 했다. 하지만 안타깝게도, 나는 내가 해야 할 일을 하지 않았다.

이 재앙을 겪고 몇 년 후, 나는 당시의 예상을 돌이켜보며 몇 가지 간단한 질문으로 수렴의 원칙을 적용했더라면, 소중한 자본을 날리지는 않았을 것이라는 사실을 깨달았다. 내가 물었어야 했지만 그러지 않았던 질문은 이렇다. "물론 인도의 신용카드 보급률은 낮지만, 모든 소비재의 보급률도 마찬가지로 낮다. 인도에서 장기적으로 저들이 말하는 성장률을 보여준 다른 소비재 산업이 무엇이 있는가? 다른 나라에서도 신용카드 산업이 인도와 같은 속도로 성장한 사례가 있는가? 있다고 하면, 그 국가의 경제 발전 단계가 오늘날의 인도와 비슷한가?" 나는 수렴의 패턴을 물었어야 했지만, 그렇게 하지 않았다.

수렴의 패턴을 물으면, 어떤 일이 벌어지는지 보자. 우리는 2013년 말에 인포 엣지Info Edge에 투자했다. 이 회사는 인도의 대표적인 채용정보 사이트인 나우크리닷컴Naukri.com을 운영하고 있고, 인도에서 가장 유명한 기업가인 산지브 빅찬다니Sanjeev Bikhchandani와 히테시 오베로이Hitesh Oberoi가 이끌고 있다. 우리는 산지브와 히테시의 명성이 아니라 나우크리가 보인 수렴 패턴을 보고서 이 회사에 투자했다.

나우크리는 구직자가 이력서를 무료로 게시할 수 있도록 하고, 기업에는 채용 공고를 올리고 이력서를 열어보는 데 일정한 구독료를 부과한다. 2013년 우리가 투자할 당시에 나우크리는 65%의 압도적인 트래픽 점유율을 기록해, 2위 업체인 몬스터 인디아Monster India를 4배 차이로 따돌렸다. 나우크리의 압도적인 점유율을 고려할 때, 인도에서 직업을 찾는 사람이라면 누구나 여기에 이력서를 올리려고 할 것이다. 채용 계획이 있는 기업이라면, 가장 광범위하고도 다양한 구직자 풀을 보유하고 있는 나우크리에 반드시 가입해야 할 것이다. 이는 네트워크 효과의 전형적인 사례다. 나우크리는 1등이기에, 1등을 한다.

인포 엣지가 한 가지가 아닌 두 가지의 수렴 패턴을 보였기에, 우리는 인포 엣지를 깊이 신뢰했다. 첫째, 옛날로 치면 옐로페이지 사업을 하고 있었다. 이 책을 읽는 사람 중 상당수가 이 목숨을 구해주는 발명품을 들어본 적이 없겠지만, 1990년대 초반까지만 해도 옐로페이지는 내게 생명줄과도 같았다. 인터넷과 휴대폰이 등장하기 전에 다이얼식 전화기를 사용하던 시절, 옐로페이지는 텔레비전이

투자, 진화를 만나다

나 냉장고처럼 모든 가정의 필수품이었다. 보통 노란색 종이에 인쇄된 볼품없고 두꺼운 전화번호부인데, 여기에 지역 사업체와 이 사업체가 제공하는 제품 또는 서비스가 나열돼 있었다.

옐로페이지는 찾으려는 어학 교사, 배관공, 웨딩플래너, 자동차딜러, 녹음 스튜디오 등에 관해 수십, 수백 가지의 선택권을 제공한다. 이 전화번호부는 소비자에게는 무료로 배포됐고, 사업체는 일정한 비용을 내고 게재됐다. 결과적으로 특정 도시나 지역에서 규모가가장 큰 옐로페이지 회사가 네트워크 효과로 인해 사실상 독점 기업이 되어 높은 수익을 올렸다. 소비자는 가장 많은 사업체가 게재되기에 규모가 가장 큰 옐로페이지 회사를 찾았고, 사업체는 그 회사가 가장 많은 소비자를 끌어들이기에 그 제품을 구독했다.

옐로페이지 회사는 쉽게 공략당하지 않았고, 선도 기업의 경우네트워크 효과로 인해 장기간에 걸쳐 높은 수익을 보장받았다. 선도적인 옐로페이지 회사가 40%가 넘는 마진을 남기는 것은 드문 일이아니었다.[11] 나우크리는 옐로페이지와 다른 시대에 다른 매체로 운영되지만, 우리는 나우크리가 선도적인 옐로페이지 회사가 갖는 다수의 강점으로 수렴한다고 생각했다.

우리가 주목한 두 번째 수렴 패턴은 다른 나라의 주요 채용정보사이트가 보여준 실적이었다. 이 수렴 패턴은 옐로페이지의 패턴보다 훨씬 더 강력했다. 세계적으로 최소한 7개의 다른 채용정보 사이트가 30~40%가 넘는 대단히 높은 영업 마진율과 무한대에 가까운 ROCE를 기록했다. 예를 들어, 오스트레일리아의 시크Seek, 미국의 다이스Dice와 커리어빌더CareerBuilder, 중국의 51잡51Job, 일본의

엔EN, 타이완의 104 코프104 Corp, 싱가포르와 말레이시아의 잡스트리트JobStreet 등이 여기에 해당한다. 이 지배적인 독점 기업들이 해마다 지배력을 더 강화했다. 이들의 마진율과 수익률은 계속 상승했고, 모두가 현금 지급기 수준으로 현금이 많았다. 어떤 시장에서도 2위 업체가 따라잡을 기미가 보이지 않았고, 링크드인LinkedIn과 오프라인 경쟁업체는 전혀 힘을 쓰지 못했다. 다시 말하자면, 나우크리와 다르지 않았다.

나우크리의 영업 마진율이 49%이고, ROCE가 무한대에 가깝다는 사실을 처음 접했을 때, 우리는 믿을 수가 없었다. 도대체 어느 회사가 그런 수익을 낼 수 있을까? 하지만 옐로페이지와 다른 나라의 기업들을 조사하고 나서는 이것이 결코 우연이 아니라는 결론을 내렸다. 2021년에 나우크리의 영업 마진율은 55%였다.

우리가 나우크리에 투자한 것은 산지브와 히테시가 뛰어난 명성을 지닌 사람들이기 때문도 아니고(실제로 뛰어난 사람들이다) 나우크리가 엄청나게 많은 돈을 벌고 있기 때문도 아니고(실제로 엄청나게 많은 돈을 벌고 있다) 경쟁업체들을 전멸시켰기 때문도 아니다. 그보다는 옐로페이지와 세계적인 채용 정보 사이트의 수렴 모델을 확인하고, 다른 업체들이 나우크리의 패턴을 따라잡기 어렵다는 확신이 들었기에 투자한 것이다. 나우크리를 따라잡기는 거의 불가능했다.

이 투자 방법의 중요성을 강조하기 위해, 두 가지 사실에 반하는 가정을 해 보자. 첫째, 뛰어난 명성을 자랑하는 산지브와 히테시가 인도에서 2위와 3위의 채용정보 사이트를 운영하고 있었다면 어땠

투자, 진화를 만나다

을까? 우리는 그 업체에 관심을 갖지 않았을 것이다. 승자가 모든 것을 가져가는 채용정보 사이트 업계에서 우리는 결코 2위와 3위의 패턴에 내기를 걸지는 않았을 것이다. 둘째, 산지브와 히테시가 이런 사업 모델의 유효성이 입증돼 있지 않았던 인터넷 초창기에 우리를 찾아왔다면 어땠을까? "이런 패턴이 성공한 사례를 다른 곳에서도 본 적이 있는가?"라는 질문에 "모르겠다"고 답했을 것이기에, 우리는 그들을 외면했을 것이다.

그런데도 일부 벤처투자자들은 초창기에 나우크리에 자금을 투자했다. 그들에게 찬사를 보낸다. 그들은 산지브와 히테쉬의 천재성을 인정했고, 짭짤한 수익을 챙길 자격이 충분했다.

우리는 '이번에는 다르다', '내 직감이 이 회사가 성공할 것 같다고 말해준다'라는 말을 싫어한다. 우리는 우리 투자 테제가 다른 곳에서도 효력이 있었다는 증거를 찾아야 한다. 그렇지 않다면, 그 회사에 관심을 갖지 않는다. 우리는 검증되지도 입증되지도 않은 회사에 투자해 수익을 올리는 벤처투자자들의 정반대 편에 서 있다. 나는 성공한 벤처투자자들을 존경하지만, 그 존경이 그들을 모방하려는 욕구로 이어지지는 않는다.

카너먼의 외부 관점과 수렴

나는 투자를, 실제로 투자를 하면서 그리고 다른 투자자들을 관찰하면서 배웠다. 박식한 금융학자와 경제학자에게서 투자를 배울 수 있었다면 좋았겠지만, 그럴 수가 없었다. 경제나 금융 학술 저널에 실린 논문을 읽어본 사람이 있을까? 나는 읽어봤지만, 대부분 이해할 수가 없었다. 그런 논문들은 그리스 문자, 복잡한 수학 방정식, 난해한 논증으로 가득 차 있다. 그것이 나 같은 실무자에게 과연 유용한가라는 의문이 생길 정도다. 하지만 가끔은 이런 학자들 중에 내가 홀딱 반하는 사람도 있다.

대니얼 카너먼Daniel Kahneman이 바로 그런 사람이다. 그의 명저 《생각에 관한 생각Thinking, Fast and Slow》은 투자 기초 강의에서 필독서가 돼야 한다. 이미 투자로 먹고 사는 사람이라면, 23장 '외부 관점'이 가장 읽을 만한(그리고 다시 읽을 만한) 가치가 있다.

이 장에서 카너먼은 이스라엘에서 교과과정 개발 팀을 이끌 당시에 고등학생을 대상으로 하는 판단과 의사 결정에 관한 교과서를 집필하던 경험을 설명한다. 1년이 지난 후, 이 팀은 상당한 성과를 이뤄냈다. 강의 계획서의 세부 개요를 작성하고 몇 개의 장을 집필해 교실 수업도 몇 차례 진행했다.

어느 날 카너먼은 동료들에게 팀이 교과서 초고를 완성해서 교육부에 제출하기까지 앞으로 얼마나 걸릴 것 같은지 적어내라고 했다. 카너먼의 동료이자 교과과정 개발 전문가인 시모어 폭스Seymour Fox를 비롯해 팀원 모두가 2년 정도 걸릴 것 같다고 했다. 그러자 카너먼은 지난 수년 동안 비슷한 교과서와 교과과정을 개발한 다른 많은 팀들을 지켜본 경험이 있는 폭스에게 그런 팀들이 교과서 개발 프로젝트를 완수하는 데 보통 얼마나 걸렸는지를 물었다.

카너먼은 폭스의 대답을 듣고 깜짝 놀랐다. 폭스는 당황한 듯한 표정으로, 그런 팀들의 40%가 프로젝트를 완수하지 못했고, 완수하더라도 7년에서 10년이 걸렸다고 털어놨다. 카너먼 팀이 프로젝트를 완수하는 데 실제로 얼마나 걸렸을까? 8년이 걸렸다. 그들이 예상했던 2년과는 엄청난 차이가 있다.

카너먼은 2년이라는 팀의 초기 추정치를 '내부 관점'이라고 일컬었다. 이는 팀원들의 구체적인 상황, 능력에 대한 자신감, 최근 달성한 목표에 근거한 추론, 미래에 대한 모호한 생각에 바탕을 둔 것이었다. 이는 실제로 걸린 시간과는 큰 차이를 보이면서 틀렸다.

카너먼은 비슷한 프로젝트의 실패율이 40%이고, 완수 기간이 7~10년인 것을 '외부 관점'이라고 일컬었다. 그는 폭스에게 질문을 하고 나서 두 가지 중요한 통찰을 얻었다고 말한다. 첫째, 폭스는 외부 관점을 알고 있었지만 처음에 예상치를 적어낼 때는 이것을 고려하지 않았다. 둘째, 카너먼을 비롯해 다른 팀원들이 폭스가 가진 정보에 접근할 수 없긴 했지만, 프로젝트를 시작할 때 외부 관점을 이해하려는 시도조차 하지 않았다.

수렴적 사고나 외부 관점을 적용하는 것은 자연스럽지도 쉽지도 않다. 카너먼 자신도 간결하게 말했듯이, "'시시한' 통계 정보는 특정 사례에 대한 개인적인 생각과 양립할 수 없을 때 통상적으로 버려진다. 외부 관점은 내부 관점과의 경쟁에서 승리할 가능성이 거의 없다."

외부 관점은 투자업계에서는 설 자리가 없다. 아이러니하게도, 펀드매니저와 애널리스트가 똑똑하기 때문이다. 한 기업의 10년 후 수익을 예측하는데 지적 능력을 쏟아부을 것인지, 아니면 한 걸음 물러나서 그렇게 해야 할 필요가 있기나 한지를 따져볼 것인지를 선택해야 할 때, 똑똑한 사람들은 종종 전자를 선택한다. 컨설팅업계에서 투자업계로 넘어온 지 얼마되지 않았던 시절, 나는 일을 더 많이 하면 투자자에게 더 나은 답을 줄 수 있다는 신화를 맹신했다. 실제로는 그렇지 않다.

이제 어느 항공사에 대한 투자 가능성을 분석하기 위한 두 가지 방법을 간단히 살펴보고서, 카너먼의 외부 관점이 얼마나 강력한 힘을 발휘하는지를 확인해보자.

2019년 1월, 나는 쾌적하기로 소문난 A380 항공기에 몸을 싣고서 뉴욕을 떠나 싱가포르로 향해 가고 있었다. 싱가포르항공이 제공하는 훌륭하기로 소문난 기내 서비스를 철저하게 누리면서 말이다. 싱가포르에 도착하고는 경제 신문을 집어 들고, 아시아, 특히 인도와 중국의 항공사가 지닌 엄청난 잠재력에 관한 흥미로운 기사를 읽었다. 이 기사는 인도의 유명한 타타그룹이 몇 년 전에 하나가 아닌 두 개의 항공사를 설립했다는 사실도 알려주었다. 기자는 아시아 대륙의 무한한 성장 가능성에 대해 열정적으로 서술했다. 방금 멋진 비행기 여행을 마친 나는, 빠르게 성장하는 아시아 항공 시장의 잠재력에 흥분해서 아시아 항공사 투자를 평가하는 중요한 작업을 시작하기로 결심했다.

금융업계 종사자가 아니더라도, 지금 내가 하는 이야기를 대수롭지 않게 넘기지 않길 바란다. 믿거나 말거나, 펀드매니저들이 때로는 이런 방식으로 기업에 관심을 갖는다.

언뜻 보기에 항공 산업은 매력적인 요소가 많다. 하지만 나는 펀드매니저의 귀에 베토벤의 교향곡보다 더 잘 들리는 두 단어, 즉 '대형'과 '성장'이라는 두 단어로 항공 산업을 설명할 수 있다. 외진 수도원에 사는 사람이 아니라면, 현대 사회에서의 삶은 직접적 혹은 간접적으로 항공 산업과 관련을 맺고 있다. 그리고 항공 산업은 아프리카와 아시아에 영향을 미치기 시작했다. 지난 10년 동안, 두바이와 싱가포르가 항공의 중심지로 놀라운 성장을 보인 것은 이 지역의 잠재력을 입증하고도 남았다.

이 단계에서 두 가지 중 하나를 선택할 수 있다.

1. 아시아 지역의 항공사를 하나 골라서 자세한 분석을 수행한다.
2. 항공 산업의 외부 관점을 이해하는 데 집중한다.

많은 펀드매니저들이 그랬던 것처럼 1번을 선택하면, 그에 따르는 쓸데없는 작업을 하느라고 시간을 낭비하게 된다.

팀원들과 멋진 레스토랑에서 CEO와 CFO를 만나서 이야기를 할 것이다. 그다음에 본사 사무실을 방문하게 되고, 그곳에서 고위 경영진이 이 항공사의 독특한 문화와 시스템에 대해 열정적으로 설명해줄 것이다. 마지막으로 수십 편의 애널리스트 보고서를 읽고(대부분 호의적인 내용을 담고 있을 것이다. 항공 산업 애널리스트가 이 업계를 안 좋게 말하지는 않았을 테니), 다년간에 걸친 연료 가격, 여객 마일, 평균 티켓 가격, 좌석 이용률, 매출 총이익률, 자본 지출, 재고 수준, 임차 비용, 인건비, 마케팅 비용, 공항 이용료, 화물 운송수입은 물론이고 그 밖의 여러 가지를 예측한 엑셀 스프레드시트를 멋지게 작성할 것이다.

그 결과는 어떨까? 몇 주 또는 몇 달 동안 밤늦도록 회의를 거듭한 끝에, 회사 주식을 매수하거나 가격이 지나치게 높다고 판단하며 어느 선에서 매수할지를 결정한다.

이제 2번을 선택하면 어떻게 될지 보자. 항공 산업을 좀 더 심층적으로 분석하기 위해, MIT 연구팀이 2000년부터 2013년까지 미국 항공 산업을 광범위하게 조사한 보고서에서 시작한다. 81쪽 분량의 이 보고서는 인터넷에서 무료로 받아볼 수 있는데, 결론적으로 항공 산업의 전망을 그다지 밝게 바라보지는 않았다.[12]

놀랍게도, 미국 항공 산업은 성숙 단계에 접어들었는데도 이 기간에는 성장했다. 여객마일에 따른 매출은 7,088억 달러에서 8,480억 달러로 약 20% 증가했다. 그러나 항공사들은 이 기간에 약 11조 달러에 달하는 총매출에 대해 누적 손실이 440억 달러에 달했다. 항공업계는 2000년부터 2013년까지 매년 1조 달러에 가까운 매출을 기록하면서, 매년 약 30억 달러의 손실을 본 셈이었다.

하지만 이 숫자에는 더 슬픈 이야기가 숨어 있다. 항공사들은 14년 중 8년 동안(즉, 거의 60%에 해당하는 기간), 돈을 벌지 못했다. 다시 말해, 손실을 냈거나 아주 보잘것없는 수익만 냈다. 그리고 수익을 겨우 낸 여섯 해에도 총순이익은 약 400억 달러에 불과했다.

그러나 진정한 비극은 2005년과 2008년, 단 두 해 동안 항공업계가 540억 달러의 손실을 냈고, 이는 수익을 낸 기간 전체의 총순이익인 400억 달러보다 140억 달러나 더 많다는 것이었다. 보통 2001년 9월 11일의 비극이 항공업계에 끔찍한 영향을 미쳤다고들 하는데, 이는 사실이다. 미국 항공사들은 2001년부터 2002년까지 약 190억 달러의 손실을 냈다. 그러나 이 비극이 발생한 지 4년이 지났고 2008년 금융 붕괴가 발생하기 3년 전이기도 한 2005년에 항공업계는 280억 달러의 순손실을 기록하여, 9/11 테러로 인한 손실을 훨씬 뛰어넘었다.

항공사들이 놀라울 정도로 일관성 있게 손실을 낸 것은 미국에서만 나타나는 문제가 아니다. 국제항공운송협회International Air Transport Association가 발간한 보고서에 따르면, 2000년부터 2014년까지 항공업계는 15년 연속으로 자본비용도 건지지 못했다고 한다.[13] 단 한 해도 예외는 없었다!

여러분도 지금 나와 비슷한 생각을 하고 있을 것이다. 항공업계가 전체적으로 힘들기는 하지만, 상위 항공사는 다르지 않을까? 그들은 업계 평균보다 훨씬 낫지 않을까? 항공전문지《에이비에이션 위크Aviation Week》를 참조해, 루프트한자, 전일본공수, 사우스웨스트, 콴타스, 에어차이나, 아메리칸, 싱가포르, 터키항공, 아에로플로트, 라이언에어 등 세계 상위 10대 항공사(매출 기준)의 수익 자료를 살펴보자. 모닝스타Morningstar 자료를 사용해, 2004년부터 2013년까지 10년간의 자기자본이익률ROE과 총자산이익률Return on Assets, ROA을 계산해 보았는데, 그 결과는 끔찍했다. 이들 항공사의 10년간 ROE 중앙값은 6.8%, ROA 중앙값은 2.5%였다. 이처럼 힘든 업계에서 규모가 성공을 보장하지는 않는다.

결론. 이보다 더 나쁠 수는 없다.

항공업계의 역사적 패턴을 살펴보면 다음과 같은 결론에 높은 확신을 가지고 도달할 수 있다.

1. 미국 항공사는 돈을 벌지 못한다.

2. 세계의 항공 산업은 돈을 벌지 못한다.

3. 세계 10대 항공사는 돈을 벌지 못한다.

항공업계에 대한 비관적인 외부 관점이 많은 고민을 하게 만든다. 항공사는 소비자에게 좋지 투자자에게 좋지는 않다. 이런 비관적인 관점이 항공 산업을 가까이하지 말라고 조언한다. 여유 자금을 항공사 주식에 투자하지 말고 은행에 예치하는 것이 더 낫다.

이제 많은 사람들이 당연한 질문을 할 것이다. 미국과 글로벌 항공사에서 얻은 교훈을 바탕으로 아시아 항공사에 투자하면 어떨까? 아시아 지역도 미국과 다르지 않다는 결론을 내릴 수 있다면, 아시아 항공사의 운명도 미국 항공사와 다르지 않을 것이라는 사실을 편하게 받아들일 수 있다. 언뜻 보기에 아시아 항공업계는 소유권과 국제노선에서 차이가 있기에, 미국과는 상당히 다른 것처럼 보일 수 있다. 첫째, 싱가포르항공을 비롯해 대부분의 아시아 항공사들은 정부가 소유한다. 민간이 소유하는 미국과는 다르다. 둘째, 아시아에서 이용 고객이 많은 노선은 대부분 국내선이 아닌 국제선이다(싱가포르나 두바이에는 국내선이 없다!).

하지만 경쟁 구도를 조금 더 자세히 들여다보면, 아시아 지역도 미국과 다르지 않다는 결론에 이른다. 유행병이 퍼지기 전에, 익스피디아에 들어가 싱가포르에서 출발해 뉴욕으로 가는 항공권을 예약하려면, 22개 항공사 중에서 하나를 선택해야 한다! 국제선이라고 해서 경쟁이 덜하지 않다. 아시아 지역에서 항공사 간 경쟁은 소유 구조로 인해 미국보다 더 심할 수 있다! 정부는 민간 투자자에 비해 수익성에 관심을 훨씬 덜 갖기 때문에, 손실이 지속적으로 발생해도 별로 동요하지 않을 수 있다. 게다가 대부분의 국가에서는 자국 항공사를 국가의 상징으로 여기기에, 정부가 국영 항공사 폐쇄를 신중하게 결정하며, 아시아 지역에서는 전례가 없다. 그렇기에 나는 투자자가 아시아 지역의 항공 산업을 이해하고자 할 때 수렴의 원칙에 의존하는 것이 타당한 접근 방식이라고 생각한다.

이 사례에서 외부 관점을 투자에 적용해, 두 가지 중요한 혜택을 봤다. 첫째, 수익을 낼 가능성이 거의 없는 기업과 산업에 투자하는 일을 피했다. 이는 항공사에 투자해 돈을 버는 것이 불가능하다는 말이 아니다. 항공사 주식을 충분히 낮은 가격(다만, '충분히 낮은 가격'이 어느 정도인지는 잘 모르겠다)에 샀다가 충분히 운이 좋아서 어느 정도 수익을 내고 팔 수 있다면, 다행스러운 일이다. 하지만 '내 보잘것없는 자산을 갖고 대단한 바보를 찾겠다'는 생각은 투자가 아니라 투기를 다르게 표현한 말이다. 우리는 그런 생각을 하는 사람들이 아니다.

둘째, 시간, 비용, 노력을 절약했다. 비생산적인 경영진 회의를 장시간에 걸쳐 진행하지도 않았고, 투자자를 상대하는 홍보 담당자를 만나서 쓸데없는 이야기를 나누지도 않았으며, 컨설턴트에게 비싼 수임료를 지급하지도 않았고, 몇 주 동안 몇 메가바이트의 엑셀 스프레드시트를 작성하지도 않았으며, 인터넷에서 몇 시간만 투자해 몇 개의 보고서를 다운로드하고는 일찍 퇴근할 수 있을 만한 시간을 남겨두고서 몇 분 만에 결정을 내렸다.

수렴의 원칙을 적용하는 실용적인 방법

항공 산업의 예만 듣고 수렴의 원칙이나 외부 관점을 특정한 투자 결정에 적용하기만 하면 모든 일이 다 잘될 거라고 믿어서는 안된다. 수렴의 원칙은 만병통치약이 아니며, 신중한 분석과 종합을 대체할 수도 없다. 하지만 현명하게 적용하면 강력한 투자 도구가 될 수는 있다.

다른 나라에서는 어떨지 모르겠지만, 인도에서는 결혼한 사람이 배우자 집안의 일원이 된다. 좋든 싫든, 그래야 한다. 배우자의 사촌, 육촌, 때로는 팔촌과 사이가 좋지 않으면, 배우자와 오랫동안 좋은 관계를 유지할 가능성은 높지 않다. 분명히 말하지만, 내 처가 식구들은 더 이상 좋을 수가 없다.

기업에 투자하는 것도 이와 다르지 않다. 특정 기업에 투자하는 것은 그 기업이 속한 '산업'에 투자한다는 뜻이다. 예를 들어, 위생 도기를 제조해 판매하는 회사에 투자하면, 위생 도기 산업의 장점과 단점을 모두 받아들이는 것이다. 어떤 회사도 외딴 섬으로 존재하지 않는다. 우리는 투자하는 기업 주변에 있는 같은 업종의 기업들을 결코 무시할 수 없다.

수렴 투자의 원칙 중 하나는 해당 '산업'이 지속적으로 수익을 창출할 수 있게 해준다면 그 산업에 관심을 갖지만, 그렇지 않다면 항공사에 그랬던 것처럼 단 1분이라도 시간을 내 해당 기업을 분석해야 할 만한 '완벽한' 이유가 있어야 한다. 인생은 너무 짧다.

특정 산업의 매력과 수익성에 대한 질문에는 세 가지 답이 가능

투자, 진화를 만나다

하다. 첫 번째는 항공사의 사례에서 보았듯, 해당 산업에 속한 기업들이 겨우 명맥을 유지하고 있다는 것이다. 통신탑, 의류 제조, 범용 화학제품 등과 같은 산업은 가치 파괴자로 악명이 높다. 이런 산업에 속한 기업은 대부분 자본비용을 겨우 건지는 수준이다. 앞서 여러 번 말했지만, 투자 전략을 포함해 어떤 전략에서든 무엇을 하지 말라는 조언의 가치가 엄청나게 과소평가돼 있다. 수렴의 원칙은 이런 산업에 투자하지 말 것을 요구한다. 이 산업에 속한 대부분의 회사들이 어려움을 겪고 있는데, 이 회사만 특별하다고 믿어야 할 이유가 있을까?

두 번째는 해당 산업이 참가자에게 균일하게 매력적이라는 것이다. 예를 들어, 정보기술IT 아웃소싱 업계의 액센츄어Accenture, 코그니전트Cognizant, 인포시스Infosys, TCS와 같은 기업은 40~50% 이상의 ROCE를 달성하고 있으며, 수십 년 동안 그래 왔다. 우리처럼 수렴 투자를 한다면, IT 업계 기업을 평가하고 싶을 것이다. 예를 들어, 우리는 인도의 유력한 중견 IT 서비스 기업인 마인드트리Mindtree에 대한 투자를 평가하면서, 이 회사가 수년 동안 굉장히 높은 수익을 내고 있다는 사실을 알고 있었다. 하지만 이 회사가 계속 성공할 것이라고 어떻게 확신할 수 있을까? 업계의 다른 기업들에서 수십 년 동안 수익의 감소 없이 매출이 성공적으로 증가한 수렴의 사례를 살피면 된다. 다시 말해, 저기서 발생했다면, 다른 모든 조건이 동일하다면, 여기서도 발생할 가능성이 크다.

이 말이 내가 미래를 낙관적으로 내다보면서 IT 서비스 기업이라면 어디든 투자하겠다는 뜻은 아니다. 내 투자 결정은 가치평가, 재무 위험, 경영 실적, 자본 할당, 고객 집중도, 시장 점유율 등과 같은 요인에 따라 달라진다. 하지만 마인드트리가 그랬던 것처럼, 이 업계의 기업들은 내가 설치한 레이더에 정확히 잡힐 것이다.

미시경제학 이론을 아는 사람이라면, 이런 산업에서 돈을 많이 버는 기업이 나오기 어렵다고 생각할 수도 있다. 하지만 실제로는 그렇지 않다. 우리 포트폴리오는 효소, 페인트, 요리 기구, 비즈니스 프로세스 아웃소싱, 베어링, 압축기, 소비자 가전, 위생 도기, 증기 터빈 등 수익성 좋은 산업에 속한 기업들로 가득하다.

마지막 답은, 특정 산업에서 일부 기업만 높은 수익을 내고, 대부분의 다른 기업은 그렇지 않다는 것이다. 예를 들어, 맨해튼 5번가를 걷다 보면, 패션 매장의 화려함과 광채에 눈이 휘둥그레진다. 하지만 패션 업계는 매출과 수익이 꾸준히 증가하는 기업은 극소수에 불과할 정도로 냉혹한 곳이다. 대부분은 잠시 반짝했다가 망각 속으로 사라지는 별똥별과 같다. 소매업체와 레스토랑도 마찬가지다. 이런 산업에 속한 기업이 평가하기가 가장 까다롭다. 매력적이지 않은 산업에 속한 특정 기업에 투자해야 할까? 아니면 그냥 무시해야 할까? 이런 산업에 속한 기업을 평가할 때는 특별히 더 깐깐하게 한다 (실제로는 거의 하지 않는다). 확실한 선도자가 아니면 어느 누구에게도 투자하지 않는다.

우리는 산업의 매력도를 평가하는 것 외에도 기업의 다양한 영역에 수렴의 원칙을 적용한다. 하지 말아야 할 일을 파악하기 위해서도 수렴의 원칙을 훨씬 더 자주 적용한다.

이제 큰 위험을 피하는 것의 중요성에만 초점을 맞추었던 1장으

투자, 진화를 만나다

로 되돌아가 보자. 거기서 나는 대부분의 투자자들에게 훌륭한 투자를 하는 것보다 위험한 투자를 하지 않는 것이 더 중요하고 어렵다고 주장했다. 기억을 되살려보자면, 나는 반드시 피해야 할 6가지 유형의 기업을 강조했다.

1. 사기꾼이 소유하고 경영하는 기업
2. 턴어라운드 기업
3. 부채가 많은 기업
4. M&A에 중독된 기업
5. 급변하는 산업에 속한 기업
6. 주주의 이해관계에 부합하지 않는 기업

어떻게 이 목록을 만들었을까? 나쁜 경험을 되새기고(1, 2, 5), 사실 데이터에 입각한 분석을 하고(4, 5, 6), 다른 사람들의 실패를 거울삼고(2, 3, 6), 포트폴리오 기업의 소유주에게 배워서(4, 5) 얻은 결과물이다. 이 모두를 관통하는 것은 패턴을 감지하고 결과의 수렴을 찾고자 하는 열망이었다.

투자자는 기업 전체에 걸쳐 널리 퍼져 있는 패턴을 감지(또는 가공)할 수 있다. 여기서 이 모든 패턴을 논의할 수는 없다. 대신, 이번 장에서는 "이 패턴이 다른 곳에서도 나타날까?"라는 질문이 투자자가 할 수 있는 가장 중요한 질문 중 하나라는 간단한 주장을 하려고 한다. 이야기를 계속 이어가기 전에, 나란다의 투자가 성공하는 데 중요하게 작용했던 수렴 투자의 또 한 가지 측면을 다뤄보자.

우리는 가격에 민감하다. 우리가 투자할 당시에 포트폴리오 기업들의 후행 주가수익비율의 중앙값은 15 미만이었다. 인도 시장은 19~20 정도였다. 후행 주가수익비율이 20이 넘는 가격에 주식을 사들인 적이 거의 없다. 가장 중요하게는 '회사가 너무 훌륭해서 주가수익비율이 30이라도 괜찮다'라는 말을 단 한 번도 하지 않았다.

이전 장에서 분명히 말했듯이, 우리는 질이 낮거나 평범한 기업에는 가격과 무관하게 투자하려는 생각이 전혀 없다. 역사적 재무 정보, 시장 점유율, 재무제표의 건전성, 고객 만족도 등 검증 가능한 경험적 데이터에 기초해 보면, 우리 포트폴리오 기업들은 엄청나게 뛰어나다. 게다가 시장은 대체로 상당히 효율적으로 작동하기 때문에, 이런 기업들을 싼 가격에 사들일 기회는 거의 없다. 세계 일류 기업에만 투자하기로 했기 때문에, 선택지는 두 가지 뿐이다.

1. 가격이 더 오를 것을 기대하면서 고평가된 주식에 투자하거나,
2. 원하는 가격에 도달할 때까지 오랫동안 기다린다.

우리는 2번을 선택했다. 왜냐고? 수렴 때문이다. 가치평가액은 시기, 국가, 기업 규모에 상관없이, 장기적으로 주식 수익률에 커다란 영향을 미친다. 가치평가액이 낮을수록, 예상되는 장기 수익률이 높아진다. 이는 오랫동안 다른 모든 곳에서도 나타난 패턴인데, 누가 이를 거스를 수 있을까?

주식 가치평가와 수익률에 대한 실증 연구는 많다. 그중 내가 가장 좋아하는 것은 루이스 찬Louis K. C. Chan과 조셉 라코니쇼크Josef

Lakonishok의 〈가치와 성장 투자: 논평과 업데이트Value and Growth Investing: Review and Update〉[14]다. 이 논문을 좋아하는 이유는 두 가지다. 첫째, 여러 국가에서 다수의 연구자들이 수년에 걸쳐 연구한 결과를 요약한 메타 분석 논문이다. 둘째, 찬과 라코니쇼크는 모두 일리노이대학교 어바나-샴페인 캠퍼스의 교수들이지만, 라코니쇼크는 LSV 애셋 매니지먼트LSV Asset Management라는 1,000억 달러 규모 펀드 회사의 CEO 겸 최고투자책임자Chief Investment Officer, CIO이기도 하다. 늘 그렇듯이, 자기 연구 결과가 자기 은행 잔고에 중요한 영향을 미치는 사람들의 의견은 대단히 유익하다.

이 논문에는 많은 데이터가 담긴 표가 여럿 나오는데, 시간이 없으면 표2를 집중적으로 보면 좋다. 이 표는 13개 국가에서 4가지 평가 지표에 따라 1975년부터 1995년까지 20년에 걸친 '가치주(저평가된 주식)'와 '매력주(고평가된 주식)'의 수익률을 보여준다. 그 결과는 극명하게 갈렸다. 거의 모든 국가에서 가치주 포트폴리오가 매력주 포트폴리오를 능가했다. 그리고 그 차이는 무시할 수 있는 정도가 아니다. 주가수익비율을 평가 지표로 할 때를 기준으로 스위스는 1.5%, 미국은 6.7%의 차이가 났다.

논문 결론의 첫 문단은 온전히 인용할 가치가 있다.

"다수의 실증 연구에 따르면, 가치주의 수익률이 성장주의 수익률보다 대체로 더 높다. 가치주 투자의 수익은 소형주에서 더 두드러지게 나타나지만, 대형주에서도 나타난다. 가치주 프리미엄은 미국이 아닌 다른 지역의 주식 시장에서도 확인된다."

결과가 대체로 안 좋다는 사실을 알고 있는데, 위험을 감수하면서까지 고평가된 주식에 투자할 필요는 없지 않을까? 여기서 곧바로 역설을 감지하는 날카로운 사람도 있을 것이다. 우리는 정교한 정량 분석에 의존하는 LSV 애셋 매니지먼트와는 다르게, 산업과 기업에 대한 심층적인 정성 분석을 한다. 그렇기에 포트폴리오 기업과 해당 산업에 대해 많이 알고 있다. 충분한 정보를 갖고 있으니, 기회가 생기면 기꺼이 고평가된 주식에 투자해야 하지 않을까?

아니다.

왜? 나 자신의 지적 능력보다는 가치평가와 잠재적 수익률 측면에서 나타난 수렴을 더 존중하기 때문이다. 내가 좀 더 똑똑한 사람이었다면 얼마나 좋았을까. 하지만 그렇지 않으니 어쩔 수 없다.

이제 당연한 질문을 해야 할 때가 됐다. 어떤 상황에서 수렴의 원칙을 적용해서는 안 되는가?

생각보다 그리 간단하지는 않다

언젠가 어느 현명한 사람(아인슈타인이라고 알려져 있지만, 아니라는 사람도 있다)이 이렇게 말했다. "모든 것은 가능한 한 단순해야 하지만, 너무 단순해서는 안 된다." 인생은 복잡하고, 투자도 마찬가지다. 수렴의 원칙은 이해하기 쉬워 보이고(그러길 바란다), 실행하기도 쉬워 보일 수 있다. 실망시켜서 미안하지만, 이 사용하기 쉬워 보이는 도구에 여러 가지 까다로운 문제가 있다.

누군가 내게 원하는 결론을 말해주면, 나는 수렴의 원칙에 근거

투자, 진화를 만나다

해서 그 결론을 합리화할 자신이 있다. 몇 가지 일화를 패턴인 것처럼 가장할 수도 있고, 특정 패턴을 무시하고 다른 패턴을 부각시킬 수도 있고, 근거가 없음에도 외부 관점이 있는 것처럼 지어낸 이야기를 들려줄 수도 있다.

투자자이거나 투자자가 되기로 한 사람에게, 손쉬운 지름길은 없다. 시행착오를 겪으며 교훈을 얻을 수밖에 없다. 하지만 내 경험을 바탕으로 몇 가지 도움이 될 만한 이야기를 하려 한다.

생명체의 경우에는 유전, 발달, 생태 환경에서의 유사성을 많이 공유할수록 수렴 진화의 가능성이 높아진다.[15] 당연하게도, 기업의 '조건'이 비슷할수록, 투자에 수렴의 원칙을 적용할 때 얻는 혜택이 많아진다. 여기서 '조건'이란 산업 구조, 지리적 여건, 경쟁 구도, 사업 단계, 사업 모델의 유사성 등을 의미한다. 예를 들어, 카리브해의 섬에 서식하는 아놀도마뱀은 주변 섬과 비슷한 조건을 공유할 때, 신체적으로 비슷한 특징을 갖는다. 기업도 이와 같은 원칙에 따라 움직인다.

이제 세 가지 유형의 기업을 예로 들어, 수렴의 원칙을 적용하려 할 때 나타나는 복잡한 문제를 보도록 하자.

독일에서 주거용 건물을 짓는 회사에 대한 투자를 평가하고 있다고 해 보자. 나는 외부 관점을 반영하기 위해, 독일 주거용 부동산 시장의 역학 관계, 즉 시장 참가자, 성장 및 수익 실적, 소수에 집중된 정도, 그 밖의 독일 주거용 부동산 시장에 대한 전반적인 이해를 높여주는 주제들을 살펴보는 데서 출발한다. 또한 독일의 주거용 부동산 시장은 상업용 부동산 시장과는 산업 구조와 참가자의 유형이 대체로 다르기 때문에, 이 두 부문의 유사성을 비교하지는 않는다.

내가 프랑스, 스페인 또는 브라질의 주거용 부동산 시장도 살펴봐야 할까? 이는 다른 나라의 주거용 부동산 시장이 독일과 비슷한 산업 구조를 가지고 있는지(예: 산업이 세분화되어 있는지 아니면 소수에 집중돼 있는지) 또는 규제가 근본적으로 비슷한지(예: 정부가 국민에게 모기지 상환금을 지원하면, 이는 소비자 행동에 큰 영향을 미친다)에 달려 있다. 직관적으로 생각하면, 프랑스와 스페인의 주거용 부동산 시장이 문화적, 역사적으로 유사하니 브라질보다는 이 두 나라의 시장에서 교훈을 얻어야겠다는 생각이 더 강하게 자리 잡는다. 하지만 누군가는 브라질에서도 교훈을 얻는 방법을 찾아낼 수 있다. 미국 주거용 부동산 시장은 어떨까? 잘 모르겠다. 독일과 미국 사이에 어떤 유사성이 있는지를 파악하려면 더 많은 조사가 필요하다.

그다음에는 산업용 로봇을 제조하는 독일 회사의 경우를 예로 들어보자. 이 로봇은 세계 전역의 제조업 기업에 공급된다. 이 회사는 글로벌 기업이기 때문에, 독일 기업들을 대상으로 너무 많은 것을 조사하지 않아도 된다. 대신, 중국, 이탈리아, 싱가포르 등 세계 전역에서 동일하거나 유사한 장비를 공급하는 기업을 조사해, 성장, 수익성, 시장 점유율 추세를 파악한다. 그리고 여기서 한 발 더 나아가서 산업용 정밀 기기를 공급하는 글로벌 기업의 실적을 분석한다. 내가 이 두 번째 분석에 많은 비중을 두지는 않겠지만, 가능한 뚜렷한 추세를 파악하기 위해 이들의 실적을 살펴본다.

내가 독일의 엔지니어링 기업들을 너무 빨리 무시했다고 주장하

투자, 진화를 만나다

는 사람도 있을 것이다. 어쩌면 독일의 엔지니어링 부문이 갖는 강점 중 일부가 산업용 로봇을 제조하는 기업에 나타나는 일종의 패턴이 될 수도 있다. 나는 그것에 회의적이다. 하지만 어쩌면 그 사람의 생각이 옳을 수도 있다. 그렇게 생각하는 사람은 자기 생각을 뒷받침하기 위한 조사를 진행하면 된다.

마지막으로, 독일 병원의 경우를 예로 들어보자. 영국, 이탈리아, 네덜란드 병원의 수익성과 산업 구조를 평가해 수렴 투자를 적용해야 할까? 대부분의 국가에서 의료 서비스 부문은 규제가 심하고, 이것이 병원의 수익성에 커다란 영향을 미칠 수 있다. 세계 각국을 대상으로 규제 관련 법률이 병원에 미치는 영향을 평가하는 것은 대단히 복잡하고 힘든 작업이다. 대신, 병원의 전반적인 수익성(혹은 업계 데이터를 사용할 수 없는 경우 상위 5~10개 병원의 수익성)이 국가 간에 비슷하게 나타나는지를 확인하는 손쉬운 방법을 사용할 수 있다. 병원은 서비스 기업이므로, 독일의 다른 서비스 부문(예: 호텔)의 정보를 사용하면 더 나은 평가를 할 수 있지 않을까? 한번 생각해보라.

새롭게 등장하는 산업 혹은 빠른 속도로 변하는 산업에는 수렴의 원칙을 적용할 수가 없다. 수렴 진화는 식물과 곤충에서 더 뚜렷하게 나타나는데, 이는 이들이 조류나 포유류보다 지구상에 더 오랜 시간에 걸쳐 존재해왔기 때문이다.[16] 수렴이 나타나는 데는 시간이 걸린다. 이 사실은 기업의 세계에도 똑같이 적용된다.

우리는 오래된 산업(예: 페인트, 의류, 엔진, 터빈, 자동차)에서 수렴을 더 많이 확인했고, 새로운 산업(예: 가상 현실, 로봇, 전기자동차, 생명공학)에서는 더 적게 확인했다. 산업은 기업들이 전략을 계획하고 실행할 충분한 시간이 주어진 이후에 승자와 패자가 결정되고, 변화의 속도가 줄어들고 나서 비슷한 운명을 향해 수렴한다. 독일의 페인트 회사에 대한 투자를 검토하고 있다면, 서구의 페인트 산업을 조사하는 것이 도움이 된다. 하지만 지금이 2000년이라고 할 때, 중국 온라인 소매업체에 대한 투자를 위해 미국 이커머스 업계에서 유사성을 찾는 것은 적절하지 않다.

지금까지 봤듯이, 수렴 투자는 항상 같은 답을 도출하는 객관적이고도 편견이 없는 수학적 시도가 아니다. 따라서 내가 내린 결론 중 하나 또는 그 이상에 대해 다른 생각을 가질 수 있다. 투자의 모든 재미와 좌절이 바로 여기에 있다.

이제 팀 쿠퍼와 신비하게도 불투명하게 변한 모습을 한 아라-3 플라스크에 관한 이야기로 되돌아가보자.

대장균이 건네는 교훈

1988년 2월 24일, 리처드 렌스키Richard Lenski 교수는 10밀리리터의 포도당 용액이 담긴 멸균 플라스크 12개에 대장균Escherichia coli 박테리아를 주입했다.

렌스키 교수는 오늘날까지도 진행되는 실험을 시작했는데, 이 실험은 수백 편의 연구 논문과 수십 편의 박사학위 논문으로 이어졌고, 세계적인 찬사를 받았다.[17]

그는 류드밀라 트루트와 드미트리 벨랴예프가 은여우를 대상으

투자, 진화를 만나다

로 했던 것처럼 장기 진화에 관한 실험을 시작했지만, 여기에는 두 가지 중요한 차이가 있었다. 첫째, 그는 한 세대의 시간이 20분에 불과한 미생물을 이용해 인간의 일생 동안 수만 세대가 진화할 수 있도록 했다. 둘째, 여우(또는 개나 밀)를 대상으로 하는 인위 선택 실험에서 '실험자'가 누가(또는 무엇이) 번식할 지를 선택했던 것과는 다르게, 렌스키는 실험 '환경'이 선택하기를 원했다.

실험을 시작할 때 사용한 모든 세포가 동일한 모세포에서 유래했기 때문에, 12개의 플라스크에는 모두 유전적으로 동일한 대장균 박테리아가 들어 있었다. 각각의 플라스크에는 수억 마리의 박테리아가 들어 있었기 때문에, 돌연변이가 발생한 기회는 충분했다. 이 실험에서 새로운 변화는 영양 공급을 제한하는 것이었다. 매일 포도당이 고갈될 때까지, 약 6시간 동안 대장균 박테리아 개체 수가 증가했다. 이 시점에서 박테리아는 분열을 멈추고 기다렸다. 그다음 날, 팀 쿠퍼와 같은 실험실 근무자가 각각의 플라스크에서 0.1밀리리터(플라스크 내용액의 1%)를 꺼내 9.9밀리리터의 신선한 포도당 용액이 담긴 새 플라스크에 주입했다. 그다음에 동일한 절차가 반복되는 그다음 날까지 새로운 주기가 시작된다. 그리고 그다음 날도 마찬가지다. 이는 매주, 매달, 매년 반복된다.

렌스키는 12개의 플라스크에서 굴드의 유명한 표현처럼 '생명의 테이프'를 동시에 다시 감고 있었다. 대장균 박테리아를 선별하지도 않았고, 서식 환경을 바꾸지도 않았다. 대신, 이 생명체가 수천 세대에 걸쳐 동일한 과정을 겪게 내버려 뒀다. 그런 그가 한 가지 놀라운 현상을 발견했다. 2011년, 5만 세대에 걸친 진화를 관찰하고 이

렇게 말했다. "놀랍게도, 진화는 꽤 반복적으로 일어났다. ⋯ 혈통은
다수의 세부적인 요소에서 분명히 갈라졌지만, 우리가 관찰한 다수
의 표현 형질과 심지어는 유전자 서열에서 비슷한 변화를 나타내는
진화의 유사한 궤적을 보면서 놀라움을 금치 못했다."

대장균 박테리아가 진화하지 않은 것은 아니었다. 오히려 많이
진화했다. 서로 다른 플라스크 내에서 서식하는 대장균 박테리아는
이전 세대보다 더 빨리 자라거나 개체 수가 더 많아지는 방식으로,
단식 요법에 서로 다르게 적응했다. 하지만 일반적인 추세는 분명하
게 나타났다. 평균적으로 개체 수는 최초의 조상보다 70% 더 빠르
게 증가했다. 연구자들은 수렴 진화의 또 다른 사례도 발견했다. 12
개의 박테리아 개체군은 모두가 동일한 유전적 변화를 겪었기 때문
에, D-리보스D-ribose라는 당을 합성하는 능력을 상실했다.

굴드의 예언과는 달리, 생명의 테이프를 다시 감았더니 동일한
결과가 계속 나왔다.

하지만 실험이 시작된 지 15년이 지난 어느 날, 팀 쿠퍼는 그렇지
않다는 사실을 발견했다.

아라-3 플라스크에서 불투명하게 변한 모습이 보인 것은 다른 플
라스크와 달리 개체 수가 폭발적으로 증가했기 때문이었다. 아라-3
플라스크의 개체 수는 다른 플라스크의 개체 수보다 10배나 더 많
았다. 모든 플라스크에 포도당의 양은 한정되어 있었는데, 어떻게
이런 일이 일어날 수 있었을까?

아라-3 플라스크의 박테리아는 용액 속에 있는 다른 성분을 먹는
능력을 개발했다. 이런 다른 성분이 될 만한 유일한 후보는 모든 포

투자, 진화를 만나다

도당 용액에 처음부터 존재하던 구연산염이라는 분자였다. 그러나 실험을 시작할 당시에 대장균 박테리아는 산소가 있는 상태에서 구연산염을 합성하지 않는다는 것이 명백했다. 그래서 이 성질로 박테리아의 종류가 대장균인지 아닌지를 식별했다!

세대 번호가 33,127에 해당하는 렌스키 박테리아는 필연적인 수렴이라는 깔끔하고도 단순한 이야기에서 크게 벗어났다. 이는 생물학 실험을 통해 밝혀진 것 중 가장 큰 규모의 발산 진화의 사례였다. 나중에 렌스키 실험실은 아라-3 박테리아의 구연산염 소화 능력이 약 2만 세대가 지나서 나타난 일련의 돌연변이에서 비롯된 것임을 밝혀냈다. 안타깝게도 각각의 돌연변이는 매우 드물게 발생했기 때문에, 다른 플라스크 내에서 서식하는 어떤 박테리아도 이런 능력을 개발하지 못했다.

렌스키 실험실이 오랫동안 진행한 실험에는 두 가지 중요한 교훈이 있다.

1. 수렴은 자연계에서 발생하는 지배적인 패턴이다.
2. 아주 가끔 그렇지 않을 수도 있다.

단어 하나만 바꾸면 투자자에게도 중요한 두 가지 교훈이 된다.

1. 수렴은 기업의 세계에서 발생하는 지배적인 패턴이다.
2. 아주 가끔 그렇지 않을 수도 있다.

나는 수렴의 원칙을 강력한 투자 도구라고 예찬했고, 실제로도 그렇다. 기업이 성공하는 데는 몇 가지 방법밖에 없다. 성공과 실패의 수렴 패턴을 파악하는 것이, 우리가 보기에 훌륭한 투자를 몇 가지 하고 나쁜 투자를 다수 피하는 데 도움이 됐다.

하지만 나는 패턴은 무너질 수 있고, 아라-3 유형의 바람직한 돌연변이가 가끔은 발생할 수 있다는 사실을 고통스럽게 깨닫기도 했다. 아쉽게도, 우리는 거기에 투자할 기회를 놓치곤 했다.

시대와 국가에 걸쳐 기업 역사의 테이프를 다시 감아보면, 소수의 제품이나 서비스에 집중하는 기업이 성공한다는 압도적인 수렴 패턴을 확인할 수 있다. 우리 포트폴리오 기업 대다수가 단 하나의 제품이나 서비스 또는 소수의 관련 제품 및 서비스를 생산하는 기업들로 구성되어 있다. 우리는 다각화된 중소기업 혹은 대기업에 투자하지 않는다. 또한 경영진이 회사의 방향을 바꾸려고 할 때 실망감을 표한다.

내가 미국에서 활동하는 투자자라면, 이 투자 철학을 고수하다가 아마존을 놓쳤을 것이다. 아마존의 기업 가치는 1조 달러가 넘는다. 온라인 도서 소매업체로 시작해, 점점 더 다양한 제품으로 다각화했으며, 그중 다수는 서로 거의 관련이 없는 제품들이다.

소비자는 킨들에서 구매한 잡지의 비평 기사를 읽은 후, 프라임 비디오에서 영화를 볼 수 있다. 아마존 에센셜 옷을 편하게 입고 알렉스에게 말을 걸어 아마존 프레시 배송을 통해 우유와 계란을 주문할 수 있다. 아마존 로지스틱스가 식료품을 배송하고, 링Ring을 통해 문 앞에 상품이 도착했음을 알려준다. 아마존 뮤직을 들으면서, 아

투자, 진화를 만나다

마존 웹 서비스가 운영하는 메커니컬 터크에 올라온 설문 조사에 응답하며 돈을 벌 수 있다. 그리고 아마존이 진출한 세계 58개 국가의 시민일 수 있다.

아라-3에게 감정이 있다면, 모든 사업 관행을 깨고 최고의 돌연변이를 만들어낸 제프 베조스Jeff Bezos를 엄청나게 시샘했을 것이다.

2017년 워런 버핏은 CNBC의 스쿼크박스Squawk Box에 출연해 아마존에 투자하지 않아서 아쉽다고 말했다. 나는 그런 아쉬움이 없다. 과거에도 아마존을 놓쳤고, 앞으로도 아마존 같은 기업을 놓칠 것이다. 그래도 괜찮다.

이런 실패의 유일한 위안은? 내 인생에서 또 다른 베조스를 볼 날은 없지 않을까 싶은 점이다.

***

나는 수렴 투자를 표방하면서, 나 자신의 무능함을 인정한다. 이는 사실상 "나는 아마존처럼 특별한 기업을 어떻게 평가해야 할지 모르겠다"라고 말하는 것이나 마찬가지다. 아마도 이런 이유로, 외부 관점 또는 수렴 투자 방식이 단순함에도 널리 통용되지는 않는 것 같다. 하지만 2007년 이후로, 우리는 우리가 좋아하는 방식, 즉 기업의 성공과 실패 패턴을 확인하는 방식을 계속 유지해 왔다.

우리 업계에서 정답을 얻기는 쉽다. 하지만 유감스럽게도, 올바른 질문을 하기는 쉽지 않다.

요약

진화론의 여섯 번째 가르침
한 생태계 안에는 반복되는 성공과 실패의 패턴이 있다.
그것을 내면화하라.

1. 아무런 관련이 없는 유기체들이 비슷한 문제에 똑같은 해결 방안을 찾는 수렴은 자연계 도처에 존재한다. 이는 동물, 식물, 균류, 심지어 박테리아에서도 관찰된다. 자연계에서 모든 문제의 해결 방안은 소수다.

2. 예를 들어, 오스트레일리아의 동물과 식물은 다른 지역의 동물과 식물과는 3,500만 년(오스트레일리아가 독립된 대륙으로 존재한 기간)이 넘게 독립적으로 진화해 왔지만, 이 지역의 모든 유대류에 대하여, 이와 비슷한 모습을 하는 태반류가 있다.

3. 기업의 세계에서도 수렴이 나타난다. 기업의 성공과 실패에는 일정한 패턴이 있다. 우리는 기업의 세계에서 나타나는 이런 특성을 활용해 다음과 같은 간단한 질문을 통해 뛰어난 기업을 선별하고 형편없는 기업을 거부한다. "이런 사례를 다른 어딘가에서 본 적이 있는가?"

4. 우리는 개별 기업이 아니라 입증되고 성공한 기업의 패턴에 투자한다.

5. 우리는 수렴과 비슷한 개념, 즉 투자 결정을 내리기 전에 다른 곳에서 비슷한 패턴을 찾을 것을 요구하는 대니얼 카너먼의 '외부 관점'을 열렬히 지지한다.

6. 하지만 인간은 존재하지 않는 패턴을 볼 수 있기 때문에, 수렴의 원칙을 적용하기가 까다롭다. 또한 소수의 제품이나 서비스에 집중하는 것이 성공의 열쇠라는 수렴 개념에 도전장을 던지는 것처럼 보이는 아마존 같은 일생일대의 기회를 놓칠 수도 있다.

투자, 진화를 만나다

7장

구피, 투자 정보를 말하다

수많은 동물의 암컷과 수컷은 짝짓기 철이 되면 쉬지 않고 서로를 불러 댄다. 그리고 적지 않은 경우, 수컷이 이런 식으로 암컷을 유혹하거나 자극하기 위해 노력을 기울인다. 내가 《인간의 유래Descent of Man》에서 보여주려고 했던 것처럼, 실제로 이것이 원시 시대에 목소리가 발달하게 된 목적이자 계기가 되었다.

—

찰스 다윈, 《인간과 동물의 감정 표현The Expression of Emotion in Man and Animals》, 4장 동물의 표현 수단

페치하이머Fechheimer는 바로 우리가 인수하고 싶은 기업입니다. 훌륭한 재무 실적을 보여줍니다. ... 당신이 찰리도 저도 이 회사의 실태를 파악하기 위해 본사가 있는 신시내티에 가본 적이 없다는 사실을 알게 된다면, 놀랄지도 모릅니다.....우리가 공장 시찰을 통해 얻은 통찰에 우리의 성공 여부가 달려 있다면, 버크셔는 커다란 곤경에 처할 것입니다. 오히려 우리는 인수를 고려할 때, 기업의 재무 특성, 경쟁적 강점과 약점, 우리와 함께 가게 될 사람들의 자질을 평가하려고 노력합니다.

—

워런 버핏, 〈1985년 주주 서한〉

오마하의 현인Oracle from Omaha 워런 버핏은 세계 최고의 투자자라고 불린다. 1956년에 가족과 친구들을 위해 10만 5,000달러를 관리하기 시작했는데, 그게 현재는 5,000억 달러로 불어났다.

2위는 누구일까?

앤서니 볼튼Anthony Bolton은 널리 알려지지는 않았지만, 내 생각에 역대 투자의 대가들을 모아놓은 전당에서 단독으로 2위를 차지할 만한 인물이다. 그는 버핏에 버금가는 실적을 자랑하는 영국의 슈퍼스타 펀드매니저였다. 1979년부터 2007년까지 28년 동안 피델리티 스페셜 시츄에이션 펀드Fidelity Special Situations Fund를 운용했는데, 시장 수익률이 약 13.5%를 기록할 때 연간 19.5%의 수익률을 달성했다. 그가 재직하는 동안에 1,000파운드의 금액은 14만 7,000파운드가 됐을 것이다. '슈퍼스타'를 이보다 더 잘 정의할 수는 없다. 적어도 나는 본 적이 없다.

2010년, 볼튼은 은퇴 후 돌아와서 4억 6,000만 파운드 규모의 펀드를 출시했다. 하지만 이 펀드는 시장 수익률을 크게 밑돌았고, 이후 3년 동안 14%의 손실을 기록했다. 볼튼은 2014년에 이 펀드에서 손을 떼야 했다.

거의 30년 동안 시장을 능가했던 천재가 어떻게 그토록 처참하게 실패했을까? 단지 운이 나빴던 것일까, 아니면 실수한 것일까? 실수했다면, 어디서 했을까? 볼튼에게 이런 일이 일어났다면, 그런 운명에서 벗어날 수 있는 사람이 있을까?

신호의 축복과 위험

나처럼 내셔널 지오그래픽National Geographic 채널의 열렬한 팬이라면, 다음과 같은 장면 중 일부 또는 전부가 친숙하게 와닿을 것이다. 자신이 무리의 우두머리라는 것을 주장하기 위해 포효하는 수컷 사자, 짝짓기를 할 의지를 보여주기 위해 성기가 부풀어 오른 암컷 개코원숭이, 꽃의 방향과 거리를 알리기 위해 8자 춤을 추는 벌, 달래기 위해 새끼를 쓰다듬는 암컷 코끼리, 먹이를 유인하기 위해 빛을 발하는 심해 오징어, 가족들에게 포식자인 독수리의 등장을 알리기 위해 비명을 지르는 미어캣.

이 모든 것들이 신호이며, 진화론에 관한 어떤 교과서라도 신호에 대한 자세한 설명이 없다면 제대로 된 교과서라 볼 수 없다.[1] '발신자'가 보내는 신호는 '수신자'의 행동을 바꾸도록 명백하게 진화했으며, 먹이, 포식자, 짝, 경쟁자, 친구, 가족의 행동에 영향을 미치고 서로 소통하는 데 사용된다. 신호는 촉각, 소리, 색상, 움직임, 빛, 냄새 또는 이들의 조합 등 무수히 많은 형태를 취할 수 있다. 어떤 유기체라도 신호를 주고받지 않고는 살아갈 수 없지만, 잘못 가리키거나 읽힌 신호는 죽음으로 이어질 수 있다. 비록 진화가 수백만 년에 걸쳐 동물과 식물이 신호를 주고받는 기술과 본능을 형성해 왔지만, 포식자를 속이거나 먹이 또는 짝을 얻기 위한 경쟁은 지금도 끝나지 않았다.

금융 서비스 산업, 즉 부정과 속임수로 명성이 자자한 산업의 핵심을 짚는 책이 하나 있다. 프레드 쉐드Fred Schwed의 신랄하고도 시대를 뛰어넘는 고전 《고객의 요트는 어디에 있는가Where Are the Customers' Yachts?》인데, 우리 업계의 슬픈 현실을 너무나도 잘 묘사하고 있다. 2008년의 세계 금융 위기를 겪은 사람이라면, 금융업계 사람들에게 온갖 저주를 쏟아부었을 것이다. 진화생물학자가 아니라면, 속임수가 우리 인류라는 교활한 종의 전유물이라 생각할 수도 있다. 하지만 그렇지 않다.

청개구리에서 이야기를 시작해 보자.

청개구리는 대부분의 동물과 마찬가지로 짝짓기 기간이 짧다. 이처럼 중요한 시기에 수컷은 번식의 성공을 극대화하기 위해 자신의 영역을 공격적으로 방어해야 한다. 덩치가 큰 수컷은 덩치가 작은 수컷보다 낮은 주파수로 소리(원한다면, '개골개골'이라고 하자)를 내어 자신의 덩치와 우위를 알린다. 더 크고 강한 수컷 청개구리를 피하도록, 진화적으로 정해져 있는 수컷은 저주파의 개골개골하는 소리로 가득 찬 영역으로는 들어가지 않는다. 그의 뇌는 저주파의 개골개골하는 소리를 주변에 무적의 라이벌이 있는 것으로 인식한다.

덩치가 작은 청개구리는, 어떻게 해야 할까? 평생 짝이 없이 살다가 동정남으로 죽어야 할까? 여보세요, 그렇지는 않습니다! 일부 작은 청개구리들은 신호의 음높이를 낮추어 자신의 덩치가 실제보다 큰 것처럼 알리는 방법을 찾아냈다.[2] 그들은 이런 능력을 통해 덩치가 큰 수컷을 속여 자기 영역을 지킨다. 일부 작은 청개구리들은 저주파의 소리를 만들어 내 귀를 속이는 신호를 보내면서 진화적 이익을 얻었다. 그들은 이처럼 정직하지 않은 신호를 손쉽게 만들 수 있었고, 이것에 신호 전달자인 작은 청개구리가 들이는 비용은 아주 적었다.

청개구리가 교활한 작은 녀석이라고 생각한다면, 농게의 환상적인 속임수에는 까무러칠 것이다.

농게는 암컷과 다른 수컷에게 자신의 우위를 알리기 위해 정직하지 않은 신호를 보내는 측면에서는 청개구리보다 한 수 위다.[3] 수컷 농게는 다른 수컷과 싸우고 암컷을 유인하는 두 가지 목적을 가진 커다란 집게발을 하나씩 갖고 있다. 연구자들은 암컷이 다른 수컷보다 더 큰 집게발을 가진 수컷에 좋은 감정을 가지며, 이렇게 좋은 조건을 가진 수컷이 다른 수컷 경쟁자들을 성공적으로 단념시킨다는 사실을 발견했다. 수컷이 싸움에서 커다란 집게발을 잃으면 대체로 이전보다는 가볍고 가늘고 약한 집게발이 새로 자란다. 그러나 새로 자란 집게발의 크기가 여전히 인상적으로 보이게 할 수 있고, 이전

투자, 진화를 만나다

의 무겁고도 위협적인 집게발만큼 강력해 보이게 할 수 있는 농게들이 있다.

이렇게 새로 자란 집게발이 암컷과 수컷 모두를 속인다. 암컷은 이렇게 속임수를 쓰는 수컷과 재생 짚게발보다 더 무거운 '진짜' 집게발을 가진 수컷을 구별하지 못한다. '진짜' 집게발을 가진 수컷도 더 가볍고 약하지만 강력해 보이는 재생 집게발을 가진 수컷과 싸우려고 하지 않는다. 연구자들은 수컷 농게의 최대 44%가 재생 집게발을 가질 수 있다는 사실을 확인했다. 믿을 수 없는 생명체는 우리 금융업계 사람들뿐인 줄 알았는데!

오직 동물만이 정직하지 않은 신호를 보낸다고 생각한다면, 그것도 틀렸다.

식물은 남을 속이는 데 뛰어난 능력을 발휘한다. 식물은 도망치거나 숨을 수 없기 때문에, 그들의 생존 전략은 주로 다른 식물이나 동물을 속이는 것이다. 가장 좋은 예로(혹은 말벌에게는 가장 나쁜 예로), 오스트레일리아에 서식하는 일부 종의 난초가 있다.[4] 오스트레일리아에는 약 1,400종의 난초가 서식하고 있으며, 이 중 약 250종이 수컷 말벌을 속여서 수분을 가능하게 하는 동일한 전략을 사용한다.

작동 원리는 다음과 같다. 암컷 말벌은 일생의 대부분을 땅속에서 알을 낳으며 사는데, 짝짓기를 할 준비가 되면 땅속에서 나와 수컷을 유인하는 독특한 페로몬pheromone•을 내뿜는다. 많은 수컷이 암컷에게 다가와 열광적으로 교미를 시작한다. 여기까지는 보통과 다

• 다른 개체의 반응을 유인하기 위한 분비물.

를 것이 없다. 조금 혼란스럽긴 하겠지만, 무슨 말인지는 알 것이다.

난초에 다가가 보라. 많은 난초 종들이 암컷 말벌이 내뿜는 것과 동일한 페로몬을 내뿜는 방법을 알아냈다. 그 결과, 어떤 일이 발생할까? 수컷 말벌은 결국 난초 꽃과 교미해, 꽃가루를 몸에 달고서 다른 꽃으로 옮기고, 거기서 이 불행한 말벌이 다시 한 번 '짝짓기'를 하고, 꽃가루를 남기고 떠난다!

나는 생물계가 사기꾼으로만 가득하다는 인상을 주고 싶지는 않다. 청개구리, 농게, 오스트레일리아 난초와는 다르게, 수컷 구피와 산호뱀은 정직하게 살아간다.

구피는 베네수엘라, 트리니다드토바고의 산림 지대 개울에 서식한다. 암컷 구피는 단조롭게 생겼지만, 수컷 구피는 상당히 화려한 모습을 하며, 각자가 서로 다른 색상의 무늬를 보여준다. 수컷 구피의 구글 이미지를 검색해, 이들이 얼마나 눈부시게 아름다운 모습을 하고 있는지를 확인해보라.

과학자들은 암컷이 카로티노이드 색소가 더 많이 함유된 더 밝고 더 많이 눈에 띄는 붉은색 수컷을 확실히 선호한다는 사실을 실험을 통해 확인했다. 암컷들은 카로티노이드 색소가 있는 곳으로 순식간에 더 많이 몰려든다. 그러나 수컷의 눈에 띄는 색상은 엄청난 비용(심지어는 그들의 생명)을 동반한다.[5] 화려한 색상을 가진 수컷 구피는 포식자의 공격도 더 많이 받는다. 색상이 단조로우면 짝짓기를 할 기회가 줄어들지만, 색상이 화려하면 잡아먹히기 십상이다. 수컷은 이러지도 저러지도 못하는 처지에 있다. 그러니 수컷 구피의 화려한 색상은 암컷의 마음을 얻기 위한 정직한 신호다. 이와 관련해

투자, 진화를 만나다

서, 고딘Godin과 맥도너McDonough는 다음과 같이 간결하게 설명한다. "수컷 구피가 밝고 눈에 띄는 색상을 가지면 생존 가능성이 작아지는 사실은, 암컷 구피가 수컷 구피의 자질을 평가할 때 이렇게 성적으로 선택된 특성에 의존하는 경향성을 잠재적으로 강화하는 것으로 보인다."[6]

수컷 구피는 암컷과 정직하게 소통하면 포식자를 끌어들이지만, 치명상을 입히는 산호뱀은 밝은 색상으로 잠재적 포식자가 다가오지 못하게 한다.[7] 열대 지방에는 이렇게 색상이 화려하고 독성이 강한 뱀이 약 90개 종 서식하고 있다. 이들은 빨간색, 검은색, 노란색 또는 흰색의 세 가지 색상이 교대하는 무늬를 갖는다. 이런 아포세마틱aposematic(생물학계에서 경계색을 의미하는 멋진 단어다!) 또는 눈에 띄는 색상은 다수의 독성 동물과 식물에서 흔히 볼 수 있는 특징이다. 본질적으로 잠재적 포식자에게 보내는 '감히 건드리지 마!'라는 정직한 신호다.

하지만 이렇게 심심한 결론으로 끝난다면 진화에 무슨 재미가 있을까? 사람들이 애완용으로 키우는 독이 없는 우유뱀은 산호뱀과 거의 같은 색상과 교대하는 무늬를 갖고 있다. 이 두 종의 사진을 나란히 놓고 보면, 독을 품은 뱀과 애완용 뱀을 구별하기 힘들다.[8] 한번 시도해 보시라.

이런 종류의 정직하지 않은 신호는 1860년대 헨리 월터 베이츠Henry Walter Bates가 브라질의 나비에서 처음 발견했기에 그의 이름을 따서 베이츠 의태Batesian mimicry라고 한다.[9] 베이츠 의태는 독이 없는 종이 포식자를 쫓기 위해 독이 있거나 맛이 없는 종의 색상을 모방하는 것을 말한다. 우유뱀은 산호뱀을 모방해 생존을 보장받는 자연 선택을 통해 성공적으로 진화했다.

여기서 나는 의인화에 따른 혼란을 방지하기 위해, 앞으로 몇 번 더 사용하게 될 꼭 필요한 수식어에 관해 이야기해 두려 한다. 지금까지의 논의에서 '정직한'과 '정직하지 않은'이라는 단어는 발신자의 의도를 가리키지 않는다. 이 단어들은 신호가 수신자에게 미치는 영향을 가리킨다. 신호가 수신자를 속이면 정직하지 않은 것이고, 수신자가 신호를 제대로 이해하면 정직한 것이다. 구피와 우유뱀 모두 자기 신체에게 어떤 색상이 되라고 지시할 능력은 없다. 난초가 의도를 갖고 페로몬을 내뿜지는 않으며, 농게도 의도를 갖고 허세를 부리기 위해 커다란 집게발을 만들지는 않는다. 이런 생물들은 모두가 수백만 년에 걸쳐 형성된 자연 선택의 산물이다.

예를 들어, 독이 없는 우유뱀의 조상이 무작위적인 돌연변이를 통해 독이 있는 산호뱀의 색상을 갖게 됐을 수도 있다. 이런 돌연변이가 일어난 우유뱀이 돌연변이가 일어나지 않은 우유뱀보다 생존율이 높았을 것이고, 따라서 같은 무늬를 가진 새끼 우유뱀을 더 많이 낳았을 것이다. 이런 새끼 우유뱀들이 포식자로부터 더 안전했을 것이고, 같은 화려한 무늬를 지닌 자손을 더 많이 성공적으로 생산했을 것이다. 수많은 세대를 거치면서, 모든 우유뱀이 산호뱀과 같은 색상을 갖게 되었을 것이다. 그들은 아마 이런 식으로 정직하지 않은 신호를 완성했을 것이다.

투자, 진화를 만나다

핸디캡 원칙이 길을 밝힌다

나는 자신을 투자자라고 부르지만, 진화생물학자들은 나를 주저 없이 '신호 해독자'라고 부르지 않을까 싶다. 투자자가 기업을 평가할 때 '유일하게' 의지할 수 있는 것은 기업이 보내는 신호다. 여기에는 직접적 신호와 간접적 신호, 이해하기 쉬운 신호와 색달라서 헷갈리는 신호, 진행 중인 신호와 지연된 신호, 정량적 신호와 정성적 신호 등이 있다.

기업은 보도자료, 언론과의 인터뷰, 애널리스트 미팅, 어닝 콜 earnings call*, 연례 보고서, 배당, 자사주 매수, 인수, 증권거래위원회 신고, 신문 광고 등의 형태로 신호를 전달한다. 자본 시장 규제 당국이 커뮤니케이션의 표준화와 투명성을 보장하고 있기 때문에, 대부분의 투자자가 기업으로부터 동일한 신호를 받는다. 그렇다면, 비범한 지적 능력을 가졌다고 여겨지는 소수의 집단에 소속된 다양한 투자자들의 장기 실적은 왜 그토록 큰 차이를 보일까? 그 이유로 여러 가지가 제시되는데, 그중 가장 눈에 띄는 것은 정직한 신호와 정직하지 않은 신호를 판별하는 투자자의 능력이다(그림 7.1). 자연계에서 정직한 신호를 무시하고 정직하지 않은 신호에 따라 행동하면, 굶주림이나 죽음을 맞이할 수 있다. 투자자도 이와 다르지 않은 운명을 맞이할 수 있다.

그렇다면, 투자자는 정직한 신호와 정직하지 않은 신호를 어떻게

• 매분기 또는 연말 결산 후에 기업 경영진이 투자자, 애널리스트, 주주 등의 이해관계자들과 함께 진행하는 화상 회의.

그림 7.1 자신을 과시하는 수컷

누구의 신호가 더 정직한가? (a) 사업가의 신호 (b) 사슴의 신호
출처: 셔터스톡Shutterstock

판별할 수 있을까?

이스라엘의 진화생물학자 아모츠 자하비Amotz Zahavi가 이에 대해

투자, 진화를 만나다

정교하고도 논리정연한 답을 내놓았다.

먼저 신호에 대한 배경 지식을 간단히 살펴보기로 하자. 20세기 초중반에 동물행동학자들(동물행동학은 동물의 행동을 연구하는 학문)은 신호가 본질적으로 발신자의 근본적인 동기를 나타내는 정직한 지표라고 생각했다. 그러나 1970년대에 영국의 두 과학자 리처드 도킨스와 존 크렙스John Krebs는 거의 정반대의 관점을 내세웠다.[10] 신호는 발신자가 자신의 이익을 위해 수신자의 행동을 바꾸려는 기만적 조작이라고 주장했다. 그리고 수신자는 발신자의 진정한 동기를 헤아리고 이에 따라 자신의 행동을 설정한다고 봤다. 도킨스와 크렙스에 따르면, 이것이 발신자와 수신자가 끊임없이 상대방을 능가하기 위해 노력하는 군비 경쟁으로 이어진다.

그러나 아모츠 자하비는 이런 비관적인 견해를 거부했다. 그는 1975년에, 동물들이 상대방을 속이려 한다고 상정되는 자연계에서 정직한 신호가 어떻게 그리고 왜 진화할 수 있는지를 설명하는 그 유명한 '핸디캡 원칙handicap principle'을 제시했다.[11] 자하비는 어떤 특성을 나타내는 신호를 발생시키려면 값비싼 비용을 치러야 하고 (이를 '핸디캡'이라고 한다), 그 신호가 동일한 특성을 나타내는 다른 질 낮은 신호와 일치하지 않으면, 이를 '정직한' 신호로 간주할 수 있다는 의미심장한 주장을 했다. 이 말이 듣기에는 타당할 수 있지만, 과학계는(투자업계와 달리) 의기양양한 주장을 뒷받침할 경험적 증거를 요구한다. 생물학계는 자하비가 핸디캡 원칙을 제시한 논문이 발표된 지 15년이 지나서야, 그것을 온전히 받아들였다.[12] 스코틀랜드의 생물학자 앨런 그라펜Alan Grafen이 1990년에 발표한 두 편의 논문이 마침내 핸디캡 원칙에 대한 평판을 반전시켰다.

핸디캡 원칙을 이해하기 위한 가장 좋은 방법은 카로티노이드의 효과를 살피는 것이다. 카로티노이드는 노란색에서 오렌지색, 빨간색에 이르는 색소다. 또한 항산화제 역할을 하고 면역 체계를 강화해 건강상의 혜택을 제공한다. 동물은 체내에서 카로티노이드를 합성할 수 없기 때문에, 야채, 박테리아 또는 균류를 섭취해 카로티노이드를 확보해야 한다. 카로티노이드는 유력한 신호 전달 역할을 하기에, 과학자들은 멕시코양지니(새), 큰가시고기(물고기), 구피 등 세 개 종을 대상으로 카로티노이드의 효과를 광범위하게 연구했다.

핸디캡 원칙이 옳다면, 다음 세 가지 가설을 입증할 수 있어야 한다.

1. 암컷은 더 붉거나 밝은 색상의 수컷에게 차별적 매력을 느낀다.
2. 진한 붉은 색상의 수컷은 연한 붉은 색상의 수컷보다 더 건강하다.
3. 진한 붉은 색소를 생성하려면, 값비싼 비용을 치러야 한다.

과학자들은 연구 대상 종들의 암컷이 더 진한 카로티노이드 색소를 지닌 수컷에게 더 호의적으로 반응한다는 사실을 분명하게 확인했다. 예를 들어, 수컷 멕시코양지니는 볏, 목, 꽁지에 총 3개의 카로티노이드 색소 패치가 붙어 있다. 각각의 패치는 옅은 노란색에서 밝은 빨간색에 이르기까지 색상이 다양하다. 실험을 통해, 암컷 멕시코양지니가 붉은색이 자연식에 의한 것이든 인공 색소에 의한 것이든 더 붉은 색상을 가진 수컷과 짝짓기를 선호한다는 사실이 밝혀졌다. 이런 발견은 첫 번째 가설인 수신자의 반응을 뒷받침한다.

투자, 진화를 만나다

두 번째 가설(신호의 정직성)을 뒷받침하기 위해, 과학자들은 영양 공급이 잘 된 멕시코양지니가 그렇지 않은 멕시코양지니에 비해 더 진한 붉은 색상을 띠는지 검증했다. 큰가시고기가 기생충에 노출됐을 때, 전염성 섬모충이 많은 개체일수록 붉은 색상이 현저히 감소했다. 앞에서 설명한 고딘과 맥도너가 구피를 대상으로 했던 실험과 같은 또 다른 실험에서도, 이와 같은 현상에 대한 증거를 확인했다. 따라서 카로티노이드 색소가 더 많을수록, 전반적인 건강 상태가 더 좋다고 할 수 있다.

이제 마지막이자 가장 중요한 가설인 정직한 신호가 발신자에게 값비싼 비용을 치르게 하는지를 살펴보자. 수년에 걸쳐 생물학자들은 카로티노이드 색소가 더 많아지는 데서 발생할 수 있는 네 가지 종류의 비용을 밝혀냈다. 첫째, 물고기 비늘이나 새 깃털에 있는 카로티노이드 색소의 양은 동물의 장내 카로티노이드 색소의 양과 직접적인 상관관계가 있다. 따라서 동물이 영양가가 높은 음식을 섭취하는 기간이 길어질수록, 색소가 더 붉어질 뿐만 아니라 더 많은 비용을 발생시킨다. 둘째, 카로티노이드 색소는 건강에 유익하고 질병과 기생충을 퇴치하는 데 필요하기 때문에, 이를 과시 목적으로 장에서 비늘이나 깃털과 같은 죽은 조직으로 옮기는 일 자체가 비용을 치르는 것이다. 셋째, 카로티노이드 색소를 과시하려면 장에서 카로티노이드 색소를 처리하고 나서 이를 깃털이나 비늘로 운반하기 하는 비용이 발생한다. 따라서 영양가가 높은 음식을 충분히 먹은 동물만이 이런 작업을 수행할 수 있다. 넷째, 가장 분명한 비용은 사망의 위험이다. 진한 붉은 색상은 암컷과 포식자 모두를 끌어들인다.

실험에 따르면, 송어는 진한 붉은 색상을 띤 큰가시고기를 공격할 가능성이 더 높았고, 블루 아카라는 카로티노이드 색소가 더 많은 구피를 공격할 가능성이 더 높았다.

따라서 핸디캡 원칙에 따르면, 진한 붉은 색상을 지닌 수컷 멕시코양지니는 암컷에게 '내가 얼마나 건강하고 활력이 넘치는지를 보세요. 내가 이렇게 빨갛다니까요!'라는 메시지를 전달하기 때문에, 그들을 더 많이 끌어당기는 것으로 추정된다. 허약하거나 병든 멕시코양지니가 카로티노이드 색소를 더 많이 생산하려면 생존에 필요한 자원을 전용해야 한다는 사실을 고려할 때 상당히 많은 비용을 발생시키고, 심지어는 자살 행위가 될 수도 있다.

물론 수컷 멕시코양지니가 의식적으로 진한 붉은 색상을 생산하기로 '결정'하지 않는다. 건강한 수컷은 카로티노이드 색소를 생산하기에 충분한 영양을 섭취했고, 허약한 수컷은 그렇지 않았을 뿐이다. 앞에서 언급한 사례에서, 밝은 색상을 띠는 수컷 구피도 마찬가지다. 또는 반짝이는 빨간색 페라리를 모는 남자도 마찬가지다. 모두가 생산하거나 조달하는 데 상당히 값비싼 비용을 치러야 하는 장식을 과시하기 때문에, 발신자의 위상을 정확하게 전달한다.

여기에 자하비가 우리 투자자들에게 주는 교훈이 있다. 기업이 전하는 신호 중 생산 비용이 값비싼 것만 신뢰해야 한다는 것이다.

하지만 이렇게 하는 것이 말처럼 쉽지만은 않다. 기업의 맥락에서 '생산 비용이 값비싼 신호'는 무엇일까? 무엇이 공작의 화려한 꼬리와 같은 것일까? 반짝이는 새로운 사옥, 업계가 주는 상, 시장 가치의 상승, 《포브스Forbes》에 실린 CEO 프로필? 아니면 다른 무엇일까? 나는 학계에서 일하는 금융학자가 아니라 투자업계에서 일하는 투자자다. 통계적으로 의미 있는 회귀 분석 모델을 제시할 수는 없지만, 나와 팀원들이 사용하는 정직한 신호와 정직하지 않은 신호를 판별하는 실용적인 방법을 공유할 수는 있다.

정직하지 않은 신호들

정직하지 않은 신호의 실제 사례, 즉 신호가 전달해야 하는 특성을 신뢰하기 힘든 방식으로 전달하는 신호부터 살펴보자. 신호가 '정직하지 않다'는 것은 발신자가 정직하지 않다는 의미가 아니라 (실제로 그가 정직하지 않을 수도 있다), 그저 신호가 전달해야 하는 특성을 전달하지 않는다는 의미다. 자연계에서와 마찬가지로, 비즈니스 세계에서도 정직한 사람이 속이려는 나쁜 의도가 없더라도 정직하지 않은 신호를 보낼 수 있다.

우리는 투자 또는 투자 철회를 결정하기 위해 기업을 평가할 때, 다음과 같은 유형의 신호는 무시하거나 전체 평가에서 매우 낮은 가중치를 부여한다.

보도자료

2014년 7월 29일, 애플은 보도자료를 통해 레티나 디스플레이 Retina Display(대문자 'R'과 'D'에 주목하라*)로 맥북 프로를 업데이트

---

* 소문자로 썼으면 망막 진열이라는 뜻이다. 애플이 정의하는 바에 따르면, 인간의 눈으로 픽셀이 보이지 않을 정도의 고밀도 디스플레이를 의미한다.

했다고 주장했다.[13] 투자자들이 이런 뉴스에 얼마나 많은 관심을 가졌을까?

안목이 있는 소비자라면 감명을 받았겠지만, 이런 뉴스가 투자자가 애플이 투자하기에 좋은 회사인지를 결정하는 데 얼마나 많은 도움이 됐을까? 애플이 최신 기술에 뒤처지지 않는 모습을 보여줬기에, 실제로 상당히 유익한 정보였다고 주장할 수도 있다. 하지만 투자자들(혹은 대체로 기술에 관심이 없는 사람들) 중에서 '레티나 디스플레이'가 무엇을 의미하는지를 이해하거나 심지어 알기라도 하는 사람들이 과연 몇 명이나 될까? 일단, 나는 잘 모르겠다.

레티나 디스플레이가 뭐든 간에 멋진 신기술로 판명됐다고 하자. 이런 정보를 통해 맥북 프로가 성공할 것이라고 단정할 수 있는 사람이 있을까? 풀어서 말하자면, 투자자가 레티나 디스플레이의 의미를 이해하고 다양한 출처를 통해 이 기술이 크게 성공할 것이라는 결론을 내렸다고 하더라도, 이 기술로 인해 맥북 프로의 판매량이 증가하고 그 결과로 나타나는 수익과 현금흐름을 정확하게 예측할 수 없다면, 이런 지식이 애플 주식 매수를 결정하는 데 얼마나 도움이 될까?

아마도 보도자료는 기업이 투자자에게 가장 많이 내보내는(혹은 '남용하는'이라고 해야 할까?) 신호일 것이다. 그 이유는 무엇일까? 홍보 대행사에 지급하는 수수료는 대체로 연간 고정 비용으로 잡히는데, 이를 제외하고는 기업이 언론에 정기적으로 등장하는 데는 비용이 전혀 들지 않는다. 많은 기업이 제품 출시, 경영진 교체, 전략 변화, 조직 개편 등의 소식을 알리기 위해 정기적으로 배포하는 보

투자, 진화를 만나다

도자료와 인터뷰 기사에 의존한다.

첫째, 나는 언론에 정기적으로 등장하는 기업은 의심을 눈초리로 본다(좀 더 생산적인 뭔가를 할 수 있지 않을까?). 하지만 홍보 컨설턴트를 통해 언론을 관리하는 일에 능하지 않은 기업이더라도 장기 투자자에게 도움이 될 만한 말을 하는 경우는 거의 없다.

둘째, 보도자료에는 단순히 맥북 프로의 업데이트를 알리는 정도보다 더 간교한 내용을 담을 수 있다(그런 경우가 자주 있다). 많은 보도자료가 장기 투자자가 반드시 알고 있어야 할 중요한 정보를 제공하는 것처럼 보이지만, 기껏해야 쓸데없는 자랑을 할 뿐이고, 최악의 경우 의도적으로 모호한 표현을 늘어놓는다.

2015년 1월 20일, 유니레버가 배포한 보도자료를 예로 들어보자.[14] '더 까다로운 시장에서도 수익성이 증가하고 있다'라는 자신만만한 제목이 적혀 있다. 보도자료를 자세히 살펴보니, 머릿속이 더 혼란스러워지기만 했다. 미국과 서유럽 같은 선진국 시장은 성숙하고 경쟁 강도가 높아서 수익성이 증가하는 데 어려움이 따르기에, '까다로운' 시장으로 분류되어야 한다는 데 동의하리라 생각한다. 하지만 이 보도자료를 자세히 읽어보면, 2014년 선진국 시장에서 매출이 0.8% 감소했다는 사실을 알 수 있다. 신흥 시장에서는 매출이 5.7% 증가했지만(이런 증가율도 2013년보다는 낮았다), 나는 신흥 시장을 '까다로운 시장'이라고 부르지는 않을 것 같다.

흥미롭게도, 이 보도자료는 어느 시장이 유니레버가 말하는 '까다로운' 시장이고, 어느 시장이 '손쉬운' 시장인지를 언급하지 않는다. 내 의견에 동의하지 않고, 신흥 시장을 까다로운 시장이라고 부를 수도 있다. 좋다, 그 의견을 따르겠다. 그러면, 중국에서 4분기에 매출이 20% 감소한 것을 어떻게 설명할 수 있을까? 특히, 중국처럼 규모가 큰 시장에서 매출이 이 정도로 감소한 것이 투자자에게 중요한 정보가 될 수 있지만, 우리가 앞에서 살펴봤듯, 제목 어디에도 나오지 않는다. 아 참, 2014년 유니레버의 전체 매출은 2.7% 감소했다. 보도자료가 박수를 쳐달라고 하려던 게 이 내용이었을까?

결론은 보도자료에 근거해 투자 또는 투자 철회 결정을 하는 것은 펀드의 수익에 해로울 수 있다. 우리는 보도자료를 그 본질에 맞게 취급한다. 보도자료는 경쟁업체의 부러움을 사고, 투자자, 직원, 고객을 유치하기 위해 기업이 제공하는 값싼 신호다.

우리는 보도자료에 그 어떤 중요성도 부여하지 않는다.

경영진과의 인터뷰

때는 2019년 6월 13일. 유럽에서 가장 권위 있는 디지털 및 기술 컨퍼런스가 베를린에서 개최되는 날이었는데, 이 행사와는 별도로 블룸버그의 매트 밀러Matt Miller가 확실한 비전을 가진 올해 51세의 CEO와 인터뷰를 진행하고 있었다. 그의 회사는 디지털 결제 부문의 거대기업으로, 2000년대 초에는 초라한 스타트업이었지만 시장 가치가 치솟으면서 2018년에는 모두가 탐내는 DAX 지수에 진입했다. 지난 3년 동안 주가는 3배나 상승해, 시장 가치가 약 180억 유로에 달했다. 이 회사를 다루는 29명의 리서치 애널리스트 중 23명이 매수 등급을 부여했다.

지난 몇 년 동안 《파이낸셜 타임즈》와 같은 경제 신문과 몇몇 공매도 전문업체들이 이 회사의 회계 관행에 의혹을 제기했지만, 회사는 이 모든 의혹을 일축했다. 이런 상황에서, 매트 밀러는 꽤 인상 깊게 인터뷰를 진행했다. 유명 CEO의 비위를 맞추려고 하지 않고, 회사의 성장 원천이 무엇인지, 왜 회사의 지배구조에 대한 의혹이 제기되고 있는지, 왜 회사의 컴플라이언스compliance* 프로세스가 느슨하다는 소문이 끊이지 않는지와 같은 불편한 질문들을 했다.

여유만만하고 자신감이 넘치는 CEO는 밀러의 눈을 똑바로 바라보며 모든 질문에 놀라울 정도로 명료하고도 정확하게 대답했다. 아시아가 주요 성장 동력이고, 신규 매출이 160% 증가했으며, 알려진 것과는 달리 유럽에서도 성장세를 보여주고 있다면서 밀러에게 믿음을 주려고 했다. 회사 주식이 지난 14년 동안 연평균 36%의 수익률(!)을 기록했다는 사실을 상기시키면서, 자신을 비방하는 사람들을 강하게 비난했다. 200명에 달하는 컴플라이언스 전문직원들은 세계 최고 수준이라고 자신감을 드러내며, 거래 관련 디지털 모니터링을 가능케 하는 기술에 막대한 투자를 하고 있다고 설명했다.

이 인터뷰가 있고 나서 고작 1년이 지난 2020년 6월 23일, 이 CEO는 사기 혐의로 체포됐다. 그의 회사는 2020년 6월 25일 파산 신청을 했다.

CEO의 이름은? 마르쿠스 브라운Markus Braun. 회사 이름은? 와이어카드Wirecard.

브라운과 와이어카드는 수년 동안 거짓말을 해왔다. 하지만 독

---

* 회사 임직원 모두가 사업과 관련된 관리 기관 및 법률에서 요구하는 표준, 규정 및 모범 사례를 지키도록 사전에 그리고 상시적으로 통제 감독하는 것.

일에서 브라운이라는 영웅을 숭배하는 분위기가 너무나 깊고도 널리 퍼져 있었기에, 규제 기관인 바핀BaFin(연방금융관리감독청 Bundesanstalt für Finanzdienstleistungsaufsicht)은 2019년에 《파이낸셜 타임즈》 기자들을 상대로 시장 조작 혐의로 형사 고소를 했다. 브라운은 국가를 대표하는 기업가다. 그가 잘못할 리가 없잖은가? 블룸버그 TV에서 매트 밀러와 브라운의 인터뷰를 볼 수 있다.[15] 브라운은 디지털 결제 부문에서 경쟁자보다 훨씬 앞서 있는 선의의 똑똑하고 사려 깊은 리더라는 인상을 준다.

내가 경영진과의 인터뷰 중 하나를 골라내 그게 얼마나 쓸데없는지를 보여주고 있다고? 나도 안다. 하지만 브라운이 인터뷰이로서 더할 나위없는 능력을 보여줬다는 사실에는 반론을 제기하기 힘들 것이라 생각한다. 그는 와이어카드의 복잡한 글로벌 운영을 '확장 가능성', '디지털 결제', '위험 관리', '혁신'과 같이 귀에 쏙쏙 박히는 단어들로 정리했다. 나는 그가 시청자들의 공감을 얻었을 것이라고 확신하며, 그 중 상당수는 그 회사의 투자자이기도 했을 것이다.

극단적인 예를 들긴 했지만, 이는 거의 모든 경영진과의 인터뷰가 갖는 두 가지 공통적인 특징을 부각시킨다. 첫째, 이런 종류의 인터뷰는 경영진이 잘해 보이게 하는 행위다. 그리고 경영진 다수는 그 일을 잘하는 사람들이다. 그러나 경험을 통해 알 수 있듯, 잘해 보이는 것과 잘하는 것은 다르다. 둘째, 이런 종류의 인터뷰는 인터뷰이에 대한 정보(반려견 이름, 좋아하는 음식 등)와 회사에 대한 정보를 많이 제공할 수 있지만, 투자자에게 의미 있는 정보는 많이 제공하지 않는다. 예를 들어, 브라운이 했던 '많은 분야에서 우리는 선

투자, 진화를 만나다

구자입니다.', '우리는 기술 혁신에 집중하고 있습니다'라는 식의 말
은 문학적, 학문적, 사회학적, 문화적 관심사가 될 수는 있겠지만,
투자자인 내게 무슨 의미가 있을까? 아무런 의미가 없다. 나도 시청
자로서는 그의 말에 깊은 인상을 받았지만, 와이어카드에 투자하려
는 사람으로서는 별다른 인상을 받지 못했다.

경영자가 인터뷰에 응하면서, 자기 회사가 혁신적이지 않고, 업
계 최고의 리더가 아니고, 기술을 활용하지 않고, 고객 중심적이지
않고, 직원을 잘 대우하지 않고, 주주들이 하는 말에 귀를 기울이지
않고, 자본 할당을 잘못하고, '지속가능한' 투자의 가치를 무시한다
고 말한 적이 있는가? 나는 본 적이 없다. 하지만 내가 컨설턴트로
그리고 투자자로 살면서 접했던 대부분의 기업들이 몇 가지 측면에
서 심각한 결점이 있었다. 경영자들은 그것을 모르거나 알더라도 인
정하지 않는다.

기업의 세계를 포함해 세상에 탁월성을 갖춘 사람은 드물다. 경
영진 인터뷰에 의존해서는 그들이 탁월성을 갖췄는지 알 수 없다.

그렇다고 해서, 내가 경영진 인터뷰 기사를 읽지 않는 건 아니다.
당연히 읽는다. 하지만 그걸 읽는 이유는 브렉시트, 달리기, 영화,
트럼프 텐트럼Trump tantrum• 등에 관한 기사를 읽는 것과 같다. 즉,
친구들과 수다를 떨거나 일요일 오후 시간을 보내거나 우리의 흥미
진진한 세상에 대한 궁금증을 풀기 위해서다.

투자 목적이 아니다.

• 2016년 도널드 트럼프 공화당 후보가 미국 대통령에 당선된 영향으로 글로벌 금융 시장이 요동친
  현상을 일컫는 신조어.

투자설명회와 로드쇼

여기서 잠깐 주식 시장에 노출된 적이 없는 상태라고 생각해보자. 어떤 업계가 심각한 문제에 직면해 있고, 이 문제를 해결해 달라는 요구가 있었다. 회사 경영진은 수많은 투자자의 질문에 응하느라 너무 많은 시간을 보내는 것 같고, 진지한 투자자들은 경영진이 똑같은 질문에 응하느라 지쳐서 회사에 문의해도 전화를 받지 않는다고 불평한다. 투자자뿐만 아니라 회사 경영진도 여러 도시를 오가며 서로 만나느라 많은 시간과 항공료를 낭비하고 있다. 관심 있는 모든 투자자들이 회사 정보를 효율적으로 공유할 수 있는 가장 좋은 방법은 무엇일까?

똑똑한 사람이라면(무엇보다도 이 책을 읽고 있지 않은가?!), 아마도 다음과 같은 답을 떠올릴 것이다. 많은 회사와 투자자를 한 곳(가급적이면 항공편 환승이 편리한 도시)에 모아놓고, 공식적으로는 프레젠테이션을 통해, 비공식적으로는 점심과 저녁 식사를 통해 그들이 교류할 기회를 제공한다.

짝짝짝. 축하합니다! 정답을 찾으셨습니다. 업계는 바로 이런 방식으로 1일에서 5일에 걸쳐 투자설명회를 개최한다. 수십 개, 때로는 수백 개의 회사가 모여 그곳을 찾은 투자자들을 대상으로 일련의 프레젠테이션을 실시한다.

로드쇼는 이런 투자설명회의 축소판으로, 대체로 회사 경영진이 투자자의 사무실을 직접 찾아가는 것을 말한다. 대부분의 투자자들이 뉴욕, 샌프란시스코, 런던, 도쿄와 같은 대도시에 사무실을 두고 있기에, 한 회사가 보통 하루에 6~8명의 투자자를 만날 수 있다.

　　　　　　　　　　　　투자, 진화를 만나다

경영진은 무엇을 바라며 투자자를 만날까? 투자자가 회사 주식을 사서 주가가 상승하기를 바란다. 그런 사람이 자기 회사에 대해 균형 잡힌 관점을 제시할까? 차라리 산타클로스의 존재를 믿는 편이 더 낫다. 내가 경험한 바에 따르면, 투자설명회와 로드쇼는 대부분 회사가 자신을 과시하기 위한 방편이다. 회사 경영진은 30분짜리 프레젠테이션에서 29.9분 동안 자신의 전략에 찬사를 보낸다. 나머지 0.1분은 물을 마시거나, 마음의 여유가 있다면 재채기라도 하면 놓칠 정도로 조용한 어조로 몇 가지 위험을 언급하는 데 할애한다.

이게 과장이라는 건 안다. 하지만 장담하건대, 그다지 심하지는 않다. 그리고 나는 경영진을 비난하지 않는다. 나도 그런 상황에 있다면, 똑같이 행동할 것이다. 투자설명회나 로드쇼는 경영진이 회사에 대해 지나치게 낙관적인 견해를 제시하는 데 비용이 들지 않기 때문에(그래서 경영진이 그렇게 하는 것이다) 정직하지 않은 신호이다. 투자 기회를 냉정하게 평가하는 포럼이 아니라 회사를 과시하는 마케팅 축제다.

우리 나란다도 투자설명회에 참석하고 로드쇼를 통해 경영진을 만나냐고? 물론이다. 그러나 경영진이 하는 말을 크게 에누리해서 듣고, 이런 투자설명회와 로드쇼를 견고한 투자 논리를 정립하기 위한 손쉬운 방법이 아니라 관심이 생긴 기업을 평가하기 위한 출발점으로 삼는다.

우리가 투자설명회를 활용하는 방법 중 하나는 포트폴리오 기업의 경쟁업체를 만나는 것이다. 그들이 새로운 제품을 출시하고 있는가? 새로운 부문에 진출하고 있는가? 어떤 방식으로 인수를 진행할 계획인가? 자본을 어떻게 할당할 계획인가? 우리가 소유한 기업보다 더 나은 기업이 될 것 같은가? 하지만 요란한 선전과도 같은 경영진과의 미팅을 끝내면서 우리가 승자와 패자를 가려냈고 매수 또는 매도 주문을 해야 한다고 말하는 일은 결단코 없다.

투자설명회와 로드쇼는 정직하지 않은 신호다. 경영진이 정직하지 않기 때문이 아니라(대부분은 자기가 맡은 일을 성실하게 수행하는 올바른 사람들이다), 이 회의에서 저 회의로 급하게 이동하는 관계로 머리가 어느 정도는 굳어버린 청중에게 45분 동안 가장 좋게 포장된 이야기를 들려주는 데 비용이 들지 않기 때문이다.

수익 가이던스

많은 상장 기업들이 다음 회계연도의 세후 수익(또는 수익)을 예상한다. 예를 들어, 2019년 1월에 열리는 어닝 콜에서, 그들이 2019년 한 해 동안의 수익을 예상한다. 이후에 열리는 어닝 콜(보통 분기마다 열린다)에서는 최근의 실적과 전망에 따라 이런 수익 가이던스를 업데이트한다. 애널리스트와 투자자는 수익 가이던스를 굉장히 진지하게 주시하고, 주가는 이런 지표에 도달했는가 혹은 도달하지 못했는가에 즉각 반응한다.

투자자와 애널리스트는 기업의 수익 가이던스에 관심이 많다. 실제로 《PR 뉴스와이어PR Newswire》에 실린 기사에 따르면, 설문 조사에 응답한 180명의 애널리스트 중 77%가 기업이 이런 지표를 제공하기를 원한다.[16] 애널리스트는 똑똑한 사람들이다. 그러니 그들이 기업이 발표하는 향후 전망 지표에서 많은 것을 배운다고 생각할 수

투자, 진화를 만나다

있다. 유감스럽게도, 그렇지가 않다.

경영진의 내다보는 내년도 전망 지표는 무엇에 근거할까? 실제로 사람들은 무엇에 근거해 단기 및 중기 예측을 할까? 가까운 과거일 까? 더 나은 미래를 바라는 소망일까? 스프레드시트를 조작한 것일 까? 지금까지 말한 모든 것일까? 한번 골라보라.

수익 가이던스는 경영진이 그것을 열렬히 믿는다고 하더라도, 정 직하지 않은 신호다. 비용이 많이 소요되지 않고, 산출하기도 쉽고, 전달하기 위한 노력도 거의 필요하지 않다.

나는 투자자로 30년이 넘게 일해 오면서, 시장 가치가 500만 달 러 정도인 기업에서부터 500억 달러가 넘는 기업에 이르기까지 20 개가 넘는 기업의 이사회 이사로 활동했다. 이 모든 기업의 경영진 은 매년 회계연도가 시작될 때마다 대체로 당해 연도의 예산을 발표 한다. 그리고 나는 경영진이 정해진 예산에 따라 지출하는 경우를 단 한 번도 보지 못했다. 다시 말하지만, '단 한 번도' 없었다. 농담 이 아니다. 기업은 정해진 예산보다 많게 혹은 적게 지출했다. 그리 고 이 두 가지 경우 중 어느 것이 일어날 지를 알 길이 없었다.

수익을 예측하기 어려운 간단한 이유가 있는데, 바로 확률의 곱 이 적용되기 때문이다. 수익 혹은 세후 이익은 회사의 손익계산서에 서 맨 마지막 줄에 나오는 항목이다. 매출에서 현금 비용, 비현금 비 용(이를테면, 감가상각비), 금융 비용 및 세금을 공제한 후 세후 수 익을 계산한다. 따라서 경영진이 수익 가이던스에 정확히 도달하려 면, 이 모든 항목에서 목표에 정확히 도달해야 한다.

이런 항목 중 상당수는 경영진이 통제할 수 없다. 예를 들어, 금리가 변동해 이자 수입이나 지출에 영향을 미칠 수 있다. 해외 시장에서 활동하는 글로벌 기업은 환율이 변동해 정해진 예산보다 엄청나게 많이 혹은 적게 지출할 수 있다.

그런데 경영진이 통제할 수 있다고 생각하는 항목조차도 그렇지 않은 경우가 많다. 매출을 예로 들어보자. 경영진이 내년도 매출을 일정 수준으로 자신 있게 예상했다고 가정해 보자. 하지만 경제가 예상보다 빠르게 성장한다면 어떨까? 혹은 더 느리게 성장한다면? 경쟁업체가 가격 전쟁을 시작한다면 어떻게 될까? 공장 중 하나가 화재로 인해 문을 닫는다면 어떨까? 매출의 7%를 담당하는 사내 최고의 영업 관리자가 갑자기 병에 걸리면? 이런 '만약의 경우'는 이론으로 설명되지 않는다. 이 모든 일이 내가 이사회 이사 혹은 투자자로 참여한 기업에서 실제로 발생했다.

이제 기업에서 발생하는 비용은 당연히 경영진의 통제하에 있다고 주장할 수도 있다. 결국 비용은 모두가 내부적인 것이다. 그렇지 않냐고? 그렇지 않다. 원자재를 예로 들어보자. 다양한 플라스틱과 금속을 사용하는 제조업체는 원자재 가격 변동으로 영향을 받고, 물류업체는 석유 가격에 휘둘리고, 서비스업체는 특히 파트타임 직원을 고용하는 경우에 예상하지 못한 노동 시장의 변화에 굴복해야 한다. 예를 들어, 마케팅 관리자가 내년에 광고비로 1,000만 달러를 지출하기로 결정할 수 있는 것을 보면, 판매 및 광고비는 경영진의 통제하에 있는 것처럼 보인다. 뻔하다고? 하지만 그렇게 속단해서는 안 된다. 벤처 캐피털의 지원을 받는 경쟁업체가 새롭게 등장해 비슷한 제품을 25% 할인 가격에 판매하면, 마케팅 관리자는 마케팅 예산을 대폭 증액하는 방식으로 대응해야 할 수도 있다.

예전에 배웠던 확률 이론을 떠올려보자. 여러 가지 사건들(예를 들어, X, Y, Z)이 동시에 발생할 확률은 개별 사건이 발생하는 확률을 곱해서 얻는다. 경영진의 예측 능력이 정말 뛰어나서 그 정확도가 80%라고 가정해 보자. 수익이 5개의 구성 요소(매출, 할인율, 인건비, 제조비, 판매비)로만 이루어져 있다고 가정하면, 경영진이 수익을 정확하게 맞힐 확률은 33%(0.8□)에도 못 미친다! 실제로는 수익이라는 수치에 도달하기까지, 거쳐야 할 구성 요소는 5개보다 훨씬 많다. 그렇다면 경영진이(세계 최고 수준의 예측 능력을 자랑하는 사람들일지라도) 분기마다 또는 해마다 수익 가이던스를 계속 정확하게 발표하는 것이 가능할까? 수학적으로 거의 0에 가깝다. 그렇다면 금융업계가 이런 가이던스에 초집중하는 이유는 무엇일까?

나는 이런 질병을 회사 경영진이나 애널리스트의 탓으로 돌리지 않는다. 맞다, '질병'이라고 했다. 자산관리업계의 거의 모든 사람을 감염시키고 투자자가 자기 잠재력을 제대로 발휘하지 못하도록 하기 때문이다. 이 질병의 책임은 기업과 셀사이드 기업sell-side firm*에 단 하나의 수익 가이던스를 제시하도록 강한 압박을 가한 투자업계에 종사하는 바로 우리에게 있다.

맥킨지는 수익 가이던스에 대한 분석을 하고는 이런 냉정한 결론을 내렸다. "수익 가이던스를 수시로 발표하면 이익이 따른다고 알려진 주장을 분석한 결과, 그것이 가치평가비율에 영향을 미치거나

---

* 자산운용사, 연기금, 보험사, 사모펀드 등 직접 자금을 운용하는 회사에 금융 상품과 서비스를 제공하는 회사. 상업은행, 투자은행, 증권사, 중개사 등이 여기에 속한다.

주주 수익률을 개선하거나 주가 변동성을 감소시킨다는 증거는 발견되지 않았다."[17] 수익 가이던스의 수혜자는 투자자도 아니고 경영진도 아니고 오로지 증권 중개인인 듯하다! 이 보고서에서는 이렇게 결론을 내린다. "우리가 확인한 유일하게 의미 있는 효과는 기업이 수익 가이던스를 발표하면 거래량이 증가한다는 것이다."

그리고 이게 전부가 아니다. 수익 가이던스의 슬픈 아이러니는, 수익 가이던스를 꾸준하게 충족하는 기업이 있다면 오히려 훨씬 더 회의적인 시각으로 바라봐야 한다는 것이다.

왜 그럴까? 제너럴 일렉트릭General Electric, GE을 보면 된다.

20세기 후반, GE는 세계에서 가장 존경받는 기업 중 하나였다. 그리고 1981년부터 2001년까지 잭 웰치Jack Welch가 CEO로 활동하던 시절에 GE는 지구상 어느 기업도 경험하지 못한 성장을 이뤘다.[18] 그의 지휘하에, GE는 20년 동안 시장 가치가 40배가 넘게 증가했다. 2000년 8월, GE의 시장 가치는 6,010억 달러에 도달해, 세계에서 가장 높은 가치를 지닌 기업이 됐다. 하지만 2021년 말에는 그 가치의 약 85%를 상실했 과거의 화려했던 영화를 찾아보기가 힘들 정도로 가라앉았다.

GE는 많은 잘못을 저질렀고, 여기서 이를 일일이 열거하지는 않겠다. 다만, 잭 웰치 시절에 GE의 가장 두드러진 점을 꼽으라면 분기마다, 해마다 수익 목표를 달성하는 역량이었다. 애널리스트들과 투자자들은 GE를 사랑했다. GE는 다음 해에 수익 목표를 달성하겠다고 선언하면, 항상 달성했다. 웰치는 《포춘》의 캐롤 루미스Carol Loomis와의 인터뷰에서 이렇게 말했다. "수익을 예측할 수가 없다

투자, 진화를 만나다

면, 세상에 어느 투자자가 GE와 같은 대기업의 주식을 사려고 하겠습니까?" GE는 수치를 '관리'하는 작업에 무감각하고도 오만해져서 최고재무책임자CFO 데니스 대머맨Dennis Dammerman이 《포춘》과의 인터뷰에서 이렇게 대담하게 털어놓을 정도였다. "좋습니다. 이렇게 많은 수익을 우리 재량에 따라 구조조정을 통해 상쇄하겠습니다." 그는 회사 수익을 눈에 띌 정도로 쥐락펴락하고 있었다.

관리자들은 수익 목표를 달성해야 한다는 엄청난 압박을 받고 있었다. 잭 웰치가 물러나고 CEO로 부임한 제프 이멜트Jeff Immelt는 GE의 플라스틱 사업부를 맡으면서 이전 경영진이 수익을 조작한 사실을 알았지만, 이를 함구하기로 결정했다. 그는 GE 내에서 떠오르는 스타였고, 수익 목표를 달성하지 못하는 것은 있을 수 없는 일이라고 생각했다.

GE가 설립한 에디슨 콘딧Edison Conduit이라는 특수목적법인 special-purpose vehicle은 GE와는 별개로 존재해야 했지만, 실제로는 그렇지 않았다. GE 캐피털GE Capital은 에디슨의 부채를 보증해, 에디슨을 사실상 GE의 회사로 만들었다. 이 법인의 존재 목적은 무엇일까? 표면적인 목적은 기업 어음 발행이었지만, 실제 목적은 아무것도 없는 데서 수익을 발생시키는 것이었다. 이 법인은 정기적으로 GE 캐피털로부터 장부 가격보다 높은 가격으로 자산을 매수해 수익을 발생시켰다. 하지만 어떻게 회사가 자체적으로 자산을 매수해서 수익을 발생시킬 수 있을까? 좋은 질문이다. 오늘날에는 이것이 불가능하며, 사기 행위로 간주될 수 있다. 하지만 GE는 엔론Enron 사태*가 발생하기 이전 회계상의 허점을 악용하고 있었다.

2002년 사베인스-옥슬리법Sarbanes-Oxley Act이 통과되면서, GE 가 사용하던 많은 회계 수법이 불법화됐다. 잭 웰치는 2001년, 완벽한 타이밍에 물러났다. 새로운 CEO로 부임한 제프 이멜트는 전임자가 가졌던 회계상의 재량을 전혀 갖지 못했고, 투자자들의 기대에 부응하는 데 지속적으로 실패했다. GE의 주가는 웰치가 물러난 이후로 20년이 넘도록 하락세에서 벗어나지 못했다.

GE의 모든 문제가 수익 목표를 달성해야 하는 문화에서 비롯됐다는 주장을 하려는 건 아니다. 다만, 중요하게 작용했다고는 생각한다. 관리자가 분기별 수치 달성에만 집중하면, 장기적인 방침은 뒷전으로 밀린다. 오로지 수익 목표 달성을 위해 다른 기업을 인수하는 데 혈안이 되면, 부실 자산에 과다한 비용을 지출할 수 있다. 관리자가 회계적으로 투명하지 못한 부분에 대해 진실을 말할 수가 없으면, 시간이 지나면서 문제가 계속 쌓여만 간다.

마지막으로, GE가 했던 종류의 회계 부정을 저지르지 않고도 기업이 수익을 정확하게 예측할 수 있다고 잠시 가정해 보자. 그래서 어쨌다는 걸까? 장기 투자자에게 내년 수익이 5% 증가할지, 10% 감소할지가 과연 중요한 일일까?

우리는 기업을 평가하는 기준은 수익을 정확하게 예측하는 능력이 아니라 위험의 정도, 경쟁력이 있는 해자, 재무 상태, 경영진의

* 에너지 회사였던 엔론이 2001년 12월 파산법 11조에 따른 파산 보호를 신청하면서, 미국 산업계와 투자자들을 충격으로 몰아넣은 사건이다. 당시 엔론은 미국에서 일곱 번째로 큰 회사였으며 월스트리트에서 가장 인기 있는 회사였다. 나중에 연방 수사관들은 엔론의 붕괴의 원인이 분식 결산으로 부채를 감추고 이익을 부풀려왔기 때문임을 밝혀냈다.

도덕성이다. 수익을 정확하게 예측하기 힘든 것을 아는데, 뭐하러 수익을 기준으로 평가하겠는가? 우리는 기업이 제공하는 수익 가이던스를 평가하기 위해 애를 쓴 적이 전혀 없으며, 포트폴리오 기업들에게 그런 가이던스를 제공하지 말라고 설득했다. 설득이 통한 곳도 있고 아닌 곳도 있다. 오랜 습관은 좀처럼 사라지지 않는다.

경영진 대면 미팅

2015년 중반, 맥킨지 출신의 마이크 피어슨Mike Pearson이 경영하는 제약회사 밸리언트Valeant가 주식 시장의 주목을 받으며, 시장 가치가 약 900억 달러에 육박했다. 불과 5년 전인 2010년에 이 회사의 시장 가치는 약 50억 달러에 불과했다.

경제 전문 잡지들은 앞을 다투어 밸리언트의 엄청난 성공을 집중 조명했다. 어느 누구도 이렇게 거대기업으로 떠오르는 밸리언트가 제약회사들을 인수하고, 이익을 극대화하기 위해 비용을 철저하게 줄이는 것을 막을 수가 없었다. 투자자들은 마이크와 그의 얼핏 보기에는 탁월한 전략에 열광했고, 퍼싱 스퀘어Pershing Square, 세쿼이아Sequoia, 밸류액트ValueAct와 같은 주요 투자회사들이 그의 열혈팬이었다.

하지만 찰리 멍거는 전혀 그렇지 않았다. 밸리언트가 빚으로 인수 잔치를 벌이는 것이 재앙으로 가는 길이라는 사실을 정확히 인식했다. 밸리언트의 비도덕적인 사업 관행들(예: 생명과 직결되는 의약품을 제조하는 회사를 인수한 후, 그 가격을 여러 번에 걸쳐 인상하는 행위 등)을 보면서, 이 회사가 조만간 크게 실패할 것으로 생각했다. 2016년 5월, 멍거는 폭스 비즈니스Fox Business와의 인터뷰에서 밸리언트를 하수구보다 더 지저분한 기업이라고 불렀다.[19]

멍거의 이런 태도가 퍼싱 스퀘어의 최고투자책임자Chief Investment Officer, CIO인 빌 애크먼Bill Ackman을 비롯해 밸리언트의 몇몇 최대주주들을 자극했다. 2015년 4월, 애크먼이 멍거에게 마이크 피어슨을 한번 만나볼 것을 제안하는 장문의 편지를 보냈지만, 멍거는 이를 거부했다. 멍거가 밸리언트의 부패와 무능에 대한 '정직한' 신호를 감지하는 데는 피어슨과의 만남이 필요하지 않았다. 밸리언트는 얼마 지나지 않아서 마땅히 받아야 할 벌을 받았고, 2016년 중반까지 기업 가치의 90%를 잃었다. 빌 애크먼의 퍼싱 스퀘어는 밸리언트에 투자해 30억 달러의 손실을 봤다.

왜 다수의 경험 많은 투자자들이 멍거가 공개적으로 강조했던 문제들을 깨닫지 못했을까? 밸리언트 이사회 이사들과 투자자들은 계속 열혈 팬으로 남아 있었는데, 멍거는 어떻게 마이크 피어슨을 만나지 않고도 밸리언트의 몰락을 정확하게 예측할 수 있었을까? 내 가설은 이렇다. 마이크 피어슨은 타고난 영업사원이었다. 아, 정정하겠다. 월스트리트를 매료시킨 최고의 영업사원 중 하나였다.

아무리 똑똑한 사람이라도 마이크 피어슨이 가진 설득의 기술 앞에서는 판단력을 잃었다. 마이크 피어슨과의 대면 미팅에서 그가 보내는 정직하지 않은 신호, 즉 당연하게도 생산 비용이 저렴한 신호 앞에서는 밸리언트가 지닌 수많은 문제에서 나오는 정직한 신호는 감지되지 않거나 무시됐다.

다시 말하지만, 마이크 피어슨이 정직하지 않은 사람이라고 주장

투자, 진화를 만나다

하려는 게 아니다. 어쩌면 그는 자기가 하는 말을 진심으로 믿었을 수도 있다. 하지만 그건 중요하지 않다. 멍거가 옳았던 이유는 그가 어떤 경영진과의 대면 미팅이든 정직하지 않은 신호라는 사실을 알고 있었다는 데 있다.

벤처캐피털, 사모펀드, 뮤추얼펀드 등 대부분의 투자자들이 경영진과의 대면 미팅을 중요하게 생각한다는 사실을 고려하면, 그것이 신뢰할 수 있는 신호가 아니라는 주장이 얼핏 이상하게 들릴 수 있다. 많은 투자자들이 단 한 번의 대면 미팅으로 경영진을 판단하는 데 자부심을 갖는다. 그런 사람은 그렇게 하면 된다. 우리는 아니다.

많은 투자자가 자신이 사람을 제대로 판단한다고 생각하지만, 보통은 그렇지 않다. 대면 미팅으로 사람의 진정한 면모를 판단할 수 있는 비범한 능력을 지닌 사람을 만났다고 가정해 보자. 내가 단언할 수 있는데, 그 사람이 그런 보기 드문 능력을 지녔다고 하더라도, 그것이 경영진과의 대면 미팅에서는 쓸모가 없을 것이고, 그 사람이 더 나은 투자자가 되게 해줄 수도 없다. 그 이유는 간단하다. 경영진이 이런 대면 미팅에서 보내는 어떤 신호든 최소한의 노력을 요구하는 비용이 값싼 것이기 때문이다. 그리고 값싼 신호기 때문에, 경영진이 정직하더라도 그 신호는 정직하지 않을 수 있다.

예를 들어, 경영진은 자기 회사 제품의 품질이 뛰어나다고 믿고, 대면 미팅에서 그렇게 말할 수 있다. 그들이 하는 말을 믿겠는가, 아니면 제품의 품질을 평가하기 위해 스스로 확인을 하겠는가? 경영진은 최근 국내 경쟁업체에 비해 실적이 저조한 이유는 해외 시장에 집중했기 때문이라고 진심으로 믿을 수 있다. 사람을 잘 판단하는 사람이 경영진이 진실을 말하고 있다는 결론을 내리면, 경영진의 말을 그대로 받아들이겠는가? 경영진은 투자자가 무슨 말을 듣고 싶어 하는지를 알고 있으며, 바로 그 말을 상당히 자주 듣게 될 것이다.

우리도 경영진을 만나긴 한다. 대면 미팅을 통해 기업과 관계를 맺고, 기업 역사와 과거의 의사 결정을 이해한다. 우리가 알고 싶은 것이 아니라 경영진이 들려주고 싶은 것을 듣게 되리라는 것을 알기 때문에, 투자를 결정하거나 주요 가설을 검증하는 데 경영진과의 대면 미팅을 활용하지 않는다.

정직한 신호들, 그리고 그 해석 방법

이제 조금 곤란한 상황에 놓였다. 보도자료, 투자설명회, 수익 가이던스, 심지어 경영진과의 대면 미팅에도 의존할 수 없다면, 투자자는 대체 어떤 종류의 신호를 신뢰할 수 있을까?

여기서 아모츠 자하비에게로 되돌아가 보자. 자연계를 바라보는 그의 관점은 투자의 세계와 깊은 관련이 있다. 값비싼 신호만 믿을 수 있다고 했으니, 그것에 의지해야 한다. 그런데 대체 어떤 신호가 많이 비용이 소요되고, 그렇기에 신뢰할 수 있을까? 넓게 보면, 두 가지가 있다.

첫 번째는 5장에서 설명했다.

과거의 운영 및 재무 실적

5장에서 설명했던, 기업과 산업을 평가하려면 역사를 봐야 한다

투자, 진화를 만나다

는 논리를 다시 설명하지는 않겠다. 여기서는 우리 나란다는 투자 또는 투자 철회를 결정할 때 과거의 사실을 중요하고도 신뢰할 수 있는 두 가지 신호 중 하나로 취급한다는 말을 해두는 것으로 충분할 것 같다. 과거의 사실은 이미 발생한 일이다. 우리가 볼 수 있도록, 그곳에 존재한다. 이는 회사의 행위와 그 결과에 대한 부정할 수 없는 신호다. 문제는 투자자들이 미래에 대한 신호를 받는 데에만 집중한다는 것이다.

투자업계에서 널리 개최되고 있는 화상 회의를 예로 들어보자.

5장에서 화상 회의에 대해 언급했지만, 정직한 신호와 정직하지 않은 신호의 관점에서 다시 살펴볼 필요가 있다. 분기별로 열리는 화상 회의는 경영진이 외부의 애널리스트와 투자자에게 보내는 강력한 신호다. 이 회의에는 대체로 CEO, CFO를 포함해 기업의 주요 리더들이 참석한다. 원하는 모든 답을 얻을 수 있는 장소를 하나 꼽으라면, 바로 이곳이다. JP 모건의 제이미 다이먼Jamie Dimon, 페이스북의 마크 저커버그Mark Zuckerberg, 과거 트위터의 잭 도시Jack Dorsey, 애플의 팀 쿡Tim Cook, 테슬라의 일론 머스크 등 기업의 리더들이 분기별로 열리는 화상 회의에 참석한다.

이제 구체적인 예로 들어가 보자. 세계 최대의 석유회사 중 하나로 손꼽히는 쉐브론Chevron은 2019년에 약 1,400억 달러의 매출을 기록했고, 시장 가치가 약 1,900억 달러에 달했다. 이 회사의 경영진은 2020년 1월 31일에 투자자와 애널리스트를 대상으로 화상 회의를 개최해 이 실적을 강조했다.[20] 애널리스트와 투자자는 29개의 질문을 던졌다. 그중 몇 퍼센트가 미래에 관한 것이었을까? 70%가 넘는다.

다음은 이런 미래 지향적인 질문 몇 가지다.

- 2020년의 거래량을 어떻게 전망하고 있는지 조금 더 구체적으로 말씀해 주시겠습니까?(2020년 초에 나온 질문이다.)
- 포트폴리오 기업 중에서 2020년에 상승세를 보여줄 만한 곳이 또 어디에 있는지가 궁금합니다.
- 자산을 계속 매각하고 자본집약도가 낮아지는 상황에서, 장기적으로 배당금을 대규모로 여러 차례에 걸쳐 증액하는 것이 과연 가능한지가 궁금합니다.

거래량, 잠재적 상승세와 배당금 증액에 대한 질문은 그 자체로 중요하다. 하지만 질문이 중요하다고 해서, 질문에 대한 답이 훌륭하거나 신뢰할 수 있다는 의미는 아니다. 나는 내가 관리하는 펀드의 내년도 수익률이 얼마일지 궁금하지만, 그렇다고 해서 내가 특정 숫자를 고르는 것은 어리석은 짓이다.

거래량과 잠재적 상승세에 관한 질문을 살펴보자. 쉐브론 경영진은 이런 질문에 긴 대답을 내놓았지만, 기본적으로 거래량의 증가율은 대체로 예년과 비슷한 수준을 유지할 것이라고 말했다. 그들은 코로나19가 유행하거나 석유 가격과 수요가 급격히 하락할 것을 예상하지 못했다(이 문제에 대해서는 어느 누구라도 그랬을 것이다). 쉐브론은 2019년 순이익이 29억 달러에 달했지만, 2020년에는 55억 달러의 순손실을 기록할 것으로 예상됐다. 2020년 4분기의 매출은 전년도 같은 기간의 350억 달러에서 250억 달러로 30% 가까

투자, 진화를 만나다

이 감소했다. 이번 화상 회의에서 경영진은 2020년에 자본 지출이 210억 달러가 발생할 것으로 예상했다. 실제로는 어땠을까? 130억 달러였다.

2020년과 그 이후 쉐브론의 실적과 관련된 모든 질문은 기본적으로 쓸모없었다는 사실이 드러났다. 예측이 얼마나 어려운 작업인지를 설명하기 위해 유행병이 발생한 해를 선택하는 건 공정하지 않다고 이의를 제기할 수 있다. 하지만 나는 이렇게 해서라도 금융 부문이 기업의 미래에 집중하는 것이 합리적이지 않다는 점을 강조하고 싶다. 어떤 기업도 2020년의 재난을 예상할 수 없었고, 쉐브론도 예외는 아니었다.

쉐브론 경영진이 정직하고 질문에 기꺼이 최선을 다해 대답했다고 가정할 수 있다. 하지만 그들이 미래에 어떤 일이 일어날지 공언하는 데는 별다른 노력이 들어가지 않는다는 점을 고려하면, 미래에 대해 그들이 전하는 어떤 신호든 생산 비용이 저렴하고, 따라서 정직하지 않다. 미래에 대한 모든 이야기는 신뢰할 수 없으며, 추측에 불과하다.

만약 내가 쉐브론 경영진의 일원으로 있으면서 이런 질문을 받았다면, 내 대답도 그들과 별반 다르지 않았을 것이다. 문제는 쉐브론에 있지 않다. 기업 경영진에게 불가능한 것을 하도록 강요하고, 불가능한 기준을 충족하지 못하면 비난하는 우리 금융업계 사람들에게 있다.

정직한 신호는 "내년에는 우리 마진율이 15%가 될 것이다"가 아니라 "지난 10년 동안 우리 평균 마진율은 12%였다"이다. 정직한 신호는 "앞으로 2년이 지나면, 잉여현금흐름이 견실해질 것이다"가 아니라 "지난 10년 동안 잉여현금흐름이 발생한 해는 단 하나였다"이다. 정직한 신호는 "내년에 6개의 신제품을 출시할 예정이다"가 아니라 "최근 우리 역사를 돌이켜보면, 2년마다 평균 1개의 신제품을 출시했다"이다.

이야기도 아니고, 예측도 아니고, 오로지 과거의 사실만이 정직한 신호에 해당한다.

항간에 떠도는 소문

대부분의 사람은 자신과 자녀를 평가할 때는 긍정적인 편견을 갖지만, 다른 사람과 배우자를 평가할 때는 놀라울 정도로 솔직하고 정확할 수 있다. 투자자로서 우리는 이렇게 잘 입증된 인간의 속성을 활용해 기업에 대한 긍정적 또는 부정적 신호를 감지해왔다. 어떤 산업에서든, 기업이 자신의 이름을 널리 알리려면 수십 년은 아니더라도 수년에 걸쳐 막대한 시간과 노력을 쏟아부어야 하기 때문에, 좋은 평판은 비용이 상당히 많이 소요되는 값비싼 신호고, 따라서 정직한 신호다.

따라서 우리는 투자를 결정하기 전에, 수개월 동안 딜러, 경쟁업체, 전직 직원, 공급업체, 업계 전문가들과 대화를 나누면서, 기업과 해당 산업을 전체적으로 이해하기 위해 노력한다. 우리는 두 가지 이유로, 이런 '떠도는 소문'의 형태를 띤 신호를 정직한 신호로 취급한다.

첫째, 나는 특정 기업에 심각한 원한을 품은 경우가 아니라면 대

투자, 진화를 만나다

체로 거짓말을 할 동기가 있는 사람은 거의 없다는 사실을 알게 됐다. 경쟁업체가 우리가 평가하려는 기업에 깊은 인상을 받았다면 그렇게 말하는 편이고, 그렇게 말하는 다양한 근거를 제시한다. 둘째, 기업과 관계가 있는 사람들(반드시 해당 기업 출신은 아니더라도)을 만나서 많은 대화를 나누다 보면, 경영진의 평판과 자질에 대해 많이 알게 된다.

나는 나란다를 설립하고 1년도 채 되지 않은 2008년에 떠도는 소문을 통해 값진 교훈을 얻었다. 당시 우리는 시장 가치가 거의 20억 달러에 달하는 인도의 어느 제조업체에 많은 관심을 갖고 있었다. 이 회사는 오랜 역사에 걸쳐 자본수익률이 상당히 높았고, 남들이 따라올 수 없는 제품을 설계해 제조한다고 주장했으며, 주요 고객을 확보하고 있었다. 금융업계에 종사하는 사람들은 모두가 하나같이 이 회사에 칭찬을 아끼지 않았다. 경영진을 만나서 회사의 전략과 철학을 분명하게 설명하는 모습에 깊은 인상을 받았다. 그들이 과거에 이루어낸 실적을 분석하면 할수록, 긍정적인 결과만 나왔다.

우리는 주로 의료 서비스 부문에 종사하는 이 회사의 고객들을 만나서 대화를 나누기 시작했다. 우리는 고객 모두가 이 회사를 전문 제조업체가 아니라 물품 공급업체로 알고 있다는 사실에 적지 않게 놀랐다. 또한 고객들은 최신 첨단기술 제품을 판매하기 때문이 아니라 그저 가격이 가장 저렴하기 때문에 이 회사 제품을 구매한다고 말했다. 몇몇 고객들과 대화를 나눈 끝에, 이 회사가 제품의 품질과 고객 관계의 깊이를 과장해서 이야기한다는 사실을 분명히 확인할 수 있었다.

대차대조표에서도 이상한 신호가 포착됐다. 270일의 미수금 회수 기간은 고객과 관계가 돈독하다고 주장하는 회사치고는 너무 길어 보였다. 고객이 대금을 지급하는 데 왜 9개월씩이나 걸리는가? 회사 측에 물었더니, 의료서비스업계에서는 이런 일이 심심찮게 발생한다는 무성의한 답변이 돌아왔다. '떠도는 소문'으로 확인하기 위해 이 회사 고객들에게 물어본 결과, 모두가 계약에 따라 90일 이내에 대금을 지급한다고 말했다. 그렇다면 회사는 남은 180일 동안 현금을 어디에 숨겨 놓았을까?

결국 '떠도는 소문'을 통해 확인한 세 번째 신호가 가장 강력한 파괴력을 지닌 것으로 드러났다. 우리는 이 회사의 영업담당자로 근무하다가 몇 달 전에 퇴사한 사람을 만나서 이야기를 나눌 수 있었다. 그에게 이 회사의 실적에 대해 묻자, 쓴웃음을 지으며 이렇게 대답했다. "당신들은 금융 부문에 종사하는 사람이잖아요. 그러니까 어쩌면 당신들이 이 비정상적인 상황에 대해 제게 설명해주실 수 있겠네요. 저는 글로벌 영업담당자였고, 회사 매출의 100%를 책임지고 있었습니다. 하지만 회사가 발표하는 분기별 재무 실적에 나오는 매출액은 제가 실제로 넘겨준 분기별 매출액보다 항상 훨씬 더 높았습니다. 어떻게 그럴 수가 있습니까?" 더 이상 들을 것도 없었다.

이 회사의 시장 가치는 2008년 초에 정점을 찍고 나서 98%나 하락했다.

만약 우리가 회사가 발표한 과거의 운영 및 재무 실적에만 의존하고 떠도는 소문에 폭넓은 관심을 쏟지 않았더라면, 오늘날의 나란다는 존재하지 않았을 수도 있다. 1억 5,000만 달러에서 2억 달러

투자, 진화를 만나다

에 달하는 잘못된 투자를 하고는 회복하지 못했을 수도 있다.

여담이지만, 위대한 투자자인 필립 피셔Philip A. Fisher는 1958년에 출간되어 이제는 고전이 된 《위대한 기업에 투자하라Common Stocks and Uncommon Profits》에서 떠도는 소문에 입각한 접근 방식을 대중에게 처음으로 널리 알렸다. 그는 2장 '떠도는 소문이 무엇을 할 수 있는가'에서 이렇게 주장했다. "업계를 떠도는 소문은 엄청난 일을 할 수 있다. 특정 기업과 어떻게든 관련된 사람들의 의견을 통해 재현된 단면들에서 특정 산업에 속한 기업의 상대적 강점과 약점에 대한 정확한 그림을 얻을 수 있다는 사실은 놀라운 일이다."

이보다 더 진실한 말은 거의 없다.

앤서니 볼튼의 실수

2010년에 앤서니 볼튼이 출시한 4억 6,000만 파운드 규모의 펀드가 저조한 실적을 보인 미스터리와도 같은 사건으로 되돌아가 보자. 앞에서 나는 중요한 정보를 일부러 말하지 않았다. 그것은 볼튼이 영국이 아닌 중국에서 펀드를 출시했다는 것이다. 볼튼이 무슨 생각으로 그랬는지는 잘 모르겠지만, 영국에서 기개를 떨치고 나니 새로운 도전을 원했던 것 같다.

그러나 중국은, 특히 상장 기업의 활동과 실적에 관해서는, 영국과 여건이 다르다(여담이지만, 인도도 이 점에서 중국과 크게 다르지 않다). 중국의 스타벅스라고 불리는 루이싱커피Luckin Coffee를 들어봤을 것이다. 루이싱은 주로 테이크아웃과 배달을 통해 저가의 커피를 판매했기 때문에, 사업 모델이 스타벅스보다 확장성이 강하다고 주장했다. 또한 고객이 앱을 통해 주문할 수 있었기에, 기술 기업으로서 입지도 다졌다. 중국 최대 벤처캐피털 중 하나인 조이캐피털Joy Capital과 싱가포르 국부펀드인 GIC를 비롯해 다수의 주요 투자자들이 루이싱의 기업 가치를 10억 달러로 평가해 투자했다.

루이싱은 2019년 5월 미국에 상장했다. 2020년 1월에는 주가가 50달러에 도달해 기업 가치가 120억 달러를 넘겼다. 1월 말에는, 유명 공매도 전문업체인 머디 워터스Muddy Waters가 루이싱이 매출액을 허위로 부풀려서 기재했다고 주장하는 통렬한 내용을 담은 보고서를 내놓았다.[21] 설상가상으로, 루이싱을 상대로 회계 감사를 진행했던 언스트 앤드 영Ernst & Young이 관리자들의 사기 행위를 밝혀냈다. 2020년 5월까지 루이싱의 주가는 95%가 넘게 폭락했다.

유감스럽게도, 루이싱만 그런 것이 아니었다. 차이나 애그리테크, 차이나 그린 애그리컬처, 차이나 인테그레이티드 에너지, GSX 테크에듀, 아이치이, 롱웨이 페트롤리엄, 오리엔트 페이퍼, 푸다 코울, 시노 클린 에너지와 같은 중국 기업들은 모두가 회계 부정 또는 명백한 사기 혐의로 기소됐다.[22]

앤서니 볼튼이 중국에서 실패한 원인에 대한 설명은 아마 이른바 '전문가'라고 하는 사람들의 수만큼이나 다양할 것이다. 내 설명은 이렇다. 볼튼은 중국에서의 신호와 영국에서의 신호를 혼동했다. 많은 중국 기업들이 보내는 신호가 기본적으로 정직하지 않다는 사실을 깨닫지 못했다. 그것들이 과연 정직한 신호인지를 훨씬 더 많이 의심했어야 했다.[23]

투자, 진화를 만나다

모닝스타의 애널리스트 자오 후Zhao Hu는《사우스차이나 모닝포 스트South China Morning Post》와의 인터뷰에서, 볼튼의 중국 펀드가 투자한 기업 중 한두 곳이 아니라 세 곳이 회계 부정과 제품 리콜 사태로 휘청거리게 된 사실을 지적했다. 볼튼은 영국 기업들이 보내는 정직한 신호에 익숙했다. 하지만 자오 후가 전하는 말에 따르면, "분명히 그는 이처럼 소규모의 검증되지 않은 중국 기업에 투자할 때 따르는 위험을 충분히 고려하지 않았다."

말벌과 난초의 관계가 재현된 것이다.

***

자연계에서 신호의 발신자와 수신자 사이의 군비 경쟁에서 확실한 승자는 거의 없다. 뻐꾸기가 다른 종의 새가 머무는 둥지에 알을 낳고 자기 새끼가 그곳에서 자라게 놔둔다는 이야기를 들어봤을 것이다. 여기서 신호는 뻐꾸기 알의 크기, 모양, 색상 등이 다른 종의 새 알과 일치한다는 것이다. 그러나 과학자들은 다른 종의 새 중 일부는 자신이 이런 방식으로 이용당하는 것을 허용하지 않는다는 사실, 심지어는 같은 종의 알과 비교해도 확연히 다르게 보이는 알을 낳도록 진화해 왔다는 사실을 확인했다.[24] 그 결과, 그들은 뻐꾸기 알을 침입자로 인식한다. 뻐꾸기가 보내는 정직하지 않은 신호를 감지하는 방법도 진화한 것이다. 이런 경쟁에는 승자가 없으며, 앞으로도 그럴 것이다.

이와는 대조적으로, 기업의 세계에서는 신호의 발신자인 기업이 수신자인 우리, 즉 쉽게 속아 넘어가는 투자자를 이기고 있는 것이 분명하다. 그러니 투자업계의 실적이 시장에 비해 저조하다는 게 놀랍지 않다. 이제 장기 투자자들은 어떻게 해야 할까?

청개구리는 무시하고, 구피의 말에 귀를 기울여야 한다.

요약

진화론의 일곱 번째 가르침
정직한 신호와 정직하지 않은 신호를 판별하라.

1. 자연계에서는 신호의 '발신자'는 '수신자'의 행동에 영향을 미치기 위해 노력한다. 수신자에게는 정직한 신호와 정직하지 않은 신호를 판별하는 것이 삶과 죽음을 가르기도 한다.

2. 청개구리가 자기보다 덩치가 큰 경쟁자가 내는 저주파의 개골개골하는 소리를 모방하는 것은 정직하지 않은 신호이지만, 수컷 구피의 눈에 띄는 색상은 자신의 건강과 활력을 나타내는 정직한 신호다.

3. 자하비의 핸디캡 원칙은 생산 비용이 많이 소요되는 신호는 정직한 신호이므로 수신자가 신뢰할 수 있다고 주장한다. 여기서 '비용'은 신호를 생산하는 데 소요되는 추가적인 자원 또는 사망 위험의 증가를 의미한다.

4. 투자자는 수많은 신호에 시달리며, 그중 상당수는 정직하지 않다. 이런 신호의 예로는 보도자료, 경영진과의 인터뷰 및 대면 접촉, 투자설명회, 수익 가이던스 등이 있다. 이 모든 신호는 투자자에게 좋은 인상을 주기 위한 것으로, 대체로 상당히 쉽게 생산된다. 우리는 이 모든 것들을 무시한다.

5. 우리는 생산 비용이 많이 소요되는 정직한 신호에만 의존한다. 여기에는 과거의 운영 및 재무 실적과 공급업체, 고객, 경쟁업체, 전직 직원 및 업계 전문가가 전하는 떠도는 소문의 형태를 띤 신호도 포함된다.

WHAT I LEARNED ABOUT INVESTING FROM DARWIN

제 3 부

게으름 부리지 마라,
엄청나게 게으름 부려라

여기까지 따라왔다면, 이 책을 추천한 사람을 저주하기보다는 고마워하는 경우가 더 많기를 바란다. 큰 위험을 피하고 우량 주식을 매수하는 것에 반대할 이유는 없지 않을까? 물론 경영진 대면 미팅을 얼마나 중시할지, ROCE가 20%인 것을 받아들일 수 있는지 등을 두고 옥신각신할 수는 있다. 하지만 장기 투자자이거나 장기 투자자이고자 한다면, 피할 수 있는 위험을 감수하는 것은 나쁜 결정이고, 훌륭한 기업에 투자하는 것은 좋은 결정이라는 대원칙에 동의하리라 생각한다.

안타깝게도, 이제부터는 우리 우정이 지속하지 못할 수도 있다.

주식을 사고팔 때, 우리는 게으르지 않다. 엄청나게 게으르다. 좀처럼 사지 않고, 거의 팔지 않는다. 많은 장기 투자자가, 특히 주가가 터무니없이 오르면, 결국 주식을 판다. 우리는 그러지 않는다. 우리는 영원한 소유주다. 사랑하는 기업의 주식을 단 한 주도 팔지 않을 것이다. 몇 가지 사소한 주의 사항은 있다(이는 뒤에서 설명하겠다). 하지만 좀처럼 사지 않는 입장에 동의하는 사람도, 결코 팔지 않는 입장은 잘못되거나 심지어 어리석다고 할 것이다. 맞는 말일 수 있다. 하지만 이 책에서 내가 하려는 건 무엇을 해야 하는지가 아니라 우리가 무엇을 하는지 알려주는 것이다.

8장과 9장에서는 비교적 잘 알려지지 않은 진화론의 두 가지 교훈을 통해 좀처럼 사지도 않고, 훨씬 더 좀처럼 팔지도 않아야 한다는 주장을 뒷받침한다. 10장에서는 진화와 장기 투자를 결합하는데, 유명하지만 과소평가된 개념을 자세히 설명하며 매도, 정확히는 매도하지 않는 것에 초점을 맞춘다. 결론에서는 진화론이 투자자에게 주는 핵심 교훈, 즉 단순한 과정의 반복이 훌륭한 결과로 이어질 수 있음을 강조하면서 마무리한다.

이 이야기는 꿀벌로 끝난다. 하지만 시작은 새와 곰에서 해야 한다.

8장

핀치새, 매수와 매도를 말하다

자연 선택은 매일 그리고 매시간 세계 전역에 걸쳐서 모든 변이들을 아주 미세한 것이라 하더라도 세심하게 살피면서, 나쁜 것은 버리고 좋은 것은 보존하여 보태는 일을 한다고 말할 수 있다. 또한 자연 선택은 언제 어디서든 기회만 주어지면, 각 유기체들을 유기적, 무기적 생활 조건에 맞게 개선하는 일을 조용히 눈에 띄지 않게 한다.

—

찰스 다윈, 《종의 기원》, 4장 자연 선택

우리가 책임 준비금을 비축하는데 어려움이 따르고, 보험업계도 어려움에 처해 있기는 하지만, 우리는 우리의 보험사가 성장하여 상당한 수익을 올릴 것으로 기대합니다. 하지만 성장이 매우 불규칙적으로 진행되고, 때로는 유쾌하지 않은 돌발 상황이 발생할 수도 있습니다.

—

워런 버핏, 〈1986년 주주 서한〉

섬은 전쟁을 겪은 듯했다. 그것도 한쪽이 일방적으로 학살당한 전쟁을. 죽은 새의 시체가 사방을 뒤덮고 있었다.

1978년 1월, 피터 보그Peter Boag와 로렌 랫클리프Laurene Ratcliffe가 섬으로 돌아와 보니, 1977년 가뭄으로 인해 새의 거의 80%가 폐사한 상태였다. 290마리 정도만 살아남았다. 그들은 1977년에 야영장 주변을 따라다니며 친하게 지냈던 암컷 새 한 마리를 찾아봤지만, 시체를 찾을 수 없었다. 이 섬에 서식하는 두 가지 주요 조류 종중 핀치새가 특히 큰 타격을 입었다. 1977년에는 알을 낳거나 둥지를 짓는 핀치새가 한 마리도 없었고, 그 결과 새끼 핀치새가 태어나지 않았다. 게다가 가뭄이 발생하기 이전 해인 1976년에 태어난 핀치새는 모두 폐사했다. 피터와 로렌은 죽은 새와 살아있는 새의 신체 치수를 꼼꼼하게 재고, 무거운 마음으로 프린스턴으로 가서 그 결과를 표로 만들었다.

그 결과는 놀라웠다.

그들이 다윈이 틀렸다는 걸 입증한 걸까?

연준 금리, 중국 항구, 독일 규제 당국이 어쨌다고?

〈로티 캅다 아우르 마칸Roti Kapda Aur Makaan〉(빵, 옷, 집이라는 뜻이다)는 1970년대 볼리우드Bollywood*의 대표적인 대작 중 하나다. 상영 시간이 2시간 30분이 넘는(그렇다, 볼리우드 영화는 상영 시간이 긴 편이다) 이 멜로 영화는 매슬로우Maslow의 욕구 위계에서 가장 낮은 단계의 욕구가 얼마나 중요한지를 강조한다. 오늘날 이 영화가 제작된다면, 제목이 와이파이, 로티, 캅다 아우르 마칸이 되지 않을까? 내겐 인터넷 이전의 시대가 상상할 수 없을 정도로 지루해 보인다. 하지만 그 당시에도 세상에는 항상 많은 일이 일어나고 있었다. 지금과 그 당시의 차이는 지금은 내가 1초도 걸리지 않아 세상에 일어난 일을 알게 된다는 것이다.

병원 간호사, 초콜릿 판매원 또는 자동차 엔지니어에게는 쉴 새 없이 쏟아지는 뉴스가 배경 소음처럼 느껴질 수 있다. 자신의 기분과 시간적 여유에 따라 뉴스에 귀를 기울일 수도 있고, 그러지 않을 수도 있다. 어떤 사람들은 소셜 미디어에서 특정 주제에 빠져들 수도 있지만, 대다수는 자신이 하는 일과 일반적인 뉴스의 흐름이 분리된 상태에서 살아간다.

* 봄베이를 거점으로 한 인도 영화.

투자, 진화를 만나다

투자자는 그렇지가 않다. 대부분의 투자자들은 뉴스, 특히 경제 뉴스의 흐름이 의사 결정에 중요한 정보로 작용한다고 말할 것이다. 그들의 사무실에서 CNBC 화면이 음소거된 채로 흘러나오거나 책상 위에 뉴스 기사가 스크롤되는 블룸버그 단말기가 놓여 있는 것을 아주 흔하게 볼 수 있다.

왜 그럴까? 2021년 6월 22일자 《파이낸셜 타임즈》 온라인판의 헤드라인 몇 개를 실례로 들면서, 그 이유를 알아보자.

"시장이 연준의 금리 인상 전망에 적응하면서 월스트리트 반등"

"중국 항구에서 코로나19가 발생해, 글로벌 공급망 위기 고조"

"독일 규제 당국, 애플을 상대로 반독점 조사에 착수"

"신흥 시장, 자본 흐름을 크게 우려"

"태양광 투자자, 원자재 가격 상승으로 큰 타격을 입다"

태양광 산업 관련 헤드라인을 접했을 때, 심장이 두근거리기 시작했는가? 투자업계를 잘 아는 입장에서, 나는 다수의 투자자들이 이런 뉴스를 접하면 투자 포트폴리오에 작지만 중요한 변경을 가하는 식으로 반응했을 것으로 확신한다.

첫 번째로 나오는 연준의 금리 인상 전망과 관련된 헤드라인부터 시작하자. 5장에서 소개한 DCF 분석 모델을 기억할까? 아마 미국뿐만 아니라 전 세계 투자자들이 금리 변동 가능성을 반영하기 위해 자기 DCF 분석 모델을 조정했을 것이다. 미국 달러화는 세계의 통화다. 따라서 미국에서의 금리 변동은 모든 국가의 금리에 중요하게 작용한다고 알려져 있다. 실제로 그런지는 잘 모르겠다. 이런 쟁점이 내게는 너무나 어렵게 다가오지만, 어쨌든 그렇게 알려져 있다는 사실은 알고 있다. 내 이메일 받은 편지함에는 미국 연준이 금리 카드를 만지작거리거나 그걸로 위협할 때마다 인도 애널리스트들이 상세히 작성한 논평 기사가 들어온다. 이때 누군가가 모델에서 할인율을 변경하기라도 하면? 주가가 싸거나 비싸게 보이고, 이것이 매수 또는 매도를 촉발한다.

미국 금리에 대한 신문 헤드라인이 전 세계의 주가를 요동치게 했다.

중국 항구에서 코로나19가 발생했다고 전하는 두 번째 헤드라인을 살펴보자. 이 기사에서는 세계 최대 규모의 컨테이너 터미널 중 하나인 중국 선전항에서 근무하는 근로자들이 코로나19 양성 판정을 받은 후, 이 항구가 일주일간 폐쇄되었다는 내용을 다룬다. 컨테이너 운임이 지난 10월 이후로 5배나 증가한 사실을 알게 된다. 광저우의 어느 의류 공장 소유주는 '지금이 악몽과도 같은 상황'이라고 한탄한다. 그녀로서는 확실히 그렇다. 하지만 투자자에게도 그럴까? 거의 확실히 그럴 것이다. 이번 뉴스 이후로 컨테이너 운송업체, 쇼핑 제품 제조업체, 항만업체, 의류 제조업체, 물류업체, 중국에서 많은 제품을 수입하는 세계 전역의 기업, 중국에서 많은 제품을 수입하지 않는 세계 전역의 기업(결국 이런 기업이 중국에서 많은 제품을 수입하는 기업에 비해 비용을 절약하지 않을까?)의 주가가 요동쳤다면, 그리 놀라운 일은 아닐 것이다.

중국 항구에 대한 헤드라인이 전 세계의 주가를 요동치게 했다.

투자, 진화를 만나다

세 번째 헤드라인을 살펴보자. 독일 규제 당국이 애플을 상대로 반독점 조사에 착수한 것이 왜 애플이 아닌 다른 기업의 주가에 영향을 미칠까? 우리는 미국을 비롯해 그 밖의 지역에서 활동하는 펀드매니저들이 독일 규제 당국이 이번 조치를 통해 루비콘강을 건넜다고 판단했기 때문에, 아마존, 페이스북, 구글, 트위터와 같은 독점에 준하는 기업의 주가가 이번 뉴스에 반응했다고 생각할 수 있다. 그리고 펀드매니저들이 이 뉴스가 자기 투자 포트폴리오에 좋게 작용한다고 생각하는지 혹은 나쁘게 작용한다고 생각하는지에 따라 소비자 기술 및 미디어 기업에 대한 수많은 매수 또는 매도 주문으로 이어졌을 것이다. 독일에서 이런 일이 일어날 수 있다면, 다른 나라에서도 당연히 일어날 수 있지 않을까?

독일 규제 당국이 미국 기업을 상대로 취한 조치를 전하는 헤드라인이 전 세계 주가를 요동치게 했다.

아, 나도 잘 안다. 지금 나는 살얼음판을 걷는 중이다. 아무런 증거도 없이, 펀드매니저들이 이 세 가지 뉴스에 전 세계 다양한 기업의 주식을 매수 또는 매도했다고 주장하고 있다. 이 세 가지 뉴스에 대한 내 주장이 타당한지는 잘 모르겠다. 하지만 지난 몇 년 동안 뮤추얼펀드들이 더 공격적으로 행동했음은 부정할 수 없는 사실이다. 2018년 모건 스탠리가 발표한 〈단기적인 세계에서 장기적인 확신 Long-Term Conviction in a Short-Term World〉라는 제목의 보고서에 따르면, 1960년에 7년이었던 뮤추얼펀드의 평균 주식 보유 기간은 1년 미만으로 줄었다.[1] 펀드는 외부와 단절된 상태에서 매수, 매도를 결정하지 않는다. 펀드매니저들은 무엇인가에 기초해 매수, 매도를 결정한다. 때로는 그 무엇인가가 평판이 좋은 신뢰할 수 있는 경제 신문에 실린 최신 뉴스다.

나머지 두 개의 헤드라인, 즉 신흥 시장의 자본 흐름과 태양광 산업에서 원자재 가격 상승이 주가에 미치는 영향에 대해 생각해보자. 그리 어렵지 않다.

4장에서 다루었던 내용, 즉 성공의 근접 원인과 궁극 원인과 3부의 제목, 즉 엄청나게 게으름 부리라는 권고에 기초하면, 우리가 2021년 6월의 이 다섯 개 뉴스 중 어느 것에도 반응하지 않았다는 결론을 정확하게 내릴 수 있다. 우리가 반응한 것은 하나도 없었다.

하지만 우리가 틀렸을 수도 있지 않을까? 우리는 왜 연준의 금리 전망에 기초해 인도에서의 투자 포트폴리오를 조정하지 않았을까? 우리 포트폴리오 기업 중 다수가 중국에서 제품을 수입하는데, 왜 이들의 수익 감소가 확실시되는데도 주식을 매도하지 않았을까? 그리고 왜 각자의 시장에서 사실상 독점적 지위를 누리고 있는 우리 인터넷 기업 3개 중 어느 하나도 건드리지 않았을까? 결국에는 인도 규제 당국이 독일 규제 당국의 전철을 밟지 않을까? 그리고 우리 입장에서 인도로의 자본 유입 감소라는 망령보다 더 걱정되는 것은 무엇일까?

이 질문에 대한 답은 나중에 이야기하기로 하고, 그 전에 훨씬 더 아프게 정곡을 찌르기에 무시하기가 어려운 다른 종류의 뉴스를 살펴보자.

끊임없는 격변이 마음을 흔든다

단 하루, 단 하나의 신문에 실린 불과 몇 개의 뉴스가 주식 시장에 미칠 수 있는 영향을 봤다. 그런데 이런 뉴스는 매일, 실제로는 매 순간마다 신문, 텔레비전, 소셜 미디어, 증권 중개인과 펀드매니저의 속삭임 그리고 그 밖의 여러 행태로 끊이지 않는다.

펀드매니저가 기업인수목적회사special-purpose acquisition company, SPAC*에도 위워크에도 투자하긴 하지만, 어쨌든 실제 돈으로 실제 기업에 투자한다. 그러니 포괄적인 뉴스를 살펴보는 대신, 어느 한 기업에 관한 뉴스의 흐름을 시간에 따라 추적해 보면 어떨까?

이제 간단한 사고 실험을 해 보자. 여러분이 장기 투자자라고 가정하자. 세계 금융 위기가 한창이던 2009년 1월 초, 세계에서 가장 규모가 크고 성공한 프랑스 화장품 회사인 로레알L'Oréal에 투자하기로 결정했다. 로레알과 같은 우량 기업은 금융 위기로 인한 단기적인 고통을 극복할 수 있을 것으로 생각했다. 그래서 이 회사 주식을 한 주당 약 60유로에 사들였다. 장기 투자자이기 때문에, 이 회사 주식을 여러 해에 걸쳐 소유할 계획이다. 앞으로 몇 년에 걸쳐 이 회사의 분기별 및 연간 재무 실적 외에도, 이 회사에 대한 다양한 뉴스를 접하게 될 것이다. 표 8.1은 2009년부터 2021년까지 매년 다양한 뉴스 출처를 통해 얻은 로레알에 대한 다섯 개의 헤드라인을 보여준다. 자세히 읽기 전에 얼른 훑어보기 바란다.

• 기업의 인수와 합병을 유일한 목적으로 하여 설립하는 명목상의 회사.

표 8.1 로레알 관련 뉴스 헤드라인 (2009년 1월 ~ 2021년 12월)

2009	5월	꿀벌의 죽음이 화장품 산업에 위협
	5월	이베이가 영국 법정에서 로레알을 상대로 승소
	8월	로레알, 자사 제품이 카지노 호텔에서 CVS 파머시로 흘러간 것이라고 주장
	11월	덴마크, 니베아와 비오템에서 유해 물질 검출 선언
	12월	로레알 회장, 특별 수당과 관련하여 법적 분쟁에 휘말려
2010	2월	로레알, 신규 고객 10억 명 확보를 목표를 설정
	3월	네슬레, 로레알 주식을 매수하지 않고 매도하게 될 듯
	4월	로레알, 에시Essie 인수
	7월	경찰, 로레알 스캔들 확대로 4명 체포
	12월	아이래시 인핸서가 급성장하는 시장으로 떠오르다
2011	2월	로레알, 오웬 존스 회장 시대를 마감하다
	3월	규제 당국, 로레알, P&G 화장품에 가격 담합으로 벌금 부과
	7월	규제 당국, 에어브러시 처리를 지나치게 많이 한 이유를 들어 로레알 광고에 금지 처분
	8월	로레알, 비용 상승으로 마진율 감소
	10월	로레알, 신흥 시장을 아름답게 꾸미다. 로레알 주식이 예뻐 보이다.
2012	3월	로레알, 럭셔리 사업부 재편성
	8월	로레알 장 폴 아공Jean-Paul Agon 회장, 2012년 하반기에 대한 자신감 표명
	9월	식품의약국FDA, 로레알의 안티에이징 광고에 제동을 걸다
	10월	로레알, 인도 소비자를 만나다
	11월	로레알, 어번 디케이 코스메틱Buy Urban Decay Cosmetics 인수
2013	2월	로레알, 2012년 매출 증가에 이어, 2013년에도 시장을 능가할 것으로 예상
	4월	'메이드 인 프랑스' 럭셔리 뷰티가 로레알의 성장을 견인하다

	4월	명민한 소셜 네트워킹이 로레알 차이나의 성공을 견인하다
	8월	로레알, 중국 스킨케어 브랜드, 8억 4,300만 달러에 입찰
	10월	환율 효과와 미국 경기 둔화로 로레알 매출 감소
2014년	1월	로레알, 중국 시장에서 철수
	3월	로레알, 세계에서 가장 윤리적인 기업 중 하나로 인정받다
	6월	로레알, 2020년까지 고객 기반을 두 배로 늘리겠다는 계획 발표
	7월	네슬레, 로레알의 주요 지분을 매각하다
	8월	나이를 거역한다는 로레알의 주장이 사람들을 현혹시키다
2015년	5월	로레알, 바이오 프린티드 스킨Bio-printed Skin으로 시장을 독점하다
	6월	로레알, 가격 인하로 중국 쇼핑객을 유혹하다
	7월	향후 두 가지 시나리오가 로레알의 가치에 상반된 방식으로 영향을 미칠 듯
	10월	로레알은 왜 인도에 집중하는가?
	11월	로레알, 3분기까지 매출이 13.2% 증가, 204억 달러 달성
2016년	5월	로레알 파리L'Oréal Paris, 세계에서 가장 가치 있는 뷰티 브랜드로 선정
	7월	로레알, 12억 달러를 들여 IT 코스메틱 인수
	9월	마하라슈트라주 식품의약국에 따르면, 로레알 제품에서 수은 검출
	11월	프리미엄 메이크업에 대한 수요 증가로, 로레알 주가 급등
	12월	로레알, 디지털 스타트업에 대한 투자 강화
2017년	1월	로레알, 미국 스킨케어 브랜드 3사를 13억 달러에 인수
	2월	로레알, 디지털 지출 증가로 혜택을 누리고 있는 중
	3월	로레알 파리, 최대 규모의 충성 고객 보답 프로그램 개시
	6월	로레알, 더바디샵The Body Shop 매각 완료
	8월	럭셔리 제품이 각광, 로레알 실적, 프리미엄 메이크업에 대한 엄청난 욕구 시사
2018년	5월	로레알, 한국 화장품 기업 난다를 덥석 사다

훑어봤는가? 좋다, 첫 번째 질문이다. 2009년 말에도 이 회사 주식을 계속 보유하기로 했는가? 다섯 개의 헤드라인 모두가 우려를 낳는다. 그중에서 세 개를 살펴보자. 첫째, 영국 법원이 이베이 웹사이트에서 판매된 위조품에 대해 이베이에 책임을 물을 수 없다는 판결을 내리면서, 이베이가 로레알과의 법적 분쟁에서 크게 승리한 것으로 보인다. 이번 판결로 인해 로레알이 이커머스 경쟁에서 패배하지 않을까? 둘째, 이보다 훨씬 더 걱정스러운 것은 로레알의 스킨 제품인 비오템에서 유해 물질이 검출됐다는 덴마크 소비자위원회의 선언이다. 이것 때문에, 로레알이 유럽의 다른 지역에서 평판이 나빠지고 실질적인 피해를 입지 않을까? 셋째, 로레알 회장이 회사를 소유한 가족 간 법적 분쟁에 휘말려 있다. 회장인 린제이 오웬-존스 경Sir Lindsay Owen-Jones이 회사 지분의 31%를 소유한 릴리안 베텐쿠르트Liliane Bettencourt에게 장기 근속에 대한 보답으로 약 1억 유로를 받았다고 알려져 있다. 투자자 입장에서 이 분쟁의 공적 성격을 고려해 회장의 주의가 산만해지는 것을 걱정해야 하지 않을까?

2011년에 발생해 피해를 줄 가능성이 있는 사건들을 살펴보자. 규제 당국은 가격 담합을 이유로 로레알에 벌금을 부과하고, 광고의 상당수를 금지했다. 그리고 2분기 재무 실적을 살펴보면, 로레알이 소비자에게 늘어난 비용을 전가할 수 없어서 마진율이 감소한 것을 분명히 알 수 있다. 이것이 로레알이 마침내 브랜드 파워를 잃고 경쟁업체에 추격을 허용한다는 의미일까? 오웬 존스는 임기가 2014년에 만료되는데도 불구하고, 갑자기 사임했다. 그는 로레알의 세계적인 성공을 이끈 리더로 널리 인정받았으며, 프랑스에서 가장 존경받는 경영자 중 하나였다. 1988년부터 2006년까지 로레알 CEO로 재직하는 동안, 회사는 거의 20년에 걸쳐 이익이 두 자릿수 성장을 했다. 새로운 CEO가 그에 필적하긴 힘들테니, 로레알 주식을 매도해야 할까, 아니면 주가가 하락할 경우에 더 많이 매수해야 할까?

표 8.1을 훑어보면, 회사의 운명에 중요한 사건이 될 만한 수십 개의 헤드라인을 볼 수 있다. 일부는 자기 모순적으로 보일 수도 있다. 예를 들어, 2013년 8월에 로레알은 중국의 어느 회사를 인수하기 위해 공격적인 입찰을 했다. 하지만 2014년 1월에는 가르니에 브랜드의 판매를 중단하면서 중국 시장에서 철수한 것으로 보였다. 그리고 2015년 6월에는 중국에서 시장 점유율을 높이기 위해 가격을 대폭 인하했다.

우리는 이 프랑스 기업에 투자하지는 않았다. 하지만 만약 투자했다면, 이런 헤드라인에 반응해야 했을까? 반응하지 않는다면, 그 이유는 무엇일까? 반응한다면, 어떤 방식으로 해야 할까?

쿠르텐의 곰과 다윈의 핀치새 연구를 살펴보면, 이 질문에 대한 답을 얻을 수 있다.

쿠르텐이 발견한 놀라운 사실

'표지만 보고 책을 판단하지 말라'는 관용구는 〈포유류 화석에 나타난 진화 속도Rates of Evolution in Fossil Mammals〉와 같은 단조로운 제목의 연구 논문에도 적용돼야 한다. 제목만 보고 예상하기는 힘들겠지만, 이 논문은 나 같은 비전문가의 눈에도 진화론 발전 역사상 가장 흥미로운 논문 중 하나다.

《종의 기원》이 출간된 지 정확하게 한 세기가 지난 1959년, 비욘 쿠르텐Björn Kurtén이라는 핀란드 과학자가 생물학 저널에 이 논문을 발표했다.[2] 쿠르텐은 다윈주의의 100주년을 축하하는 대신, 언뜻 보기에는 그곳에 커다란 구멍을 뚫는 일을 했다. 쿠르텐의 전혀 뜻 밖의 주장을 이해하려면, 다윈이 《종의 기원》에서 했던 주장을 다시 살펴볼 필요가 있다.

> "나는 자연 선택이 언제나 매우 느린 속도로 오랜 시간 간격을 두고, 간 헐적으로, 일반적으로는 같은 지역에서 함께 서식하는 생물들 중 극소 수에게만 작용할 것이라 믿는다. 더 나아가 나는 이렇게 서서히 간헐적 으로 일어나는 자연 선택의 작용이 전 지구 생명체들의 변화 속도와 방 식에 대한 지질학적 사실들과 완벽하게 잘 부합한다고 생각한다."

5장에서 설명했듯이, 다윈은 동일과정설을 제안한 것으로 유명 한 지질학자 찰스 라이엘에게서 영감을 받았다. 라이엘은 지구가 수 천 년에 걸쳐 천천히 균일하게 변화해 왔으며, 현재를 이해하는 것 이 과거를 해석하기 위한 열쇠라고 주장했다. 그는 산과 같은 지구 의 지형이 광범위하고도 갑작스러운 변화 혹은 대변동의 결과에서 비롯된 것이라는 기존의 격변설theory of catastrophism에 정면으로 배 치되는 이론을 주장했다. 다윈은 라이엘의 지질학적 진화론을 생물 계에 적용했다. 그는 지구가 아주 오랜 기간에 걸쳐 천천히 진화하 는 것처럼, 동식물의 세계도 그렇게 진화한다고 믿었다.

다윈의 통찰에서 도출되는 결론은, 진화의 속도는 그것을 측정한 기간과 **비례한다**는 것이다. 즉, 진화의 속도는 측정 기간이 짧으면 느리고, 길면 빠르다. 다윈의 이론은 종이 천천히 진화한다는 점을 강조한다. 이런 생각은 1959년 쿠르텐의 논문이 발표될 때까지는 정설로 여겨졌다.

쿠르텐은 홍적세(260만 년에서 11,700년 전) 동안 유럽 불곰의 두 번째 아래 어금니 길이의 진화를 도표로 나타냈다. 표 8.2에 나오는 데이터를 통해, 다윈 단위(1다윈은 1,000년 동안 1/1000의 변화)로 측정된 어금니 길이의 변화율과 측정 기간을 살펴보자.

표 8.2 **측정 기간과 진화적 변화 사이의 반비례 관계**

측정 기간(년)	변화의 속도(다윈)
400,000	0.41
100,000	0.90
80,000	0.76
50,000	2.20
22,000	3.20
8,000	13.8

여기서 추세가 보이는가? 쿠르텐의 데이터에 따르면, 측정 기간이 짧아질수록 진화가 상당히 빠르게 일어나고 측정 기간이 길어질수록 진화가 느리게 일어난다. 측정 기간이 40만 년일 때, 어금니 길이의 변화율은 0.41다윈이었지만, 8,000년일 때는 무려 13.8다윈

투자, 진화를 만나다

으로 나타났다. 그는 말을 포함한 다른 포유류 화석에서도 비슷한 추세를 확인했다.

나는 쿠르텐의 결론을 처음 읽었을 때, 그 말이 믿기지가 않았다. 현재 나타나는 생물계의 다양성이 오랜 세월에 걸쳐 천천히(그러나 확실하게) 변화하는 종들에게서 비롯됐다는 다윈의 생각을 받아들 였다고 가정해 보자. 그러면 대체 어떻게 진화의 속도가 측정 기간 이 길면 느리고, 짧으면 빠를 수가 있는가?

쿠르텐의 논문은 예외가 아니다. 미시간대학교의 고생물학자 인 필립 진저리치Philip D. Gingerich도 2009년 〈진화의 속도Rates of Evolution〉라는 제목의 논문에서 쿠르텐의 주장을 지지했다.[3] 그는 표 현 형질의 변화(다시 말하자면, 종의 신체 특징 변화)가 한 세대에서 다음 세대로 빠르게 진행될 수 있음을 수학적, 경험적으로 입증했 다. 반대로, 진화는 오랜 기간에 걸쳐 느리게 진행될 수 있다.

신체 부위의 변화 속도와 측정 기간 사이의 이런 반비례 관계가 유전자에도 적용될까? 그렇다. 오스트레일리아의 진화생물학자인 사이먼 호Simon Ho와 그의 동료들은 2011년에 발표한 논문 〈분자 진 화의 시간 의존적 속도Time-Dependent Rates of Molecular Evolution〉에서 이처럼 언뜻 보기에는 다윈의 생각과 반대인 현상의 개요를 훌륭하 게 정리했다. 그들은 인간, 곤충, 새, 물고기, 심지어 박테리아와 바 이러스의 게놈에 대한 여러 과학자들의 연구를 요약했는데,[4] 연구의 대부분이 같은 방향을 가리킨다. 예상과는 달리, 유전적 진화의 속 도는 측정 기간과 반비례한다는 것이다.

그랜트 부부가 관찰한 진화의 속도

지금까지 언급했던 연구들은 모두가 수백 또는 수천 년에 걸친 진화를 살폈다. 여기서 얻은 결론을 몇 년 또는 수십 년에 걸친 진화에도 적용할 수 있을까?

이제 다윈의 핀치새(살아 있거나 죽은 새를 모두 포함)에 대한 본인들의 분석 결과를 보고 깜짝 놀랐던 피터 보그와 로렌 랫클리프의 이야기로 돌아가 보자. 갈라파고스 제도의 작은 섬 다프네 메이저 Daphne Major에 도착한 그들은, 두 종의 핀치새에서 이전에는 어느 누구도 보지 못했던 자연 선택과 진화가 실시간으로 일어나는 것을 목격했다. 보그는 1981년 《사이언스》에 발표한 유명한 논문에서 이렇게 서술했다. "새들에게서 관찰되는 자연 선택의 강도는 척추동물을 대상으로 지금까지 기록된 것 중 가장 높았다."[5]

화석은 진화가 일어났음을 증명하며, 다윈의 반박 불가한 논리는 자연 선택이 진화를 견인할 수 있다고 주장한다. 하지만 이전까지 어느 누구도 자연 선택과 진화가 실제로 작동하는 것을 본 적은 없었다. 다윈조차도 그것이 가능하다고 생각하지 않았다. 1893년 독일의 진화생물학자 아우구스트 바이스만August Weismann은 이렇게 적었다. **"자연 선택의 과정을 구체적으로 상상하기는 너무나 힘들다.** 오늘날까지도 어느 한 시점에서 이 과정을 입증하는 것은 불가능하다."(강조는 원저자)

1936년 영국의 진화생물학자 가이 롭슨Guy C. Robson과 오웨인 리처즈Owain W. Richards는 《자연에서 동물의 변이The Variation of Animals

　　　　　　　　　투자, 진화를 만나다

in Nature》에 이렇게 적었다. "다윈은 이 주제를 다루면서, 자연에서 선택 과정을 관찰한 증거를 제시하지 않았다. … 최고 지위의 이론이 주로 신념에 의해 유지되거나 편견에 의해 거부되는데도 여전히 연구 분야를 지배하는 것은 생물학에 상당히 꺼림직한 상황이다."

이 꺼림직한 상황에 마침표가 찍혔다. 보그와 랫클리프의 관찰이 진화론 분야를 완전히 바꿔놨다. 이들은 프린스턴대학교의 명예교수인 영국인 부부 피터 그랜트Peter Grant와 로즈메리 그랜트Rosemary Grant가 시작한 장기 프로젝트에 참여한 연구원들이었다. 그랜트 부부는 야생에서의 진화를 연구하고 새로운 종으로 이어지는 핵심 요인을 찾고 싶었다. 그래서 갈라파고스의 핀치새라고도 불리는 다윈의 핀치새를 연구하기로 결심했다. 그림 8.1은 200~300만 년 전 갈라파고스 제도에 상륙한 어미 종 한 마리로부터 적응하고 진화한 4종(총 14종이다)의 핀치새의 모습을 보여준다.[6]

그랜트 부부는 1973년 다프네 메이저 섬에 상륙해 프로젝트를 시작했다.[7] 5장에서 설명했듯이, 다윈은 1835년에 갈라파고스 제도를 방문한 적이 있다. 갈라파고스 제도는 에콰도르 서쪽 해안에서 약 1,000킬로미터 떨어진 곳에 있다. 이곳은 외딴 지역에 있기 때문에, 여러 개의 고유종(즉, 세계 다른 곳에서는 볼 수 없는 종)이 서식하고 있다. 이 제도는 20여 개의 섬과 암초들로 이루어져 있다.

다프네 메이저 섬은 갈라파고스 기준으로도 작고 별 특징이 없는 외딴 섬으로(다윈도 이 섬을 알지 못했다고 한다), 면적이 1제곱킬로미터에 불과하다.

나는 호텔 방 매트리스가 너무 딱딱하거나 베개가 너무 푹신해

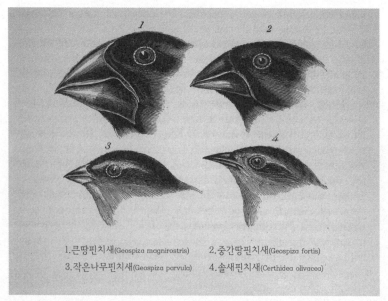

1. 큰땅핀치새(Geospiza magnirostris) 2. 중간땅핀치새(Geospiza fortis)
3. 작은나무핀치새(Geospiza parvula) 4. 솔새핀치새(Certhidea olivacea)

그림 8.1 **다윈의 핀치새**

다윈의 핀치새 14종 중 4종이다. 갈라파고스 제도의 다양한 섬에 서식하는 동물과 식물에 적응해 온 이들의 부리의 크기와 모양에 차이가 있는 것을 주목하라. 이런 현상, 즉 하나의 종이 특수한 삶의 양식에 적응하여 여러 종으로 진화하는 현상을 적응 방산adaptive radiation이라고 한다.

출처: 사이언스 포토 라이브러리

불평하고 싶을 때, 그랜트 부부가 40년에 걸쳐 매년 6개월 동안 다프네 메이저 섬에서 힘들게 지내는 모습을 떠올리곤 한다. 그곳은 그랜트 부부와 연구진이 집으로 삼기 전에는 사람이 살지 않았다. 그들은 이 섬에 어떻게 들어갈 수 있었을까? 섬에는 해안선이 없기 때문에, 들어가는 유일한 방법은 절벽 아래로 접근하는 것뿐이었다.

그랜트 부부와 연구진이 텐트를 설치하기 위해 해마다 해야 했던 일은 다음과 같다. 섬에 가까이 다가가면 타고온 배에서 내린 후 썰물 때 노로 젓는 배인 팡가panga를 타고 절벽 아래로 접근한다. 따개비로 가득하고 선반처럼 생긴 검은 바위 하나가 유일한 착륙 지점인

투자, 진화를 만나다

데, 이 바위의 크기는 대형 운동 매트 정도다. 평가가 파도에 심하게 흔들리는 와중에, 이 매트 위로 뛰어내린다. 여기서부터 그들이 랜딩Landing이라고 이름 붙인 또 다른 바위 선반에 도달할 때까지 딱딱하고 물에 젖은 바위 위를 걸어서 절벽을 오른다. 그다음에, 인간 사슬을 만들어 텐트, 장대, 물, 식량 등 앞으로 6개월 동안 살아가는 데 필요한 모든 물품을 나른다. 다프니 메이저 섬에는 물과 식량이 없다. 텐트를 칠 수 있는 자리는 화산 테두리에 있는 테이블 크기만 한 곳뿐이다. 모든 물품을 절벽 아래에서 그곳으로 날라야 한다. 작은 동굴에서 천 한 장으로 뜨거운 햇빛을 가리면서 식사를 준비한다. 자리를 잡고 나면, 6개월 동안 이 섬에 서식하는 모든 핀치새의 신체 크기, 부리 크기와 모양을 측정한다. 또한 유전자 분석을 위해 혈액도 채취한다.

제정신인 사람이 이런 섬에서 시간을 보내야 할 이유가 있을까? 있다. 다른 곳에는 없는 장점이 있기 때문이다.

다프네 메이저 섬은 다른 섬들과 너무 멀리 떨어져 있어서, 핀치새나 섬의 다른 종들이 탈출하거나 새로운 종들이 찾아올 가능성이 거의 없었다. 이곳은 이처럼 '오염'되지 않았기 때문에, 진화 연구를 위한 완벽한 배양 접시가 됐다. 또한 그랜트 부부는 갈라파고스 제도가 다윈의 이론을 시험하고 개선하기 위한 보고寶庫라는 사실을 깨달았다. 갈라파고스 제도는 가혹한 가뭄에서 폭우에 이르기까지 극심한 기후 변화를 겪기 때문에, 자연 선택의 기회를 충분히 제공한다. 마지막으로, 다프니 메이저 섬은 수년에 걸쳐 그곳에 서식하는 모든 새를 추적할 수 있을 만큼 작았고, 실제로 그들은 모든 새를 추적했다. 1973년부터 2012년까지 그랜트 부부는 8세대에 걸쳐 약 2만 마리의 새에 인식표를 부착했으며, 거의 모든 짝짓기 쌍과 그 자손을 추적했다.

1973년부터 1976년까지 이 연구의 초기 4년 동안, 다프네 메이저 섬은 평균 또는 그 이상의 강우량을 기록했다. 하지만 1977년에는 1월에 잠깐 비가 내린 후, 극심한 가뭄에 시달렸다. 거의 모든 녹지가 사라졌고, 가뭄에서 살아남은 유일한 식물은 선인장 덤불뿐이었다. 핀치새들은 크기를 가리지 않고 거의 모든 씨앗을 먹었다. 먹기 편한 중소형의 씨앗은 곧 사라졌고, 크고 단단한 씨앗만 남게 됐다. 하지만 이렇게 크고 단단한 씨앗은 부리가 큰 핀치새들만 깨어서 열 수 있었고, 부리가 작거나 중간 크기인 핀치새들은 그러지 못해 굶어 죽었다.

이 섬에는 주로 두 종의 핀치새가 서식했다. 1977년 초에는 약 1,200마리의 지오스피자 포티스와 280마리의 지오스피자 스칸덴스가 살았다. 그해 말에는 180마리의 포티스와 110마리의 스칸덴스만 살아남았다. 포티스의 약 85%와 스칸덴스의 60%가 가뭄으로 굶어 죽었다.

그랜트 부부가 제시한 데이터에 따르면, 살아남은 포티스는 죽은 포티스보다 신체 크기가 평균 5~6% 더 컸다. 살아남은 개체의 평균 부리 길이는 11.07밀리미터로 가뭄 전 모든 개체의 평균 10.68밀리미터에 비해 길어졌고, 평균 부리 깊이는 9.96밀리미터로 9.42밀리미터에 비해 늘어났다. 이런 차이는 우리에게는 사소하게 보일 수 있지만, 야생에서는 삶과 죽음을 가를 수 있다. 예를 들어, 부리 길

투자, 진화를 만나다

이가 11밀리미터인 포티스는 남가새라고 불리는 식물의 씨앗을 깨어서 열 수 있지만, 부리 길이가 10.5밀리미터인 개체는 이런 시도조차도 하지 않을 것이다. 불과 0.5밀리미터의 차이가 삶과 죽음을 결정할 수 있다.

그랜트 부부가 관찰했던 강렬한 자연 선택은 부리의 길이와 깊이에만 국한되지 않았다. 1977년 초에는 수컷 600마리, 암컷 600마리의 포티스가 살았다. 가뭄이 끝날 무렵에는 수컷 150여 마리와 암컷 20여 마리만이 생존해 있었다. 대체로 수컷이 암컷보다 5% 정도가 더 크기 때문에 수컷이 생존할 확률이 더 높았다. 이제 이 섬에는 암컷 한 마리당 수컷 여섯 마리가 살았다.

자연 선택은 한 세대에 일어날 수 있지만, 진화는 여러 세대에 걸쳐서만 일어난다. 핀치새의 부리 크기와 성비가 극적으로 변화한 것을 보면, 자연 선택이 일어난 것을 알 수 있다. 하지만 진화는 어떨까? 그랜트 부부는 1977년 가뭄에서 살아남은 핀치새 자손의 부리 크기와 모양을 측정하기 위해 1년을 더 기다려야 했다. 그때가 돼야 새로운 세대가 가뭄이 시작되기 전의 세대보다 신체 크기가 4~5% 더 큰 것으로 보아 진화가 일어나고 있음을 확인할 수 있었다.

그들은 곧 1977년에 관찰한 결과가 우연이 아니었다는 것을 깨달았다. 1983년에는 엘니뇨 현상으로 비가 상당히 많이 내렸고, 섬은 푸르게 우거졌다. 녹색 덩굴이 선인장 덤불까지 뒤덮었다. 이렇게 변화한 식생이 2년 후 가뭄이 또다시 닥쳤을 때 커다란 영향을 미쳤다. 이번에는 1983년의 덩굴에서 생산된 작은 씨앗이 풍부해졌고, 큰 씨앗은 희귀해졌다. 그 결과 큰 부리를 가진 핀치새는 씨앗을 집어먹기가 어려워졌고, 따라서 이번 가뭄에서 살아남은 핀치새의 대부분이 부리가 작았다. 그 결과, 그들의 자손들도 부리가 더 작아졌다. 자연 선택과 진화가 다시 한번 분명하게 일어났고, 이번에는 1977년과 다르게 부리가 더 작아지도록 진화했다.

따라서 10년이 채 안 되는 기간에, 자연 선택으로 인해 핀치새의 부리 크기가 처음에는 커졌다가 그다음에는 작아졌다. 부리 크기는 10년 동안 관찰했을 때 그다지 큰 변화가 없는 것처럼 보였지만, 두 차례에 걸친 극심한 기후 변화로 인해, 그사이에 큰 변화가 있었다.

그랜트 부부는 2002년 4월 《사이언스》에 실린 〈30년에 걸친 다윈 핀치새 연구에서 나타난 예상하지 못한 진화Unpredictable Evolution in a 30-Year Study of Darwin's Finches〉라는 제목의 논문에서, 두 종의 핀치새인 포티스와 스칸덴스의 진화를 장기간에 걸쳐 연구한 결과를 발표했다.[8] 연구를 시작하기 전, 그들은 연구 기간에 핀치새의 신체 형질이 좁은 범위 이내에서만 변화할 것이라는 가설을 세웠다. 하지만 이 논문의 서문에는 이렇게 적혀 있다. "데이터는 변화가 없을 것이라는 예상을 뒷받침하지 않았다."

그랜트 부부의 논문에서 포티스와 스칸덴스의 신체 크기, 부리 크기와 모양을 나타낸 그래프를 살펴보면, 쿠르텐이 유럽 불곰을 통해 지적한 측정 기간과 진화 속도 사이의 반비례 관계를 확인할 수 있다. 1980년대 중반부터 2000년대 초반까지 포티스의 신체 크기는 수시로 크게 변화했지만, 20년에 걸쳐 전체적으로 보면 큰 변화가 없었다. 마찬가지로, 스칸덴스 부리 크기의 연간 변화는 1970년대 중반부터 2000년대 초반까지의 변화보다 훨씬 더 큰 것으로 나

투자, 진화를 만나다

타났다. 1980년대 중반부터 2000년대 초반까지 측정된 포티스의 부리 모양은 거의 달라지지 않았지만, 연간 변화는 이보다 훨씬 더 컸다.

이런 현상에는 프랙탈fractal과 같은 아름다운 반복이 있다. 측정 기간이 곰의 경우처럼 수천 년이든, 핀치새의 경우처럼 수십 년이든, 상관없다. 진화 속도는 측정 기간이 짧으면 빨라지고, 길면 느려진다.

그래서 어쩌라고? 장기 투자자가 왜 쿠르텐의 불곰과 그랜트 부부의 핀치새에 관심을 가져야 하는가?

그랜트-쿠르텐 매수·매도 원칙

내 주장은 어떻게 보더라도 그랜트 부부나 쿠르텐의 주장만큼 과학적이지는 않다. 하지만 나는 탁월한 기업의 일일, 주간, 월간, 분기별 변화의 속도는 수년, 수십 년에 걸쳐 측정된 변화의 속도보다 훨씬 더 크게 나타난다는 사실을 잘 알고 있다.

이런 깨달음은 내가 그랜트-쿠르텐 투자 원칙Grant-Kurtén principle of investing, GKPI이라고 일컫는 것을 정립하는 데 도움이 됐다. 이 원칙은 다음과 같다.

우리가 장기적으로 자신의 특성을 근본적으로 바꾸지 않는 우량 기업을 발견하면, 이 기업에서 불가피하게 나타나는 단기적 변동을 주식 매수 후 매도하지 않기 위한 기회로 활용한다.

GKPI는 장기적으로 자신의 특성을 근본적으로 바꾸지 않는 우량 기업을 소유할 것을 요구한다. '우량 기업'은 투자자에 따라 다른 의미를 가질 수 있는 용어인데, 여기까지 따라왔다면 우리가 어떻게 정의하는지 알고 있으리라 생각한다. 우리 입장에서 우량 기업의 중요한 특성으로는 뛰어난 운영 및 재무 실적, 안정된 산업, 수준 높은 지배구조, 방어용 해자 구축, 증가하는 시장 점유율, 낮은 사업 및 재무 위험 등을 꼽을 수 있다.

우리는 주식을 매수할 때 GKPI를 어떤 방식으로 활용할까? 단기적 변동을 활용한다.

우리의 요구 조건은 상당히 까다롭다. 정직한 경영진이 운영하고, 수년 동안 견실한 운영 및 재무 실적을 보여주는 회사를 원한다. 또한 회사가 경쟁에서 앞서고 부채가 없어야 하며, 회사에 과도한 부담을 주지 않는 계산된 위험을 계속 감수하기를 원한다. 그리고 이 모든 요구 조건으로도 충분하지 않다는 듯이, 이 희귀한 보석의 가격이 적정하기까지 해야 한다고 감히 주장한다! 이것이 어떻게 가능할까? 시장은 이런 기업에 대해 결코 매력적인 가격을 제시하지 않고, 실제로도 그런 경우는 거의 없다.

그러나 가끔 GKPI를 따르지 않는 투자자들이 거시경제 혹은 산업 여건 혹은 기업 자체의 문제에서 비롯되는 일시적인 압박에 굴복하는데, 바로 이때 탁월한 기업의 주식을 낚아챌 기회가 생긴다. 이런 일이 자주 일어나지도 일어나서도 안 되지만, 실제로 일어나면 우리는 올인한다.

우리가 지금까지 가장 큰 규모로 투자했던 기업 중 하나인, WNS

를 예로 들어보겠다. 이 회사는 인도를 대표하는 비즈니스 프로세스 아웃소싱(BPO) 기업 중 하나로, 뉴욕증권거래소에 상장돼 있다. 이 회사는 1996년에 영국항공British Airways의 전속 비영업 부문으로 설립됐고, 1999년부터 제삼자 고객에게 서비스를 제공하기 시작했다. 2002년에 워버그 핀커스가 WNS의 지배지분을 인수했다(나는 이 거래에 관여하지 않았다). 2002년 워버그 핀커스가 인수할 당시에는 영국항공이 WNS 매출의 약 90%를 차지했지만, 2008년 초에는 이 비중이 10% 미만으로 떨어졌다. WNS 경영진은 영국항공과 여행 산업에서 벗어나 사업 다각화를 훌륭하게 수행했다. WNS의 고객은 재무 및 회계, 모기지 처리, 고객 분석과 같은 비영업 업무를 아웃소싱해, 대체로 훨씬 더 저렴한 비용으로 높은 품질의 서비스(예: 처리 시간 단축, 낮은 오류율)를 받을 수 있다.

2008년 1월, WNS의 주가는 이전의 최고치 35달러에서 13달러로 급락했다. 이런 급락에는 세 가지 요인이 작용한 것으로 보였다. 첫째, 그들의 고객이자 대형 모기지 대출기관 중 하나인 퍼스트 매그너스First Magnus가 2007년 말 미국에서 발생한 서브프라임 모기지 사태에 휩쓸려 파산 신청을 냈다. 퍼스트 매그너스가 WNS 매출의 약 5%를 차지하고 있었기 때문에, 경영진은 내년도 매출 목표를 낮췄다. 둘째, 경영진은 WNS 매출의 약 8%를 차지하던 대형 보험사 고객인 아비바Aviva가 WNS가 제공하는 서비스를 2008년 5월에 가서 직접 처리하면 매출이 감소할 수 있다고 밝혔다. 셋째, WNS의 주요 활동 거점이 인도기 때문에, 애널리스트들이 루피화 가치 상승의 효과를 크게 우려다(루피화 강세가 WNS의 경쟁력을 떨어뜨리고 마진율을 압박할 수 있다).

우리 질문은 이랬다. 이것이 일시적인 현상인가, 아니면 달성 가능한 매출과 수익의 영구적인 감소인가? 우리는 일시적인 현상이라고 판단했다. 퍼스트 매그너스를 잃은 것은 WNS의 잘못이 아니었고, 심지어는 아비바를 잃은 것도 아비바가 전략을 수정했기 때문이지, WNS가 서비스를 제대로 제공하지 않았기 때문이 아니었다. WNS의 장기적인 경쟁 우위가 환율 변동으로 흔들릴 것이라 생각하지도 않았다. 2004년부터 2007년까지 연간 매출이 64%나 증가한 것은 WNS가 고객에게 양질의 비영업 업무 처리 서비스를 경쟁력 있는 가격으로 제공한 사실을 입증하는 것이었다.

더욱이 우리는 인도의 BPO 산업을 좋아한다. 이 산업은 진입 장벽이 높고(기업은 업무 수행에 가장 중요한 응용 프로그램을 스타트업에 아웃소싱하는 것을 극도로 경계한다), 기존 고객의 이탈 장벽도 높기(비영업 업무 처리가 갖는 끈끈한 특성을 고려하면, WNS와 기타 선도자들이 고객을 잃는 일이 거의 없다) 때문에, 이미 자리를 잡은 기업에 상당히 유리하다. 이글스의 〈호텔 캘리포니아Hotel California〉라는 곡을 들어본 적이 있을 것이다. 이 곡의 마지막 가사, "당신은 원하면 언제든 체크아웃은 할 수 있지만, 결코 떠날 수는 없어요You can check out any time you like, but you can never leave"는 인도 BPO 산업을 선도하는 기업의 고객들에게도 해당된다. WNS는 아주 좋은 곳에 자리를 잡았고, 지금도 마찬가지다.

결론은 시장의 비관론에도 불구하고 회사의 기본 여건에 변화가 있다고 믿을 만한 이유가 없다는 것이었다.

우리는 2008년 초에 주당 평균 15.2달러에 공격적으로 매수해 총 4,100만 달러를 투자했다. 주가는 2022년 3월까지 85.5달러가 되어 462% 상승했고, 이에 반해 인도 지수(센섹스와 미드캡 지수)는 97% 상승하는 데 그쳤다.

우리가 2008년 초 WNS에 처음 투자한 지 거의 정확하게 12년이 지난 2020년 3월부터 5월까지 코로나19가 유행하던 초기에 다시 매수할 기회를 얻었다. 시장이 세계가 종말을 맞이했다고 보던 바로 그 시기에, 우리는 주당 평균 46.1달러에 총 9,800만 달러를 또다시 투자했다. 어떤 선물은 계속 찾아오기도 한다.

그럼 매도를 생각할 때는 GKPI를 어떤 방식으로 활용할까? 답은 단기 변동을 무시하는 것이다.

우리가 운 좋게도 WNS와 같은 우량 기업을 소유한다면, GKPI는 이 기업의 주식을 매도하지 말 것을 요구한다. 왜 그럴까? 그랜트 부부와 쿠르텐이 보여줬듯이, 대체로 단기적인 변화는 탁월한 기업의 장기적인 특성에 영향을 미치지 않기 때문이다. 이제 로레알로 다시 돌아와서 GKPI의 장점을 제대로 느껴보자.

표 8.3은 2009년과 2020년에 이 회사가 어땠는지를 간략하게 묘사한다.[9] 이 두 해의 연례 보고서를 살펴보면, 11년이라는 세월의 흔적이 있기는 하지만, 언어, 어조, 사업의 초점이 기이할 정도로 비슷해 보이는 기시감을 느낄 수 있다.

이 기간에 로레알의 매출은 175억 유로에서 280억 유로로 증가했지만, 대부분의 매출을 서유럽과 미국에서 창출하는 글로벌 화장품 기업이라는 정체성은 변하지 않았다. 화장품과는 무관한 사업 다

표 8.3 **2009년부터 2020년까지의 로레알**

	2009년	2020년
사업	화장품에 집중	화장품에 집중
고객층	일반 대중에서 프리미엄	일반 대중에서 프리미엄
활동 지역	글로벌	글로벌
매출(10억 유로)	17.5	28
수익(10억 유로)	1.8	4
사업부	전문가용 제품, 소비자 제품, 럭셔리 제품, 기능성 화장품	전문가용 제품, 소비자 제품, 럭셔리 제품, 기능성 화장품
소비자 제품과 럭셔리 제품	전체 매출의 77%	전체 매출의 78%
미국과 서유럽 지역의 매출 기여도	전체 매출의 66%	전체 매출의 52%
아시아 지역의 매출 기여도	전체 매출의 13%	전체 매출의 35%
전문가 브랜드	케라스타즈, 레드켄, 로레알 프로페셔널	케라스타즈, 레드켄, 제네시스, 블론드 앱솔루
소비자 브랜드	로레알 파리, 가르니에, 메이블린	로레알 파리, 가르니에
럭셔리 브랜드	랑콤, 입생로랑, 키엘	랑콤, 키엘, 헬레니 루빈스타인
기능성 브랜드	라로슈포제, 비쉬	라로슈포제, 비쉬, 세라비
영업 마진율	전체 매출의 14.8%	전체 매출의 18.6%
잉여현금흐름	순이익의 100% 초과	순이익의 100% 초과
순부채	20억 유로	순현금 39억 유로

각화도 없었고, 위험 부담이 큰 대규모 인수도 하지 않았다. 이 기간에 전문가용 제품, 소비자 제품, 럭셔리 제품, 기능성 화장품으로 이루어진 4개의 사업부는 동일하게 유지됐다. 매출 기준 상위 2개 사업부인 소비자 제품과 럭셔리 제품 사업부가 전체 매출의 약 80%를 차지했다. 각 사업부의 핵심 브랜드도 거의 변하지 않았다. 로레알이 2009년에 부채를 안고 있다가 2020년에 현금 흑자 기업이 될 수 있었던 것은 계속 흑자 기조를 유지했기 때문이다.

이 기간에 나타난 한 가지 중요한 변화는 아시아 국가(주로 중국)의 급격한 경제 성장으로, 2009년부터 2020년까지 아시아 지역의 매출 기여도가 13%에서 35%로 증가했다. 그러나 이는 2009년부터 2020년까지 총매출 중 아시아 지역 매출 기여도의 추세(13%, 18%, 19%, 21%, 21%, 21%, 22%, 22%, 24%, 27%, 32%, 35%)에서 알 수 있듯이, 갑작스러운 변화는 아니었다. 2010년과 2019년을 제외하면 아시아 지역의 매출 기여도는 속도를 그대로 유지하면서 매년 0~3% 증가하는 수준이었다.

2009년 로레알에 투자하기로 결정하던 상황으로 돌아가 보자. 로레알 주식을 주당 60유로에 매수했다. GKPI를 따르는 사람이라면, 표 8.1에 나열된 모든 안 좋은 뉴스를 무시했을 것이다. 오히려 이런 뉴스를 있는 그대로, 즉 기업의 장기적인 실적과는 무관하고 중요하지 않다고 받아들였을 것이다. 오히려 이 투자 여정의 어떤 시점에서는 로레알 주식의 매력적인 가격에 이끌려서 추가로 매수했을 수도 있다.

2022년 6월 말, 로레알 주가는 얼마였을까? 주당 329유로였다. 따라서 수익률은 450%로, 같은 기간에 80%를 기록하는 데 그친 프랑스 CAC40 지수를 크게 앞질렀을 것이다.

이 이야기로 로레알 주식을 매수하라고 추천하려는 것이 아니다. GKPI를 적절히 적용하는 것이 효력이 있음을 보여주려는 것이다. 아무것도 하지 않음으로써, 엄청나게 좋은 실적을 올렸을 것이다.

GKPI는 우리에게 종교와 같다. 그리고 이는 우리가 일하는 방식에서 여러 가지 형태로 나타난다. 우리 사무실에 있는 텔레비전 화면에는 CNBC나 그 밖의 뉴스가 흘러나오지 않는다. 이 외로운 텔레비전 화면은 화상 회의를 할 때만 사용된다. 사무실 창고 구석에 비치된 하나밖에 없는 블룸버그 단말기는 거의 사용되지 않고 방치돼 있다. 팀 회의에서는 최근의 기업 관련 뉴스나 주가를 논의하지 않는다. 나는 주로 종이 신문을 읽는데, 그 신문은 항상 하루 정도 늦은 정보를 담고 있다. 우리는 뉴스의 흐름에 따라 주식을 사거나 판 적이 단 한 번도 없으며, 앞으로도 그럴 것이다.

GKPI는 매수할 때는 게으르게, 매도할 때는 엄청나게 게으르게 행동하라고 지시한다. 우리는 그 지시를 충실히 따른다. 그 결과, 꽤 괜찮은 실적을 올렸다.

2022년 6월, 지난 2년 사이에 매수한 주식을 제외하면, 우리는 28개의 기업을 소유하게 됐다. 이 중 한 곳에서는 인도 루피화 기준으로 100배가 넘는 수익률을(페이지), 두 곳에서는 25배가 넘는 수익률을(버거와 라트나마니Ratnamani), 여섯 곳에서는 10배가 넘는 수익률을 기록했다. 안타깝게도 이 9곳 모두가 크고 작은 어려움을 겪었으며, 그중 일부는 어려움이 수년 동안 지속됐다(예: 라트나마

투자, 진화를 만나다

니와 페이지). 하지만 우리는 GKPI를 고수한 덕분에, 당황하지 않고 인내심을 발휘하며, 계속 게으르게 행동할 수 있었다.

왜 그리고 언제 매도하는가

GKPI에 따르면 매도를 하지 말아야 하는데, 그렇다면 왜 투자자는 매도를 하는가?

우리는 많은 투자자들이 두 손 들고 빠져나가는 주요 이유로 손꼽히는 가치평가에 따라 매도하지는 않는다. 우리 포트폴리오 기업에는 목표 매도가가 없기 때문이다. 가치평가에 따라 매도한 적이 딱 한 번 있었다. 바보같은 행동이었고, 지금도 그때 일을 후회하고 있다. 이 바보같은 행동에 대해서는 10장에서 설명할 것이고, 지금은 무시하고 넘어가자.

우리는 다음 세 가지 조건을 만족하면 매도한다(괄호 안의 숫자는 매도한 기업의 수다).

1. 기업 지배구조에 관한 기준이 하락 (0)
2. 심각하게 잘못된 자본 할당 (3)
3. 기업이 돌이킬 수 없을 정도로 손상 (6)

우리는 2007년 이후로 10개 기업의 주식을 매도했다(앞에 표시한 9개 기업과 실수로 매도했던 1개 기업이다). 전략적 매수자가 인수한 3개 기업은 포함하지 않았다. 이는 우리가 1년 반에 한 번씩 기업의 주식을 매도했다는 뜻이다. 우리가 게으르게 행동한 것 같지 않은가?

보다시피, 9번의 매도 중 6번은 우리가 기업이 돌이킬 수 없을 정도로 손상됐다고 판단해서 발생했다. 그럼 어떻게 그 결론에 도달하게 됐을까? 한 가지 예가 이를 분명하게 보여준다.

우리는 인도에서 어느 과점 산업을 선도하는 오래된 제조업체에 투자했다. 이 회사는 수준 높은 지배구조, 흠잡을 데 없는 재무 상태, 안정된 산업, 제로 레버리지 등 모든 조건을 충족했고, 매력적인 가격에 매수할 수 있었다. 처음 2년 동안은 모든 것이 순조로웠다. 하지만 3년째 되던 해, 회사의 시장 점유율이 2분기 연속으로 하락하는 것을 보고 깜짝 놀랐다. 그 이유가 알고 싶어서 회사의 경영진을 만났다. 그들은 처음에는 인정하기를 주저했지만, 일시적인 점유율 하락이 발생할 수도 있다고 설명했다. 그러나 일시적인 현상일 뿐이라며 자신감을 보였다.

하지만 그렇지가 않았다. 이 회사의 시장 점유율은 계속 하락했다. 그리고 규모는 작지만 수익성이 높은 부문 중 한 곳에서는 이후 몇 분기 동안 시장 점유율이 하락하는 속도가 빨라졌다. 경영진은 또다시 설득력 있게 설명했고, 그 설명이 논리적으로 들렸다. 그들은 그동안 제조, 판매, 마케팅에서 많은 변화가 있었고, 곧 추세가 반전될 것이라고 주장했다. 하지만 시장 점유율은 계속 하락했다. 우리는 문제를 처음 확인하고 나서 3년을 기다렸고, 결국 이 회사에서 손을 떼기로 결정했다. 영원한 소유주가 되고 싶었기에, 절대적으로나 상대적으로 높은 기준의 실적을 요구했다. 손을 뗄 당시, 이

투자, 진화를 만나다

회사는 매출과 수익이 적당하게 증가하면서 ROCE가 약 35%에 달해, 괜찮은 실적을 올리고 있었다. 하지만 경쟁에서 계속 뒤처지는 기업의 소유주가 되고 싶지는 않았다.

추세가 반전되기를 기다리는 3년 동안, 이 회사에 대한 긍정적이거나 부정적인 뉴스가 들려왔다. 이런 뉴스를 듣고도 못 들은 체하며, 실제 시장 점유율의 추세에만 집중했다. 문제를 확인한 후, 이 회사를 3년을 더 붙들고 있었던 이유는 무엇일까? 왜 좀 더 빨리 손을 떼지 않았을까? GKPI가 모든 기업에는 안 좋은 시절이 있으면 좋은 시절도 있다고 말해주기 때문이다. 우리 포트폴리오 기업에서 일직선으로 상승하기만 하는 기업은 단 하나도 없다. 정말 단 하나도 없다. 장기적으로 보면, 우리 포트폴리오 기업 대부분이 좋은 실적을 보여줬지만, 몇 주 또는 몇 분기에 걸쳐 평가했을 때 모두가 양방향에서 상승과 하락을 거듭하는 모습을 보였다. 우리의 기본 옵션은 이런 일시적인 변동을 보고도 못 본 체하는 것이다.

하지만 방금 설명한 사례처럼, 일시적이라고 생각했던 것이 영구적으로 지속되는 사례도 있다. 다행히도, 우리에게 이런 사례는 지금까지 단 6번만 있었다. 따라서 우리의 기본 옵션은 앞으로도 계속 GKPI를 따르는 것이다.

우리가 잃을 수 있는 최대치는 투자 금액이지만, 주가가 오르는 데는 한계가 없다는 사실을 기억해야 한다. 우리는 우리 포트폴리오 기업이 우량 기업들로 구성되어 있다는 점을 감안해, 일찍 팔아서 상당한 이익을 포기하는 것보다는 늦게 팔아서 자본의 일부를 잃는 위험을 감수하는 것을 선호한다.

60년 동안 많은 변화가 있었다. 과연 그럴까?

장기적인 관점에 집중하기 위해, 우리는 포트폴리오 기업들이 겪는 크고 작은 어려움을 무시하는 진화적 사고를 적용한다. 로레알의 사례와 GKPI를 준수했던 경험에도 불구하고, 두뇌의 회의적인 부분에서는 두 가지 타당한 질문을 제기할 수 있다. (1) '장기'가 얼마나 되는가? (2) 새로운 기업이 나타나서 기존 기업을 파괴하기에, 계속 붙들고 있으면 몇십 년 후에는 실패한 기업만 남게 되지 않는가?

미국기업연구소American Enterprise Institute 웹사이트의 2015년 10월 헤드라인을 보면 이런 질문에 대한 답을 찾을 수 있다. "1955년과 2015년의 포춘 500대 기업: 경제 번영을 견인하는 창조적 파괴 덕분에 12%만 남았다."[10] 이 글에서는 지난 60년 동안 살아남은 미국 기업 61개의 명단을 나열했다.

얼핏 보기에는 슘페터가 말하던 파괴의 결과를 애도하는 듯한 기사의 어조와는 다르게, 내게는 61개 기업이 60년 동안 명단에 남아 있었다는 사실이 유쾌한 놀라움이었다. 나는 그 수가 훨씬 작을 것으로 생각했다. 1955년부터 2015년까지, 미국과 전 세계는 앞날을 예측할 수 없는 격동의 세월을 보냈다. 2015년의 세계는 1955년의 세계와는 거의 알아볼 수 없을 정도로 변했다.

이렇게 60년이 지나는 동안, 우리는 냉전의 시작과 끝, 소련의 해체, 우주 시대의 도래, 미국 민권법 제정, 오일 쇼크, 저축대부조합 위기, 중동의 여러 차례에 걸친 위기, 중국의 급격한 부상, 유럽연합의 출범, 닷컴 버블의 붕괴, 휴대폰의 기하급수적 보급, 세계 전역에

투자, 진화를 만나다

서 일어난 수많은 전쟁, 2008년의 세계 금융 위기, 기술 기업의 지배력 강화, 모든 기업의 급속한 디지털화를 목격했다. 그밖에 미국 내 모든 규모의 기업에 영향을 미쳤던 최소한 수백 건의 중요한 사건들은 언급하지도 않았는데 이정도다. 하지만 3M, 알코아Alcoa, 에이본Avon, 캐터필러Caterpillar, 켈로그Kellogg, 펩시, 화이자와 같은 기업들은 이처럼 지역적으로나 세계적으로 극심했던 충격을 단순히 견뎌내는 수준에 그치지 않고, 미국 내 500대 기업 중 상위권을 유지하며 성공 가도를 달리고 있다.

그런데 61이라는 숫자는 실제보다 작았다. 첫째, 사실 관계에 오류가 있었다. 저자는 콜게이트-팜올리브Colgate-Palmolive, 코닝 Corning, H. J. 하인즈H. J. Heinz, PPG 등 두 개의 명단에 모두 포함된 11개 기업을 누락했다. 아마 단순 실수였을 것이다. 따라서 72개 기업이 두 개의 명단에 모두 포함돼야 한다.

둘째, 저자는 1955년부터 2015년 사이에 포춘 500대 기업에 인수된 기업을 포함하지 않았다. 질레트를 예로 들어보겠다. 2005년 P&G는 570억 달러에 질레트를 인수했다(질레트는 1955년 이후로 50년 동안 포춘 500대 기업의 지위를 계속 유지했고, 인수될 당시 순위는 215위였다). 질레트를 실패한 기업으로 간주해야 할까? 아니면 '창조적으로 파괴된' 기업일까? 나는 그렇게 생각하지 않는다. 나는 오늘 아침에도 질레트가 만든 고가의 면도날을 사용했다. 질레트가 2015년 포춘 500대 기업에서 32위에 있는 P&G의 한 부분이기 때문에, 2015년 포춘 500대 기업 명단에 포함돼야 한다고 생각한다.

유나이티드 테크놀로지스United Technologies가 1975년에 오티스 Otis를 인수했고, 오티스는 1955년 이후 20년 동안 이 명단에 포함 돼 있었다. 유나이티드 테크놀로지스가 2015년 포춘 500대 기업 에서 45위에 올랐으니, 오티스를 유나이티드 테크놀로지스의 일부 로 계속 남아 있는 기업으로 간주해야 한다고 정당하게 주장할 수 있다. 포춘 500대 기업에 속한 버크셔 해서웨이, 펩시, 유나이티드 테크놀로지스, 유니레버, 보잉에 인수된 리글리Wrigley, 퀘이커 오 츠Quaker Oats, 캐리어Carrier, 베스트푸드Bestfoods, 맥도넬 더글러스 McDonnell Douglas와 같은 기업에 대해서도 같은 이야기를 할 수 있다.

1955년 포춘 500대 기업 중 질레트, 오티스를 포함한 73개 기업 이 2015년 포춘 500대 기업에 인수됐다. 여기서 나는 BP, 유니레버 와 같이 미국에 있었더라면 2015년 포춘 500대 기업이 됐을 해외 의 거대기업이 인수한 기업도 포함했다. 따라서 1955년 포춘 500 대 기업 중 이미 생존한 72개 기업과 생존했다고 간주할 수 있는 73 개 기업을 합쳐 총 145개 기업이 2015년 포춘 500대 기업 명단에 포함될 수 있었다.

1955년 포춘 500대 기업 중 63개 기업은 파산했거나 추적할 수 없었다(1950년대와 1960년대의 기업을 추적하기란 쉽지 않다). 이 들은 자본주의의 파괴 과정에서 사라졌다.

1955년 포춘 500대 기업 명단에서 나머지 292개 기업(500- 145-63)은 어떻게 됐을까? 상위 500대 기업에서 탈락했거나 다른 기업에 인수되거나 합병됐다. 이것이 이들 모두가 실패했다는 것을 의미할까? 일부는 잘하지 못했을 수도 있지만, 많은 기업이 계속해

　　　　　　　　　　　　　　투자, 진화를 만나다

서 생존하고 번영했을 수도 있다. 정의상 꽹장히 제한적인 명단이라 할 포춘 500대 기업에는 포함돼지 못했지만, 우량 기업도 많다.

예를 들어, 1955년 189위에 올랐던 이튼Eaton은 2013년에 포춘 500대 기업에서 탈락했다. 2021년 6월, 이튼의 시장 가치는 600억 달러였기에 실패 사례로 분류해서는 안 된다. 또한 1955년 이후로 58년 동안 포춘 500대 기업 명단에 빠지지 않고 등장한 것은 대단한 업적이라 할 수 있다. 보든 케미컬Borden Chemical은 1995년 사모 펀드인 KKR에 인수된 후, 2004년에 아폴로Apollo에 인수됐다. 지금 보든은 헥시온 스페셜티 케미컬Hexion Specialty Chemicals의 한 부분으로 존재하고 있다. 1955년 포춘 500대 기업 명단에 포함된 건축자재 회사 USG는 2018년 매출 규모가 100억 유로에 달하는 독일의 카우프Knauf에 70억 달러에 인수됐다.

292개 기업 중 20~25%가 다른 기업에 인수됐거나 1955년 포춘 500대 기업 명단에서 탈락하고도 제품과 서비스를 계속 성공적으로 생산했다고 가정하면, 1955년 명단에서 추가로 60~75개의 기업이 성공했다고 볼 수 있다.

1955년 포춘 500대 기업의 현황을 요약하면 이렇다.

- 포춘 500대 기업 중 72개 기업(14%)이 60년 동안 포춘 500대 기업의 지위를 계속 유지했다.
- 73개 기업(15%)이 2015년까지 포춘 500대 기업의 한 부분으로 존재했다.
- 60~75개 기업(12~15%)이 다른 기업에 인수되거나 포춘 500대 기

업에서 탈락하고도 제품과 서비스를 계속 성공적으로 생산했다.

· 포춘 500대 기업 중 280~295개(55~60%)는 실패했다.

9장과 10장에서 1926년부터 2016년까지 90년에 걸쳐 미국 상장 기업 주가의 변동을 조사한 결과를 제시할 것이다. 이 결과에 따르면, 상장 주식의 약 60%가 90년 동안 미국 국채 수익률보다 낮은 수익률을 기록했다. 그러니 내가 앞에서 계산해서 추정한 60년에 걸친 실패율 55~60%는 아마도 실제보다 높지 않을까 싶다. 어쨌든 이야기를 계속 진행해 보자.

1955년 포춘 500대 기업은 우량 기업이었다고 가정해도 무방하다. 물론, 우리가 정한 기준을 엄밀히 적용하면 우량 기업이 아닌 것들도 있다(예: 일부는 적당한 수준의 부채를 갖고 있다). 하지만 뛰어나지 않고서는 자본주의의 중심지에서 규모가 가장 큰 기업이 될 수 없었기 때문에, 이들이 대단한 기업이었다는 것은 부정할 수 없는 사실이다.

이들 중 최소 30%(72+73=145개)가 60년 동안 포춘 500대 기업의 지위를 계속 유지한 것으로 보아, 틀림없이 우량 기업이라 할 수 있다. 여기에 2015년에 포춘 500대 기업에 포함되지는 않았지만, 이 기간에 좋은 실적을 거둔 기업(약 60~75개 기업)까지 포함하면, 1955년 포춘 500대 기업 중 40~45%(205~220개)가 60년 동안 좋은 실적을 거뒀다. 이는 결코 적은 비율이 아니다. 자본주의와 창조적 파괴는 잘 작동하지만, 아주 잘 작동하지는 않는다.

내가 앞에서 제시한 두 가지 질문에 대한 대답은 다음과 같다. 첫

투자, 진화를 만나다

째, '장기'라는 말은 기간이 정말 길다는 뜻이다. 최소한 50년, 어쩌면 그 이상일 수도 있다. 둘째, 새로운 기업이 기존의 기업을 대체하기는 하지만, 그 속도는 우리가 생각하는 것보다 훨씬 느리다.

이는 그랜트 부부와 쿠르텐이 주는 교훈을 떠올리게 한다. 우량기업에서 일상적으로 일어나는 격변을 걱정하느라고 시간, 에너지, 지력을 낭비할 필요는 없다. 장기적으로 보면, 이런 기업들은 회복력이 상당히 높을 수 있다.

그렇다면 뭐하러 팔겠는가?

***

코닥은 당대의 페이스북이나 구글이었다. 오늘날의 거대기업으로 손꼽히는 두 기업들과 마찬가지로, 한때는 사진업계에서 코닥 다음으로 규모가 큰 기업을 떠올리기는 쉽지 않았다. 1976년 코닥의 시장 점유율은 필름 판매에서 90%, 카메라 판매에서 85%를 기록했다.[11] 오늘날에는 어떨까? 스마트폰이 카메라와 동의어가 됐다. 코닥은 사실상 죽은 것이나 다름없다. 아이러니하게도, 코닥의 미국인 전기공학자 스티브 새슨Steve Sasson이 1975년에 디지털 카메라를 처음 발명했다! 우리가 1975년에 코닥을 분석했다면, 필름 산업은 대단히 안정적이며, 코닥의 지배력은 한동안 계속 유지된다는 결론을 내렸을 것이다. 디지털 사진이 널리 유행하는 모습을 보고는 코닥 주식을 매도하려고 했을까? 그럴 수도 있고 아닐 수도 있다. 잘 모르겠다. 하지만 한 가지 분명한 사실은 늦게 대응해서 결과적으로 손실을 보았을 것이다.

이 문제에 대한 해결 방안이 있을까? 이처럼 특별하고도 '작은' 사건을 무시하는 것이 장기적으로 어떤 결과를 낳을지 어떻게 알 수 있을까? 나는 알 수가 없다.

이제 앞에서 했던 말을 다시 하겠다. 모든 투자 모델에는 단점이 있다. 내 생각에 어떤 투자 전략도 확실하지 않다. 그런 투자 전략을 알고 있다면, 책을 써서 알려주기 바란다(혹은, 나만 알 수 있게 마법의 공식을 이메일로 전해주면 더 좋다). GKPI는 코닥과 같은 기업에서 단점이 드러나겠지만, 내가 경험한 바에 따르면 대부분 좋은 결과를 낳았다. 그래서 어떤 모델보다도 더 나은 결과를 기대할 수 있게 했다.

영양은 민첩하고 경계심이 강해 잡기가 거의 불가능하다. 하지만 치타, 표범, 사자에게 잡혀 죽는 경우도 많다. 이것이 영양이 살아가는 방식에 문제가 있다는 의미일까? 전혀 그렇지 않다. 영양은 주변 환경에 매우 잘 적응한다. 모두가 그런 것은 아니지만, 충분히 많은 수가 노년까지 살기에, 이 종이 수백만 년 동안 생존할 수 있었다.

우리는 투자한 모든 기업을 상대로 GKPI를 일관되게 적용했지만, 이들 모두가 번창하지는 않았다. 그러나 포트폴리오 기업을 상대로 적용한 이런 접근 방식은 우리에게 상당히 좋은 결과를 가져다 줬다.

이 종은 아주 잘 살아남았다.

진화론의 여덟 번째 가르침

우량 기업이 갖는 장기적 특성은 경제, 산업,
심지어는 기업의 단기적 변동에 영향을 받지 않는다는 원칙을 수용한다.

1. 다윈의 생각과는 다르게, 진화는 측정 기간이 짧을 때는 더 빠르게, 길면 더 느리
게 진행될 수 있다. 비욘 쿠르텐은 유럽 불곰의 어금니 진화에서 이 현상을 입증
했다.

2. 우량 기업도 평가 기간이 며칠 또는 몇 주 또는 몇 달일 때는 많은 변화를 겪는
것처럼 보이지만, 수년 또는 수십 년일 때는 훨씬 더 안정적으로 보인다.

3. 포춘 500대 기업의 현황에 관한 경험적 데이터는 특별히 뛰어난 기업의 장기적
인 회복력을 입증한다. 1955년 포춘 500대 기업 중 약 40~45%는 이후 60년
동안 계속해서 성공을 거뒀다.

4. 우리는 매력적인 가격에 투자하기 위해 우량 기업에서 나타날 수밖에 없는 단기
적 변동을 활용한다. 그러나 이런 기회는 드물게 발생하기 때문에, 매수를 거의
하지 않는다. 우리는 게으름을 부린다.

5. 우리는 투자를 하고 나서는, 뛰어난 기업의 근본적인 특성은 장기적으로 변하지
않기 때문에, 단기적 변동을 무시한다. 절대로 가치평가에 따라 매도하지 않는
다. 우리는 엄청나게 게으름을 부린다.

6. 우리는 자본 할당이 심각하게 잘못됐거나 기업이 돌이킬 수 없을 정도로 손상됐
다고 판단하는 경우에만 매도한다.

9장

달팽이, 기다림을 말하다

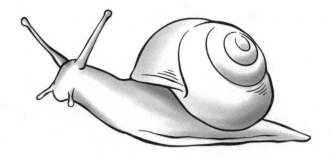

왜 자연은 어느 한 구조에서 다른 구조로 비약하지 않는가? 자연 선택 이론에 따르면, 우리는 왜 자연이 비약하지 않는지를 명확하게 이해할 수 있다. 자연 선택은 오직 끊임없이 이어지는 사소한 변이들을 활용하여, 작용할 수 있기 때문이다. 자연은 결코 비약할 수 없지만, 가장 짧고도 느리게 한 걸음 한 걸음 내딛으며 전진할 뿐이다.

—

찰스 다윈, 《종의 기원》 6장 이론의 난점

찰리와 저는 오래전에 투자자로 살아가면서 현명한 결정을 수백 차례나 내리기란 무척 어렵다는 결론에 도달했습니다. 버크셔의 자본이 급증하고 실적에 큰 영향을 미칠 수 있는 투자 영역이 급격히 줄어들면서, 이런 판단은 어느 때보다도 더욱 설득력을 얻게 되었습니다. 따라서 우리는 현명하게 판단해야 하지만 너무 자주는 아니고 몇 번만 그렇게 하자는 전략을 채택했습니다. 실제로 이제 우리는 1년에 좋은 아이디어를 하나만 내는 것으로도 만족할 것입니다(찰리는 이번에는 제 차례라고 말합니다.)

—

워런 버핏의 〈1993년 주주 서한〉

살아온 길을 한번 되돌아보자. 맞다. 지나간 세월을 되돌아보려면, 읽기를 잠깐 멈춰야 한다. 그렇게 하고서, 인생, 일, 사업 등 지금의 자신을 있게 한 사건이나 순간을 생각해보자. 깊은 숨을 내쉬고 잠깐 멈춰서 인생의 테이프를 되돌려보자.

끝났는가? 좋다, 무엇을 보았는가? 내가 주인공으로 나오는 영화의 여러 장면을 공유하겠다. 이 멋진 행성에서 보낸 50년이라는 세월이 눈 깜짝할 사이에 지나간 것 같다. 어머니가 외할머니와 영영 이별하면서 울었을 때, 역사 선생님이 나를 칭찬했을 때, 아버지가 내게 당신의 차를 운전하는 것을 허락했을 때, 처음 면접을 본 회사가 나를 거절했을 때, 남아프리카공화국 사파리에서 코끼리 떼가 우리를 쫓아왔을 때, 처음 투자한 회사가 주식 상장을 성공적으로 했을 때, 갓 태어난 아들을 처음 봤을 때 등 내가 겪은 몇몇 순간들이 자연스럽게 기억이 난다.

내가 이런 사건을 30개 정도는 나열할 수 있겠지만, 3,000개는 못한다. 내가 살아온 시간이 약 3,000만 분이나 된다는 것이 조금은 이상하게 여겨진다. 나머지 시간은 어디로 갔을까? 모두가 재미없는 순간들이었을까? 내 인생은 기억할 가치가 있는 순간들이 여기저기에 흩어져 있는 길고도 무의미한 시간에 불과한 것일까? 당신 인생은 어떤가?

지구의 삶은 어떨까? 어떤 순간은 한 세기가 지나도 잊히지 않을지도 모른다.

그중 하나로, 2020년 1월 11일, 중국 언론이 61세 남성이 원인 불명의 바이러스로 최초로 사망한 소식을 전한 순간을 꼽을 수 있다. 그는 우한시의 해산물과 가금류 시장을 자주 찾던 고객이었다. 이후로 2주일도 채 지나지 않아서, 세계 전역의 수십 개 국가에서 똑같은 바이러스에 감염된 사례를 알리기 시작했다. 1월 30일, 세계 보건기구World Health Organization는 세계 전역을 대상으로 비상사태를 선포했고, 2월 11일에는 이번 바이러스로 인한 질병을 코로나19로 명명했다.

2020년 3월, 세계는 단 한 번도 경험하지 못한 상황, 즉 전 세계의 전면적인 폐쇄 조치를 목격했다. 미래의 세대는 2020년 뭄바이, 런던, 로마, 뉴욕의 텅 빈 거리의 모습을 담은 사진을 보면서 우리를 비난할 것이다. 그리고 어떤 사진도 인간이 겪는 고통과 고난의 규모나 깊이를 그 사진만큼이나 포착해내지는 못할 것이다.

세계의 모든 주식 시장이 급격히 하락하기 시작했고, 특히 3월과

4월에는 바닥이 보이지 않을 것만 같았다. 2020년 3월, 인도 센섹스 지수는 23% 폭락했다.

이처럼 사상 유례가 없는 시기에 우리는 무엇을 해야 하는가?

어쩌면 진화론이 우리에게 답을 줄 수도 있다.

증거의 부재가 부재의 증거

고생물학자 스티븐 제이 굴드와 나일스 엘드레지Niles Eldredge는 1972년에 고전적 다윈주의의 성채에 상당히 큰 손상을 가하는 듯한 논문을 발표했다.

다윈의 자연 선택 이론은 '계통적 점진주의phyletic gradualism'를 강력히 옹호한다. 다윈은 자연 선택이 환경에 적응하지 못하는 개체를 제거해, 더 잘 적응한 개체가 번식하게 된다는 이론을 제시했다. 이런 현상이 충분히 오랫동안 지속하면, 어느 사이엔가 새로운 종이 만들어지고 원래의 종은 멸종한다. 그는 《종의 기원》의 마지막 장에서 다음과 같이 점진주의에 대한 견해를 명확히 밝힌다. "자연 선택은 오로지 경미하고 이로운 잇따른 변이들을 축적하는 것에 의해서만 작용하므로, 거대하고 급격한 변화가 생기게 하지는 못한다. 또한 자연 선택은 매우 짧고 느린 단계를 통해서만 작용할 수 있다."

만약 이것이 틀림없다면, 화석 기록에서 중간 형태의 종을 찾아내 계통적 점진주의의 증거를 제시해야 한다. 약 5,000만 년 전, 파키세투스Pakicetus라는 네 발 달린 육상 척추동물에서 진화한 고래를 예로 들어 보자.[1] 그림 9.1에는 암불로세투스Ambulocetus, 레밍턴세투스Remingtoncetus, 프로토세투스Protocetus, 도루돈Dorudon 등 파키세투스의 후손들이 나열돼 있는데, 이들이 최종적으로 오늘날의 고래와 돌고래로 진화했다. 고래의 신체가 엄청나게 크다는 점을 고려하면, 수백, 심지어는 수천 개의 중간 형태의 종을 찾을 수 있지 않을까? 문제는 그렇지 않다는 데 있다. 예를 들어, 레밍턴세투스와 프로토세투스 사이의 중간 화석은 어디서 찾을 수 있을까? 고생물학자들이 고래 진화의 퍼즐을 맞추는 데 도움이 되는 화석 기록이 꽤 있지만, 과도기적 형태는 거의 없다.

5장에서 나는 기린의 진화를 설명했다. 자연 선택에 의해 목이 짧은 기린이 시간이 지나면서 멸종하고 목이 긴 기린이 점진적으로 진화했다면, 왜 목이 아주 짧은 기린 화석에서부터 엄청나게 긴 기린 화석에 이르기까지의 다양한 화석을 발견하지 못했을까? 그것을 발견하지 못했다면, 어떻게 진화가 갑자기 일어나지 않고 점진적으로 진행된다고 주장할 수 있을까?

지성과 정직성은 상호 배타적인 특성으로, 어느 하나가 다른 하나를 보장하지 않는다. 하지만 다윈은 대단히 정직한 보기 드문 천재였다. 자신의 이론에 잠재된 문제에 대해 한 장 전체를 할애해 기록했다. 그는 자연 선택 개념이 갖는 분명한 문제를 지적하면서,《종의 기원》6장 '이론의 난점'을 시작한다. 자연 선택이 잘 적응하지 못한 종을 점진적으로 제거하기 때문에, 멸종과 자연 선택이 동시에 일어나야 한다고 주장했다. 이 논리에 따르면, 환경에 적응하지 못한 무수히 많은 과도기의 종이 존재했어야 했다. 하지만 다윈 자신도 지적했듯이, 과도기의 화석은 거의 발견되지 않았다. 그는 이처

투자, 진화를 만나다

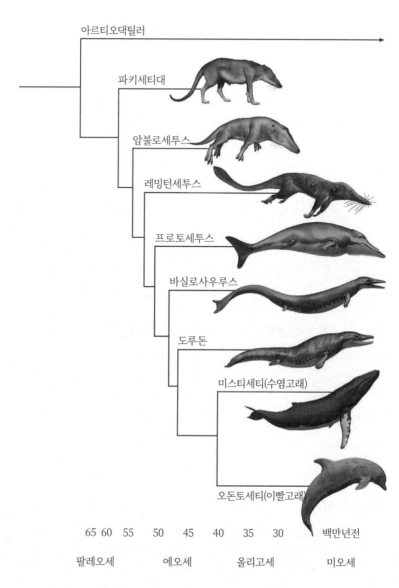

아르티오댁틸러

파키세티대

암불로세투스

레밍턴세투스

프로토세투스

바실로사우루스

도루돈

미스티세티(수염고래)

오돈토세티(이빨고래)

| 65 60 55 | 50 | 45 | 40 | 35 | 30 | 백만년전 |

팔레오세　　　　　에오세　　　　올리고세　　　　미오세

그림 9.1 **고래의 진화: 다른 과도기적 형태는 어디에 있는가?**

출처: 사이언스 포토 라이브러리

럼 불완전한 화석 기록이 종이 점진적으로 진화한다는 것을 증명하려는 사람들에게 커다란 장애가 된다는 점을 인정했다.

하지만 해결 방안이 있었다. 그는 지질학적 기록이 불완전하다며 이렇게 말했다. "지질학적 기록은 불완전하며, 그것은 왜 멸절했거나 현존하는 모든 생명 형태들을 점차적인 단계를 통해 한데 잇는 끝없이 많은 변이들을 우리가 찾아낼 수 없는가 하는 의문을 상당 부분 설명할 것이다. 지질학적 기록의 성질에 대한 이런 시각을 거부하는 이라면 응당 내 이론 **전체**를 거부할 것이다."(강조는 본인).

그는 과도기적 종의 부재가 자연 선택 이론에 치명적으로 작용한다고 생각해서 《종의 기원》 9장에 '지질학적 기록의 불완전함에 관하여'라는 적절한 제목을 달고는 이 한 가지 문제만 집중적으로 파고들었다. 여기서 다음과 같이 몇 가지 설득력 있는 근거를 제시하며 자신의 주장을 펼쳤다. 우리는 지구의 극히 일부분만을 지질학적으로 탐사했다. 부드러운 부분만 있는 유기체는 보존될 수 없다. 조개껍질과 뼈는 퇴적물이 쌓이지 않는 바다 밑으로 가라앉으면 사라질 것이다. 먼 과거에는 육지 조개처럼 많은 종이 존재했지만, 어떤 화석도 거의 발견되지 않았다.

다윈의 점진주의가 옳다면, 고생물학자들이 수백만 년에 걸친 화석 기록에서 점진적 변화를 목격해야 했다. 하지만 그러지 못했다. 그 대신, 다윈 이전과 이후로 다수의 고생물학자들이 발견한 것은 대부분의 종들이 화석 기록에 갑자기 등장하고는 멸종될 때까지 변하지 않고 지속된다는 사실이었다.[2]

휴 팔코너Hugh Falconer(1808~1865년)는 19세기 최고의 고생물

학자 중 한 사람이었다.[3] 1830년 인도에서 외과 의사로 일했지만, 대부분의 시간을 화석 발굴로 보냈다. 히말라야 남부에서 고대 화석 층을 발견해, 마스토돈과 검치 호랑이 등 멸종된 여러 종을 발굴했다. 유럽 코끼리의 화석도 연구했다. 다윈은 팔코너를 대단히 존경해, 1859년 11월에 개인적인 메시지를 담은 《종의 기원》 초판본을 보냈다.

팔코너는 대부분의 화석종들이 극심한 환경 변화에도 상당히 오랜 기간에 걸쳐 안정적으로 유지된다는 사실을 발견했다. 1863년에 발표한 논문에서 매머드가 극심한 기후 변화를 경험했다고 설명하고는 다음과 같은 질문을 던졌다. "종들이 그런 영향을 받아서 그처럼 불안정하고 돌연변이에 취약하다면, 이 멸종된 종은 안정의 기념비라도 되듯이 왜 그다지도 두드러지게 눈에 띄는 것일까?"

1903년, 저명한 고생물학자 H. F. 클리랜드H. F. Cleland는 데본기 화석(4억 2,000만 년에서 3억 6,000만 년 전)에서도 이와 비슷한 화석종을 발견했다. 그는 이렇게 말했다. "가장 낮은 지대에서 가장 높은 지대에 이르기까지 모든 지대의 화석을 자세히 살펴본 결과, 암보코엘리아 프래움보나Ambocoelia praeumbona와 같은 예외를 제외하고는 어떤 진화적 변화도 발견하지 못했다. … 완족류, 복족류, 부족류의 진화는 전혀 일어나지 않았거나 매우 드물게 일어났다." 다른 많은 고생물학자들도 이와 비슷한 관찰을 하고 있었다.

비록 현장에서 관찰한 결과는 다르게 보였지만, 그들 중 어느 누구도 다윈의 점진주의를 부정하지는 않았다. 1972년, 나일스 엘드레지와 스티븐 제이 굴드가 유명한 논문 〈단속 평형: 계통적 점진주의의 대안Punctuated Equilibria: An Alternative to Phyletic Gradualism〉을 발표하면서, 이론과 실제 사이의 이런 긴장은 마침내 깨졌다.[4]

그들은 생물계의 역사는 새로운 종이 탄생하는 짧은 기간 사이에 긴 안정기가 배치된 것으로 봐야 한다고 주장했다. 저자들의 말을 빌리자면, "하나의 핵심 명제로서 단속 평형은 대부분의 종들이 화석 기록에 나타난 그들의 해부학적, 지리학적 역사에서 알 수 있듯이, 지질학적 순간(단속)에 출현해, 오랜 기간에 걸쳐 정체 상태를 유지한다는 주장을 뒷받침한다."

굴드와 엘드레지는 '증거의 부재'와 '부재의 증거'를 혼동하는 동료들에게 주의를 촉구했다. 2002년에 세상을 떠난 굴드는 하버드 대학교의 고생물학자로 서인도 제도에 서식하는 육지 달팽이를 대상으로 광범위한 연구를 진행했다. 현재 미국자연사박물관American Museum of Natural History의 명예 큐레이터인 엘드레지는 지금은 멸종된 삼엽충을 전문으로 연구했다. 고생물학자들은 특정 유기체의 진화사 그리고 다른 유기체 및 환경과의 관계에 대해 알기 위해 화석을 연구한다. 사실, 현대의 DNA 추출 기술이 등장하기 전에는 고생물학이 고대의 생명체를 연구할 수 있는 유일한 과학이었다. 하지만 가장 최신의 DNA 추출 기술도 최대 약 100만 년 전의 표본만을 연구할 수 있다.[5] 따라서 화석, 즉 고생물학은 아주 오래된 과거에 대한 신뢰할 만한 유일한 창이라 할 수 있다.

굴드와 엘드레지는 뛰어난 통찰력을 발휘해 지금은 당연하게 여겨질 수 있는 사실을 지적했다. 화석 기록의 공백은 결함이 아니라 종 진화의 중요한 특징이었다는 것이다. 고생물학자들이 특정 종의

투자, 진화를 만나다

형태에서 갑작스러운 변화를 발견했을 때, 당연히 이런 변화가 있었다고 받아들여야 하며, 화석 기록의 공백을 들어 이런 변화를 둘러대려는 다윈의 오류를 범해서는 안 된다고 주장했다.

이들에 따르면, 중간 형태에 대한 증거의 부재가 곧 부재의 증거다. 화석 기록의 불완전성 이론으로 도피할 필요가 없다. 오랜 기간에 걸친 정체 상태 이후로 짧은 단속이 이어졌다면, 중간 형태를 발견하지 못하는 이유는 그것이 존재하지 않기 때문이다.

굴드는 이 획기적인 논문에서 버뮤다에 서식하는 달팽이로 30만 년 동안 세 개의 종(P.b. 파솔티P.b. fasolti, P.b. 시글린대P.b. sieglindae, P.b. 버뮤덴시스P.b. bermudensis)으로 분화한 포에실로조나이트 버뮤덴시스Poecilozonites bermudensis의 진화를 분석하고는 오랜 기간에 걸친 정체 상태 이후로 나타난 갑작스러운 진화적 변화의 증거를 제시했다. 색상, 첨탑의 형태, 껍질의 두께, 벌어진 입술의 모양 등의 차이로 측정한 이 세 개 종의 뚜렷한 형태적 차이가 점진적으로 발생하지 않았다는 사실을 보여줬다. 대신, 이 세 개 종은 이소적 종분화(소수의 개체 집단이 모종으로부터 지리적으로 격리돼 새로운 종이 탄생하는 현상)라는 단속적 사건으로 생겨났다. 마찬가지로, 엘드레지는 삼엽충 종인 파콥스 라나Phacops rana의 진화사를 개관하고, 점진적 진화가 아닌 단속적 사건으로 인해 발생한 파콥스 라나의 다양한 아종의 눈 형태에서 급격한 변화가 일어났다는 증거를 제시했다.

엘드레지와 굴드가 달팽이와 삼엽충 화석에 관한 획기적인 논문을 발표한 이후로, 과학자들은 동물, 식물, 박테리아, 심지어 바이러스(바이러스가 '생명체'인지 여부는 논란의 여지가 있지만)를 포함한 모든 생명체에서 단속 평형을 통한 진화의 또 다른 사례들을 발견했다.

A. L. A. 존슨A. L. A. Johnson은 1985년에 발표한 논문에서, 쥐라기 시대(2억 년에서 1억 4,500만 년 전)의 가리비 34종을 연구해, 오랜 정체 상태에 관한 풍부한 증거와 함께 갑작스러운 종분화의 사례를 제시했다.[6] 그는 다음과 같이 결론을 내렸다. "내가 발견한 한 가지 사례에서 ⋯ 후손 형태의 갑작스러운 출현이 (100만 년 이내에 벌어진) 급격한 진화에 의한 것이라고 타당하게 간주할 수 있었다. 연구 대상이던 다른 혈통 중 하나에서 약 2,500만 년에 걸쳐 점진적으로 변화했다는 확정적이지 않은 증거가 발견됐다. 하지만 나머지 32개의 혈통에서는 형태가 정체 상태에 있었던 것으로 보였다."

단속 평형에 대한 가장 광범위한 문헌 중 하나는 이를 반박하기 위한 연구 프로젝트로 시작됐다! 워싱턴 DC에 있는 스미소니언 국립자연사박물관Smithsonian National Museum of Natural History의 앨런 H. 치담Alan H. Cheetham은 태형동물 화석 전문가다(태형동물을 벌레처럼 생겼고 겉에 촉수가 있는 작은 동물로, 나무나 꽃처럼 생긴 군락을 이루며 살아간다). 치담은 점진주의의 사례를 보여주기 위해 태형동물 중 메트라랍도토스 종에 대한 연구를 시작했다.[7] 1,500만 년에 걸쳐 있는 17종의 메트라랍도토스를 대상으로 46개의 특성을 측정했는데, 17종 중 11종에서 200~600만 년 동안 변하지 않고 유지되다가 16만 년에 걸친 단속적 변화가 일어난 사실을 발견했다. 치담은 "이런 메트라랍도토스 종에서 단속적 진화 패턴에 대한 놀라울 정도로 명확한 증거를 찾은 것"이라고 강조했다.

박스 9.1 모순이 아니다

단속 평형은 이전 장에서 설명한 쿠르텐을 비롯해 생물학자들이 관찰한 사실과 모순되는 것처럼 보인다. 쿠르텐은 유기체의 변화 속도가 단기에 더 빠르고 장기에 더 느림을 보여줬다. 그러나 단속 평형은 생명체가 오랜 기간에 걸친 정체 상태 이후에 극적으로 변화한다(즉, 새로운 종을 탄생시킨다)고 주장한다. 이것이 무엇을 의미하는가? 자세히 읽어보면, 이 두 주장들이 실제로는 서로를 보완한다는 것을 알 수 있다.

쿠르텐은 수천 년에 걸친 하나의 종을 관찰했고, 관찰된 변화는 타당한 한계 내에 있었다. 그랜트 부부의 부리 측정은 수십 년에 걸쳐 진행됐고, 부리 크기와 모양의 변화는 새로운 종을 탄생시킬 만큼 급격하지는 않았다. 반면, 엘드레지와 굴드는 원래의 종이 수백만 년에 걸쳐 정체 상태에 있고 난 이후로, 새로운 종이 탄생하는 과정을 설명한다. 이 두 견해는 모두 옳다. 서로 다른 시기에 걸쳐 나타나는 서로 다른 현상을 설명한다.

이와 같은 연구 다수에서 단속 평형의 증거가 발견됐다. 가장 흥미롭고 결정적인 연구 결과는 2008년에 스웨덴 우메오대학교의 티이나 마틸라Tiina Mattila와 폴머 보크마Folmer Bokma가 왕립학회회보 Proceedings of the Royal Society에 발표한 논문이다.[8] 마틸라와 보크마는 화석 기록을 조사하는 대신, 현존하는 총 4,510종의 포유류 중 2,143종을 대상으로 체질량의 변화를 분석하여, 이들의 진화가 단속적인지 혹은 점진적인지를 평가했다. 그들의 결론은 이렇다. "포유류뿐만 아니라 영장류와 육식 동물과 같은 별도의 하위 분기군 clade(공통의 조상에서 진화된 생물군)에 대한 우리의 베이지안 추정에 따르면, 점진적 진화가 포유류 종 사이의 신체 크기 변화에서 일부분만을 설명하는 것으로 나타났다." 그들의 연구는 단속 평형이 대부분의 포유류 종의 체질량 진화에서 커다란 역할을 했던 사실을 입증했다. 굴드와 엘드레지의 연구를 포함해 단속 평형에 관한 대부분의 연구는 대체로 한 번에 하나의 종에만 집중한다. 이에 반해, 마틸라와 보크마는 이 이론이 포유류 분기군 전체에 적용된다는 것을 보여줬다.

굴드와 엘드레지의 논문은 많은 논란을 일으켰고, 이를 지지하는 사람도 많고 비판하는 사람도 많다.[9] 종의 진화에서 단속 평형의 증거를 찾은 연구자도 많지만, 찾지 못한 연구자들도 있다. 논쟁은 치열했고, 심지어는 인신공격에 이르기도 했다. 점진주의자들은 단속 평형의 원리를 '멍청이들의 진화'라고 불렀고, 상대방은 점진주의의 원리를 '찌질이들의 진화'라면서 반박했다.[10] 과학계의 품위를 지키기 위해 이쯤 하기로 하자.

논란을 일으키는 가장 중요한 원인 중 하나는 그들이 새로운 종의 탄생을 논의하면서 '급진적인'과 '갑작스러운'이라는 관형어를 사용한다는 것이다. 단속 평형을 비판하는 사람들은 굴드와 엘드레지가 휴고 드 브리스Hugo de Vries의 돌연변이 이론과 리처드 골드슈미트Richard Goldschmidt의 거대돌연변이 이론처럼 신빙성이 없는 이론을 부활시켰다고 비난한다.[11] 독일 태생의 미국인 동물학자 골드슈미트는 1940년에 발간한 저서 《진화의 물질적 근거The Material Basis of Evolution》에서 종은 작은 변이들이 축적돼 탄생하는 것이 아니라 한 세대 내에서 도약 진화saltation라고 하는 중대한 변이를 거쳐 탄생한다고 주장했다. 그러나 과학계에서는 이런 급진적인 진화론을 '희망적 괴물 이론theory of hopeful monsters'이라는 조롱이 담긴 표현을 쓰면서, 신뢰하지 않았다.

굴드는 다수의 저작에서 단속 평형은 도약 진화가 아니라고 정당하게 주장했다. 단속 평형은 '순간'이 수만 년에 걸친 지질학적 시간을 의미하고 이것과 인간의 시간 척도를 혼동해서는 안 된다고 생각하는 고생물학자를 대상으로 하는 이론이었다. 굴드는 저서 《진화론의 구조The Structure of Evolutionary Theory》에서 다음과 같이 단속 평형을 인간의 임신에 비유한다. "인간의 임신 기간은 대체로 수명의 1~2%에 해당하므로, 우리는 단속적 종분화에 대해서도 정체 상태의 후기 지속 기간과 비례해 동일한 일반적인 범위를 허용해야 한다. 평균 수명이 400만 년이라고 가정할 때, 1%의 기준은 4만 년에 걸친 종분화를 허용한다."

생물학자들 사이에 발생한 분규로 인해 의도하지 않았던 이상한 일이 벌어졌는데, 바로 창조론자들이 갑자스러운 난입이었다![12] 창조론자들은 항상 화석 기록에 중간 형태가 존재하지 않는다는 점을 지적하면서, 이것이 다윈의 이론이 틀렸다는 증거라고 주장해 왔다. 굴드와 엘드레지가 '정체 상태는 데이터'라고 강조하면서, 단속 평형이라는 개념이 창조론자들의 주장을 입증하는 것처럼 보였다. 창조론자들은 동물과 식물이 화석 기록에 갑자기 등장한 것은 이들이

신에 의해 순간적으로 창조됐기 때문이라고 믿었다. 그래서 종의 갑작스러운 출현을 긍정하는 것처럼 보이는 단속 평형에서 도피처를 찾았다.

굴드는 다음과 같은 통렬한 표현을 써가며 자신이 창조론자들에게 받은 굴욕을 되갚았다. "… 단속 평형은 이런 형태의 지적 부정직(부정직이라는 표현이 그들의 역량을 과대평가할 소지가 있다면 극심한 어리석음이라고 하자)에 훨씬 더 쉬운 표적을 제공하며, 우리 견해가 그들이 사실을 왜곡하기 위한 먹잇감이 됐다는 사실이 놀랍지도 않다."

나는 진화생물학자는 아니지만, 서문에서 말했듯이 읽기 능력은 있다. 리처드 도킨스나 대니얼 데닛Daniel Dennett과 같은 유명한 생물학자나 생물철학자들이 단속 평형을 과소평가하고, 이것이 다윈의 이론에 거의 손상을 가하지 않는다고 주장하는 것으로 알고 있다. 그럴지도 모른다.

내게 중요한 문제는 굴드와 엘드레지가 혁신적인 것을 제안했는지가 아니라, 그들이 제안한 것이 진화를 바라보는 새로운 방법인지 그리고 그것이 경험적 분석에 잘 부합하는지다. 학술 논문만 검색하는 구글 스칼라Google Scholar에서 '단속 평형'을 검색하면, 85,000개가 넘는 결과가 나온다. 모두가 생물학 관련은 아니지만, 이 결과의 처음 몇 페이지만 잠깐 보아도 과학자들이 수년에 걸쳐 이 현상에 관한 증거를 충분히 수집해온 것을 분명히 알 수 있다. 나 같은 일반인에게는 이번 장에서 설명한 연구 논문에서 알 수 있는 것처럼, 단속 평형 이론이 다윈의 이론을 발전시킨 것으로 보인다.

투자, 진화를 만나다

여러 해 전에 단속 평형 이론에 관한 글을 처음 접했을 때, 삶은 단지 생물학적 생명이 아니라 생애에 관한 것이라는 생각이 들었다. 그렇기에 2시간짜리 영화가 마하트마 간디Mahatma Gandhi, 프리다 칼로Frida Kahlo, 무하마드 알리Muhammad Ali, 코코 샤넬Coco Chanel의 전 생애를 담아낼 수 있는 혹은 담아낸 것처럼 보여도 놀라운 일이 아닐 수 있다. 영화 제작자는 단속 평형을 활용해 영웅과 유명 인사의 생애에서 정체 상태를 제거하고, 오직 단속만을 돋보이게 한다. 역사책도 같은 기법을 활용하여 수천 년에 걸친 문명 전체의 일대기에 관한 이야기를 수백 쪽으로 압축해서 기록한다. 내 책상 위에는 더프 맥도날드Duff McDonald의 저작 《더 펌: 맥킨지의 이야기와 미국 기업에 미친 은밀한 영향The Firm: The Story of McKinsey and Its Secret Influence on American Busines》이 놓여 있다. 이 책은 맥킨지라는 컨설팅 회사의 거의 한 세기에 걸친 활동을 단 400쪽으로 압축했다. 단속 평형을 접하고 난 이후로, 그것이 뇌리를 떠나지 않았다. 내가 보는 모든 곳에 적용되는 것 같았다. 하지만 너무 흥분하지는 말아야 한다.

이제 다시 투자로 돌아가 보자. 단속 평형에서 내가 얻은 중요한 투자 교훈은 이렇다.

1. 기업의 정체 상태는 기본값이다. 뭐하러 적극적으로 행동하는가?
2. 주가의 변동은 기업의 단속이 아니다.
3. 새로운 '종'을 탄생시키는 보기 드물게 나타나는 주가의 단속을 활용한다.

기업은 정체 상태가 기본값이다

생물의 세계와 마찬가지로, 기업의 세계에서도 정체 상태는 기본 값이다.

훌륭한 기업은 여전히 훌륭한 상태를 유지하고, 나쁜 기업은 여전히 나쁜 상태를 유지한다.

그렇다, 나도 안다. 머릿속에서 심각한 어려움에 처한 놀라운 기업(바로 소프트뱅크SoftBank다)과 죽음에서 부활한 형편없는 기업(이 것도 소프트뱅크다)이 떠오를 것이다. 기업의 정체 상태에 대한 주장으로 기업 일화를 따져가며 싸우고 싶은 마음은 없다.

내가 주장하는 바는 반례가 존재하지 않는다는 것이 아니다. 굴드의 대작, 《진화론의 구조》에서 배운 적절한 용어인 우성의 상대 빈도dominant relative frequency에 더 많은 관심을 가져야 한다는 것이다. 그는 이렇게 주장했다. "단속 평형이 특정 현상의 존재를 주장할 뿐만 아니라 지질학적 시간에서 거시적 진화 패턴으로서 우성의 역할을 더욱 과감하게 주장한다." 마찬가지로 나는 기업의 세계에서 30년을 일하면서 훌륭한 기업은 훌륭한 상태를 유지하고, 나쁜 기업은 나쁜 상태를 유지하는 경우가 많다고 믿게 되었다.

이제 몇 가지 단어의 의미를 분명히 해두려고 한다. '정체'는 '정지'를 의미하지 않는다. 어린 아기였을 때부터 같은 제품을 판매하는 동네의 작은 가게는 정지 상태에 있다. 그 가게는 아무것도 변하지 않았다. 16,000개가 넘는 매장에서 대폭 할인된 제품을 판매하고 2011년부터 2021년 사이에 매출이 2.5배 증가해 330억 달러에

투자, 진화를 만나다

이르는 달러 제너널Dollar General이 정체 상태에 있다. 달러 제너럴의 **특성**이 변하지 않았다.

나는 훌륭함과 나쁨이 자리잡을 시간이 없는 산업은 제외했다. 여기에는 인공지능, 우주여행, 자율주행차, 음식 배달, 위워크가 속한 부문, 양자 컴퓨팅, 나노 기술 등 상당한 규모의 벤처캐피털 투자가 몰려드는 부문이 포함된다.

나는 연역적 추론('모든 인간은 죽는다. 소크라테스는 인간이다. 따라서 그도 죽는다.')을 적용해 훌륭한 기업과 그렇지 않은 기업이 오랜 기간에 걸쳐 정체 상태를 유지한다는 사실을 분명하게 증명하고 싶었다. 하지만 안타깝게도 그런 방법을 찾지 못했다. 그래서 평소대로 여러 증거를 제시하는 귀납적 방법에 의존하려 한다.

이번 섹션을 4개의 파트로 나누고, 각 파트마다 훌륭한 기업은 여전히 훌륭한 상태를 유지하고, 나쁜 기업은 여전히 실적이 저조한 상태를 유지한다는 주장을 펼치려고 한다. 물론 이번 섹션에 나오는 주장 중 어느 하나도 전혀 오류가 없는 것은 아니다(이것은 투자지, 선형대수학이 아니다). 하지만 전체적으로는 우리 투자 철학의 세 번째 원칙, 게으름 부리지 마라(다시 말하자면, 엄청나게 게으름 부려라)에 대한 설득력 있는 근거가 되기를 바란다.

1. 개인적 경험

개인적인 일화에서 벗어나지 못하는 주장을 싫어하는가? 우리 호모사피엔스는 거의 모든 것을 추론하고 합리화할 수 있다. 우리는 UFO를 발견했고, 선거 사기를 목격했고, 코로나19 위기 동안 마스크를 착용하지 않았고, 야구가 크리켓보다 더 우월하다고 믿었다.

하지만 이번처럼 기업은 정체 상태가 기본값이라는 것을 입증해야 하는 상황에서, 두 가지 이유로 내게 약간의 여지를 줬으면 좋겠다. 첫째, 나는 거의 35년 동안 기업의 세계에서 몸담아왔고, 어느 순간 일화가 패턴으로 변하기도 한다. 둘째, 이 믿음은 공허한 철학에서 나온 것이 아니라, 고객과 우리 자신의 자산을 관리하는 근간이다. 내 거의 모든 재산은 펀드에 있다. 올바른 자산 관리 방법을 믿지 않으면, 큰 손해를 보게 되는 입장이다.

나는 1989년 유니레버 인도 지사에서 생산 관리 수습사원으로 직장 생활을 시작했다. 유니레버에는 신입 관리자를 위한 탁월한 교육 프로그램이 있었고, 지금도 있을 것이다. 첫해에 나는 차와 커피를 제조 및 판매하는 유니레버 자회사인 브룩본드Brooke Bond의 모든 핵심 부서를 순환하며 근무했다. 인도 남부의 코임바토르에 있는 영업 사무소에서 4주 동안 근무했던 적도 있다. 영업담당자와 함께 거의 매일 시장에 갔는데, 그가 실제로 하는 일은 영업이라 할 수가 없었다. 서류상 그의 업무는 차를 파는 것이었지만, 실제로는 브룩본드 브랜드의 지배력 때문에 차를 더 달라고 외치는 소매상들에게 주문을 할당하는 것이었다. 이 지역 정치 지도자들은 그를 향한 존경과 경외를 부러운 눈으로 바라보지 않았을까?

유니레버는 수십 년 동안 인도에서 차와 그 밖의 수십 가지 소비자 제품에서 독보적인 지위를 유지했다. 1989년에도 대단한 지위에 있었고, 지금도 마찬가지다. 예를 들어, 인도에 상장된 유니레버 자회사인 힌두스탄 유니레버의 시장 가치는 영국에 상장된 모기업의

투자, 진화를 만나다

절반에 달한다. 20년이 넘는 기간에 인도의 다른 제품 및 서비스 부문에서도 동일한 현상이 확인됐다. 치약(콜게이트), 초콜릿(네슬레), 자동차(마루티 스즈키), 이너웨어(페이지), 소비자 가전(하벨스), 비스킷(팔레, 브리타니아), 헤어오일(마리코), 페인트(아시안 페인트, 버거), 타이어(MRF), 진단 서비스(닥터 랄), IT 아웃소싱(TCS, 인포시스), 주방용품 및 조리기구(호킨스, TTK 프레스티지), 허브 보충제(다부르Dabur) 등이 그 예다.

어느 나라에 있든, 많은 산업에서 같은 현상을 보았을 것이다. 1990년대 또는 2000년대 초반에 선두를 달렸던 기업들은 대부분이 지금도 선두를 달리고 있다. 아마존, 페이스북, 구글, 트위터, 우버 등 새로운 시대의 인터넷 기업들도 다른 어떤 시대에서도 볼 수 없었던 수준으로 이처럼 지속적인 우위를 발휘하고 있다. 정체 상태는 기본값이다.

훌륭한 기업은 영원히 훌륭한 상태를 유지하기 때문에, 모두가 그 기업에 대해 알고 있다. 투자자들은 당연히 높은 가격에 매수하려고 한다. 인도의 일부 주요 소비자 기업의 10년 평균 주가수익비율은 엄청나게 높다. 예를 들어, 아시안 페인트는 56, 콜게이트 인디아는 43, 다부르는 44, 힌두스탄 유니레버는 51, 페이지 인더스트리는 65다. 우리는 가격에 민감한 투자자라 이런 기업의 주식은 거의 항상 너무 비싸서 매수하지 말아야 했다. 그리고 실제로 매수하지 않았다. 앞에 나오는 기업 명단에서 2007년 이후로 우리가 매수할 수 있었던 기업은 페이지, 하벨스, TTK 프레스티지뿐이었다. 이 세 기업의 주식을 매수할 수 있는 기회의 창문은 대략 15년 동안

2~3개월만 열려 있었고, 이는 15년 중 겨우 1~2%에 해당하는 기간에 벌어진 단속적 사건이었다.

훌륭한 기업은 굉장히 드물고, 거의 항상 매수할 수가 없다. 따라서 우리는 아주 드물게 매수하고, 매수할 때는 많이 한다. 이렇게 성공한 기업이 정체 상태에 있는 것을 고려하면, 힘들게 매수한 걸 매도해야 할 이유가 있을까?

2. 포춘 500대 기업의 운명

8장에서 자세히 설명한 1955년과 2015년의 포춘 500대 기업 명단을 비교한 내용을 다시 한 번 살펴보자. 우리는 1955년 포춘 500대 기업 중 40~45%가 지난 60년 동안 탁월한 상태를 유지했다는 그럴듯한 주장을 펼칠 수 있는 것을 확인했다. 물론 이것이 완벽한 정체 상태는 아니지만(이 장의 앞부분에서 살펴본 것처럼, 어떤 유기체도 완벽한 정체 상태에 있지는 않다), 장기적인 정체 상태의 꽤 좋은 사례인 것은 분명하다.

그러니 만약 이처럼 훌륭한 기업 집단의 소유주라면(물론 나는 이것이 엄청난 가정이라는 것을 알고 있다), 매도하고 떠나는 것은 말이 되지 않는다. 개별이 아니라 포트폴리오로서 이 집단에 속한 기업들은 좋은 실적을 안겨줄 것이다. 우리는 꽤나 강한 확신을 가지고 1955년 포춘 500대 기업 중 적어도 40~45%는 지난 60년 동안 탁월한 실적을 올렸다고 말할 수 있다. 이 집단에 속한 기업들에게 정체 상태는 기본값이었다.

정체 상태를 바라보는 또 다른 방법이 있다. 이제 포춘 500대 기업에 선정되지 못한 기업들을 조명해 보자. 앞에서는 1955년에 이 명단에 포함된 기업 중 적어도 40%(약 200개)가 2015년까지 60년 동안 탁월한 상태를 유지한 것으로 나타났다. 상장 및 비상장 기업 중 2015년 포춘 500대 기업에 이름을 올릴 수도 있었으나 그러지 못했던 기업이 1955년에 몇 개가 될까? 10,000개가 공정한 추정치일까? 이는 아마도 상당히 적게 잡은 추정치일 것이다. 기업이 이 명단에 오르는 데 60년이 걸렸을 것이고, 1955년 이후에 설립돼 2015년에 여기에 이름을 올릴 수도 있었던 수천 개의 기업은 포함되지 않았을 것이기 때문이다. 어쨌든 10,000개라고 하자. 1955년에 2015년 포춘 500대 기업에 이름을 올릴 수도 있었던 10,000개의 기업 중 300개만이 그렇게 됐다(나머지 200개 기업은 60년 동안 이 명단에 있었다). 겉으로 보기에는 성공률이 3%다. 실제 수치는 1~2%에 가깝거나 이보다 훨씬 더 낮다. 따라서 그다지 훌륭하지 않은 기업의 97~99%는 60년 동안 성공하지 못했다. 정체 상태는 기본값이다.

지금 내가 공정하지 않다는 것을 잘 안다. 포춘 500대 기업에 포함되는 것을 성공의 척도로 삼는 것은 틀림없이 합당하지 않다. 1955년의 10,000개 기업 중 상당수는 반드시 규모가 크지는 않더라도 상당히 성공했을 수도 있고, 수익에 훨씬 더 많이 집중했거나 합병 또는 인수로 주주를 위해 막대한 가치를 창출했을 수도 있다. 여기서 내가 의도한 것은 훌륭한 기업은 우리가 생각하는 것보다 훨씬 더 오랫동안 훌륭한 상태를 유지하는 경향이 있음을 보여주려는 것이다. 그리고 그다지 훌륭하지 않은 기업이 시간이 지나면서 훌륭해질 확률은 보잘것없을 정도로 작다.

그렇기에 우리의 투자 전략은 상당히 단순하다.

1. 대다수의 기업은 훌륭한 기업이 되지 못하기 때문에, 우리의 기본값
   은 구매하지 않는 것이다. 우리는 게으른 매수자다.
2. 수십 년 동안 정체 상태를 유지할 수 있는 우량 기업을 찾을 수 있을
   때만, 구매한다. 우리가 그런 기업을 소유하고 있다고 판단하면, 팔
   지 않는다. 우리는 엄청나게 게으른 매도자다.

3. 집중도의 증가에서 얻는 결론

2019년 7월호 《리뷰 오브 파이낸스Review of Finance》에 실린 논문
에서, 그루론Grullon, 라르킨Larkin, 미켈리Michaely는 다음과 같은 질
문을 던졌다. "미국 산업이 더욱 집중화되고 있는가?"[13] 이는 수사적
질문에 가깝다. 당연히 그러니까. 저자들은 풍부한 데이터를 가지고
이를 뒷받침했다. 1997년부터 2014년까지 나타난 다음 두 가지 추
세가 서로를 강화하고 있는 사실을 보였다. (1) 1990년대 이후 미국
산업의 4분의 3 이상에서 상위 기업의 시장 점유율이 증가했고, (2)
이런 기업은 더 높은 마진율을 보이고 주주에게 더 높은 수익을 제
공함으로써, 시장 지배력을 훨씬 더 강화할 수 있었다.

논문에 명시적으로 언급되어 있지는 않았지만, 이 기간에 규모가
작고 영향력이 약한 기업들의 시장 지배력이 약해진 것도 분명하다.
저자들은 거의 모든 산업에서 4대 상장 및 비상장 기업의 매출 점유
율이 증가했을 뿐만 아니라 이 기간에 상위 기업의 평균 규모도 실

질 가치를 기준으로 3배나 증가했음을 보였다.

그리고 이는 최근에 나타난 현상이 아니다. 이렇게 더 광범위하고 성공적인 기업들의 시장 지배력이 더 커지는 망령은 20세기 초부터 기업의 세계를 괴롭혀 왔다. 레슬리 한나Leslie Hannah와 J. A. 케이J. A. Kay는 1977년에 출간한 《현대 산업의 집중: 이론, 측정, 그리고 영국의 경험Concentration in Modern Industry: Theory, Measurement, and the U.K. Experience》이라는 책에서 1900년대 초부터 1970년대 중반까지 미국과 영국에서 대기업의 시장 점유율이 엄청나게 증가한 사실을 보여줬다. 이 책에 나오는 첫 번째 그래프는 이 기간에 상위 100대 기업이 제조업 순산출량에서 차지하는 점유율을 보여준다. 70년 동안 이들 기업의 시장 점유율은 영국에서는 15%에서 50%로, 미국에서는 20%에서 30% 이상으로 증가했다. 한나와 케이는 산업 내 기업 지배력의 증가를 측정하는 산업 집중도의 증가가 아니라 산업 전반을 아우르는 시장 지배력의 증가를 주장했다. 내 주장을 뒷받침하려면, 산업 집중도 증가를 보여주는 것이 바람직하지만, 그럼에도 미국과 영국에서 규모가 가장 큰 기업들의 장기적인 성공에 주목하는 것은 여전히 도움이 된다.

2019년 1월에 발간된 〈유럽과 북미에서의 산업 집중도Industry Concentration in Europe and North America〉라는 제목의 OECD 조사 보고서에서는 성공한 기업의 지배력이 커지는 사실을 뒷받침하는 강력한 증거를 제시한다.[14] 2001년부터 2012년 사이에 유럽 10개국의 평균적인 산업에서 상위 10% 기업의 시장 점유율이 2~3% 증가했다. 미국의 경우, 2000년부터 2014년까지 평균적인 산업에서 상위 기업의 시장 점유율이 4~8% 증가했다. 또한 이 보고서에서는 이런 수치가 검색 엔진, 소셜 미디어, 이커머스 등과 같은 디지털 집약적인 부문이 아니라 시대에 뒤떨어진 제조 및 서비스 부문에서 나온 것임을 분명히 밝히고 있다.

2016년 3월, 《이코노미스트》는 표지에서 '승자가 모든 것을 가져간다: 고수익이 미국에게 문제인 이유Winners Take All: Why High Profits Are a Problem for America'라면서 미국의 현실을 크게 우려했다.[15] 물론, 나는 거대기업이 올리는 엄청난 수익이 적절한지에 대해 판단할 자격이 없지만, 여기서 기업의 정체 상태를 바라보는 《이코노미스트》의 견해를 인용하고 싶다.

이 기사에서는 성공한 기업들이 수익을 축적할 수 있었던 세 가지 주요 요인으로 기술, 세계화, 노동조합 가입률 감소를 꼽고 다음과 같이 덧붙인다. "하지만 이런 요인들 중 어느 것도 미국 기업 수익 문제의 가장 골치 아픈 측면인 지속성을 설명하지 못한다." 2003년에 수익성이 높았던 기업이 2013년에도 수익성이 높을 확률이 83%에 이른다고 말한다. 1997년부터 2012년까지 893개 산업 부문에서 상위 4개 기업의 시장 점유율을 시각적으로 나타낸 유력한 그래프는 대기업의 지배력이 커지고 있는 것을 뚜렷하게 보여준다.

산업과 시장 집중도에 대한 이 모든 연구 결과를 요약하면 다음과 같다.

1. 대부분의 산업에서는 소수의 규모가 크고 성공한 기업이 있다.

2. 이런 성공한 기업들은 더 성공하고 있다.

3. 취약한 기업은 더 취약해지고 있다.

여기서 1번과 2번은 이런 연구의 직접적인 결론이며, 3번은 1번과 2번의 간접적이지만 논리적인 결과다.

앞에서 말했듯이, 인도에서 우리의 투자 경험은 미국, 영국, 유럽의 연구 결과가 보여주는 것과 다르지 않다. 우리의 투자 대상 기업들은 수십 년 동안 경쟁업체보다 높은 시장 점유율을 기록했다. 페인트의 버거, 플라스틱 파이프의 슈프림, 산업용 변압기의 볼트암프Voltamp, 이너웨어의 페이지, 소비자 가전의 하벨스와 브이가드V-Guard, 배터리의 아마라 라자Amara Raja, 채용정보 사이트의 인포엣지, 타이어의 MRF, 특수강의 라트나마니 등이 그 예다.

인도에서도 훌륭한 기업은 계속 훌륭하고, 그렇지 못한 기업은 계속 어려움을 겪고 있다. '정체 상태는 기본값'이라는 주장에는 국경이 따로 없다.

우리는 영원한 소유주로서 수익성이 있는 상태를 계속 유지하는 성공한 기업을 소유하기를 원한다. 이 말은 자명하게 들리지만, 문제는 성공한 기업이 별로 없다는 것이다. 아무 기업에 섣불리 뛰어들었다가는 큰 곤경에 처할 수 있다. 따라서 우리는 그렇게 하지 않는다. 우리는 투자를 거의 하지 않는다.

하벨스나 라트나마니와 같은 '승자'를 소유하고 나면, 팔려고 해서는 안 된다. 높은 시장 점유율을 계속 유지할 가능성이 있기 때문이다. 따라서 우리는 팔지 않는다. 우리에게는 매수하는 것보다 매도하는 경우가 훨씬 더 드물다.

4. 90년에 걸친 연구가 전하는 이야기

2018년 5월, 애리조나주립대학교 W. P. 캐리 경영대학원의 헨드릭 베셈바인더Hendrik Bessembinder는 〈주식이 국채를 능가하는가?Do Stocks Outperform Treasury Bills?〉라는 제목의 논문을 발표했다.[16] 그는 1926년부터 2016년까지 뉴욕증권거래소, 미국증권거래소, 나스닥에 상장된 약 26,000종목의 보통주를 대상으로 가격 변동을 분석했다.

놀랍게도, 이들 주식의 51%는 가치가 완전히 사라졌다. 절반이 넘는 기업이 사업을 해서는 안 됐다. 베셈바인더의 연구에 따르면, 평균적인 보통주는 시간이 지나면서 가치가 떨어지기 때문에, 주식을 보유하는 것이 손해로 이어질 수 있다. 기본 포지션은 매수하지 않는 것이어야 한다. 따라서 우리는 매수하지 않는다. 우리는 게으르다.

1926년에 매수해 2016년까지 보유한(또는 인수되거나 합병된) 26,000종목의 주식 중 시장을 능가하는 수익률을 기록한 주식이 몇 개일까? 정답은 약 8,000개, 즉 전체의 약 31%다.[17] 나는 이 숫자가 엄청나게 커서 또다시 놀랐다. 우리가 단순히 잘나가는 기업이 아니라 90년 동안(또는 인수되거나 합병될 때까지) 시장을 능가한 기업을 이야기하고 있다는 사실을 명심해야 한다. 이처럼 훌륭한 기업들은 매우 오랫동안 그 훌륭함을 유지했다. 이들에게는 정체 상태가 기본값이었다. 이런 기업을 소유하고 있으면, 매도는 죄를 짓는 것이나 다름없다.

주가 변동은 기업의 단속이 아니다

단속 평형에서 중요한 요소는 변동은 단속이 아니라는 것이다. 오랜 기간에 걸친 정체 상태 동안 생명체의 특성은 변하지만, 일정한 한계 내에서만 변한다.

우리 투자 철학에서 중요한 요소는 주가 변동과 기업의 단속을 혼동하지 않는 것이다. 오랜 기간에 걸친 정체 상태 동안 훌륭한 기업의 주가는 변하지만, 특성은 일정한 한계 내에서 유지되는 경향이 있다.

굴드가 설명한 것처럼 "정체 상태는 절대적인 안정성을 의미하는 것이 아니라 일반적으로 유사한 종 내에서 지리적 변이의 경계를 벗어나지 않으며, 특히 후손의 형태에 대해 특정 방향으로의 경향을 보이지 않는 방향성이 없는 변동을 의미한다." 종의 특성은 정체 상태에 있는 동안에는 변하지만, 일정한 한계 내에서만 변한다.

투자자들 사이에서는 주가의 움직임을 기업의 방향을 알려주는 척도로 해석하는 경향이 있다. 그 반대가 되어야 하지 않을까? 수레가 말을 움직일까? 투자자는 그렇다고 대답한다. 생각하는 것보다 훨씬 더 자주 그렇게 대답한다. 그리고 이 수레는 우리 중 가장 뛰어난 사람들도 이상한 행동을 하게 한다. 우리 투자업계는 티커 심볼 ticker symbol•에 지나칠 정도로 많은 관심을 가지기 쉽고, 실제로 그렇게 하고 있다.

여기 실제로 있었던 일을 한 가지 소개한다. 어느 날 오후 뭄바이

• 주식 시장에서 주식이 거래되는 회사를 나타내는 상징 문자.

에서 벤처투자자로 일하는 친구와 점심을 한 적이 있었다. 알다시피, 벤처투자자는 스타트업과 초기 단계의 비상장 기업에 투자한다. 그는 몇 분마다 휴대폰을 흘끗 쳐다보다가 다시 우리의 대화로 돌아왔다. 나는 그 친구를 10년 넘게 알고 지냈지만, 그동안 이런 이상한 행동을 하는 모습을 본 적이 없었다. 몇 분 후, 약간 짜증이 나서 그 친구에게 왜 그렇게 주의가 산만한지를 물었다. 그는 지난 2주 동안 자신의 포트폴리오 기업 중 두 곳이 상장됐다고 소심하게 말하며 사과했다. 그 후로 몇 분마다 주식 가격을 확인해야 한다는 강박에 사로잡혔다고 말했다. 여기서 빠져나오기가 힘들다는 점을 인정했다.

상당히 똑똑한 친구였다. 그는 상장된 포트폴리오 기업이 몇 분마다 변하지는 않는다는 사실을 잘 알고 있다. 몇 주 전만 해도 이 회사들은 비상장 기업이었고, 그는 이들에 대해 거의 생각하지 않았다. 하지만 이제 그 회사들의 주가가 매일 몇 퍼센트씩 오르내리는 증권 시세 표시기에 등장하자, 친구는 거기서 헤어나지 못했다. 이제 그가 우리처럼 모든 포트폴리오 기업이 상장돼 있는 공개 시장 펀드를 운용하고 있다고 생각해보자. 우리 집단의 많은 사람들이 그렇듯, 주가를 확인해야 한다는 강박에서 헤어나지 못할 것이다.

주가가 상황을 좌우하는 좋은 사례로 아마존을 들 수 있다. 1997년 5월, 아마존은 주당 18달러를 받고서 주식 상장에 들어갔다. 닷컴 광풍이 미국 주식 시장을 휩쓸던 1998년 12월, 아마존의 주가는 243달러로 14배 가까이 올랐다. 당시 CIBC 오펜하이머의 스타 애널리스트 헨리 블로젯Henry Blodget은 아마존 주가가 12개월 이내에 400달러에 도달할 것이라고 선언했다.[18] 아마존 주가는 하루 만에

투자, 진화를 만나다

20% 가까이 급등해 289달러를 찍었다. 1999년 1월, 블로젯은 이렇게 적었다. "다른 유명한 버블과는 다르게, … 인터넷 버블은 견고한 기초 여건에 기반을 두고 있으며, 아마도 그 어느 때보다 강력할 것이다." 그렇다면 그 증거는 무엇일까? 떠오르는 닷컴 스타들 중 어느 누구도 수익을 전혀 올리지 못하고 있었고, 더 안 좋게는 시장의 수도꼭지가 영원히 열려 있기라도 하듯이 현금을 없애고 있었다. 기업의 기초 여건이 견고하다는 블로젯의 주장을 뒷받침하는 유일한 경험적 증거는 주가가 상승하고 있다는 사실뿐이었다.

2000년 여름 닷컴 버블이 터졌을 때, 아마존의 주가는 최고점 대비 60%가 넘게 하락했다. 리먼의 젊은 채권 애널리스트였던 라비 수리아Ravi Suria는 아마존이 파멸할 수도 있으며, 사업 방향을 바꾸지 않으면 1년 안에 현금이 바닥날 것이라고 예상하는 27쪽 분량의 비관적인 보고서를 발표했다.[19] 모든 닷컴들이 이처럼 극심한 약세를 보이는 상황에서, 아마존 주가는 하루만에 19%나 빠졌다. 베조스는 이런 비관적인 분위기를 무시하고, 지금껏 해왔듯 수익보다 현금흐름에 더 신경쓰는 방식으로 기업 경영을 해나갔다. 수리아는 2001년 말 아마존의 은행 잔고가 1억 2,500만 달러에 불과할 것이라고 예상했지만, 실제로는 10억 달러에 달했다. 수리아가 급락할 것으로 예상했던 아마존의 채권 가치는 50%나 상승했다.

블로젯이 아마존의 주가가 계속 상승할 것이라 예상하면서 스타의 반열에 오른 것처럼, 수리아는 아마존이 파멸할 것이라 예상하면서 금융업계의 관심을 한몸에 받았다. 유일한 차이는? 블로젯은 주식 시장이 상승할 때 인기를 끌었고, 수리아는 재앙과도 같은 약세장이 한창일 때 파멸을 예상했다는 점이다.

물론 블로젯과 수리아만 콕 집어서 비난하는 것은 공정하지 않다. 그들은 닷컴 시대의 주가 상승과 하락에 몹시 흥분한 수많은 애널리스트와 투자자 중 두 사람일 뿐이었다. 2008년 세계 금융 위기 동안에 레버리지 비율이 높은 금융 기관의 시가총액이 상승해, 대부분의 금융 전문가들이 결국에는 세계 경제를 무너뜨리게 될 깊은 침체를 알아차리지 못했을 때도 이런 일이 반복됐다.

내 생각에 투자자는 두 가지 종류의 중대한 오류를 범하기 쉽다.

첫째, 그들은 바람직하지 못한 주가 변동을 기업의 부정적 단속으로 취급할 수 있다. 이런 사고방식은 부정적인 뉴스나 사건으로 훌륭한 기업의 주가가 하락할 때, 그 기업의 주식을 팔거나 사들이지 않게끔 압박한다. 이전 장에서 나는 GKPI을 설명하면서 이 오류를 설명했다. 다시 한 번 설명하자면, GKPI는 다음과 같이 말한다. 장기적으로 자신의 특성을 근본적으로 바꾸지 않는 우량 기업을 발견하면, 이 기업에서 불가피하게 나타나는 단기적 변동을 주식을 사들이고는 팔지 않기 위한 기회로 활용해야 한다. 8장에서 이 문제를 다루었으므로, 여기서는 더 이상 언급하지 않겠다.

둘째, 그들은 바람직한 주가 변동을 기업의 긍정적 단속으로 취급할 수 있다. 이러면, 상황이 영구적으로 개선된 것처럼 보이기 때문에, 형편없는 기업의 주식을 사들이거나 팔지 않을 수 있다. 장기 투자자에게 그들의 투자 전략을 물으면, 거의 모두가 우량 기업의 주식을 매수하고 보유한다고 대답할 것이다. 나중에 더 높은 가격에 팔기 위해 나쁜 기업의 주식을 매수한다는 사람은 아무도 없을 것이다. 그들은 거짓말을 하지 않는다. 그렇다면 왜 많은 펀드의 포트폴리오 기업들이 최신의 차마스 스팩Chamath SPAC*으로 채워져 있을까? 누가 알겠는가? 아마도 포모FOMO**, 시기, 탐욕, 그 밖의 인간이 지닌 속성들이 영향을 미쳤을 것이다. 뭐가 됐든 상관없다. 투자자들은 투자 기회를 **어떤 이유에서든** 상당히 긍정적으로 평가하고는 기업의 질에 대한 생각을 바꾼 것이다.

우리도 다른 사람들처럼 똑같은 뉴스를 본다. 때로는 항공, 부동산, 인프라, 교육, 공공 부문의 은행(예: 정부 소유 은행) 또는 기대에 부응하지 못하는 그 밖의 인도의 과장된 산업 부문에 투자해 큰돈을 버는 업계 동업자들을 보게 된다.

우리가 주식 시장(또는 사모펀드 시장)이 상승하는 시기에 나쁜 기업에 투자하고 싶은 유혹에 넘어가지 않으려면 어떻게 해야 할까? 세 가지 간단한 규칙만 따르면 된다.

냉장고에 단 것을 두지 않는다

내 아내는 단 것을 좋아하지만, 건강에도 신경을 많이 쓴다. 아내는 디저트의 유혹을 피하고자, 20년 넘게 간단하면서도 강력한 방법을 따랐다. 우리 집에서는 냉장고에 디저트를 두지 않는다.

내가 생각에 나쁜 기업에 투자하지 않는 가장 좋은 방법은 그 기업 그리고 그 기업의 주가를 무시하는 것이다. 우리는 팀 회의에

---

* 한때 '스팩의 왕'으로 주목받았던 차마스 팔리하피티야가 설립한 스팩을 의미한다. 차마스의 스팩을 통해 우회 상장한 기업들은 미래 가치가 높은 유니콘으로 기대를 모으며 상장 당시 높은 주가를 구가했으나, 이후 대부분의 주가가 폭락했다.

** fear of missing out의 줄임말. 자신만 소외될지도 모른다는 두려움을 의미한다.

서 나쁜 기업이나 업종을 논의하지 않는다. 절대로. 최근 어느 항공사가 놀라운 실적을 발표했거나 모든 애널리스트들이 항공사 주식을 매수하라고 권하더라도 신경쓰지 않는다. 민간 부문에서 새로운 CEO를 영입하고 주가를 사상 최고치로 끌어올린 어느 공공 부문 은행에도 관심을 두지 않는다. 수십억 달러의 신규 계약을 수주한 인프라 기업도, 최근 분기 실적에서 30%의 자기자본 이익률을 기록해 향후 수십억 달러의 수익을 창출할 기회가 될 것이라고 선전하는 금 담보 대출 기업도 무시한다. 직원 중 어느 누구도 투자자들이 하는 다음과 같은 유명한 말을 따라하지 않는다. "이번에는 다릅니다." 어떤 기업에 대해 전혀 논의하지 않는데, 어떻게 그 기업의 주식을 매수할 수 있을까? 우리는 냉장고에 단 것을 두지 않는다. 그러면 단 것을 먹는 일이 생기지 않는다.

모든 형편없는 투자의 배경에는 좋은 이야기가 있다. 표 9.1에서는 주가가 상승하거나 사모펀드 시장에서 가격이 치솟은 후 뉴스거리가 된 인도 산업의 많은 사례를 보여준다.

인프라를 예로 들어보자. 인도에 가본 사람이라면 누구나 인도에 양질의 도로, 전력, 항구, 공항, 수자원이 필요하다는 사실에 공감할 것이다. 이제는 인도의 고속도로가 미국보다 더 낮지만, 그게 시사하는 바는 크지 않다. 2000년대 중후반, 많은 투자자들이 인도의 인프라에 투자하면 수십억 달러(혹은 수조 달러가 될 수도?)의 수익을 올릴 수 있을 것이라는 뉴스에 군침을 흘렸다. 상장 및 비상장 기업의 가치가 치솟았고, 골드러시가 시작됐다는 공감대가 형성되는 듯했다.

투자, 진화를 만나다

표 9.1 **우리는 나쁜 곳에서 발생하는 주가의 바람직한 변동을 무시한다.**

뉴스 혹은 사건	발생 월
해외 펀드가 인도에서 가장 규모가 큰 부동산 회사 DLF에 대한 추격 매수에 나서	2007년 6월
릴라이언스 파워가 주식 상장을 추진한 결과, 아닐 암바니가 인도 최고의 부자로 등극	2008년 1월
인프라 사모펀드: 투자자들이 성장 잠재력이 있는 기업을 대상으로 10% 중후반대의 수익률을 추구	2009년 12월
지난 수년 동안 금 담보 대출이 어떻게 유행하게 되었나	2010년 10월
사모펀드가 환경에너지에 관심을 집중	2010년 12월
사모펀드가 인도의 농업 및 식량 부문에 주목하기 시작	2011년 9월
인도가 21세기의 에드테크EdTech를 주도하게 될 3가지 이유	2012년 8월
인프라 부문 부양으로 얻는 이익	2013년 2월
고에어GoAir, 드디어 수익이 발생	2013년 11월
블랙스톤Blackstone, 인도 부동산이 회복 국면에 접어들 것이라 전망	2014년 6월
라훌 바티아Rahul Bhatia는 어떻게 인터글로브InterGlobe를 설립하고는 인디고IndiGo를 일류 항공사로 만들었나	2014년 9월
온라인 교육: 향후 인도의 거대 시장	2015년 2월
GSK, 신흥시장 인도에 10억 달러라는 거액을 투자하기로 결정	2016년 3월
교육 부문, 매년 7.5% 성장하여, 2020년에는 1,440억 달러에 달할 것으로 예상	2017년 10월
헬스테크 부문, 향후 10년 간 엄청난 가치를 창출할 것으로 예상	2018년 9월
유가 상승과 루피화 약세가 진정되자, 스파이스제트SpiceJet 경쟁사, 인디고가 수익 창출	2019년 1월
항공 산업이 어떻게 하여 지난 10년 동안 수익성이 있는 산업으로 변모했는가	2019년 12월
사모펀드, 라스트마일 물류 부동산 투자에서 충분한 기회를 포착	2019년 12월
인도 헬스케어 부문, 2025년까지 3,530억 달러의 기회를 제공할 것으로 전망	2020년 11월

이런 인프라 투자 열풍 속에서, 릴라이언스 파워가 2008년 1월, 당초 목표로 했던 금액의 72배를 모집하며 주식 상장을 추진했다! 그 덕분에, 이 회사의 소유주 아닐 암바니Anil Ambani는 인도 최고의 부자가 됐다. 주식 상장 당시 전력 생산 능력이 1,000메가와트에도 못 미쳤던 회사의 가치가 이제는 약 350억 달러에 달했다. 이것이 다수의 인프라 기업이 상장을 하고 투자자가 거기로 몰려드는 일로 이어졌을까? 해가 동쪽에서 떴을까?

인도 인프라에 대한 과장된 이야기에 빠져든 상장 및 비상장 기업 주식 투자자들은 몇 가지 불편한 진실을 잊거나 무시했다. 바로 모든 인프라 기업이 정부의 변덕과 환상에 사로잡혀 있고, 이런 정부는 돈을 내는 고객이 되기를 원하지 않으며(즉, 적게 혹은 늦게 지급하는 것이 예외가 아니라 늘 있는 일이며), 정부가 바람직하게 행동하더라도 프로젝트에서 나오는 수익은 법에 의해 한도가 정해져 있다는 것이다. 그렇다면 우리가 전력회사에 투자할 가치가 있는지에 대해 단 1분이라도 토론하고 싶을까?

우리는 팀 회의에서 표 9.1에 나오는 사례들 중 단 한 건도 논의하지 않았다. 우리는 우리가 싫어하는 기업의 주가와 사업 현황을 무시한다. 우리가 그렇게 하는 것이 옳다는 뜻은 아니다. 누군가는 나쁜 기업의 주식을 사고팔아서 수익을 챙기는 기술을 갖고 있을 수 있고, 그건 좋은 일이다. 나는 그런 이를 존경하며 행운을 빌어주고 싶다.

2021년 말 현재, 릴라이언스 파워의 시장 가치는 6억 달러로, 최고점 대비 95% 하락했다.

주가 데이터가 아닌 기업 정보만 본다

앞에서 설명했듯이, 우리는 전력, 인프라, 항공 등 질이 현저하게 낮은 많은 산업을 무시하고 있다. 하지만 대부분의 산업과 기업이 이런 범주에 정확하게 들어맞지는 않는다. 그렇다면 지금까지 접해보지 못한 기업이나 산업에서 가치가 상승하는 것을 보면, 어떻게 해야 할까?

우리는 가치를 둘러싼 흥분을 무시하고, 오직 기업의 자질에만 집중한다. 2부 전체에서 이런 주제를 다루었으므로, 이에 대한 논의는 한 가지 예로만 제한하겠다.

표 9.1에는 '교육 부문, 매년 7.5% 성장해, 2020년에는 1,440억 달러에 달할 것으로 예상'이라는 뉴스 헤드라인이 나온다. 이 헤드라인은 2017년 말, 인도에서('에드테크'라는 적절한 이름을 가진) 다수의 신세대 교육 기업이 사모펀드 시장에서 전례 없는 가치를 인정받으며 자금을 모집하기 시작했을 때 나왔다.

인도에 상장된 교육 기업 중 장기적으로 수익을 낸 기업은 내가 알기론 단 한 곳도 없다. 그러나 많은 기업이 지난 몇 년 동안 용감한 투자자들에게 엄청난 부를 가져다줄 것이라는 실현되지 않은 약속을 하면서 주가가 급등했다. 그중 하나가 그 틀을 깰 것처럼 보였지만, 안타깝게도(그리고 예상대로) 사기 행각을 벌인 것으로 판명됐다. 미국처럼 규모가 큰 시장에 상장된 교육 기업의 재무 상태를 살펴보면, 대부분 자본비용조차도 벌지 못한 것으로 나타났다. 예를 들어, 2021년에 시장 가치가 가장 높은 미국 교육 기업은 그랜드 캐니언 에듀케이션Grand Canyon Education이었는데, 시가총액이 약 40억 달러에 불과했다. 교육 부문은 위험한 곳이다.

그렇다면, 수십 개의 인도 에드테크 유니콘 또는 곧 유니콘이 될 기업을 어떻게 생각해야 할까? 알 수 있는 정보가 충분하지 않다. 다만, 지금 우사인 볼트Usain Bolt를 부끄럽게 만들 정도로 현금을 쏟아 붓는 속도로 보면, 2032년은 되어야 우리 관심 영역으로 들어올 것 같다(적어도 5년 넘게 높은 수익성을 입증해야 하기 때문이다). 우리가 보기에, 이들의 시장 가치가 치솟았다는 것은 훌륭한 기업이라는 지표가 아니라 자본 조달에 제법 능통하다는 의미다.

우리는 기업의 재무 지표(예를 들어, 매출 증가가 아니라 ROCE 및 잉여현금흐름과 같은 것)가 매력적으로 보일 때까지는 기업에 관심을 보이지 않을 것이며, 에드테크 기업도 예외는 아니다.

영원히 소유하길 원하는가?

형편없는 기업을 실제보다 더 좋아 보이게 만드는 주가의 변동, 즉 거짓 양성에 휘둘리지 않기 위한 가장 좋은 방법은 모든 투자에 대해 다음과 같은 질문을 던지는 것이다. 이 기업의 영원한 소유주가 되기를 원하는가? 이 기업과 함께 갈 의지가 확실히 있는가? 이 기업 주식을 절대로 팔지 않을 것인가?

우리는 무죄가 입증될 때까지 유죄로 추정하며, 모든 기업에 대한 출발 가설은 그 기업을 소유하고 싶지 않다는 것이다. 이 책 전반에 걸쳐 흐르고 있듯, 우리가 어느 기업의 영원한 소유주가 되기로 마음먹으려면, 그 기업은 몇 가지 고비를 뛰어넘어야 한다. 2007년 7월, 인도 최대의 부동산 회사 중 하나가 20억 달러 규모의 주식 상장을 추진했다. 이 회사의 주가는 연말까지 70%나 상승했다. 뉴스 진행자들은 인도 부동산의 무한한 잠재력에 대해 목이 쉬도록 외쳤고, 언론에 종사하는 내 친구는 이제는 부동산 기업가보다 볼리우드 스타와 만날 약속을 잡는 게 더 쉽다는 말을 하기도 했다.

2007년 6월, 우리는 이런 열풍이 한창일 때 나란다를 출범했다. 부동산 회사의 영원한 소유주가 되고 싶지 않았기에, 부동산 부문에 대한 투자를 단 한 건도 하지 않았다. 그 이유는 여러 가지가 있었지만, 첫 번째 이유만 말하려고 한다. 그러면 두 번째 이유까지 말할 필요도 없을 것 같다. 완곡하게 말해서, 인도의 부동산 기업은 지배 구조가 건전하다고 말하기 힘들다.

지금 그 회사는 어떨까? 주가는 최고점 대비 75% 하락했다. 회사 대차대조표가 부풀려진 탓에, 지난 몇 년 동안 여러 차례에 걸쳐 자금을 모집해야 했고, 이로 인해 기존 주주들의 지분율이 감소했다. 한 마디로, 이 회사의 소유주들이 겪는 고통은 끝이 없어 보인다.

우리는 주가를 무시하고 기업의 질에 집중함으로써, 많은 고통을 겪지 않아도 됐다. 남녀 관계에 비유하자면, 결혼에 집중해서 가볍게 즐기는 만남을 피하려고 했다. 무서운 속도로 수락하고 거절하는 데만 열중하면, 결혼할 만한 대상을 알아차리기가 굉장히 어렵다. 결혼할 만한 대상이 수십 년 동안 당신을 주시하더라도 말이다. 이 방법은 우리가 요구한 적도 없고 어쩌면 그만한 자격도 없는 경쟁 우위를 제공했다.

하지만 그 우위를 기꺼이 받아들인다. 정말 감사한 일이다.

드물게 나타나는 단속을 활용한다

엘드레지와 굴드의 대담한 주장은 단속적 사건이 일어나는 동안 유기체의 형태가 바뀌었을 뿐만 아니라 이런 사건이 새로운 종을 탄생시켰다는 것이었다. 그들은 이렇게 설명했다. "단속 평형은 지질학적 시간으로 표현되는 종의 거시적 진화의 역할과 종분화를 설명하려고 시도한다." 그들은 점진적 변화를 통해 종분화가 발생한다(생물학자들은 이 과정을 '향상 진화anagenesis'라고 부른다)는 다윈의 주장에 동의하지 않는다. 그 대신에, 고생물학자와 진화생물학자들이 새로운 종을 탄생시키는 단속적 사건에 집중하게 했다.

시장이 대체로 상당히 효율적으로 작동해, 우량 기업을 매력적인 가격에 매수하는 것이 매우 어렵다고 가정하자. 이런 경우에는 우리와 같은 장기 투자자들은 새롭고 개선된 포트폴리오를 만들기 위해 주가의 단속을 활용해야 한다.

이제 이번 장을 시작하면서 던졌던 질문으로 돌아가 보자. 코로나19가 유행하면서 세계가 공포에 휩싸였을 때, 이 전례 없는 시기에 나란다가 해야할 일은 무엇이었을까? 우리는 매수했다. 그것도 아주 많이.

나란다가 출범한 2007년 이후로, 우리는 주가에 부정적 단속이 발생할 때만 주식을 매수해 왔다. 다시 말하자면, 거시적 악재, 업계 문제, 기업에 대한 비관적인 전망으로 투자자들이 주식을 투매할 때만 매수했다. 세계 금융 위기, 유로화 위기, 코로나19의 대유행과 같은 사건들은 모두가 전례 없는 매수 기회를 제공했다.

투자, 진화를 만나다

말로 하는 것만으로는 충분하지 않으니, 실제 수치를 살펴보기로 하자. 표 9.2는 2007년 6월부터 2021년 6월까지 14년 동안 우리가 주가의 단속을 활용해 포트폴리오의 특성을 극적으로 바꾸었던 세 가지 주요 사례를 보여준다.

표 9.2 **새로운 종의 탄생을 돕는 단속적 사건**

시기	시장 하락	투자액
2008년 1월-2009년 3월	73%	1억 8,200만 달러
2011년 3월-2011년 12월	28%	2억 6,400만 달러
2020년 3월-2020년 5월	26%(2월-5월)	4억 500만 달러

2007년 6월 1일부터 2021년 6월 30일까지를 월로 보면 169개월이었다. 우리는 이 기간에 총 18억 6,000만 달러를 투자했다. 하지만 표 9.2에서 볼 수 있듯이, 투자의 흐름은 상당히 단속적으로 나타났다. 2007년부터 2021년까지 총투자액의 46%인 8억 5,100만 달러를 전체 개월 수의 15%에 해당하는 단 26개월에만 투자했다. 이 시기는 시장이 극심한 단속적 타격을 받은 때였다.

코로나19에 의한 부정적 단속이 우리 투자 결정에 미치는 영향은 훨씬 더 극명하게 드러났다. 회사의 존속 기간 중 단 2%에 해당하는 기간에 총투자액의 22%를 투자했다. 표 9.2에서 볼 수 있듯이, 이는 우리가 2020년 3월부터 5월까지 단 3개월(169개월의 2%에 해당)에만 4억 500만 달러(14년에 걸친 총투자액의 22%)를 투자했기 때문이다.

2020년 3월 한 달 동안의 투자 속도는 표 9.2에 나오지 않는다. 영업일의 0.5%에 해당하는 날 동안, 총투자액의 16%를 투자했다. 2020년 3월 한 달 동안 인도 미드캡이 28% 하락했을 때, 단 17일 동안(14년 영업일 약 3,500일의 0.5%) 2억 8,800만 달러(2021년 6월까지 총투자액의 16%)를 투자했다. 2020년 3월에 투자한 2억 8,800만 달러는 창업 이후로 14개년 중 12개년에 투자한 금액을 초과하는데, 그렇게 투자한 해는 2011년(3억 2,000만 달러)과 2020년(4억 8,600만 달러) 단 두 해뿐이다. 우리를 뭐라고 부르든 상관없지만, 겁쟁이와는 거리가 멀다.

누구나 우리가 나무늘보도 부러워할 정도로 일을 하지 않는다고 생각할 것 같다. 그렇다면 나머지 시간에는 뭘 할까? 그냥 기다린다. 때로는 몇 년을 기다려야 할 때도 있다. 2018년과 2019년에는 각각 3,400만 달러와 6,600만 달러만 투자했다. 2020년에 투자한 금액은 이전 5년을 합친 것보다 45%나 더 많았다.

하지만 우리가 이보다 훨씬 더 잘할 수도 있었다. 세계 금융 위기로 시장이 패닉에 빠져들었을 때, 꽤 많은 금액이라 할 1억 8,200만 달러를 투자했지만, 이보다 훨씬 더 많이 투자할 수 있었고, 또 그렇게 했어야 했다. 굳이 변명하자면, 우리가 펀드를 설립한 지 얼마되지 않았고(2007년 7월에 설립), 이런 패닉을 활용할 정도로 투자 경험이 충분하지 않았다.

간단히 말하자면, 내가 바보였다(물론 아내는 이럴 때 과거형을 쓰면 안 된다고 늘 상기시켜준다).

표 9.2는 세 차례의 단속적 사건이 발생하는 동안의 전체 시장 수

투자, 진화를 만나다

준 데이터를 보여준다. 하지만 우리는 시장 수준에 따라 매수하지 않고, 우량 기업에만 관심이 있다. 따라서 우리가 매수한 기업에서 부정적 단속의 정도를 확인하는 것이 바람직하다.

우리는 수년간 많은 기업을 주시해왔고, 2020년 3월에 유행병이 닥쳤을 때 잘 준비되어 있었다. 2020년 3월 한 달 동안, 8개 기업의 주식을 매수했고, 같은 해 5월까지 계속 매수했다. 이전까지 월간 최고 기록은 2008년 10월에 6개 기업의 주식을 매수한 것이었다 (이보다 불과 몇 주 전인 2008년 9월 15일에 리먼이 파산했고, 우리는 우량 기업 주식 매수에 적극적으로 나섰다). 거의 12년을 기다렸다가 적극적으로 활동하기 시작한 셈이다. 이젠 우리를 나무늘보에 비유한 것이 과장이라는 생각이 들지 않을 것이다.

표 9.3에는 2020년 3월부터 5월 사이에 우리가 매수한 8개 기업이 나와 있다. MRF, 선다람Sundaram, 써맥스Thermax, 싸이로케어 Thyrocare 등 4개는 포트폴리오 기업에 새로 추가됐고, 나머지 4개는 기존에 있던 기업이다. 우리는 이 8개 기업 주식을 매수하기 위해 수년을 기다렸다. 몇몇 기업의 경우는 10년을 넘게 기다렸다.

표 9.3 **단속적 사건(코로나19)/포트폴리오 기업(별도로 표시한 경우를 제외하고는 루피)**

회사명	2020년 3월 이전 최고점	이전 최고점이 발생한 시기	나란다의 평균 매수 가격(2020년 3월-5월)	최고점 대비 할인율
세라	3,796	2017. 12	2,383	-33%
젠팩트	$44.3	2020. 01	$27.7	-37%
MRF	78,477	2018. 08	55,487	-29%

선다람	2,033	2018. 01	1,218	-40%
써맥스	1,293	2018. 01	708	-45%
싸이로케어	753	2017. 04	507	-33%
트리베니	151	2017. 07	87	-42%
WNS	$73.4	2020. 02	$46.1	-37%

자연계에서 그렇듯이, 이처럼 드물게 발생하는 단속적 사건은 우리 포트폴리오 기업의 특성을 극적으로 바꿔놓았다. 전혀 가능하지 않다고 생각했던 가격과 수량으로 기업 주식을 매수할 수 있었다. 예를 들어, 표 9.3에서 2008년부터 포트폴리오 기업에 포함되어 있어, 우리가 잘 알고 있던 WNS를 할인된 가격에 매수한 것을 확인해보라. 2020년 2월, 이 회사는 주당 거의 74달러에 거래되고 있었다. 몇 주가 지난 2020년 3월, 유행병으로 시장이 공포에 빠져들면서 주가가 폭락해, 우리는 주당 46달러에 거의 1억 달러를 투자할 수 있었다! 마찬가지로, 10년 넘게 추적해 온 써맥스를 2018년 초에 기록하던 이전 최고점과 비교해 45%나 할인된 가격에 매수했다.

2020년 3월에는 백신에 대한 논의가 전혀 없었고, 세계가 전례 없는 유행병으로 휘청거리고 있었고, 앞으로 어떤 일이 발생할지 아무도 예상할 수 없었다. 세계는 충격에 휩싸였고, 당연히 그럴 만도 했다. 2020년 3월부터 5월까지 우리는 엄청나게 많은 일을 벌였고, 따라서 이런 질문을 많이 받았다. "상황이 더 나빠질 때까지 기다렸다가 매수하지 그랬어요?"

우리의 대답은 "그럴 수 없었다"였다.

투자, 진화를 만나다

우리에게는 실행에 옮기기 쉬운 간단한 규칙이 있다. 그것은 적절한 '가격'에 매수하라는 것이다. 안타깝게도, 모든 사람이 이 규칙을 따르지는 않는다. 앞에 나오는 질문이 암시하듯이, 널리 실행되는 규칙은 적절한 '시점'에 매수하라는 것이다. 이 또한 간단한 규칙이지만, 실행에 옮기기 쉬운 규칙일까? 우리가 전자의 규칙을 따르는 이유는 우리가 소유하려는 기업에 지불할 의사가 있는 가격을 알고 있기 때문이다. 그 가격이 '적절한' 가격일 수도 있고, 그렇지 않을 수도 있지만, 어쨌든 그것을 확실히 알고 있다. 우리는 적절한 시점을 알 방법이 없다. 어떤 사람은 알지도 모르겠다. 그런 사람들에게는 축하를 전한다.

이 질문에 다른 방식으로 대답할 수도 있다. 우리를 포함한 장기 투자자들은 항상 "주가가 아니라 기업을 보면서 매수한다"고 주장하는데, 이것은 버핏이 수십 년 동안 해 온 말이다. 투자 철학의 관점에서 볼 때, 이는 대체로 현명한 전략으로 여겨진다.

하지만 그 말의 의미는 무엇일까? 우리는 이렇게 이해했다. 어느한 기업의 가치를 주당 100달러로 평가했다고 가정해 보자. 주가가 100달러로 하락했고, 이 기업에 대한 우리의 평가가 변하지 않았다면, 100달러 혹은 100달러보다 낮은 금액에서 이 기업의 주식을 가능한 한 많이 매수한다. 그다음에, 이 기업은 영원히 소유할 비상장 기업이라고 스스로 다짐하고, 이 기업이 상장되더라도 끊임없이 변동하는 시장에 의해 시세가 정해지는 주가는 우리와 무관하다고 생각한다. 따라서 이 기업의 주가가 50달러든, 75달러든, 500달러든 상관하지 않는다. 우리는 공개 시장 투자자지만, 사실상 비상장 기업에 투자하는 것처럼 행동한다.

그리고 덧붙이고 싶은 것이 하나 있다. 표 9.3에 나열된 기업을 포함해 우리 포트폴리오 기업 중 최저점에서 주식을 매수한 경우는 거의 없다. 저 아래 심연을 알리는 시장 타이머를 기대했다면, 더 이상 읽지 않아도 된다.

2008/2009년과 2011년의 투자는 대체로 좋은 성과를 거뒀다. 2020년의 공격적인 투자가 좋은 성과를 거둘지는 잘 모르겠다. 하지만 나는 우리의 과정에 만족한다. 우리가 통제할 수 있는 건 잘 통제했으니까. 그 결과는 지금으로서는 아무도 모른다. 우리가 어리석었는지 혹은 똑똑했는지는 8~10년이 지나야 알 수 있을 것이다. 그게 장기 투자의 맛 아닌가?

***

집파리는 1개월, 모기는 1~3개월, 바퀴벌레는 6개월까지 살 수 있다. 안타깝게도, 대부분의 곤충은 수명이 짧다. 하지만 주목할 만한 예외가 하나 있다. 미국에서 발견되는 세 가지 종의 주기성 매미는 17년까지 살 수 있다.

유충이라고도 불리는 아기 매미는 부화 후 땅속에서 식물과 나무의 뿌리를 먹으면서 17년을 보낸다. 그 후로, 성충은 5월 둘째 주부터 수십억 마리(어떤 사람은 수조 마리라고도 주장한다)가 함께 나와 짝짓기 열풍을 일으키며 나무에 알을 낳고 6월 말경에 죽는다. 알은 약 6주가 지나 부화하고, 유충은 나무에서 내려와 땅속에서 굴을 파면서, 17년의 주기가 다시 시작된다. 먹이 포화prey satiation라고 불리는 이런 진화 전략은 단 몇 주 만에 그렇게 많은 매미를 잡아먹을 수 있는 포식자가 없기 때문에 오랜 세월에 걸쳐 대단히 성공적인 것으로 입증됐다.[20]

현재 17년짜리 주기성 매미는 브루드Brood라 일컬어지는 12개의 무리가 있다. 2021년 5월과 6월에 주로 펜실베이니아, 버지니아, 인디애나, 테네시 주에서 브루드 XBrood X(X는 10을 의미한다)라는 거대한 무리가 출현했다. 우리는 이들을 2038년에 다시 볼 수 있을 것이다.

매미의 놀라운 인내심에 비하면, 단속적 사건에 대한 우리의 인내심은 참으로 보잘것없어 보인다. 매미들은 삶이 완전히 바뀌는 사건을 위해 17년을 기다린다. 우리는 겨우 14년 동안 이런 사건을 적어도 세 차례 겪었다. 이런 사건을 언제 또 겪을까? 나는 잘 모르겠다. 하지만 잘 아는 게 하나 있다. 하나의 종으로서, 우리 투자자들은 매미만큼 인내심이 뛰어나지는 않다는 것이다. 그러나 우리는 대혼란이 또다시 일어나기 전까지, 극도의 인내심을 발휘하려 한다.

우리는 기다릴 것이다.

요약
___

진화론의 아홉 번째 가르침

정체 상태가 당연하다는 사실을 받아들인다.
훌륭한 기업은 대체로 여전히 훌륭한 상태를 유지하고,
나쁜 기업은 대체로 여전히 나쁜 상태를 유지한다.

1. 단속 평형은 진화적 변화가 다윈의 주장처럼 점진적 과정을 거치지는 것이 아니라 오랜 기간에 걸친 정체 상태 이후로 갑자기 일어난다고 주장한다. 자연계에서 새로운 종을 만들기 위해 단속이 발생하는 경우를 제외하고는 정체 상태는 기본값이다.

2. 기업의 세계에서도 정체 상태는 기본값이다. 훌륭한 기업은 대체로 여전히 훌륭한 상태를 유지하고, 나쁜 기업은 대체로 여전히 나쁜 상태를 유지한다. 이는 수십 년 동안 인도에서 투자자로 활동한 내 개인적 경험에서뿐만 아니라 좋은 기업의 수명에 대한 미국의 경험적 데이터에서도 분명하게 드러난다.

3. 유기체의 장기적인 진화에서 모든 변동이 단속적 변화는 아니다. 정체 상태에 있는 동안, 유기체는 일정한 한계 내에서 변한다.

4. 우리는 주식 가격의 변동과 기업의 단속적 변화를 혼동하지 않는다. 그래서 코로나19가 유행해 시장이 패닉에 빠졌을 때를 포함해서 지금까지 세 차례나 공격적인 매수에 나설 수 있었다.

5. 우리는 기업의 품질(주로 나쁜 쪽)에 집중하면서 영원히 소유하기를 원하는지를 스스로 질문함으로써, 주식 가격이 상승할 때 나쁜 기업에 투자하는 것을 피하려고 했다.

10장

토끼, 복리를 말하다

우리가 기르고 있는 사육 품종들에서 나타나는 가장 뚜렷한 특질 중 하나는 그 동식물들이 자신의 이익을 위해서가 아니라 사실상 인간의 욕망이나 편의에 맞게 적응을 해 왔음을 볼 수 있다는 점이다. ... 가장 중요한 요소는 바로 계속해서 선택을 해 왔던 인간의 능력이다. 자연은 계속해서 변이를 일으키고 이에 인간은 그들에게 유용한 어떤 방향으로 그 변이를 더한다. 이런 의미에서 인간 스스로가 유용한 품종들을 만들어 낸 것이라고 말할 수 있다.

―

찰스 다윈, 《종의 기원》, 1장 사육과 재배 하에서 발생하는 변이

미국 기업과 금융 기관에 널리 퍼져 있는 행동에 대한 열광에도 불구하고, 우리는 죽음이 우리를 갈라놓을 때까지 이 정책을 고수할 것입니다. 이것이 찰리와 내가 편안하게 지낼 수 있게 하고, 상당한 실적을 낳게 하고, 우리 회사와 우리가 투자한 회사의 관리자들이 주의를 빼앗기지 않으면서 기업을 운영할 수 있게 해주는 유일한 정책이기 때문입니다.

―

워런 버핏, 〈1986년 주주 서한〉

1988년 10월, 《포브스》가 미국 400대 부자의 명단을 발표했다.[1] 보유 자산 67억 달러의 샘 월튼이 최고 부자가 됐고, 22억 달러의 버핏이 10위를 차지했다. 이 명단은 게이츠, 헬름슬리, 힐먼, 클루지, 마즈, 뉴하우스, 패커드, 페롯, 프리츠커, 레드스톤 등 익숙한 이름들로 가득했다.

하지만 셸비 쿨롬 데이비스Shelby Cullom Davis는 누구였을까? 그를 아는 사람은 거의 없었다. 그리고 어떻게 새롭게 등장했음에도 197위라는 순위에 오를 수 있었을까? 그는 앨버트슨백화점을 설립한 조지프 앨버트슨Joseph Albertson과 글로벌 다국적 화학기업 롬 앤드 하스Rohm and Haas를 설립한 프리츠 오토 하스Fritz Otto Haas라는 유명한 이름 사이에 끼어 있었다. 어떤 회사를 설립한 사람일까? 《포브스》는 그가 3억 7,000만 달러의 재산을 보유한 자산가고, 뉴욕주 태리

타운 출신이며, 투자은행 업계에서 부를 축적한 사람이라고 서술했다. 하지만 《포브스》의 서술이 모두 정확하지는 않았다. 셸비 데이비스는 투자은행가가 아니었다. 명단에 오른 다른 사람들과는 다르게, 기업가도 아니었고 기업체를 소유하지도 않았다.

그는 버핏과 같은 투자자였다. 하지만 버핏과 닮은 점은 그게 전부였다. 첫째, 버핏은 다른 사람의 돈을 관리하는 전문 투자자였지만, 데이비스는 자기 돈(또는 아내 돈)을 투자하는 사람이었다. 둘째, 버핏은 20대 초반에 투자를 시작했지만, 데이비스는 38살이 되어서야 투자를 시작했다. 셋째, 버핏은 위대한 투자자 벤자민 그레이엄에게 금융과 투자를 배웠지만, 데이비스는 대학 시절에 경제학이나 금융에 관심이 없었다. 역사를 전공했고, 러시아 혁명에 특별한 관심을 가졌다. 마지막으로, 버핏은 평생을 투자업계에서 일했지만, 데이비스는 40살이 되기 전까지 최소한 5개의 직업을 거쳤다. CBS 라디오 리포터(처음 맡았던 과제는 여성으로서는 최초로 대서양 횡단 비행에 성공한 아멜리아 이어하트Amelia Earhart를 인터뷰하는 것이었다)였고, 프리랜서 작가였고, 주식 애널리스트(어떤 면에서는 통계학자)이기도 했다. 제2차 세계대전 중에는 워싱턴의 전시생산국War Production Board에서 근무했고, 뉴욕주 보험국 부감독관으로 근무하기도 했다.

데이비스의 투자 스타일도 버핏과 근본적으로 달랐다. 버핏은 다양한 산업에 걸쳐 투자했지만, 데이비스는 한 부문에만 투자해 막대한 부를 쌓았다. 버핏은 소수의 미국 기업에만 투자했지만, 데이비스는 세계를 무대로 적어도 1,600개의 기업에 투자했으며, 때로는

투자, 진화를 만나다

거액을 투자하기도 했다.

하지만 데이비스와 버핏이 한 가지 점에서는 서로 닮아 있었다. 그리고 그 한 가지 덕분에, 데이비스는 지금껏 지구에 살았던 대부분의 사람보다 더 부유해졌다.

다윈, 진가를 인정받지 못한 수학 천재

다윈은 수학 천재였다. 하지만 정작 자신은 그렇게 생각하지 않았다.

1828년 7월 29일, 19살이던 찰스 다윈은 절친한 친구이자 6촌 형제인 윌리엄 다윈 폭스William Darwin Fox에게 한 가지 불만으로 시작해, 자신의 수학적 능력이 부족한 것을 한탄하는 내용의 편지를 썼다. "내가 편지를 보내기 한참 전에 보냈던 편지에 답장을 하지 않은 것에 자네는 뭐라고 변명할 것인가? 자네의 게으름보다 더 나쁜 이유가 있는 건 아니길 비네. 자네가 수학에 깊이 빠져들었기 때문이면 훨씬 나을 것이고. 만약 그렇다면 자네가 나처럼 불쌍한 인간이라 하더라도, 오직 이런 차이만으로도 나는 우둔한 사람으로 남게 될 거야."[2]

다윈은 자서전에서도 자신이 수학에 약하다는 이야기를 되풀이했다. "몇 년이 지나서, 나는 수학의 주요 원리 중 최소한 일부라도 이해할 수 있을 정도로 충분히 발전하지 못했다는 사실이 몹시 아쉬웠다. 수학적 재능을 타고난 사람은 특별한 감각이 있는 것처럼 보였다." 또한 자기가 수학이라면 질색이었다는 점을 인정했다.[3] 복잡한 수학 공식을 혐오했으며, 친구에게 이런 글을 쓴 적도 있었다. "나는 실제 측정과 3의 법칙을 제외하고는 어떤 것도 자신이 없다." 여기서 3의 법칙은 "망고 10개가 8달러라면 40달러를 가지고 망고 몇 개를 살 수 있는가?"라는 문제에 대답하기 위한 간단한 수학 계산법이다.

다윈은 장기 복리의 엄청난 위력을 직관적으로 이해했다. 그래서 나는 그를 수학 천재의 반열에 올린다. 그의 동료 대부분은 복리의 위력을 이해하지 못했다. 실제로 그의 후계자 중 상당수도 이해하지 못했다.《종의 기원》3장 '생존을 위한 투쟁'에서 그는 자신이 복리의 위력을 훌륭하게 이해하고 있음을 코끼리가 나오는 유명한 사례를 가지고 분명하게 보여주었다. 내용은 이렇다. "코끼리는 모든 동물들 중에서 번식 속도가 가장 느리다고 알려져 있는데, 나는 그것의 최저 자연 증가율을 구하는데 꽤나 골치가 아팠다. 30세에 번식을 시작하고 90세까지 번식을 계속하며 그 번식기 사이에 세 쌍의 새끼를 낳는다고 가정해 보자. 이런 방식으로 계산을 한다면 처음한 쌍으로부터 1500만 마리의 코끼리가 생겨나려면 5세기 정도가 거릴 것이다."

다윈은 개체 수의 기하급수적인 증가가 이론적으로는 가능하지만, 증가를 억제하는 질병, 포식자의 공격, 식량 부족, 자연재해 및 그 밖의 여러 요인 때문에 현실적으로는 거의 불가능하다는 사실을 이전의 어느 누구보다도 더 잘 이해했다. 그는 이런 현실을 깨닫고, 가장 적합한 변이만이 살아남아서 자신의 형질을 자손에게 물려줄 수 있다는 결론을 내렸다. 이렇게 더 적합한 변이가 기하급수적으로

투자, 진화를 만나다

증가하기 시작하면, 자연 선택을 통한 진화가 이루어지게 된다. 다윈은 《종의 기원》 4장에서 다음과 같은 유명한 글을 남겼다. "이렇게 유리한 변이는 보존하고 해로운 변이는 거부하는 것을 자연 선택이라고 한다."

앞에서 설명했듯이, 다윈의 자연 선택 이론에는 갑작스럽고 극적인 변화가 들어올 여지가 없었다. 그의 이론에서는 변이가 작고 연속적이어야 하며, 자연 선택은 축적된 변화를 통해 굉장히 오랜 기간에 걸쳐 작용한다. 다윈의 이론은 간명하고 설명력이 뛰어났음에도 불구하고, 혹은 어쩌면 그랬기 때문에, 그의 생전에는 생물학 주변부를 맴돌았고 과학계에서 널리 받아들여지지는 않았다.[4]

1900년 그레고르 멘델Gregor Mendel의 유전학 연구가 재발견된 후, 네덜란드의 저명한 식물학자이자 유전학인인 휴고 드 브리스는 돌연변이 이론이라는 새로운 진화론을 제안했다.[5] 이 이론에 따르면, 다윈이 제안한 작고 연속적인 변이는 종의 진화와 창조로 이어질 수 없으며, 오직 뚜렷한 돌연변이만이 그것을 가능케 한다. 드 브리스는 《돌연변이설Die Mutationstheorie》에서, 불연속적인 변이로 인해 새로운 종이 갑자기 생겨난다고 주장했다. "따라서 새로운 종은 갑자기 탄생하며, 뚜렷한 준비 기간도, 과도기도 없이, 기존의 종에 의해 만들어진다."[6]

드 브리스의 말은 누구나 이해할 만했다. 돌연변이설은 다윈의 점진주의로는 힘든 '시각화'가 가능했기에, 다윈주의보다 훨씬 직관적인 이론이었다. 투자의 세계도 이와 이상하리만큼 비슷하다. 영화관 체인인 AMC의 주가가 2021년 5월에 3배로 올랐다는 사실은 누구나 다 알고 있지만, 1990년부터 2020년까지 30년 동안 홈디포 Home Depot의 주가가 140배로 올랐다는 사실을 아는 사람은 과연 몇 명이나 될까?

돌연변이설에 따르면, 종은 작은 변이가 아니라 유기체를 변형시키는 크고 이상한 일이 발생하기 때문에 탄생한다. 돌연변이설과 다윈주의 사이의 논쟁은 1920년대까지도 해결되지 않은 상태로 남아 있었다. 그러다 마침내 수학이 생물학을 구했다(누가 이러리라 생각했을까!). 1920년대와 1930년대에, 이론유전학자인 R. A. 피셔R. A. Fisher, J. B. S. 할데인J. B. S. Haldane, 시월 라이트Sewall Wright 등은 연속적인 변이가 멘델의 법칙과 어떻게 양립할 수 있는지를 복잡한 수학으로 설명했다. 자연 선택은 작은 변이에 누적적으로 작용해 놀랍도록 짧은 기간에 걸쳐 커다란 진화적 변화를 일으킬 수 있다.[7]

검증된 수학 천재들이 거의 50년 전에 제기됐던 다윈의 주장을 되살려냈다.

다윈은 특정 변이가, 예를 들어 색각色覺•이, 다른 개체에 비해 '약간의' 우위를 준다면, 우리가 생각하는 것보다 훨씬 적은 세대를 거쳐 거의 모든 개체가 색을 볼 수 있게 된다고 말했다. 색각에서 1%의 '선택적 우위selective advantage'가 발생한다고 가정하면, 이 형질을 가진 개체의 자손은 100마리가 아닌 101마리가 생존한다(색각 덕분에 숲에서 더 질 좋은 과일을 찾는 것일 수도 있다). 이렇게 보면 선택적 우위는 복리 이자 또는 연간 수익률에 해당한다. 이 우위는 여러 세대에 걸쳐 '누적'되고, '기하급수적'로 증가한다.

• 빛의 파장 차이를 구별해 색을 분별하는 감각.

투자, 진화를 만나다

두 번째 세대에서 색각을 가진 101마리의 자손은 색을 볼 수 있는 10,201마리의 자손(101x101)을 낳지만, 일반 자손 100마리는 10,000마리의 일반 자손(100x100)을 낳는다. 세대당 1%씩 누적된 약간의 우위는, 시간이 지나면서 극적인 변화를 낳는다.

1,000마리의 개체 중 이 형질(즉, 색각)을 가진 개체가 8마리라고 가정해 보자. 몇 세대를 걸치면 이 형질이 전체 개체의 90%까지 퍼질까? 경우 3,000세대다![8] 수명이 1개월인 유기체라면, 1%의 선택적 우위만으로 250년 이내에 이 종의 대부분이 색각을 갖게 된다. 진화의 맥락에서 보면, 이는 거의 즉각적인 형질 전환이다. 단순히 이론으로만 그런 것이 아니다.

과학자들은 19세기 영국 맨체스터에서 후추나방의 신속한 진화를 관찰했다.[9] 후추나방은 전체적으로는 흰색인데 날개에 작은 검은 반점이 있다. 낮에는 이끼가 덮인 나무줄기에서 주요 포식자인 새의 눈에 띄지 않으려고 위장을 하며 지낸다. 이 종에는 드물게도 검은색 돌연변이체도 있다. 하지만 이들은 나무줄기에 앉아 있으면 새 눈에 잘 띄기 때문에 오래 살아남지 못했다. 결과적으로 대부분의 후추나방은 후추를 뿌린 모습을 하고 있었다.

그러나 19세기 중반부터 맨체스터에서 제조업이 발달해 대기 오염으로 나무줄기가 검게 변하면서 우위가 바뀌게 되었다. 검은색 돌연변이체가 새의 눈에 띄지 않게 됐고, 후추를 뿌린 모습이 눈에 잘 띄게 됐다. 맨체스터에서 1848년에 검은색 후추나방이 처음 보고됐는데, 1895년에 전체 개체의 98%가 검은색을 띠었다. 약간의 우위가 쌓이면서 보기 드문 모습이 흔한 모습됐다. 여기서 끝이 아니다.

20세기 중반에 영국 의회가 엄격한 공해방지법을 통과시키면서, 나무줄기에서 검은 그을음이 사라지기 시작했다. 그 결과, 이제는 검은색 후추나방이 드물어졌고 후추를 뿌린 모습이 흔해졌다!

이런 식의 미시진화microevolution(예: 색상의 변화)는 충분한 시간이 주어지면 거시진화macroevolution(예: 새로운 종의 등장)로 이어질 수 있다. 다윈의 《종의 기원》에는 수학 공식이 하나도 없다. 그런데도 이 책은 장기 복리의 위력과 본질을 유전학자들이 제시한 복잡한 공식보다 더 잘 포착하고 있다.

놀랍지 않은가? 수학을 어려워하는 박물학자가 단순하면서도 깊이 있는 수학 개념을 자연계에 적용해 과학자들이 수천 년 동안 밝혀내지 못했던 사실을 밝혀냈다. 복리가 생명을 창조한다. 모든 생명을.

이게 투자자와 무슨 상관이 있을까? 복리는 부도 창출하기 때문이다. 거의 모든 부를.

토끼, 오스트레일리아를 습격하다

우리는 복리를 이해한다고 생각하지만, 사실 그렇지 않다. 여기서 '우리'는 나를 포함한 투자업계를 말한다. 나란다의 투자 전략이 수십 년에 걸쳐 천천히 그리고 꾸준히 증가하는 복리의 원리에 기반을 두고 있지만, 이를 장기간에 걸쳐 적용했을 때 나타나는 놀라운, 심지어는 초현실적인 결과에 나 자신도 놀라움을 금치 못한다.

이야기를 계속 이어가기 전에, 복리의 엄청난 위력을 충분히 숙

투자, 진화를 만나다

지했으면 좋겠다. 그러고 나서, 누적된 성장이 진화와 투자를 공부하는 학생을 위해 준비한 두 가지 놀라움(하나는 작고, 다른 하나는 크다)을 짚으려고 한다.

지금부터 나는 19세기의 전지적 컨설턴트(그렇지 않은 컨설턴트가 없지 않은가?)고, 당신은 1925년의 현명한 시간 여행자다! 누가 투자 이야기가 따분하다고 했는가?

이제 시간을 거슬러 올라가서 1859년 오스트레일리아의 윈첼시로 가보자. 거기서 나는 토머스 오스틴Thomas Austin 씨의 고문으로 일한다. 최근 오스틴 씨는 영국에서 토끼 24마리를 가져왔는데, 사냥놀이를 하기 위해 그 토끼들을 야생에 풀어놓고 싶어 한다. 그는 영리한 사람이라, 토끼의 엄청난 번식 능력이 걱정됐다. 윈첼시의 농지가 토끼로 뒤덮이는 것을 원치 않았기에 내게 조언을 구했다.

내가 오스틴 씨에게 토끼를 풀어놓으라는 말을 하려는 바로 그 순간, 당신이 미래에서 나타나 이렇게 엄중히 경고한다. "나는 1925년에서 왔다. 앞으로 큰 재앙이 닥칠 것이다. 토끼를 풀어놓지 말지어다." 내가 더 자세히 물어보니, 당신은 이 24마리의 생명체 때문에 오스트레일리아 전체가 위험에 처할 것이라고 알려준다. 나는 당신의 괴사스러운 말을 비웃으며 경고를 무시한다. 그리고 오스틴 씨에게는 토끼를 풀어놓으라고 말한다. 당신은 5년에서 10년마다 나를 찾아와 토끼를 몰살시키라는 경고를 계속할 것이라 약속한다. 당신이 그 약속을 이행하러 나를 찾아올 때마다 나는 같은 질문을 계속한다. 표 10.1에는 당신과 내가 대화를 나눈 역사가 나온다.

표 10.1 **처음 35년**

1859년 이후로 지나간 연수	토끼 개체 수	당신의 조언	내 반응
5	108	너무 늦기 전에 토끼를 몰살시켜라	토끼가 어디에 있는가?
10	482	너무 늦기 전에 토끼를 몰살시켜라	토끼가 어디에 있는가?
20	9,700	너무 늦기 전에 토끼를 몰살시켜라	토끼가 어디에 있는가?
35	900,000	너무 늦기 전에 토끼를 몰살시켜라	토끼가 어디에 있는가?

35년이 지났고, 나는 당신 말이 여전히 틀렸다는 사실에 만족하고 있다. 약 800만 평방킬로미터에 달하는 국토 면적에 토끼 개체 수는 100만 마리에도 못 미쳤고, 나라가 토끼로 위험에 처할 것 같지는 않았다. 하지만 당신은 과거의 개체 수 증가율이 연간 약 35%이고, 이런 속도라면 머지않은 미래에 토끼가 오스트레일리아를 습격할 것이라고 경고한다. 나는 늘 그랬듯, 미래에서 온 요정을 무시한다. 표 10.2에는 1925년까지 향후 31년간의 이야기가 나온다.

표 10.2 **이후 31년**

1859년 이후로 지나간 연수	토끼 개체 수	당신의 조언	내 반응
5	1,750만 마리	너무 늦기 전에 토끼를 몰살시켜라	몇 마리가 보인다.
10	3억 5,000만 마리	너무 늦지 않았나?	그렇지 않다.
31	100억 마리	내가 말했잖아.	#$%*!

이 이야기는 실화다. 불행하게도, 1859년에 오스틴 씨가 오스트레일리아에 풀어놓은 토끼 24마리가 1925년에 가서는 100억 마리

투자, 진화를 만나다

에 이르렀고, 오스트레일리아 대륙의 생태계를 파괴했다.[10] 오스트레일리아 정부가 울타리를 설치하고, 토끼를 포획 또는 사살하고, 세균전(토끼에 치명적인 점액종 바이러스를 가진 파리를 방사)을 벌이는 등 150년 넘게 노력했음에도, 이 골칫거리를 퇴치하지 못했다.

앞에서 나는 이 이야기에 두 가지 놀라움이 있다고 말했다. 적어도 나는, 24마리의 토끼가 100억 마리가 됐다는 사실에 놀랐다. 이게 작은 놀라움이다. 우리 투자자들은 충분한 시간이 주어지면 복리가 천문학적인 숫자를 만든다는 사실을 직관적으로 알고 있다. 그래도 1895년에 100만 마리도 되지 않았던 토끼가 1920년대 중반에 100억 마리가 되리라고 상상할 수 있는 사람은 많지 않을 것이다.

좀 더 큰 놀라움은(이건 직관에도 반한다) 작은 놀라움과 '반대되는' 관찰 결과다. 아주 오랫동안 아무 일도 일어나지 않았다! 오스트레일리아에서 20년이 지난 후에도 토끼를 많이 볼 수 없었고, 45년이 지난 후에도 평방킬로미터당 토끼 개체 수는 2마리에도 미치지 못했다. 따라서 오스트레일리아 국민은 토끼가 아무런 문제를 일으키지 않았기 때문에, 수십 년 동안 토끼 문제를 무시했다.

복리의 이런 특성, 즉 복리의 영향이 오랫동안 숨어 있는 것은 투자자의 실적에 안 좋은 영향을 미친다. 그 이유는 투자자 대부분이 자산을 너무 빨리 매도하기 때문이다. 투자자는 5년 동안 훌륭한 기업을 보유해서 자산을 3배로 증식하고는 다음 두 가지 이유로 매도할 수 있다. 첫째, 자신이 돈을 충분히 벌었고 바다에 더 좋은 물고기가 있다고 생각한다. 둘째, 더딘 증식에 지쳤다(게임스톱GameStop 주가는 한 달 만에 17배나 오르지 않았나!). 주가가 같은 속도로 계속 오르면 25년 후에 자산이 243배가 된다는 사실을 깨닫는 투자자가 거의 없는 것이다! 물론 이는 아주 큰 '가정'이지만, 곧 보게 될 것처럼 우량 기업이라면 넘지 못할 산도 아니다. 이 예에서 5년차부터 25년차까지의 수익률이 5%가 넘게 하락하더라도, 투자자는 여전히 처음 투자했던 금액의 100배를 벌 수 있다! 앞에서 말했듯이, 더 크게 다가오는 복리의 신비는 큰 숫자에 이르게 한다는 사실이 아니라, 오랫동안 그렇게 하지 않는다는 것이다.

대부분의 펀드는 보유 기간이 몇 년은 고사하고, 주로 몇 달에 불과하다. 영리하지만 투자는 하지 않는 사람에게 이런 행동을 설명하면(나도 그렇게 해본 적이 있다), 그는 고개를 갸웃거릴 것이다. 이렇게 말하면서 말이다. "투자할 만한 훌륭한 기업을 찾기가 어렵다는 말씀을 하면서, 이런 기업은 장기간에 걸쳐 상당히 예측 가능하게 수익을 증식시킬 수 있다는 말씀도 하고 계시잖아요. 그런데 왜 운이 좋아서 이런 회사를 소유하고는 서둘러서 팔려고 하십니까?" 이런 질문에 "우리 투자업계는 토끼를 기다릴 생각이 없습니다"라고 답하는 것이 내 최선이었다.

나는 훌륭한 기업에 투자하고는 50~100%의 수익을 올린 후 투자금을 회수하는 사람들을 너무나도 많이 봤다. 우리 투자자들은 수학을 잘한다는 자부심을 갖고 있다. '복리'라는 단어를 말하면, 잘 알고 있다는 듯한 미소를 지을 것이다. 안타깝게도, 이런 미소를 짓는 사람들의 대다수가 복리를 안다는 것, 즉 복리가 시간이 지남에 따라 큰 숫자에 이르게 한다는 것에 다음 두 가지 알려지지 않은 엄청난 사실이 감춰져 있음을 잘 모르는 것 같다.

투자, 진화를 만나다

첫째, 복리가 의미 있는 숫자에 이르게 하려면 아주 오랜 시간이 걸린다. 둘째, 기업이 수익을 예측 가능하게 복리로 증식할 수 있다면, 투자는 쉬울 것이다. 하지만 아쉽게도 현실은 그렇지가 않다. 현실은 상당히 혼란스럽고, 장기적인 성공으로 가는 길은 위험하고, 한 치 앞을 알 수 없고, 실망으로 가득하다.

성공한 투자자의 요건은 지능이 아니고, 인내심이다.

우리가 팔지 않는 또 다른 여러 이유들

아직 확신이 서지 않는가? 이제 진화론에서 말하는 복리의 위력에 근거해, 우리가 훌륭한 기업의 영원한 소유주가 되려는 이유를 몇 가지 더 제시해 보겠다. '절대로 팔지 않겠다'는 말이 열정적인 기업가의 입에서 나온다면, 이해할 수 있다. 하지만 이 말이 펀드매니저의 입에서 나온다면, 조금은 이상하게, 심지어는 말도 안 되게 들릴 수 있다. 좀 더 자세한 설명이 필요하다. 자, 이제 시작하자.

1. 누가 가장 부자인가? 절대로 팔지 않는 사람이다.

《포브스》 선정 2022년 세계에서 가장 부유한 25명의 명단을 본 적이 있는가?[11] 관심이 있다고 가정하겠다. 1위는 2,190억 달러의 자산을 보유한 일론 머스크, 25위는 500억 달러의 자산을 보유한 중국의 장이밍張一鳴이 차지했다.

이 명단은 오로지 절대로 팔지 않는 사람으로 이루어져 있다.

명단을 50명까지 확대하더라도, 이 중 48명은 주식을 절대로 팔지 않은 기업 소유주(또는 그 가족)다. 이 명단에 자신이 하는 펀드 관리 업무의 한 부분으로 주식을 사고팔기도 하는 펀드매니저 짐 사이먼스Jim Simons와 스티븐 슈워츠먼Stephen Schwarzman이 있긴 하다. 그런데 그들은 각각 본인이 창업한 르네상스와 블랙스톤의 주식을 절대로 팔지 않았고, 그 결과 수십억 달러의 수익을 올렸다.

절대로 팔지 않는 것이 세계적으로 이처럼 엄청난 부를 창출하는 방법이라면, 펀드매니저들은 왜 주식을 사고팔아야 부자가 될 수 있다고 생각할까? 나는 나 자신이 세계에서 가장 부유한 사람들보다 더 똑똑하거나 더 나은 사람이 아니라는 사실을 잘 알고 있다. 훌륭한 기업을 붙들고 있는 것이 가장 부유한 사람들에게 커다란 도움이 됐다면, 당연히 그들이 하는 것을 따라 해야 하지 않을까?

이 명단에 나오는 많은 기업가들이 살면서 매력적인 제안을 받았다. 그들이 이 명단에 오른 이유는 그 유혹에 굴복하지 않았기 때문이다. 자신이 아주 대단한 일을 하고 있고, 주식을 파는 것은 가치 창출이 아니라 파괴라는 사실을 직관적으로 이해했다. 예를 들어, 2005년에 비아콤Viacom은 마크 저커버그에게 페이스북을 7,500만 달러에 팔 것을 제안했는데, 그러면 당시 21세였던 저커버그가 당장 3,500만 달러라는 거금을 손에 쥘 수 있었다.[12] 비아콤의 제안이 있고 나서 1년이 지나, 야후가 페이스북을 10억 달러에 팔 것을 제안했다. 저커버그는 그 밖의 여러 제안들도 모두 거절했다. 2022년 그의 순자산은 얼마일까? 500억 달러가 넘는다.

우리는 강단 있는 그들처럼 많은 부를 창출하지는 못하지만, 어떤 면에서는 그들보다 더 나은 위치에 있다. 그들은 단 하나의 기업,

투자, 진화를 만나다

즉 자기 기업에 모든 것을 걸고 있다. 우리는 다수의 훌륭한 기업을 소유하는 사치를 누리고 있다. 이보다 더 좋은 게 또 어디에 있을까?

2. 경험적 증거가 증명한다.

이전 장에서 언급한 베셈바인더의 연구로 돌아가 보자.[13] 기억을 돕자면, 베셈바인더는 1926년부터 2016년까지 미국 상장 주식 26,000종목의 가격 변동을 분석했다. 그는 1926년부터 2019년까지의 원시 데이터도 공유한다. 아래 주소에서 다운로드할 수 있다. https://wpcarey.asu.edu/department-finance/faculty-research/do-stocks-outperform-treasury-bills.

이제 1926년부터 2019년까지의 데이터를 살펴보자. 베셈바인더는 '부의 창출'을 1개월 만기 미국 국채수익률 이상의 수익을 올린 것으로 정의한다. 26,000개 기업 중 약 60%(15,000개)가 가치를 파괴했다. 이는 놀라운 일이 아니다. 기업을 경영하는 것은 리스크가 있으며, 데이터는 이런 주장을 뒷받침한다.

하지만 나는 두 가지 사실에 놀랐다. 첫째, 부를 파괴하는 기업의 수가 부를 창출하는 기업의 수보다 거의 40%나 더 많지만, 창출된 부의 양이 파괴된 부의 양보다 달러 가치로 거의 8배에 달한다. 약 11,000개의 기업이 54조 달러의 부를 창출했고, 약 15,000개의 기업이 7조 달러의 부를 파괴했다(부의 순수한 창출은 47조 달러에 달한다). 기업이 잘나가면, 창출된 부는 한도가 없다.

둘째, 부를 창출한 기업 중에서도 극소수의 기업이 부의 대부분을 창출한다(표 10.3).

표 10.3 **부의 창출은 오래 보유한 소수의 기업에 집중돼 있다**

	기업의 수	부, 조 달러	창출된 부가 차지하는 비율(%)	보유 기간 (중앙값)
상위 10%	2,617	52	110	25
상위 1%	262	35	74	47
상위 30대 기업	30	15	32	59

따라서 상위 10%, 즉 약 2,600개 기업이 창출한 부가 26,000개 기업이 창출한 부의 거의 전부(실제로는 10%가 더 많다)를 차지한다. 상위 1%의 기업이 창출한 부가 26,000개 기업이 93년 동안 창출한 부의 4분의 3을 차지하며, 상위 30개의 기업이 거의 3분의 1을 차지한다.

표 10.3의 마지막 열은 훨씬 더 흥미로운 사실을 보여준다. 창출한 부의 양이 이처럼 불균형한 것은 주식 보유 기간이 긴 기업 때문이다. 이 말이 단순히 기업을 오래 보유하기만 하면 부를 창출하게 된다는 뜻은 아니다. 오히려 부를 창출하지 못한다. 평균적인 기업을 계속 보유하면 가치가 거의 0에 가까워진다. 표 10.3은 훌륭한 기업을 보유해야, 평균적으로 더 오랜 기간에 걸쳐 훨씬 더 많은 부를 창출할 가능성이 크다는 것을 보여준다.

하지만 여기서 답을 해야 할 한 가지 골치 아픈 문제가 있다. 어느 기업이 훌륭한 기업인지를 어떻게 알고서 가능한 한 오랫동안 보유할 수 있을까?(이번 장부터 책을 읽기 시작하지는 말았으면 좋겠다. 1장부터 7장까지 이 문제를 논의했으니까).

우리는 평범하거나 질이 낮은 기업에 아무렇게나 투자하지 않는다. 표 10.3에서 알 수 있듯이, 시간 낭비이기 때문이다. 아주 오랜 기간에 걸쳐 부를 창출하는 기업은 소수에 불과하며, 당연히 뛰어나야 한다. 우리는 기업이 정말 뛰어나다고 믿을 때 투자한다. 그렇다면 표 10.3에서 나타난 엄연한 현실을 고려할 때, 그런 기업을 팔아야 할 이유가 없지 않은가?

우리가 투자한 일부 기업들의 경우 그 품질 평가를 잘못했다. 그 어리석은 판단들은, 우리가 이 기업들을 영원히 보유해서 몇몇 기업의 수익과 가치가 지속적으로 복리로 증식했기에, 큰 문제가 되지 않았다. 구체적인 사례를 원하는가? 이제부터 보여주겠다.

3. 탁월한 공식이 있다면, 따라 해야 하지 않을까?

내가 맥킨지에서 근무하던 시절에는 '모범 사례'를 공유함으로써 고객의 문제를 해결했다. 모범 사례는 합병 후 통합, 전략 수립 과정, 조직 설계와 관련된 조언에서부터 마케팅 비용 할당에 이르기까지 다양하다. 물론 컨설턴트이기에 특정 고객이 지닌 특이점도 고려해야 했다. 그런데도 '최고의 기업들은 어떻게 하는가'를 논의하는 것이 고객에게 더 나은 해결 방안을 권고하는 가장 좋은 방법이라는 것을 알게 됐다.

여기에 곰곰이 생각해야 할 한 가지 당혹스러운 문제가 있다. 모든 펀드매니저들이 장기적으로 시장을 능가하면서 상당한 수익을 올리고 싶어 한다는 주장에 동의할 것이다. 어느 억만장자 투자자가 매년 상세한 설명을 담은 편지 속에서 자신이 부자가 된 비결을 알려주는 상황을 상상해 보라. 그의 모범 사례는 널리 알려져 있고, 누구든지 찾아볼 수 있고, 50년이 넘게 변하지 않았다. 우리는 그가 자신이 가르치는 바에 따라 거의 60년 동안 계속 많은 부를 축적하고 있기 때문에, 그의 조언이 매우 소중하다는 것을 알고 있다. 또한 그를 따라 하는 것이 적어도 전문가들에게는 이해하기, 심지어는 실행하기 어렵지 않다는 사실도 알고 있다. 그러나 대부분은 그를 칭찬하고는 무시하는 쪽을 선택한다.

물론 이 투자자는 워런 버핏이며, 뛰어난 기업을 합당한 가격에 사서 영원히 소유하라는 그의 단순한 조언이 그를 세계에서 가장 부유한 사람 중 한 명으로 만들었다. 그렇다면 왜 그의 조언이 무시당할까? 언뜻 보기에는 상당히 이상해 보인다. 투자자들이 부자가 될 기회를 스스로 걷어차는 것처럼 보인다. 그러나 잠시 생각해보면, 다윈의 통찰이 수십 년 동안 받아들여지지 않았던 것과 똑같은 이유로 버핏의 조언도 받아들여지지 않았다는 사실을 알 수 있다. 우리 인간은 복리의 위력을 이해하지 못한다. 이해한다고 말하지만, 실제로는 그렇지가 않다.

버핏은 투자업계의 다윈으로, 이 업계를 더 나은 방향으로 영원히 변화시켰다. 그러나 19세기 말과 20세기 초의 저명한 과학자들도 누적 증식의 위력을 거의 이해하지 못했다면, 대체로 그들보다 지적 수준이 더 낮은 투자자들이 어떻게 그것을 이해할 수 있을까? 하지만 문제는 생각보다 더 심각하다. 투자자들은 버핏의 조언을 가볍게 무시할 뿐만 아니라 지난 50년 동안의 행동을 보면 정반대의 생각을 굳게 믿는 것으로 나타난다! 뮤추얼 펀드의 주식 보유 기간

투자, 진화를 만나다

은 1960년 7년에서 지금은 1년 미만으로 줄어들었다.

이제 셸비 쿨롬 데이비스 이야기로 돌아가 보자. 거의 모든 면에서 버핏과는 근본적으로 달랐던 그가 어떻게 세계적인 부자가 됐을까? 그는 버핏과 마찬가지로 극소수의 우량 기업을 수십 년 동안 계속 붙들고 있었다.

처음부터 투자자가 되려고 했던 버핏과는 다르게, 데이비스는 행운이 따르는 사건을 몇 차례 겪으면서 투자자가 됐다. 1932년 1월 그가 결혼했을 때, 다우존스 지수는 사상 최저치인 41을 기록했다. 이는 1929년 최고치 대비 89% 하락한 것이었다. 몇 년 뒤, 그의 아내 캐서린이 투자를 위한 종자돈을 제공했고, 그의 장인 조지프 와서먼Joseph Wasserman이 재산을 국채로 보관하고 있어서 대공황을 맞이해서도 아무것도 잃지 않았다. 데이비스로서는 다행이었다.

데이비스는 CBS 라디오 리포터로 일한 다음, 캐서린과 함께 제네바대학교에서 정치학 박사 학위를 받았다(캐서린의 성적이 더 좋았다). 1934년, 도쿄의 영자신문사인 애드버타이저Advertiser에서 근무하기로 돼 있었다. 그와 캐서린이 일본으로 떠나려고 했지만, 마침 도쿄에서 지진이 발생해 떠날 계획을 취소해야 했다. 이와 함께, 애드버타이저에서 근무하는 것도 없던 일이 돼버렸다. 데이비스는 일자리를 절실히 찾고 있었지만, 미국 경제가 침체된 상황에서 신문사에 취업하기는 상당히 어려웠다. 캐서린은 오빠인 빌에게 데이비스가 그의 투자회사에서 일할 수 있게 해달라고 부탁했다.

데이비스는 빌의 회사에서 '통계학자'로 일하며, 투자할 만한 기업을 찾기 위해 전국을 돌아다녔다. 하지만 데이비스와 빌은 사이가 좋지 않았고, 데이비스는 직장을 그만두고 전업 작가로 활동했다. 그는 대공황의 원인과 1940년대에 어떻게 회복할 수 있는가를 분석한 《미국, 1940년대에 직면하다America Faces the Forties》라는 제목의 책을 출간했다. 책은 상당히 호평을 받았고, 나중에 뉴욕 주지사이자 공화당 대통령 후보였던 토머스 듀이Thomas E. Dewey의 눈에 띄었다(그는 1944년 루스벨트, 1948년 트루먼에게 패했다). 1938년 듀이는 데이비스를 자신의 연설문 작가이자 경제 고문으로 위촉했다.

듀이는 1944년 루스벨트에게 패배한 뒤 뉴욕 주지사로 복귀했다. 그는 데이비스를 뉴욕주 보험국 부감독관으로 임명해, 뜻하지 않게도 데이비스가 엄청난 부자가 되는 길로 안내했다. 이보다 더 재미없어 보이는 자리가 또 있을까? 하지만 데이비스는 그 자리에 진지하게 임했다. 보험사가 채권에서 부동산, 모기지 증권, 주식으로 자산을 다각화해야 한다고 거리낌없이 주장했다. 당시에 널리 퍼져 있는 생각과는 다르게, 데이비스는 채권을 상당히 위험한 자산으로 생각했다. 놀라울 정도의 선견지명이었다. 채권 시장은 1940년대 중반부터 35년에 걸친 약세장에 접어들었고, 1946년 101달러에 팔린 국채는 1981년 겨우 17달러에 팔렸다.

투자자들은 주로 증권거래소의 마이너 리그에서 거래되는 보험사를 무시했다. 보험사는 정부 기관에 최신의 재무 정보를 제출해야 했고, 데이비스는 이 보고서를 자세히 검토하면서 보험사의 내부 사정을 파악하는 전문가가 됐다. 그는 보통의 보험사들이 자산을 '진정한' 장부 가치보다 더 낮은 가격에 판매하고 있는 것을 확인했다. 즉, 보험사의 자산 포트폴리오에 포함된 채권과 모기지 증권의 가치

투자, 진화를 만나다

는 시장 가치보다 훨씬 더 높을 수 있었다. 그는 보험 고객이 보험료를 선불로 지급하고, 보험사가 이 '유동 자금'을 채권과 모기지 증권을 매수하는 데 사용할 수 있음을 깨달았다. 고객의 보험금 청구가 과도하지 않다면, 이처럼 숨어 있는 유동 자금이 시간이 지나면서 서서히 그리고 조용히 불어날 수 있다. 인내심을 가진 투자자가 시장도 이를 인식하기 전까지, 이 숨어 있는 자산이 복리로 증식하도록 기다리면 됐다.

데이비스는 1947년에 직장을 그만두고, 캐서린에게서 5만 달러를 빌려 자산을 장부 가치보다 더 낮은 가격에 판매하며 잘 운영되고 있고 배당금을 지급하는 보험사에 투자하기 시작했다. 또한 매수 자금의 일부를 마련하기 위해 주식을 담보로 대출을 받기도 했다. 1952년 뉴욕보험중개인협회New York Insurance Brokers Association에서 행한 연설에서, 데이비스는 보험사 주식 선택의 세 가지 기준을 설명했다. (1) 보험사는 수익성이 있어야 하고, (2) 자산(채권, 모기지 증권, 주식)의 품질이 최고 수준이어야 하고, (3) 시장 가격이 사모 펀드 시장 가격보다 낮아야 한다. 데이비스는 우량 보험사에 투자하는 가치 투자자였다. 그리고 그 보험사들을 계속 보유했다.

데이비스가 사망하기 2년 전인 1992년, 그가 보유한 상위 12개 종목의 가치는 2억 6,100만 달러로, 전체 포트폴리오 가치의 절반에 달했다. 패니 매Fannie Mae를 제외하고는 모두가 보험사였다. 그리고 각각의 보험사들을 수십 년 전에 매수했다. 가치가 7,200만 달러에 달하는 최고의 투자처는 AIG였고, 2,700만 달러에 달하는 세 번째로 좋은 투자처는 버크셔 해서웨이였다. 훌륭한 기업을 사들인

후에는 절대로 팔지 않았다.

버핏이나 데이비스와 같이 본받을 만한 눈부신 성공 사례가 있는데, 왜 우리는 헛수고를 하고 있는가? 앞으로 설명하겠지만, 데이비스의 성공은 성공하기 위해 아주 잘할 필요조차도 없다는 것을 보여준다. 인내심만 있으면 된다. 우리는 그렇게 하고 있다.

4. 그 외에는 실수를 만회할 방법이 없다.

셸비 데이비스가 투자한 기업의 면면을 보면, 약 100개의 보험사가 전체 포트폴리오 가치의 4분의 3을 차지했고, 세계 약 1,500개의 기업이 나머지 4분의 1을 차지했다. 대부분의 투자는 실패로 돌아갔다! 또 다른 큰 실수는 정크본드를 매수하는 데 약 2,300만 달러를 쓴 것이었는데, 거의 모두가 그야말로 휴짓조각이 됐다.

데이비스는 우량 보험사 몇 곳에 투자하고는 매도를 거부함으로써 자신의 모든 부를 축적했다. 그 결과, 그가 저질렀던 수백 건의 실수는 성공한 투자에서 수익이 이례적으로 장기간에 걸쳐 복리로 증식하는 상황에서는 아무런 문제가 되지 않았다. 존 로스차일드John Rothchild는 저서 《데이비스 왕조The Davis Dynasty》에서 이를 다음과 같이 설득력 있게 설명한다. "결과적으로, 데이비스가 저질렀던 실수는 물소가 가는 길에 모기가 앵앵거리는 것처럼, 그가 성공을 향해 가는 길에 아무런 문제가 되지 않았다. 그런데도 그의 포트폴리오는 평생에 걸친 투자를 통해 대단한 성공을 이끌어낸 몇몇 아이디어가 수많은 실수를 만회할 수 있다는 사실을 또다시 입증했다."

나는 많은 실수를 저질렀고, 앞으로도 계속 그럴 것이다. 이는 내가 겸손해서가 아니라 엄연한 사실이다. 몇몇 훌륭한 기업의 가치가 복리로 증식하기를 기다린 것이 이런 실수를 만회하도록 했다. 구체적인 실제 수치는 이렇다.

우리의 첫 번째 펀드는 2007년 6월부터 2011년 6월까지 17개 기업에 약 180억 루피(당시 환율 기준 약 4억 달러)를 투자했다. 이후로 충분한 시간이 지난 2022년 6월, 이 펀드가 투자한 개별 기업의 주가 변동을 확실하게 평가할 수 있었다. 전체 포트폴리오에서 자본 손실이 한 건 발생했고, 이 경우는 실패에 해당한다. 연간 루피화 수익률(또는 시장 가치가 10% 미만으로 상승한 기업)이 10% 미만인 기업도 임의로 '실패'로 분류할 수 있다. 17개 기업 중 6개가 2022년 6월까지 연간 루피화 수익률이 10% 미만이었다. 17개 기업 중 7개가 실패(하나는 자본 손실이 발생했고, 6개는 연간 수익률이 10% 미만이다)했으니, '실패율'은 40%에 달했다.

하지만 이 펀드의 전체적인 실적은 내가 대충 짐작했던 것보다 훨씬 좋았다. 그렇다면, 17개 기업 중 7개가 실적이 저조한데, 어떻게 좋은 실적을 올릴 수 있었을까? 승자를 팔지 않았기 때문이다.

이 7개의 '실패' 기업을 '가엾은 7인Sorry Seven'이라고 부르겠다. 이 가엾은 7인에 78억 루피를 투자했다. 이제 훌륭한 기업을 오랫동안 소유하면 어떤 일이 일어나는지를 보자. 인도의 대표적인 플라스틱 제품 회사 슈프림을 예로 들어보겠다. 우리는 2010년에 슈프림에 투자했고, 2022년 6월까지 거의 12년 동안 이 회사를 소유했다. 슈프림에 10억 루피를 투자했는데, 이것이 2022년 6월에 139억 루피가 됐다. 슈프림에 투자해 올린 수익 129억 루피는 가엾은 7인에 투자한 금액의 1.7배다(12.9÷7.8=1.7).

하지만 결과는 이보다 훨씬 좋다. 2022년 6월까지, 우리가 6개 기업에 투자한 것이 하나같이 가엾은 7인에 투자한 금액을 만회했다. 표 10.4에는 내가 '탁월한 6인Superb Six'이라고 부르는 투자들이 나열되어 있다.

표 10.4 **장기의 승자가 다수의 실패 기업에 투자한 금액을 만회한다**

2022년 6월 30일, 단위: 루피

기업	보유 연수	배수	투자 수익÷가엾은 7인에 대한 투자비 총액
버거	13.3	32.2×	3.3
마인드트리	9.6	8.2×	1.7
페이지	13.7	82.2×	5.2
라트나마니	11.7	16.2×	1.0
슈프림	11.6	13.6×	1.7
WNS	13	10.6×	3.2

놀랍지 않은가? 14년 동안 페이지를 소유한 것만으로도 7번이나 실패한 투자에 들어간 금액의 5배가 넘는 보상을 받은 셈이다. 기업을 장기간 소유하는 것의 장점이 그처럼 대단한데도, 투자자들은 왜 그렇게 하지 않을까? 한 가지 중요한 이유는 복리의 위력을 과소평가하기 때문인데, 결과적으로 펀드매니저들은 배수보다 IRR을 더 중요하게 생각한다.

금융 전문 용어로 IRR은 내부 수익률 또는 연간 수익률을 말한

투자, 진화를 만나다

다.[14] 주가가 4년 만에 2배로 오르면 IRR은 19%, 3년 만에 2배로 오르면 IRR은 26%다. 배수가 같다면, 기간이 짧을수록 IRR이 높아진다. 투자자들은 복리의 위력을 무시하고 자기 투자의 IRR을 자랑하고 싶어하고, 배수를 과소평가한다.

우리가 IRR에 열광했다면, 표 10.4에 나열된 최고의 6인을 오래전에 팔았을 것이다. 이렇게 했을 때의 엄청난 단점은 페이지의 사례에서 잘 드러난다. 페이지를 소유한 지 4년이 지난 2012년 12월, 페이지는 65%의 IRR을 달성했다! 대부분의 투자자들에게 4년이라는 보유 기간은 충분히 길어 보인다. 향후 5년에서 10년 동안 끊임없이 65%의 IRR을 달성할 수 있다고 생각하는 것은 그리 현명하지는 않아 보였다. IRR에 열광했더라면, 2012년 12월에 페이지를 팔아치우고 4년 동안 달성한 엄청난 수익률을 자랑하면서 마케팅 자료에 수익률을 굵은 글씨로 표시했을 것이다(별로 중요한 이야기는 아닌데, 사실 마케팅 자료를 작성하지는 않는다).

2012년 12월, 페이지의 배수는 7.8배(2022년 6월, 82.2배)였고, 투자 수익은 '겨우' 34억 루피에 불과했다. 페이지의 보유 기간과는 상관없이, 가엾은 7인에 대한 투자 비용, 78억 루피는 변하지 않는다는 것을 기억하자. 따라서 2012년 12월에 페이지를 팔았다면, 가엾은 7인에 대한 투자 비용의 44%(3.4÷7.8=44%)만을 회수했을 것이다. 나머지 56%의 부담은 나머지 기업들이 떠안아야 했을 것이다. 하지만 페이지를 계속 보유했기 때문에, 투자 수익이 408억 루피로 증가했다. 그리고 이렇게 보유해 얻은 투자 수익이 가엾은 7인에 투자한 금액의 5.2배(40.8÷7.8=5.2)에 달했다.

색조 감각에서 나타난 희귀성 돌연변이(1,000명 중 8명에 불과) 가 단 1%의 선택적 우위로 3,000세대가 지나 전체 개체를 압도했던 사례를 기억하는가? 포트폴리오에서 복리로 증식하는, 나머지보다 약간 더 성장한 소수의 기업만이 충분한 시간이 주어졌을 때 이와 같은 결과를 달성한다.

우리는 경이로운 기업이라고 판단한 기업에만 투자한다. 하지만 어떤 기업은 성과를 내지 못하고 투자 비용만 날릴 수 있다는 사실 도 잘 안다. 그러니 우리 같은 투자자는 승자를 팔려는 생각조차도 해서는 안 된다. 그건 틀리는 것보다 더 나쁜 짓, 멍청한 짓이다.

5. 복리 극대화의 유일한 방법은 투자를 유지하는 것이다

주가가 하락할 때 공격적으로 매수하는 사람은, 주가가 갑자기 상승할 때는 공격적으로 매도하는 것이 논리적으로 일관적인 행동 이다. 하지만 다행스럽게도, 인생에서 중요한 몇몇 일들은(이를테면 자기 자녀가 특별하다고 믿고, 사랑에 빠지고, 코로나19가 유행하 는 상황에서 헌신적인 의사나 간호사가 되고, 군인이 되겠다고 자원 하는 것처럼) 논리에 의해 결정되지 않는다.

우리는 주가가 갑자기 오른다고 해서 주식을 팔지 않는다. 시장 이 유포리아 상태에 빠져 있을 때 매도하지 않는 건, 시장이 패닉 상 태에 빠져 있을 때 매수하는 행위만큼이나, 아니 그보다 더 중요했 다. 앞에서 말했듯이, 2022년 6월 현재, 지난 2년간 매수한 기업을 제외하고 우리의 포트폴리오 기업 24개 중 9개가 루피화 기준으로 10배가 넘는 수익을 올렸다(그중에서 가장 큰 배수를 기록한 기업

투자, 진화를 만나다

은 82배의 수익을 올린 페이지였고, 가장 작은 배수를 기록한 기업은 13배의 수익을 올린 인포 엣지였다). 이 9개 기업 중 5개는 보유 기간이 11년이 넘었고, 나머지 4개 기업은 8년이 넘었다.

우리는 왜 주가가 갑자기 상승할 때 매도하지 않을까?

그 답은 표 10.5에 나와 있다. 여기에서는 루피화 기준으로 가치가 10배가 넘게 증가한 9개 기업 중 2개를 선택했다.

표 10.5 **긍정적 단속이 지닌 놀라운 위력(2007년 6월-2022년 6월)**

지표	하벨스	페이지
보유 연수	8.5	13.7
총거래일수	2,724	3,586
수익률	+1,270%	+8,890%
수익률 중 90%가 발생한 일수	35	58
총거래일수에 대한 비율	1.3	1.6
5% 이상으로 상승한 일수	44	83
총거래일수에 대한 비율	1.6	2.3
수익률에 대한 비율	142	330
주가가 하락한 일수	1,293	1,685
총거래일수에 대한 비율	47	47

표 10.4에 나오는 페이지의 배수는 표 10.5에 나오는 배수보다 약간 낮다. 후자는 주가의 상승을 추적하는 반면에, 전자는 보유 자산의 가치 상승을 보여준다. 이런 가치는 표 10.4에서는 가치에 비례해 모든 주식을 매도해야 하는 펀드의 상황을 고려했기 때문에 그 값이 약간 다르다. 표에 나오는 것처럼, 그 차이는 매우 작다.

먼저 하벨스를 보자. 2022년 6월 현재, 하벨스를 8.5년, 즉 공휴일을 제외하고 2,724거래일 동안 보유했다. 이 기간의 수익률은 1,270%였다. 표 10.5를 보면, 다음과 같은 사실이 눈에 띈다.

- 1,270%에 달하는 수익률 중 90%가 고작 35일 기간에 발생했다. 이 35일은 우리가 하벨스를 보유한 기간에 해당하는 총거래일수의 1.3%에 불과하다. 이렇게 얼마 안 되는 날 중에서 어느 하루(또는 그 이상)에 하벨스를 매도했다면 어땠을까? 이 35일은 모든 연도에 걸쳐 분포되어 있다. 예를 들어, 주가가 가장 많이 오른 3일을 꼽자면, 2019년 9월 20일, 2021년 1월 21일, 2014년 6월 5일이었다. 우리가 갑작스러운 가격 상승에 흥분해 2014년 6월 5일에 하벨스 주식을 매도했다면, 2019년 9월 20일과 2021년 1월 21일에 대폭 상승할 때 수익을 올리지 못했을 것이다. 페이지 사례도 비슷하다. 전체 수익률 중 90%가 총거래일수의 2%에 불과한 날에 발생했다.
- 하벨스 주가는 총거래일수의 1.6%에 해당하는 44일에 5% 이상으로 상승했다. 이런 날들의 수익을 모두 합치면, 1,800%, 즉 8.5년 수익률의 142%에 달한다. 따라서 주가가 5% 이상으로 상승한 44일에 올린 수익이 거의 9년에 달하는 보유 기간에 올린 수익보다 더 많았다! 이런 중요한 날에 하벨스 주식을 보유하지 않았을 때의 기회비용은 엄청나게 높다. 페이지 주가가 5% 이상으로 상승한 날이 엄청난 영향을 미친 것도 확인해보라. 이날의 수익을 모두 합치면, 8.5년 수익률의 300%가 넘는다! 페이지에 대한 투자를 계속 유지하지 않았더라면, 자본을 복리로 증식할 수는 없었을 것이다.
- 마지막으로 우울한 날(즉, 주가가 하락한 날)의 데이터를 살펴보자.

투자, 진화를 만나다

이 두 기업에서 우울한 날이 총거래일수의 거의 절반을 차지한다는 사실이 상당히 놀랍기는 하다. 하지만 이 기간 내내 이 기업들에 대한 투자를 계속 유지했기 때문에, 우울한 날이 얼마나 되는지는 중요하지 않았다.

내가 이번 분석을 통해 무슨 말을 하려는지를 알겠는가? 주가가 크게 상승하는 날에 하벨스 혹은 그 밖의 복리로 증식하는 기업을 팔았더라면, 큰돈을 벌어서 우쭐했을 것이다. 하지만 주가가 장기간에 걸쳐 계속 상승하는 걸 보며, 지난날의 결정을 후회했을 것이다.

하지만 하벨스 주가가 계속 오르리라는 걸 누가 알았겠는가? 나는 주가를 예상할 수가 없기 때문에 몰랐다. 하지만 두 가지는 예상할 수 있다. 첫째, 우량 기업을 소유하고 있다면, 주가는 (확실하지는 않지만) 장기적으로 오를 가능성이 높다. 둘째, 주가가 크게 오르는 일은 가끔 일어나며, 이 특별한 날에 투자를 유지하고 있지 않으면 상당한 잠재적 이익에 안녕을 고해야 한다.

우리가 제대로 한 것이 있다면, 매도자가 되는 것이 논리적으로 가장 타당해 보이는 날에 아무것도 하지 않았다는 것이다.

6. 나는 우리 기업가들을 사랑한다.

나는 우리 기업가들을 사랑한다. 행동경제학자들은 이런 질병에 보유 효과endowment effect라는 기이한 이름을 붙였다. 자신이 보유한 것에 지나칠 정도로 높은 가치를 부여하는 비이성적인 심리 상태를 의미한다.

투자는 미스터 스팍Mr. Spock*과 같은 펀드매니저가 주식 시장에서 지성, 직관, 통찰을 바탕으로 냉정하게 진입과 이탈을 하는 틀에 박힌 작업이어야 한다. 안타깝게도, 우리는 진입과 일부 이탈에서만 이 요건을 충족한다.

우리는 투자를 하기 전에는 1장부터 7장까지 설명한 것처럼, 전적으로 경험적 증거에 근거해 결정을 한다. 하지만 투자를 하고 난 이후에 기업이 계속 잘나가면, 이 기업에 감정적으로 애착을 갖게 된다. 인도는 사업을 하기 힘든 곳이고(모든 나라가 그렇겠지만, 내가 알기로는 인도 시장이 가장 심하다), 거의 모든 산업에서 치열한 경쟁이 벌어지고 있다. 이처럼 치열한 시장에서 높은 수익성과 흠잡을 데 없는 대차대조표를 유지하면서 계산된 위험을 감수하며 경쟁에서 앞서가는 기업가는 진정으로 존중받을 만하다.

나는 새로운 시대의 첨단기술 기업이 유행이라는 것도 알고, 이들이 다른 사람의 돈을 수백만 달러 또는 수십억 달러씩 날려버리는데도 전 세계가 이들에게 찬사를 보내고 있다는 것도 안다(1달러를 80센트에 파는 게, 그렇게 영광스러운 일일까? 내가 꼰대가 되어가는 건지도 모르겠다). 이런 현금을 빨아들이는 밑빠진 독 같은 기업과 아주 대조되는, 각자의 부문에서 선두를 달리는 우리 포트폴리오 기업들 중 알루왈리아Ahluwalia, DB 코프DB Corp, 트리베니 터빈 Triveni Turbine, 볼트암프의 사례를 살펴보자. 이들은 매년 쓰는 것보다 훨씬 더 많은 현금을 뿜어낸다. 그런데도 우리는 이들에게 투자해서 10년이 넘게 보통 이하의 수익률을 기록했다. 이건 그들의 잘

* 영화 스타트렉의 등장인물로 지성과 평점심을 중시하고 감정을 절제하는 성품이다.

투자, 진화를 만나다

못이 아니라 순전히 내 잘못이다. 이런 기업을 계속 소유하는 이유 중 하나는 시간이 지나면, 다른 많은 기업이 그랬던 것처럼 분위기가 반전되기를 바라기 때문이다. 하지만 더 중요한 이유는 내가 이 기업들의 리더들을 사랑하기 때문이다. 수십 년 동안의 운영 및 재무 실적에서 알 수 있듯이, 그들은 진정으로 뛰어난 사람들이다.

우리 투자업계의 가장 큰 즐거움 중 하나는 쇼빗 우팔Shobhit Uppal, 수디르 아가왈Sudhir Agarwal, 드루브 사우니Dhruv Sawhney, K. S. 파텔K. S. Patel과 같은 사람들을 알게 되고, 그들과 관계를 맺을 수 있다는 점이다. 나는 이분들을 존경한다. 돈 몇 푼 때문에 이런 즐거움을 포기해야 할 이유가 없지 않은가?

7. 매도하지 않는 것이 더 나은 매수자가 되게 한다.

이상한 주장처럼 들릴 수 있다. 어떻게 매도하지 않는 것이 더 나은 매수자를 만드는가? 이유는 이렇다.

펀드매니저는 자기가 투자한 기업의 '적절한' 매도 가격을 고민하는 데 얼마나 많은 시간을 할애할까? 펀드매니저라면 이미 답을 알고 있겠지만, 아니라면 아는 사람에게 물어보라. 아마도 근무 시간의 30~70%라는 대답이 돌아올 것이다. 일부 펀드매니저는 이렇게 주장한다. "우리가 매수자가 아니라고 한다면, 우리는 매도자다." 아마도 이런 사람들은 늘 매도를 고민하고 있을 것이다.

우리 포트폴리오 기업 중 하나이자 인도에서 품질 측면에서 가장 주목받는 특수강을 생산하는 라트나마니를 매도할 것인지를 두고 고민하고 있다고 가정해 보자. 라트나마니의 고객은 주로 정유 공장과 석유화학 공장이며, 이들 모두가 경기 순환의 영향을 받는다. 따라서 라트나마니의 매출과 수익도 역시 경기 순환의 영향을 받는다.

먼저 수익 증가를 계산할 기간을 결정해야 한다. 이는 1년, 3년, 5년 또는 그 밖의 기간이 될 수 있다. 그다음에 라트나마니의 수익과 가치평가비율(주가수익비율, EV/EBITDA 비율 또는 그 밖의 지표)이 이 기간이 끝날 시점에 얼마가 될 것인지를 예측해야 한다.

3년간의 수익 증가를 계산하려면, 향후 3년간 라트나마니의 매출과 비용, 세율을 예측해야 한다. 경기 순환의 영향을 받는 기업의 경우 이것이 적지 않은 작업이다. 먼저, 조직의 불행한 애널리스트가 주말을 반납하고 라트나마니의 고객이 될 수 있는 모든 정유 및 석유화학 공장의 자본 지출 계획을 조사해야 한다. 그다음에는 회사 매출을 예측하기 위해 라트나마니의 시장 점유율을 가정해야 한다("어떻게?"라고 묻는다면, 나도 잘 모르겠다. 애널리스트에게 물어보라). 마지막으로, 감가상각비, 원자재 비용, 인건비, 영업 및 일반 관리비, 세금 등 주요 비용 항목도 마찬가지로 세부적인 분석을 진행해야 한다. 3년간 가치평가비율을 예측하기 위한 무수한 방법에 대해서는 더 말할 것도 없다.

일부 자산 관리자는 이런 세부적인 분석에 의존하지 않고, 가치평가비율 혹은 주가가 특정 수준에 도달하면 매도를 결정할 수도 있다. 그러나 이런 전문가들도 매도 가격에 근접한 기업을 끊임없이 추적해야 하고, 애초에 했던 가정이 여전히 유효한지(예를 들어, 회사의 주요 경쟁업체가 어려움에 처하면, 어떻게 할 것인가?)를 검토해야 한다.

투자, 진화를 만나다

이 모든 분석이 시간과 에너지, 그리고 가장 중요하게는 정신 공간을 요구한다. 우리는 그런 분석을 하지 않는다. 우리는 절대로 매도하기 위해 매수하지 않는다. 팀원 중 어느 누구도 매도를 단 1분도 생각하지 않는다. 기업이 자본 할당을 심하게 잘못했거나, 우리가 보기에 돌이킬 수 없는 손상을 입은 경우가 아니라면.

앞장의 표 9.2에서, 나는 2008년 세계 금융 위기, 2011년 유로화 위기(2009년 유럽에서 시작된 유럽의 국가 부채 위기로, 2011년 3월부터 2012년 5월까지 유로존 국가에서 대부분의 정부가 교체되거나 붕괴됐다)[15], 코로나19의 대유행 등 우리가 대단히 공격적으로 매수했던 세 가지 사례를 제시했다. 여러 해 동안 행동을 하지 않았던 것을 감안하면, 2020년 3월 단 17일 만에 2억 8,800만 달러(2007년 설립 이후 총투자액의 16%) 상당의 주식을 매수할 수 있었던 비결은 무엇일까? 잘 준비돼 있었기에, 단호하고도 과감하게 행동할 수 있었다. 매도에 대한 고민에서 벗어났기에, 매수할 준비가 늘 잘 되어 있다.

우리가 생각할 시간이 있다고 해서, 정확하게 생각하는 것은 아니다. 나는 잘못 매수하기도 했고, 앞으로도 그럴 것이다. 하지만 매도에 대한 고민에서 벗어났기 때문에, 우리의 매수 프로세스가 상당히 집중돼 있고, 잘 구성돼 있다. 그 이상을 어떻게 바라겠나?

예상되는 반론에 대한 답변

너무 쉬운 것 같지 않은가? 훌륭한 기업을 사들여라. 붙들고 있어

라. 돈이 굴러 들어오는 것을 지켜보기만 하라.

그럴 수도 있고, 그렇지 않을 수도 있다. 나는 수십 년 동안 투자를 해오면서, 펀드매니저 친구들과 투자자들로부터 영원한 소유주가 되라는 우리의 접근 방식이 마음이 들지 않아서 우리 펀드에 투자금을 넣지 않겠다는 반대 의견을 많이 들었다. '말이 안 된다'는 말은 내가 영원한 소유주가 될 계획이라고 밝히면 흔히 돌아오는 말이었다.

이제 이런 반론 일부와 내 답변을 공유하려고 한다.

반론 1: 왜 주가수익비율이 60인 기업을 붙들고 있어야 하는가?

우리는 가격에 민감하다. 밸류에이션이 높으면, 투자하지 않는다. 이 논리를 따라 '밸류에이션이 높은데, 왜 매도하지 않는가?'라는 질문을 할 수 있다.

구체적인 예로, 우리가 5년을 보유하는 동안, 주가수익비율이 15에서 60으로 증가한 기업을 살펴보자. 이 기업의 수익이 5년 동안 두 배로 증가했다고 가정해 보자. 그럼 우리는 초기 투자금의 8배를 갖게 된다. 주가수익비율이 4배 수익이 2배 증가했으니까.

다수의 투자자들이 다음과 같이 계산하면서 이 시점에서 매도하는 걸 정당화할 것이다. 이 기업의 향후 5년 동안의 수익이 지난 5년 동안과 마찬가지로 2배로 증가한다고 가정해 보자. 주가수익비율이 동일하게 유지되면, 자산은 2배로 증식한다. 주가수익비율이 30으로 반감되면(장기로 봤을 때 시장 주가수익비율은 19~20이므로 가능한 일이다), 향후 5년 동안 수익이 전혀 발생하지 않는다. 그렇다

투자, 진화를 만나다

면 매도해야 하지 않을까?

논리적으로 타당한 질문이다. 너무나도 논리적이고 타당해서 대부분의 펀드매니저들이 이 시점에서 팔고 빠져나갈 것이다. 우리는 그렇게 하지 않는다. 세 가지 이유가 있다.

첫째, 나는 훌륭한 기업이 갑자기 상승세를 타는 모습을 많이 봤다. 향후 5년 동안에 수익이 3배 또는 4배로 증가한다면 어떨까? 우리는 경이로운 기업만 매수한다는 사실을 기억하라. 이런 기업들이 빛나는 이유는 경쟁업체보다 훨씬 더 뛰어나고, 대체로 시장 점유율을 계속 늘려나가고 더욱 중요하게는 시장 지배력을 계속 유지하고 있기 때문이다. 이전 장에서 대부분의 산업에서 시장을 주도하는 기업의 집중도가 높아지고 있다는 증거를 살펴봤다.

둘째, 가치평가 배수는 대체로 훌륭한 기업일수록 양호한 수준에서 머물러 있기만 하지 않는다. 내가 이 글을 쓰고 있는 지금 이 순간에도 시장 가치가 4,000억 달러인 월마트의 주가수익비율은 33이고, 시장 가치가 2,600억 달러인 로레알의 주가수익비율은 61이다! 우리는 뛰어난 기업에만 관심이 있다. 이들의 가치평가 배수는 보통 아주 오랫동안 계속 증가한다.

셋째, 왜 향후 5년으로만 계산을 제한해야 하는가? 향후 5년 동안의 수익 증가와 주가수익비율에 대한 내 예상이 잘못됐다고 생각해보자. 수익이 제자리걸음을 하고 주가수익비율이 절반으로 감소한다고 가정해 보자. 5년 동안 50%의 손실을 보게 된다. 그래서? 그런데 그 5년 이후에 10년 동안 좋은 성과를 이어간다면 어떻게 될까? 주가수익비율이 높은 상태에서 매도하면 5년이 지난 후인 5년에서 15년 사이의 가치를 획득하는 일은 없어진다. 이제 이론적인 사례와 실제 사례를 가지고 내가 하고 싶은 말에 다가가보자.

이 섹션을 시작하면서 들었던 예로 돌아가 보자. 2000년에 주가수익비율이 15인 기업 A의 주식을 1달러에 매수했다. 2005년에 수익은 2배, 주가수익비율은 60으로 증가했다. 이제 주가는 8달러가 됐다. 주식을 매도하면, 연평균 수익률이 52%로 8배의 수익을 올릴 수 있다. 훌륭하지 않은가? 하지만 나는 주식을 보유하기로 했다.

그다음 5년 동안 수익이 제자리걸음을 하고, 주가수익비율이 절반이 감소해 30이 됐다. 2010년 주가는 4달러가 됐다. 2005년 대비 자산의 절반을 잃은 셈이다. 내가 바보처럼 보일 수 있다. 하지만 잠깐 기다려보라.

이후로 기업이 번창해, 2010년부터 2020년까지 10년간 수익이 4배로 증가하고(이는 연평균 15%의 성장을 의미하는 것으로, 훌륭한 기업임을 고려할 때는 그리 강력한 가정은 아니다), 주가수익비율이 50% 증가해 45가 되면, 2020년 주가는 24달러가 된다. 그러면 20년간 연평균 수익률이 17%가 된다. 내가 20년 동안 24배의 돈을 벌었는데, 이는 5년 동안 8배의 돈을 번 것보다 훨씬 더 좋은 결과다. 왜 그럴까? 그동안 나는 여러 실수를 저질렀을 것이고, 이번 장의 앞에서 설명했듯이 무언가로 그 실수들을 만회해야 하기 때문이다. 셸비 데이비스가 보여준 것처럼, 포트폴리오를 구성하는 기업 모두가 5년에서 15년 사이에 성공해야 하는 것은 아니며, 몇 개만 성공해도 충분하고도 남는다.

이제 우리 포트폴리오 기업의 실제 사례를 공유하겠다. 우리는

투자, 진화를 만나다

2010년 말부터 2011년 초까지 주당 128루피에 라트나마니 주식을 매수했다. 이후로 3년 동안 이 가격은 거의 변하지 않았고, 2014년 1월에 135루피를 기록했다. 이 회사가 잘나가고 있기에 우리는 마음을 차분히 가라앉히고 주식을 계속 보유했다. 하지만 2015년 1월 주가가 700루피까지 치솟으며, 불과 1년 사이에 5배나 올랐다. 수익이 갑자기 증가하면서, 가치평가 배수도 함께 증가했다.

이 회사 주식을 팔아야 할까? 우리는 팔지 않았다. 왜? 회사가 계속 번창하고 있었으니까. 주가는 이후로 2017년 1월까지 2년 동안 약 700루피 수준에서 머물다가 서서히 상승하기 시작했다. 2021년 1월 주가는 1,600루피에 도달했다. 2015년에 주당 700루피에 주식을 매도했다면, 이후로 6년 동안 1,600루피까지 상승하는 시기를 아쉬운 마음으로 바라봤을 것이다. 더 중요한 것은 매수 가격이 128루피였고, 이 가격과 비교하면 10년 보유해서 1,600루피면 전혀 나쁘지 않은 수익률(연평균 수익률 29%)이라는 것이다. 어떤 사람들은 연평균 수익률이 50%가 넘는 실적을 올리려면, 2015년 1월에 매도해야 했다고 주장할 수도 있다. 타당한 말이기는 하지만, 나는 4년간 53%의 연평균 수익률(5.5배)보다는 10년간 29%의 연평균 수익률(12.5배)이 더 좋다. 지금도 나는 라트나마니 주식을 계속 보유하고 있다.

"왜 주가수익비율이 60인 기업을 붙들고 있어야 하는가?"라는 질문에 대한 대답은 간단하다. 장기적으로 훌륭한 기업은 대체로 기대보다 우리를 더 부유하게 해주는 방법을 갖고 있기 때문이다.

반론 2: 이제부터는 수익 증가율이 낮아질 것이다

나는 내가 한 잘못된 매수는 쉽게 넘길 수 있었지만, 단 한 번의 잘못된 매도는 영원히 용서가 안 될 것 같다. 그 한 번의 실수는 '점점 증가하는' 수익이 없어질지도 모른다는 두려움에서 비롯됐다.

우리는 2011년 말에 주당 1,700루피에 쉬리시멘트Shree Cement라는 회사에 투자했다. 쉬리는 인도 최고의 시멘트 기업이며, 아마도 세계 최고의 시멘트 기업 중 하나일 것이다. 시멘트는 경기 순환을 심하게 타는 업종인데, 우리는 시멘트 업계의 분위기가 극심하게 가라앉았을 때 쉬리 주식을 매수했다. 투자한 지 몇 달 만에, 놀랍게도 시멘트 경기가 반전됐고, 쉬리 주가는 2배가 넘게 올랐다.

나는 기업을 영원히 소유해야 한다고 믿었지만, 경기 순환을 심하게 타는 기업은 예외여야 한다고 잘못 판단했다. 투자 심리가 약할 때 매수하고 분위기가 좋아지면 매도함으로써, 경기 순환을 역으로 이용할 수 있다고 생각했다. 이런 순환을 시기적으로 완벽하게 이용할 수는 없겠지만, 상당히 잘 이용할 수는 있다고 생각했다. 2012년 10월에 주당 약 3,800루피를 받고 쉬리 주식을 매도했는데, 장기적으로 수익 증가율이 낮아질 것이라고 판단했기 때문이었다. 그 결과, 우리는 1년도 채 되지 않아 약 2.2배의 수익을 올렸다. 8,000만 달러의 수익금을 투자자들에게 돌려줬고, 시장을 능가했다는 자부심을 느꼈다.

그건 지금까지 내가 했던 가장 어리석은 결정이었다. 펀드에 끼친 피해는? 4억 달러가 넘었다. 2022년 6월 쉬리시멘트의 주가는 약 19,009루피로, 10년 전 매도 가격의 5배가 넘었다. 지금 생각해도 마음이 아프다.

쉬리시멘트를 통해 값비싼 교훈을 얻었기에, 이번 반대 의견에 대한 답은 수익 증가율을 따지는 기간이 어느 정도인지를 되묻는 것으로 대신하려 한다. 하루, 한 달, 1년, 3년, 20년? 그리고 훌륭한 기업이라면, 그걸 굳이 따질 필요가 있을까?

훌륭한 기업을 매도하는 원칙은 간단하다. 감히 그러면 안 된다.

반론 3: 자본을 활용할 더 좋은 기회가 있다.

주식 보유 기간은 지난 수십 년 동안 계속 단축되고 있다. 투자자들은 거래를 위한 거래는 하지 않는다(그러기를 바란다). Y가 X보다 더 나을 것이라는 전망을 하고서 X를 매도하고 Y를 매수한다. 얼마 지나지 않아 같은 이유로, Z를 매수하기 위해 Y를 매도한다. 투자자의 눈에는 항상 더 나은 것이 들어온다. 이런 다람쥐 쳇바퀴 도는 듯한 행동을 정당화하는 주장은 주가수익비율이 50인 기업을 매도하고 15인 기업을 매수하는 것이 현명하다는 것이다. 우리는 그렇게 생각하지 않는다.

우리는 고점 매도-저점 매수 전략에 빠져들지 않는다. 우리는 기업에 대한 신뢰를 잃었을 때만 매도하고, 매도한 후에는 투자자에게 투자금을 돌려준다. 훌륭한 기업을 소유할 기회는 극히 드물게 찾아온다. 이 복권에 당첨됐다면, 황금알을 낳는 거위를 뭐하러 죽이는가?(물론, 나도 왜 죽이는지 잘 안다. 굳이 떠올리고 싶지는 않지만, 나도 쉬리시멘트를 매도한 적이 있다).

이번 이야기를 다른 관점에서 한번 바라보자. 이 책을 읽는 대부분이 주택을 소유하고 있거나 주택을 소유한 사람을 알고 있을 것이다. 집을 수시로 매도하고 매수하는 사람을 본 적이 있는가? 살고 있던 집을 높은 가격에 매도하고 다른 집을 낮은 가격에 매수하기 위해, 매일, 매달, 심지어는 매년 집값을 확인하는 사람을 본 적이 있는가? 그렇지 않다면, 나는 기업 주식을 보유하는 것을 집을 보유하는 것과 다르게 여길 이유가 없다고 생각한다.

그리고 경험적 증거에 따르면, 고점 매도-저점 매수 전략은 작동하지 않는다.[16] 앞에서 설명한 것처럼, 펀드의 저조한 실적과 높은 포트폴리오 회전율 사이에는 강한 상관관계가 있다. 무엇이 원인이고 무엇이 결과인지는 잘 모르겠다. 그리고 솔직히 말하면, 알고 싶지도 않다.

우리는 훌륭한 기업을 소유한 것을 만족스럽게 생각하고, 그것을 우리 집이라고 생각한다.

반론 4: 그럼 하루 종일 뭘 해야 하는가?

믿거나 말거나, 헤지펀드 회사에서 일했던 한 친구가 몇 년 전에 내게 이런 말을 한 적이 있었다. "하지만 그건 게으른 방식으로 돈을 버는 거잖아!" 그는 이성적인 사람이라, 소수의 우량 기업이 그 가치를 복리로 증식하게 놔두어서 돈을 벌 수 있다는 사실을 부정하지는 않았다. 그런데 그는 적게 일하고 많이 버는 것은 부도덕에 가깝다고 생각했다. 세상에는 온갖 사람들이 다 있다. 이후로 그는 하루 12~14시간씩 블룸버그 단말기를 들여다보며 그날그날의 손익을 걱정하는 일에 지쳐서 헤지펀드 회사를 떠났다.

투자, 진화를 만나다

또 다른 펀드매니저는 이렇게 물었다. "거래를 하지 않으면, 하루 종일 무엇을 해야 합니까?" 이 사람은 소수의 우량 기업을 소유해서 많은 돈을 벌었지만, 하루 종일 바쁘게 지내고 싶다고 했다! 나는 "휴가를 내세요"라고 말하고 싶었다. 하지만 그러지는 않았다. 역시 세상에는 온갖 사람들이 다 있다.

투자자는 가만히 앉아서 큰돈을 벌 수 있는 독특한 직업이다. 지금까지 우리는 그랬다. 우리는 앞으로도 계속 게으르게 지낼 것이다. 엄청나게 게으르게.

***

마하바라타Mahabharata는 고대 인도의 2대 서사시 중 하나다(다른 하나는 라마야나Ramayana다). 기원전 400년경에 시작해, 완성되기까지 수백 년이 걸렸다고 한다. 지금까지 인류에게 알려진 가장 긴 시로, 약 180만 단어로 이루어졌으며, 일리아드와 오디세이를 합친 것보다 7배나 더 길다. 이 서사시는 두 사촌 형제 집단 간의 권력 투쟁을 묘사하지만, 도덕 철학과 인간 행동의 심리에 관한 일종의 논문이기도 하다.

마하바라타에는 야크샤 프라시나Yaksha Prashna라는 유명한 섹션이 있다. 신령 또는 반신인 야크샤가 사촌들 중 맏형이자 가장 현명한 유디슈티라Yudhishthira에게 일련의 질문(프라시나)을 던진다. 정답을 맞히면, 야크샤에게 살해당한 유디슈티라의 4형제 중 한 사람을 부활시켜주는 큰 상이 걸려 있다.

야크샤가 던진 가장 유명한 질문은 이렇다. "이 세상에서 가장 위대한 경이로움은 무엇인가?" 유디슈티라의 대답은 이랬다. "매일 수많은 사람이 죽어가는 것을 보면서도, 사람들이 마치 영원히 사는 것처럼 생각하고 행동하는 것입니다." 유디슈티라의 통찰은 인간이 너무나도 명백한 사실을 이상하게도 깨닫지 못한다는 것이었다.

우리에게는 야크샤가 이런 질문을 던진다. "투자 세계에서 가장 위대한 경이로움은 무엇인가?" 유디슈티라에게는 미안한 말이지만, 내 대답은 다음과 같다. "결코 매도하지 않는 사람들이 엄청나게 많은 부를 창출하는 것을 보면서도, 사람들은 마치 부를 창출하기 위해 매도해야 하는 것처럼 생각하고 행동하는 것입니다."

진화론의 열 번째 가르침

대단한 인내심을 갖고 훌륭한 기업을 어떤 가격에도 팔지 않는다.

1. 다윈은 어느 한 개체가 다른 개체에 비해 약간의 이점(예: 더 빨리 달릴 수 있는 능력)을 가질 때, 충분한 시간이 주어지면 이 유리한 형질이 개체 전체로 퍼진다는 주장으로 진화론의 기초를 마련했다. 다윈은 복리가 미시 진화를 통해 거시 진화를 일으킬 수 있다는 사실을 이전의 어느 누구보다도 더 잘 이해했다.

2. 수학에 능숙한 투자자들은 자신이 복리를 잘 이해한다고 생각한다. 그러나 증거는 그렇지 않다는 것을 보여준다. 주식 보유 기간은 몇 달에 불과하다. 투자자들은 인내심을 발휘할 수 없거나 발휘할 의지가 없으며, 수익이 미미하거나 손실이 발생하면 대체로 투자금을 회수한다.

3. 우리는 다윈이 주는 장기 복리의 교훈을 우리 것으로 만들었고, 기업의 실적이 좋으면 어떤 가격에도 팔지 않았다.

4. 영원히 투자를 유지해야 하는 주요 이유는 세계에서 가장 부유한 사람들이 매도하지 않는다는 사실, 90년에 걸친 연구를 통해 얻은 경험적 증거가 훌륭한 기업이 막대한 부를 창출하는 것을 보여준다는 사실, 버핏이 영원히 보유하는 전략이 훌륭하게 작동하는 것을 보여준다는 사실, 펀드매니저가 훌륭한 기업의 수익이 복리로 증식하게 함으로써 자신의 실수를 만회할 수 있다는 사실, 계속 보유하는 사람만이 복리를 통해 이익을 얻는다는 사실에서 찾을 수 있다.

5. 대부분의 투자자는 기업을 영원히 소유한다는 철학에 동의하지 않는다. 내 생각에 이는 잘못된 생각이다.

6. 우리가 성공할 수 있었던 것은 매수를 잘해서가 아니라 매도 유혹에 굴복하지 않았기 때문이다.

원하는 목적에 맞추어 우아하게 만들어진 벌집의 정교한 구조를 살펴보고도 열정적인 찬사를 보내지 않는 사람은 우둔한 사람임에 틀림없다. 수학자들에 따르면, 벌들은 난해한 문제를 실용적으로 해결했는데, 귀중한 밀랍을 가능한 한 덜 소비하면서 가장 많은 양의 꿀을 담을 수 있도록 최적화된 모양으로 방을 만든다고 한다.

—

찰스 다윈, 《종의 기원》, 7장 본능

투자자로서 당신의 목표는 5년, 10년, 20년 후에 수익이 현저하게 증가할 것이 거의 확실하고 현황을 쉽게 파악할 수 있는 기업의 지분을 합리적인 가격에 매수하는 것이어야 합니다. 시간이 지나면서, 당신은 이런 기준을 충족하는 기업은 소수에 불과하다는 것을 알게 되고, 따라서 자격을 갖춘 기업을 발견하면, 상당한 양의 주식을 매수해야 합니다. 또한 이런 지침에서 벗어나고 싶은 유혹을 뿌리쳐야 합니다.

—

워런 버핏, 〈1996년 주주 서한〉

나오며

꿀벌, 승리를 말하다

우리는 호박벌로 여정을 시작했다. 마무리는 꿀벌로 하는 것이 타당하다.

불확실한 세계를 이해하는 법

생물학, 특히 진화생물학 분야는 1953년에 20세기의 가장 중요한 발견 중 하나인 DNA 분자 구조의 발견을 통해 큰 도약을 이루었다. 노벨상을 수상한 왓슨Watson과 크릭Crick의 노력 덕분에, 유전 정보가 이중나선 구조를 통해 어떻게 암호화되고 전달되는지에 대한 신비가 풀렸다.

과연 그랬을까?

이런 획기적인 사건이 있은 지 수십 년이 지난 지금도 과학자들은 무엇이 유전자를 구성하는지에 의견의 일치를 보지 못하고 있다.[1] 우리에게는 22,500개의 유전자가 있는데, 어떤 과학자들은 이 중 유용한 것은 2%에도 못 미친다고 생각하는 반면에, 다른 과학자는 50%가 넘는다고 주장한다. 결과적으로 우리는 60억 개가 넘는 문자로 구성된 DNA가 어떤 기능을 하는지를 제대로 알지 못하고 있다. 더 놀라운 사실은 특정 DNA의 기능에 대한 합의가 이루어지더라도, 이런 DNA가 어떻게 표현형phenotype, 즉 관찰 가능한 형질로 번역되는지는 여전히 미지의 영역에 있다는 것이다.

분명한 사실은 전 세계의 헌신적인 연구자들이 매년 수억 달러를 연구비로 지출하고 있음에도 불구하고, 분자 수준에서 진화가 어떻게 작동하는지를 이해하지 못하고 있다는 것이다.[2] 그리고 이것은 좋은, 아니 너무나 좋은 일이다. 과학자들이 미지의 세계를 더 깊이 탐구하는 올바른 질문을 할 수 있기 때문이다. 생물학 분야의 연구자들은 주로 발견된 사실과 제안된 주장을 검토하고, 어떤 질문이나 의문을 탐구해야 하는지를 논의한다. 유감스럽게도, 그들은 어떤 질문에도 확실한 답을 얻지 못하고 있으며, 할 수 있는 최선은 훨씬 더 많은 질문을 던지는 것이다(이 작업을 잘한다!).

투자자로서 우리는 기업과 산업에 대한 깊은 통찰을 가져야 한다. 우리가 투자하는 기업이 하는 일을 이해해야 한다. 이때 기업을 더 잘 이해하는 사람이 더 나은 투자자가 될 수 있다는 암묵적인 가정이 깔린다. 물론 우리가 투자한 기업에 대해 누구든지 제기할 수 있는 질문에 답을 해야 하는 것도 당연하다. 하지만 문제는 명석한 두뇌를 가진 생물학자들이 분자량이 낮고 이산적인 유기 분자의 신

투자, 진화를 만나다

비를 풀기 위해 70년을 연구하고도 여전히 애를 쓰고 있는데, 어떻게 우리 투자자들이 기업처럼 형태가 일정하지 않은 존재를 70일, 아니 700일 만에 분석할 수 있다고 생각할 수 있는가에 있다.

이 책에 나오는 10개의 장 전체에는 일관된 패턴이 존재한다. 혹시 알아차렸을까? 나란다는 우리의 뿌리 깊은 무지를 인정하고, 따라서 그것을 보완하려는 관점에서 투자를 바라본다.

- 우리는 특정 상황에서 다양하고도 광범위한 결과가 발생할 수 있기 때문에, 여러 범주의 위험을 기피한다.
- 대부분의 기업이 실패하고, 우리는 불확실성을 줄이고 싶기 때문에, 특별히 뛰어난 기업에만 투자한다.
- 무엇이 잘못될지는 모르지만, 무엇인가가 잘못될 것이라고 가정하기 때문에, 우리는 매력적인 가격에 매수한다.
- 모든 행위는 예측할 수 없는 의도하지 않은 결과를 초래할 수 있기 때문에, 우리는 거의 매수하지 않으며, 매도하는 경우는 훨씬 더 드물다.

이처럼 복잡하고 미지의 불확실한 세상에서, 우리는 대부분의 것들을 알지 못하기 때문에, 최선의 투자를 하려고 하지 않는다. 우리는 최선의 투자가 무엇인지를 알지 못한다. 그 대신, 우리는 그저 투자를 잘하려고 노력할 뿐이다. 이는 매우 색다른 투자 방식이며, 이전과는 근본적으로 다른 투자 모델에 이르게 한다. 우리의 투자 모델(즉, 투자를 잘하려고 노력하는 모델)은 불확실성 속에서 단 하나의 목표, 즉 투자의 예측 정확도를 높이려는 목표를 달성하기 위해 노력하는 것이다.

이것을 어떻게 달성했을까? 바로 꿀벌을 모방해 달성했다.

영원한 성공을 향해 춤추며 나아간다

체중이 10분의 1그램에 불과한 꿀벌, 아피스 멜리페라Apis mellifera는 3,000만 년 동안 존재해 왔다. 꿀벌은 여러 차례의 빙하기, 수천 번의 환경 재앙, 육안으로 보이거나 현미경으로만 보이는 포식자들의 끊임없는 공격, 지구 역사상 가장 파괴적인 존재인 호모 사피엔스의 출현을 겪어왔다.

꿀벌의 삶에서 가장 중요한 결정은 집을 선택하는 것이다. 내가 이것을 '결정'이라고 부르는 이유는 실제로 그렇게 보이기 때문이다. 이는 일정한 과정을 따르고, 몇 시간 또는 며칠이 걸릴 수도 있고, 집단의 모든 꿀벌이 발언권을 갖는 것처럼 보인다. 꿀벌에게 집을 선택하는 것은 먹이를 먹거나 짝짓기를 하거나 서로 싸우는 것과는 다르게, 신중하고 '사려 깊은' 과정으로 보인다. 이제부터 왜 그런지를 보자.

꿀벌은 사회성이 매우 강하며, 수천 마리가 매우 가깝게 모여서 집단을 이루고 살아간다. 벌집에서는 모두가 암컷으로 번식 능력이 없는 일벌들이 여왕벌을 보호하면서 먹이를 제공한다.[3] 하나의 집단은 겨울이 지나면 몇 개의 집단(벌떼라고도 한다)으로 갈라진다. 이들 각각의 벌떼는 벌집을 만들고 일벌을 양육하고 다음 겨울을 대비해 꿀 저장소를 만들기 위해 새로운 집을 찾아야 한다.

투자, 진화를 만나다

따라서 꿀벌이 새로운 집단을 만들 때, 가장 중요한 작업은 벌집을 만들기에 적합한 장소를 찾는 것이다. 벌집은 겨울 내내 먹을 꿀을 충분히 저장할 수 있도록 비어있는 공간이 있어야 한다. 또한 육지의 포식자가 꿀벌을 노리지 못하도록, 입구가 충분히 높은 곳에 있어야 한다. 그리고 극심한 바람과 같은 외부 요인으로부터 꿀벌을 보호하고, 외부로 드러나지 않으면서 따뜻하게 지낼 수 있도록, 입구가 작아야 한다.

그렇다면 꿀벌은 어떻게 집을 선택할까? **춤을 춘다.**

꿀벌이 집을 선택하는 방법을 연구하기로 했다고 생각해보자. 그러면 다음과 같은 모습을 관찰하게 된다. 원래 있던 집단의 꿀벌들이 새로운 집단으로 갈라지면, 수십 마리의 척후병이 반경 5킬로미터 이내에서 적합한 장소를 찾기 위해 서로 다른 방향으로 날아간다. 어느 척후병이 매력적인 장소를 발견하면, 집단으로 돌아와 8자 춤을 추면서, 거리, 방향, 품질을 자매들에게 알린다(수컷은 게으른 부랑자로 일을 하지 않는다. 그들이 하는 유일한 일은 여왕벌을 임신시키는 것이다). 춤의 지속 시간은 새로운 장소까지의 거리에 비례하고, 벌이 몸을 흔드는 각도는 해를 등지고 날아가는 방향을 나타내며, 활발하게 흔드는 정도(춤을 추면서 몇 바퀴를 도는가)는 새로운 장소의 품질을 나타낸다.

척후병들은 넓은 지역을 날아다닌 후, 집단의 동료들에게 광범위하게 흩어져 있는 장소를 알려준다. 집단의 꿀벌들은 척후병들의 인솔에 따라 광범위하게 흩어져 있는 장소를 확인한 후 집단으로 돌아와 8자 춤을 춘다.

따라서 처음에는 척후병들이 여러 개의 적합한 장소를 알려주고, 각각의 선택된 장소로 함께 날아갈 동료들을 모집하는 것처럼 보이는 상당히 혼란스러운 장면이 연출된다. 하지만 몇 시간 또는 며칠이 지나면, 모든 벌들이 단 한 곳을 선호하며 춤을 추기 시작한다. 일단 합의가 이루어지면, 벌떼는 선택된 장소로 날아간다. 물론 꿀벌에게는 지도자가 없다(여왕벌은 번식만 할 뿐이며, 먹이와 후생을 일벌에게 전적으로 의존한다). 따라서 적합한 장소의 선택은 모든 꿀벌이 참여하는 민주적인 과정을 통해 이루어졌다고 결론내릴 수 있다(당연한 결론이다).

　이런 현상을 관찰하고 나면, 다음과 같은 질문을 하게 된다. 거의 100%에 가까운 합의를 이끌어내는 이런 민주적인 과정이 어떻게 작동할까? 춤이 시간이 지나면서 어떻게 합의를 이끌어내는 것일까? 꿀벌들은 '옳은' 결정에 도달할 수 있을까? 이런 의사 결정이 단순한 과정일까, 아니면 복잡한 과정일까? 이제 차근차근히 살펴보기로 하자.

　앞에서 말했듯이, 꿀벌은 자신의 생존을 보장하기 위해 양질의 주거지를 선택해야 한다. 하지만 지금 분명하게 밝혀지지 않은 것은 꿀벌에게 여러 양질의 장소 중에서 하나를 선택해야 할 때, 그들이 거의 항상 최선의 장소를 선택할 수 있느냐다. 분별력이 뛰어난 꿀벌들에게 '이 정도면 충분하다'라는 말은 용납되지 않는다. 과학자들은 꿀벌의 비행 범위 내에 좋은 장소를 인위적으로 여러 개 만들면, 꿀벌이 거의 항상 최선의 장소로 모여든다는 사실을 발견했다. 더 놀라운 사실은 꿀벌이 최선의 장소를 먼저 찾는 경우는 거의 없다는 것이다. 그러나 시간이 지나면서, 꿀벌이 다른 조금 더 열등한 장소보다 훨씬 더 늦게 최선의 장소를 발견하더라도, 최종적으로는 그곳(최선의 장소)을 선택하는 것으로 합의가 이루어진다.

과학자들은 꿀벌이 벌집을 만들기에 적합한 장소의 품질을 평가하는 절대적인 기준을 가지고 있다는 사실을 결정적으로 입증했다. 꿀벌이 8자 춤을 얼마나 활발하게 추는가, 즉 춤을 추면서 몇 바퀴를 도는가는 특정 장소의 품질을 나타낸다. 꿀벌이 후보지를 평가하는 데 15분에서 1시간 정도 걸린다. 이 꿀벌은 비어있는 공간의 외부를 살피고는 내부에서 걸어 다니거나 짧은 비행을 하는 데 많은 시간을 보낸다. 이 꿀벌이 후보지를 먼저 점검하고서 적합한 장소라고 판단하면, 집단으로 돌아와 8자 춤을 추며 그곳을 알린다. 또 다른 꿀벌이 이 꿀벌을 따라 그곳으로 날아갔다가 다시 집단으로 돌아와서는 지속 시간과 활발하게 흔드는 정도의 측면에서 거의 똑같은 8자 춤을 춘다. 꿀벌은 후보지의 품질을 평가하는 절대적인 기준을 가지고 있다.

모든 꿀벌은 적합한 장소를 선택할 때 공동의 관심사를 갖는다. 시간이 지나면서 꿀벌들의 합의가 이루어지고, 결국에는 모든 꿀벌이 한 곳만을 지지하게 되고, 이곳이 거의 항상 최선의 장소가 된다. 하지만 구체적으로 어떤 방식으로 그렇게 될까?

처음에 과학자들은 척후병이 자신이 먼저 보았던 장소와 새로운 장소(춤을 추는 다른 척후병이 보여주려는 장소)를 비교한다는 가설을 세웠다. 이 척후병은 새로운 장소의 품질이 더 낮다고 판단하면, 자신이 먼저 보았던 장소에 대한 지지를 철회하고, 새로운 장소를 지지하기 위해 더 활발하게 춤을 춘다. 따라서 더 활발하게 춤을 춘다는 것은 새로운 장소가 먼저 보았던 장소보다 더 낫다는 것을 의미한다. 이런 과정은 시간이 지나면서 꿀벌이 다양한 장소를 계속 비교하며 합의에 이르게 하고, 결국에는 가장 좋은 장소가 선택된다. 이 가설은 완전히 타당하게 들린다. 하지만 틀렸다고 밝혀졌다. 대부분의 꿀벌은 단 하나의 장소를 찾아가며, 두 개 이상의 장소를 찾아가는 꿀벌은 극소수에 불과하다.

그러면 무슨 일이 벌어지고 있는 걸까? 토머스 실리Thomas Seeley와 그 밖의 연구자들은 고된 연구 끝에, 합의에 이르는 과정 이면에 있는 신비한 현상을 밝혀냈다.[4] 합의에 이르는 과정에서는 두 가지 행동이 작동한다. 첫째, 우리가 이미 알고 있듯이 꿀벌은 더 나은 장소라 판단하면 더 많은 바퀴를 돌면서 춤을 춘다. 둘째, 집단의 꿀벌들은 새로운 장소를 탐색하기 위해 춤을 추는 꿀벌에게 무작위로 달라붙는다.

그렇다면, 이 두 가지 간단한 행동이 어떻게 가장 좋은 장소에 대한 100%에 가까운 합의에 이르게 할까? 먼저 야생에서 일어나는 현상을 단순화한 모델을 살펴보자.

우선 척후병 세 마리 있고, 이들이 세 개의 품질이 서로 다른 새로운 장소 A, B, C를 평가한다고 가정해 보자. A가 가장 좋고, C가 가장 나쁘다고 하자. 첫 번째 척후병은 A를 평가하고서 집단으로 돌아와 20바퀴를 돌면서 춤을 춘다. 두 번째 척후병은 B를 평가하고는 10바퀴를 돌면서 춤은 춘다. 마지막으로, 세 번째 척후병은 C를 평가하고는 5바퀴만을 돌면서 춤을 춘다.

투자, 진화를 만나다

집단에는 100마리의 꿀벌이 척후병 자매가 돌아오기를 기다리고 있다고 가정해 보자. 꿀벌들은 춤을 추는 꿀벌에게 무작위로 달라붙고, 이 꿀벌이 관심을 가진 장소로 함께 가서 그곳을 평가한다는 것을 기억하자. 첫 번째 벌이 세 마리가 도는 바퀴수의 57%(20÷35)를 차지하므로, 집단에 있는 100마리의 벌 중 57마리가 첫 번째 벌에 달라붙게 된다. 같은 논리에 따라, 29마리의 벌이 B를 평가하고, 14마리의 벌만이 C를 평가한다. 이 100마리의 벌이 집단으로 돌아오면 어떤 일이 발생할까?

- A에서 돌아온 57마리의 벌이 20바퀴를 돌면서 춤을 춘다.
  = 총 1,140바퀴를 돌면서 춤을 춘다.
- B에서 돌아온 29마리의 벌이 10바퀴를 돌면서 춤을 춘다.
  = 총 290바퀴를 돌면서 춤을 춘다.
- C에서 돌아온 14마리의 벌이 5바퀴를 돌면서 춤을 춘다.
  = 총 70바퀴를 돌면서 춤을 춘다.

따라서 장소 A는 첫 번째 라운드에서 꿀벌들이 춤을 춘 바퀴수에서 57%를 기여한 것에 비해, 이제는 76%(1,140÷1,500)를 기여한다. 그다음 라운드에서도 꿀벌들이 춤을 추는 자매들 중 아무에게나 무작위로 달라붙는다. 따라서 대기 중인 꿀벌의 76%가 장소 A로 가서 그곳을 평가할 것이다.

이런 과정이 계속 진행되면, 가장 좋은 장소 A에 대한 지지가 기하급수적으로 증가하고, 같은 논리에 따라 세 번째 라운드에서는 장소 A에 대한 지지가 88%까지 증가한다. 그리고 이런 증가는 거의 모든 벌이 장소 A만을 지지하게 될 때까지 계속된다.

당신도 내가 이런 과정을 처음 읽었을 때처럼 어리둥절하고 있는가? 여기서 무슨 일이 일어났는지가 보이는가? 꿀벌은 매우 복잡하고 어려운 결정을 내려야 한다. 그런데도 꿀벌은 매우 단순한 과정을 통해 결정을 내린다. 더 좋은 장소를 보고는 더 열심히 춤을 추고, 이렇게 춤추는 자매에게 무작위로 달라붙는다. 그게 전부다.

꿀벌처럼 단순하고 반복 가능한 과정을 따른다

투자업계는 초조한 마음으로 최선의 투자처를 찾기 위해 노력한다. 나는 기업의 가치와 품질을 평가하기 위해 작성한 엄청나게 복잡한 알고리즘과 몇 기가바이트에 달하는 스프레드시트를 본 적이있다. 반면에, 우리는 오직 견실한 투자 과정을 실행하는 데에만 관심이 있다.

우리의 알고리즘은 꿀벌의 것처럼 우아하지는 않지만, 오직 세개의 단계로 이루어져 있다.

1. 중대한 위험을 제거한다.
2. 적정한 가격에 뛰어난 기업에만 투자한다.
3. 영원히 소유한다.

꿀벌의 알고리즘이 100% 성공으로 이어지는 것은 아니며, 그럴필요도 없다. 일부 집단은 적절한 장소를 찾지 못해 떼죽음을 맞이

투자, 진화를 만나다

하기도 한다. 하지만 그게 무슨 상관인가? 대체로 보면, 가장 좋은 장소를 찾기 위해 단순화한 모델은 우아하게 작동하며, 통계적으로 강건한 과정이다. 이 모델이 강건한 이유는 알고리즘이 견실할 뿐만 아니라 반복이 가능하기 때문이다. 이 단순한 모델에서 벗어나는 것은 요구되지도 않고 허용되지도 않는다. 꿀벌 집단은 가장 좋은 장소를 찾는 과정을 계절마다, 해마다, 수천 년마다 계속 반복한다.

투자자들이 실패하는 것은 대체로 잘못된 모델을 따라서가 아니다. 좋은 모델을 반복해서 따르지 못하기 때문이다. 뛰어난 기업을 경영하는 우수한 경영진에 투자하는 것이 장기적으로 성공에 이르게 한다는 이론을 정립하는 데 천재가 필요하지는 않다. 하지만 이 이론을 매일, 해마다 실천에 옮길 수 있는 사람은 몇 명이나 될까?

나는 우리 나란다가 견실한 투자 모델을 갖고 있다고 믿고, 여러분도 여기에 이의를 제기하지 않으리라 믿는다. 우리가 처음 몇 년 동안 몇 차례 시행착오(쉬리시멘트를 매도한 것과 같이)를 겪기는 했지만, 대체로 정도를 걸어왔다. 물론 유감스럽게도 이것이 투자의 성공을 보장하지는 않는다. 일부 투자는 성공하지 못했고, 앞으로도 그런 일이 발생할 것이다. 하지만 우리의 투자 과정을 두고 후회하지는 않을 것이다. 결과가 어떻게 나오든, 그것을 계속 반복해나갈 것이다.

우리는 꿀벌처럼 될 수 없다는 것을 알면서도, 꿀벌처럼 되기 위해 항상 노력해 왔다.

***

투자자는 생물학자와는 다르게, 머릿속이 의심과 불확실성으로 가득 차 있지는 않다. 여기서 나는 텔레비전에 출연해 교육이 아니라 재미를 목적으로 떠드는 이른바 '전문가'라는 사람에 대해서가 아니라, 투자자의 자기 인식과 실제 행동에 대해서 말하고 있다. 옥수수 작물의 유전학을 연구하거나(1983년 노벨 생리의학상을 수상한 바바라 맥클린톡Barbara McClintock), 후각 시스템의 구조를 해독하거나(2004년 노벨 생리의학상을 공동 수상한 린다 벅Linda Buck), 유전자 편집 기술을 발견(2020년 노벨 화학상을 공동 수상한 제니퍼 다우드나Jennifer Doudna와 에마뉘엘 샤르팡티에Emmanuelle Charpentier)하는 데 자기 인생을 바친 과학자도 자기가 알 수 있는 것의 겉만 겨우 핥았다고 말한다. 반면에, 어떤 투자자는 이제까지 한 번도 만난 적이 없는 회사 경영진을 겨우 1시간 만나 이야기를 나누고는 그다음 P&G를 찾았다고 자신 있게 말한다.

내 무지의 범위는 나이가 들면서 더 확장됐다. 맥킨지에서 젊은 컨설턴트로 일하던 시절, 나는 내가 모든 답을 알고 있다고 생각했다. 이제 나이 든 투자자로서, 내게는 오직 질문들만이 남았다. 그 질문들에 대한 해답이 있으면 좋겠지만, 그렇지 않다. 그래서 내가 선택할 수 있는 유일한 방법은 복잡한 세상을 내 지성으로는 할 수 없는 방식으로 단순화하는 과정을 내 것으로 만들어서 실행하는 것이다.

앞으로 여러 해가 지나, 우리가 시장에서 살아남을 뿐만 아니라

투자, 진화를 만나다

능가하게 된다면, 이는 우리가 많이 알고 있기 때문은 아닐 것이다. 오히려 우리가 많이 알고 있지 않다는 사실을 알기 때문일 것이다.

진화론의 마지막 가르침
단순하고 반복 가능한 투자 과정을 실행한다.

1. 꿀벌이 벌집을 만들기에 적합한 새로운 장소를 선택하는 것은 대단히 중요하고 (최선이 아닌 차선이 죽음에 이르게 할 수 있다), 언뜻 보기에는 복잡하다.

2. 꿀벌은 지도자가 없다. 그들은 합의에 이르기 위해 놀라울 정도로 단순한 과정을 거친다. 이 과정이 벌집을 만들기에 가장 적합한 장소를 매번 찾게 해주지는 않지만, 전체적으로는 꿀벌이 3,000만 년이 넘게 살아남는 데 크게 기여했다.

3. 기업의 세계와 투자의 세계는 대단히 복잡하다. 그리고 나는 내 제한된 지식으로는 이들을 완전히 이해할 수 없음을 잘 알고 있다.

4. 따라서 우리 나란다는 '최선의 투자처'를 찾는 데는 관심이 없고 견실한 투자 과정을 실행하는 데만 관심이 있다.

5. 세 개의 단계로 이루어진 우리의 투자 과정은 단순하고 반복 가능하다.
   a. 중대한 위험을 제거한다.
   b. 적정한 가격에 뛰어난 기업에만 투자한다.
   c. 영원히 소유한다.

6. 이런 과정이 매번 성공한 투자를 보장하지는 않았지만, 대체로 우리에게 이득이 되는 방향으로 작동했다.

7. 우리는 개별적인 결과와 관계없이, 항상 우리의 투자 과정을 유지해 왔고 앞으로도 계속 유지할 것이다.

감사의 말

이 책을 쓴 건 나지만, 나라는 사람은 태어날 때부터 수많은 사람의 영향을 받았다. 안타깝게도 그중 대다수는 기억을 못하는데, 몇 사람은 기억하고 있다. 이 글은 그런 사람들을 위해 썼다.

나란다의 뛰어난 팀원들, 아난드 스리다란, 아시시 파틸, 아얄루르 세사드리, 고라브 코타리, 무쿤드 돈지에게 진심으로 감사의 마음을 전한다. 이들이 없었다면 나란다도 이 책도 없었다. 모두 저마다의 고유한 방식으로 오늘날의 나란다에 기여했다. 모든 장의 마지막 부분에 요약 글을 추가하자는 아난드의 훌륭한 제안 덕분에, 이 책의 가독성이 훨씬 더 좋아졌다(좋아졌기를 바란다). 또한 우리가 투자에(그리고 가끔은 이 책의 집필에!) 계속 집중할 수 있게 해준 지원 팀의 소춘산, 크리스티나 탄, 헨리타 페라이라, 소외벡에게도 감사의 마음을 전한다.

이 책을 쓰겠다는 생각은 2020년 2월 싱가포르의 어느 중식당에서 내 고객이자 친구인 리사 패티스와 마크 패티스를 만나면서 구체화되기 시작했다. 2007년 나란다를 설립한 이후로 고객에게 분기별로 서한을 보냈는데, 여기서 종종 진화론에서 길어 올린 비유와 교훈을 쓰곤 했다. 그러나 한 권의 책을 쓰는 일은 간단한 생각을 담아 편지를 쓰는 것과는 전혀 다른 작업이었다. 길고도 고된 여정이 되리라는 사실도 알고 있었다. 리사와 마크의 격려와 지도가 없었다면, 이 책은 세상에 나오지 못했을 것이다.

우리 모두의 삶에는 행운이 작용한다. 내게는 통찰력 있고 총명한 에이전트인 존 윌리그와의 만남이 커다란 행운이었다. 그를 처음 만난 건 이 책의 7장에 해당하는 글만 쓴 상태였을 때였기에, 그가 해줄 수 있는 게 그다지 많지 않았다. 하지만 감사하게도 존은 단념하지 않았다. 대단한 인내와 끈기를 가지고 이 책의 제안서 작성이라는, 나 혼자서 결코 해낼 수 없는 작업을 도와주었다.

그 제안서를 들고 컬럼비아대학교출판사의 마일스 톰슨을 찾아갔다. 출판계에 널리 알려진 인물인데, 장기 투자에 관심이 많다. 그래서 그가 이 책에 호의적인 반응을 보였을 때, 대박을 터뜨린 것처럼 기뻤다. 내 첫 직감은 틀리지 않았다. 지난 몇 년 동안 마일스와 교류하면서 그의 지성, 투자에 대한 통찰력, 관대한 인품을 더 존경하게 되었다. 내 투자 전략은 '밤에 걱정없이 푹 자는 것'인데, 마일스와 함께 이 책을 출간하는 일에도 이 그것이 적용될 줄은 몰랐다. 또한 의견을 친절하게 제시해 독자가 책을 읽기 편하게 해주고, 즐거운 독서를 할 수 있게 해준(감히 그러길 바란다) 그의 뛰어난 동료

브라이언 스미스에게도 감사의 마음을 전한다.

이 책의 제작을 도와준 놀리지워크스 글로벌의 칼리 코사일락, 카라 코완, 로라 보우먼에게도 감사의 마음을 전한다. 디테일한 요소들까지 철저하게 검토하는 자세는 정말 본받을 만했다.

내가 투자업계에 발을 들인 건 우연이었다. 컨설팅에서 투자로 전환하도록 설득하고 실수로부터 배울 수 있는 기회를 준 워버그 핀커스의 직장 상사 달립 파탁과 칩 카예에게 영원히 감사한 마음을 간직할 것이다. 그들의 안내와 지도는 정말이지 최고의 가치를 발휘했다.

말 그대로 내게 모든 것을 주신 부모님 우펜드라와 비나, 변함없는 지지와 사랑을 보내준 형제자매 롤리와 라훌에게도 감사의 마음을 전하고 싶다. 내 인생에서 가장 큰 사랑을 느끼게 해준 아내 디파와 아들 안쉬가 없었더라면, 이 환상적인 여정은 불가능했을 것이다. 이들과 가정을 이루게 되어 무척 행복하다.

미주

들어가며

1 2/20은 대부분의 헤지펀드가 정한 보상 구조를 의미한다. 헤지펀드는 고객이 맡긴 자산에 대해 2%의 운용 수수료management fees를 부과하고, 수익에 대해 20%의 성과 수수료carry fees를 부과한다.

2 Tsuyoshi Ito, Sreetharan Kanthaswamy, Srichan Bunlungsup, Robert F. Oldt, Paul Houghton, Yuzuru Hamada, and Suchinda Malaivijitnond, "Secondary Contact and Genomic Admixture Between Rhesus and Long-Tailed Macaques in the Indochina Peninsula," *Journal of Evolutionary Biology* 33, no. 9 (2020): 1164–79, https://doi.org/10.1111/jeb.13681.

3 Andrea Rasche, Anna-Lena Sander, Victor Max Corman, and Jan Felix Drexler, "Evolutionary Biology of Human Hepatitis Viruses," *Journal of Hepatology* 70, no 3 (2019): 501–20, https://doi.org/10.1016/j.jhep.2018.11.010; Robin M. Hare and Leigh W. Simmons, "Sexual Selection and Its Evolutionary Consequences in Female Animals," *Biological Reviews* 94, no. 3 (2019): 929–56, https://doi.org/10.1111/brv.12484; Sarah M. Hird, "Evolutionary Biology Needs Wild Microbiomes," *Frontiers in Microbiology* 8 (2017): 725, https://doi.org/10.3389/fmicb.2017.00725; Andrew Whitten, "Culture Extends the Scope of Evolutionary Biology in the

Great Apes," *Proceedings of the National Academy of Sciences* 114, no. 30 (2017): 7790–97, https://doi.org/10.1073/pnas.1620733114; Norman C. Ellstrand and Loren H. Riesberg, "When Gene Flow Really Matters: Gene Flow in Applied Evolutionary Biology," *Evolutionary Applications* 9, no. 7 (2016): 833–36, https:// doi.org/10.1111/ eva.12402.

4 Berlinda Liu and Gaurav Sinha, *SPIVA U.S. Scorecard: Year-End 2021* (New York: S&P Dow Jones Indices, 2021), https://www.spglobal.com/spdji/en/documents/spiva/spiva-us-year-end-2021.pdf.

5 Liu and Sinha, *SPIVA U.S. Scorecard*.

6 Akash Jain, *SPIVA India Scorecard: Year-End 2017* (New York: S&P Dow Jones Indices, 2018), https://www.spglobal.com/spdji/en/documents/spiva/spiva-india-year-end-2017.pdf?force_download=true.

7 Akash Jain and Arpit Gupta, *SPIVA India Scorecard: Mid-Year 2020* (New York: S&P Dow Jones Indices, 2020), https://www.spglobal.com/spdji/en/documents/spiva/spiva-india-mid-year-2020.pdf?force_download=true.

8 Krissy Davis, Cary Stier, and Tony Gaughan, "2020 Investment Management Outlook," *Deloitte*, November 17, 2021, https://www2.deloitte.com/us/en/insights/industry/financial-services/financial-services-industry-outlooks/investment-management-industry-outlook.html.

9 Mary Jane West-Eberhard, *Developmental Plasticity and Evolution* (Oxford: Oxford University Press, 2003), viii. 웨스트-에버하드의 전문 분야는 박물학 및 군거 말벌의 행동이지만, 그녀의 저작은 진화론의 핵심 신조와 관련된 중요한 문제를 제기한다. 그녀는 자신에게는 글을 읽는 능력이 있기에, 한 가지 주제에 한정된 전문 지식이 훨씬 더 다양하고 광범위한 문제에 대한 관점을 개발하는 데 방해가 되지는 않는다고 주장한다.

10 Paladinvest, "Wesco Meeting," Motley Fool (forum), May 7, 2000, https://boards.fool.com/wesco-meeting-12529248.aspx; Ikoborso, "Re: Wesco Meeting," Motley Fool (forum), May 7, 2000, https://boards.fool.com/here-are-neuroberks-notes-from-the-wesco-12529644.aspx.

11 진화론 및 관련 주제를 더 깊이 공부하려는 사람들이 있다면, 아래의 책들이 내게는 유용했다.

• 내가 진화론에 관심을 갖도록 한 대중서. Richard Dawkins, *The Selfish Gene* (Oxford: Oxford University Press, 1989).[리처드 도킨스, 《이기적 유전자》, 홍영남·이상임 역, 을유

문화사(2023)]

• 다른 책을 더 읽기 전에, 제발 이 위대한 책부터 읽어라. Charles Darwin, *On the Origin of Species* (London: John Murray, 1859).[찰스 다윈, 《종의 기원》, 장대익 역, 사이언스북스 (2019)]

• 고전급의 저작. Carl Zimmer, *Evolution: The Triumph of an Idea* (New York: HarperCollins, 2001).[칼 짐머, 《진화: 모든 것을 설명하는 생명의 언어》, 이창희 역, 웅진지식하우스(2018)]

• 진화론 관련 주제 대부분을 상당히 잘 다루고 있는 대학원 수준의 저작. Mark Ridley, *Evolution* (Hoboken, NJ: Blackwell Scientific, 1993).

• 내가 가장 좋아하는 진화에 관한 일반 이론을 다룬 저작(두께는 상당하지만, 무게를 훨씬 뛰어넘는 가치가 있다). Stephen Jay Gould, *The Structure of Evolutionary Theory* (Cambridge, MA: Harvard University Press, 2002).

• 일반인도 쉽게 읽을 수 있는 유전학 저작. Siddhartha Mukherjee, *The Gene: An Intimate History* (New York: Scribner, 2016).[싯다르타 무케르지, 《유전자의 내밀한 역사》, 이한음 역, 까치(2017)]

• 진화론의 철학에 입문할 때 딱 한 권만 골라 읽어야 한다면 이 책이다. Elliott Sober, *Evidence and Evolution: The Logic Behind the Science* (Cambridge: Cambridge University Press, 2008).

• 내가 가장 좋아하는 인간의 진화, 과학, 그리고 생물학을 둘러싼 논쟁(예: 인간을 '종족'으로 정의하는 것은 타당한가?)을 다룬 저작. David Reich, *Who We Are and How We Got Here: Ancient DNA and the New Science of the Human Past* (Oxford: Oxford University Press, 2018).

12 생물학에는 법칙이 거의 없다는 견해는 다음을 참조하라. Pawan K. Dhar and Alessandro Giuliani, "Laws of Biology: Why So Few?," *Systems and Synthetic Biology* 4, no 1 (2010): 7–13, https://doi.org/10.1007/s11693-009-9049-0.

13 무엇이 종을 구성하는가에 대한 개념에 모든 생물학자들이 동의하지는 않는 것에 대해서는 다음을 참조하라. Ben Panko, "What Does It Mean to Be a Species? Genetics Is Changing the Answer," *Smithsonian Magazine*, May 19, 2017, https://www.smithsonianmag.com/science-nature/what-does-it-mean-be-species-genetics-changing-answer-180963380/. '유전자'라는 용어의 진화에 관해서는 다음을 참조하라. Petter Portin and Adam Wilkins, "The Evolving Definition of the Term 'Gene,'" *Genetics* 205, no. 4 (2017): 1353–64, https://doi.org/10.1534/genetics.116.196956.

1장 호박벌, 생존을 말하다

1　1종 오류는 우리가 참인 귀무가설을 기각할 때 발생한다. 투자자에게는 이 귀무가설이 '이 투자는 나쁘다'가 되어야 한다. 대부분의 투자가 나쁘기 때문이다. 이제 나쁜 투자를 할 기회가 생겼다고 가정해 보자. 이 투자를 좋은 투자라고 잘못 생각했다면, '이 투자는 나쁘다'는 귀무가설을 기각했을 것이다. 따라서 이런 경우에 귀무가설을 기각했다는 건 나쁜 투자를 실행했다는 의미다. 그럼 돈을 잃는다. 이제 좋은 투자를 살펴보자. 이 경우에, 2종 오류는 거짓인 귀무가설을 수용할 때 발생한다. 여기서 귀무가설이 거짓인 이유는 그 투자가 좋기 때문이다. 그러나 귀무가설을 수용했고, 투자를 나쁘다고 간주하고 실행하지 않았다. 따라서 1종 오류는 나쁜 투자를 실행할 때 발생하고, 2종 오류는 좋은 투자를 누락할 때 발생한다. 다음을 참조하라. "What Are Type I and Type II Errors?," Minitab 21 Support, accessed January 2021, https://support.minitab.com/en-us/minitab-express/1/help-and-how-to/basic-statistics/inference/supporting-topics/basics/type-i-and-type-ii-error/.

2　1종 오류와 2종 오류의 역의 관계를 사례를 통해 설명한 문헌으로 다음을 참조하라. "What Are Type I and Type II Errors?"

3　사슴의 진화에 대한 간략한 설명은 다음을 참조하라. "Deer (Overview) – Evolution," Wildlife Online, accessed January 2021, https://www.wildlifeonline.me.uk/animals/article/deer-overview-evolution.

4　사슴의 번식 행위에 대한 훌륭한 설명은 다음을 참조하라. "Red Deer Breeding Biology," Wildlife Online, accessed January 2021, https://www.wildlifeonline.me.uk/animals/article/red-deer-breeding-biology.

5　도도새의 멸종에 관한 자세한 설명은 다음을 참조하라. Editors of *Encyclopaedia Britannica*, "Dodo," *Encyclopaedia Britannica*, May 17, 2022, https://www.britannica.com/animal/dodo-extinct-bird.

6　치타의 덩치와 용맹함에 관한 자세한 설명은 다음을 참조하라. Warren Johnson, "Cheetah," *Encyclopaedia Britannica*, August 26, 2021, https://www.britannica.com/animal/cheetah-mammal.

7　식물의 역사는 다음을 참조하라. James A. Doyle, "Plant Evolution," McGraw Hill, last reviewed August 2019, https://www.accessscience.com/content/article/a522800. 다음도 참조하라. Rebecca Morelle, "Kew Report Makes New Tally for Number of World's Plants," BBC News, May 10, 2016, https://www.bbc.com/news/science-environment-36230858.

8　Abdul Rashid War, Michael Gabriel Paulraj, Tariq Ahmad, Abdul Ahad Buhroo,

Barkat Hussain, Savarimuthu Ignacimuthu, and Hari Chand Sharma, "Mechanisms of Plant Defense Against Insect Herbivores," *Plant Signaling & Behavior* 7, no. 10 (2012): 1306–20, https://doi.org/10.4161/psb.21663.

9   Mike Newland, "When Plants Go to War," Nautilus, December 14, 2015, http://nautil.us/when-plants-go-to-war-rp-235729/. '스파이 게임Spy Games'에 관한 섹션에서는 식물이 그들의 포식자의 포식자를 어떻게 흉내내는지에 대해 설명한다.

10   Janet Lowe, *Warren Buffett Speaks: Wit and Wisdom from the World's Greatest Investor* (Hoboken, NJ: John Wiley, 2007), 85.

11   Sergei Klebnikov, "Warren Buffett Sells Airline Stocks Amid Coronavirus: 'I Made a Mistake,'" *Forbes*, May 2, 2020, https://www.forbes.com/sites/sergeiklebnikov/2020/05/02/warren-buffett-sells-airline-stocks-amid-coronavirus-i-made-a-mistake/?sh=4da74fc15c74.

12   '위험'의 전형적인 정의는 다음을 참조하라. James Chen, "Risk," Investopedia, last updated September 20, 2022, https://www.investopedia.com/terms/r/risk.asp#:~:text=Risk%20is%20defined%20in%20financial,all%20of%20an%20original%20investment.

13   "Listed Domestic Companies, Total," World Bank, accessed February 2021, https://data.worldbank.org/indicator/CM.MKT.LDOM.NO.

14   KPMG, *Returns from Indian Private Equity: Will the Industry Deliver to Expectations?* (Mumbai: KPMG, 2011), https://spectruminvestors.files.wordpress.com/2011/12/return-from-indian-private-equity_1.pdf, 2.

15   2001년부터 2013년까지 인도의 사모펀드 산업에서의 저조한 수익률에 관한 논의로는 다음을 참조하라. Vivek Pandit, "Private Equity in India: Once Overestimated, Now Underserved," McKinsey & Company, February 1, 2015, https://www.mckinsey.com/industries/private-equity-and-principal-investors/our-insights/private-equity-in-india. 이 문헌에서는 부동산과 인프라 부문에 대해 구체적으로 논의하지는 않지만, 해당 부문의 저조한 수익률에 관한 데이터를 제공한다. 인도의 사모펀드 산업의 저조한 실적에 관해서는 다음을 참조하라. Neha Bothra, "With Poor Returns, India Loses Sheen for Private Equity Firms," *Financial Express*, last updated April 5, 2015, https://www.financialexpress.com/market/with-poor-returns-india-loses-sheen-for-private-equity-firms/60582/. 인도의 부동산과 인프라 부문이 차지하는 비중에 관한 데이터는 다음을 참조하라. Vivek Pandit, Toshan Tamhane, and Rohit Kapur, *Indian Private Equity: Route to Resurgence* (Mumbai: McKinsey & Company, 2015), https://www.

mckinsey.com/~/media/mckinsey/business%20functions/strategy%20and%20
corporate%20finance/our%20insights/private%20equity%20and%20indias%20
economic%20development/mckinsey_indian_private%20equity.pdf, 19. 다양한 부문
에 걸친 사모펀드 수익률에 대해서는 문서 2.10^{exhibit 2.10}을 참조하라.

16   루 거스너가 이끌었던 IBM의 턴어라운드에 대해서는 다음을 참조하라. Shah
Mohammed, "IBM's Turnaround Under Lou Gerstner, Business and Management
Lessons, Case Study," Medium, May 29, 2019, https://shahmm.medium.com/
ibms-turnaround-under-lou-gerstner-case-study-business-management-lessons-
a0dcce04612d; "Lou Gerstner's Turnaround Tales at IBM," Knowledge at Wharton,
December 18, 2002, https://knowledge.wharton.upenn.edu/article/lou-gerstners-
turnaround-tales-at-ibm/; Sabina Gesmin, Bernard Henderson, Syed Irtiza, and
Ahmed Y. Mahfouz, "An Analysis of Historical Transformation of an IT Giant
Based on Sound Strategic Vision," *Communications of the IIMA* 11, no. 3 (2011):
11–20, https://core.ac.uk/download/pdf/55330343.pdf; Louis V. Gerstner Jr., *Who
Says Elephants Can't Dance? Inside IBM's Historic Turnaround* (New York:
HarperCollins, 2002).

17   제이씨페니 주가의 역사는 다음을 참조하라. "J. C. Penney" at Trading Economics,
https://tradingeconomics.com/jcp:us. 이 회사의 2006년과 2010년 연간 보고서는 다음을
참조하라. JCPenney, *Annual Report 2006* (Plano, TX: JCPenney, 2006), https://www.
annualreports.com/HostedData/AnnualReportArchive/j/NYSE_JCP_2006.pdf;
JCPenney, *Summary Annual Report 2010* (Plano, TX: JCPenney, 2010), https://www.
annualreports.com/HostedData/AnnualReportArchive/j/NYSE_JCP_2010.pdf. 론 존
슨이 타겟에서 이룬 업적에 대해서는 다음을 참조하라. Adam Levine-Weinberg, "Target
Corporation Should Give Ron Johnson a Chance at Redemption," *Motley Fool*, May
14, 2014, https://www.fool.com/investing/general/2014/05/14/target-corporation-
should-give-ron-johnson-a-chanc.aspx. 존슨이 애플에서 이룬 성공에 대해서는 다음
을 참조하라. Adria Cheng, "Ron Johnson Made Apple Stores the Envy of Retail and
Target Hip, but This Startup May Be His Crowning Achievement," *Forbes*, January
17, 2020, https://www.forbes.com/sites/andriacheng/2020/01/17/he-made-apple-
stores-envy-of-retail-and-target-hip-but-his-biggest—career-chapter-may-be-just-
starting/?sh=44edc5c60bbb. 존슨이 제이씨페니에서 겪은 실패에 대해 더 자세히 알고 싶
으면 다음을 참조하라. Margaret Bogenrief, "JCPenney's Turnaround Has Already
Failed," *Insider*, December 30, 2012, https://www.businessinsider.com/jc-penney-
the-turnaround-disaster-2012-12; Aimee Growth, "Here's Ron Johnson's Complete
Failed Plan to Turn Around JCPenney," *Insider*, April 8, 2013, https://www.

businessinsider.com/ron-johnsons-failed-plan-to-turn-around-jcpenney-2013-4; Nathaniel Meyersohn, "How It All Went Wrong at JCPenney," CNN Business, September 27, 2018, https://edition.cnn.com/2018/09/27/business/jcpenney-history/index.html; James Surowiecki, "The Turnaround Trap," *New Yorker*, March 18, 2013, https://www.newyorker.com/magazine/2013/03/25/the-turnaround-trap. 제이씨페니의 파산 신청에 대해서는 다음을 참조하라. Chris Isidore and Nathaniel Meyersohn, "JCPenney Files for Bankruptcy," CNN Business, May 16, 2020, https://edition.cnn.com/2020/05/15/business/jcpenney-bankruptcy/index.html.

18 레버리지에 대한 자세한 논의는 다음을 참조하라. Troy Adkins, "Optimal Use of Financial Leverage in a Corporate Capital Structure," Investopedia, last updated April 30, 2021, https://www.investopedia.com/articles/investing/111813/optimal-use-financial-leverage-corporate-capital-structure.asp#:~:text=In%20essence%2C%20corporate%20management%20utilizes,financial%20distress%2C%20perhaps%20even%20bankruptcy.

19 Katherine Doherty and Steven Church, "Gold's Gym Files for Bankruptcy Protection Amid Fitness Closures," Bloomberg, May 4, 2020, https://www.bloomberg.com/news/articles/2020-05-04/gold-s-gym-files-for-bankruptcy-protection-amid-fitness-closures#:~:text=Gold's%20Gym%20International%20Inc.,liabilities%2C%20according%20to%20court%20papers; Robert Ferris, "Why Hertz Landed in Bankruptcy Court When Its Rivals Didn't," CNBC, August 17, 2020, https://www.cnbc.com/2020/08/17/why-hertz-landed-in-bankruptcy-court-when-its-rivals-didnt.html; Debra Werner, "Intelsat Reveals Plan to Reorganize and Trim Debt," *SpaceNews*, February 14, 2021, https://spacenews.com/intelsat-files-reorganization-plan/#:~:text=Intelsat%20filed%20for%20bankruptcy%20court,U.S.%20Federal%20Communications%20Commission%20auction; "Fact Sheet: J. Crew Succumbs to Bankruptcy After Private Equity Debt, Finance Looting," Americans for Financial Reform, May 4, 2020, https://ourfinancialsecurity.org/2020/05/jcrew-private-equity-fact-sheet/; Reuters, "J.C. Penney Rescue Deal Approved in Bankruptcy Court, Saving Close to 60,000 Jobs," CNBC, November 10, 2020, https://www.cnbc.com/2020/11/10/jc-penney-rescue-deal-approved-in-bankruptcy-court-saving-close-to-60000-jobs.html#:~:text=J.C.%20Penney%20filed%20for%20bankruptcy,protection%20amid%20the%20coronavirus%20pandemic; Lauren Hirsch and Lauren Thomas, "Luxury Retailer Neiman Marcus Files for Bankruptcy as It Struggles with Debt and Coronavirus Fallout," CNBC, May 7, 2020, https://www.cnbc.com/2020/05/07/neiman-marcus-files-for-

bankruptcy.html; Rami Grunbaum, "SurLa Table Creditors Signal Doubts About the Seattle Kitchenware Retailer's Financial Outlook," *Seattle Times*, May 13, 2020, https://www.seattletimes.com/business/retail/sur-la-table-creditors-signal-doubts-about-the-seattle-kitchenware-retailers-financial-outlook/.

20 Jeff Desjardins, "The 20 Biggest Bankruptcies in U.S. History," Visual Capitalist, June 25, 2019, https://www.visualcapitalist.com/the-20-biggest-bankruptcies-in-u-s-history/.

21 Prerna Sindwani, "No Layoffs, Asian Paints Will Give Salary Increments to Boost Employees Morale," *Business Insider: India*, May 15, 2020, https://www.businessinsider.in/business/corporates/news/asian-paints-will-hike-salaries-and-not-lay-off-to-boost-employee-morale/articleshow/75754451.cms; Drishti Pant, "Asian Paints Raises Pay to Boost Employees' Morale," People Matters, May 15, 2020, https://www.peoplematters.in/news/compensation-benefits/asian-paints-raises-pay-to-boost-employees-morale-25685.

22 Kala Vijayraghavan and Rajesh Mascarenhas, "Asian Paints Raises Staff Salaries to Boost Morale," *The Economic Times*, last updated May 15, 2020, https://economictimes.indiatimes.com/news/company/corporate-trends/asian-paints-raises-staff-salaries-to-boost-morale/articleshow/75746239.cms.

23 Rita Gunther McGrath, "15 Years Later, Lessons from the Failed AOL-Time Warner Merger," *Fortune*, January 10, 2015, https://fortune.com/2015/01/10/15-years-later-lessons-from-the-failed-aol-time-warner-merger/; Marvin Dumont, "4 Biggest Merger and Acquisition Disasters," Investopedia, last updated February 21, 2022, https://www.investopedia.com/articles/financial-theory/08/merger-acquisition-disasters.asp#:~:text=America%20Online%20and%20Time%20Warner,combination%20up%20until%20that%20time; Kison Patel, "The 8 Biggest M&A Failures of All Time," DealRoom, last updated November 8, 2021, https://dealroom.net/blog/biggest-mergers-and-acquisitions-failures; "Verizon to Acquire AOL," Verizon News Center, May 12, 2015, https://www.verizon.com/about/news/verizon-acquire-aol.

24 Clayton M. Christensen, Richard Alton, Curtis Rising, and Andrew Waldeck, "The Big Idea: The New M&A Playbook," *Harvard Business Review*, March 2011, https://hbr.org/2011/03/the-big-idea-the-new-ma-playbook#:~:text=Executive%20Summary&text=Companies%20spend%20more%20than%20%242,and%20how%20to%20integrate%20them; George Bradt, "83% of Mergers Fail—Leverage a 100-

Day Action Plan for Success Instead," *Forbes*, January 27, 2015, https://www. forbes.com/sites/georgebradt/2015/01/27/83-mergers-fail-leverage-a-100-day-value-acceleration-plan-for-success-instead/?sh=647b5a765b86; Linda Canina and Jin-Young Kim, *Commentary: Success and Failure of Mergers and Acquisitions* (Ithaca, NY: Cornell School of Hotel Administration), July 2010, https://ecommons.cornell. edu/bitstream/handle/1813/72320/Canina12_Success_and_Failure.pdf?sequence=1; Toby J. Tetenbaum, "Beating the Odds of Merger & Acquisition Failure: Seven Key Practices That Improve the Chance for Expected Integration and Synergies," *Organizational Dynamics* (Autumn 1999): 22, https://go.gale.com/ps/anonymous?i d=GALE%7CA56959356&sid=googleScholar&v=2.1&it=r&linkaccess=abs&issn=00 902616&p=AONE&sw=w; "Why M&A Deals Fail," Great Prairie Group, June 2018, https://greatprairiegroup.com/why-ma-deals-fail/#; Shobhit Seth, "Top Reasons Why M&A Deals Fail," Investopedia, last updated May 25, 2021, https://www. investopedia.com/articles/investing/111014/top-reasons-why-ma-deals-fail.asp.

25 "Railways in Early Nineteenth Century Britain," UK Parliament, accessed January 2021, https://www.parliament.uk/about/living-heritage/transformingsociety/transportcomms/roadsrail/kent-case-study/introduction/railways-in-early-nineteenth-century-britain/; "Railroad History," *Encyclopaedia Britannica*, last updated September 4, 2020, https://www.britannica.com/technology/railroad/Railroad-history; Gareth Campbell and John Turner, *"The Greatest Bubble in History": Stock Prices During the British Railway Mania*, MPRA Paper No. 21820 (Belfast: Queen's University Belfast, 2010), https://mpra.ub.uni-muenchen.de/21820/1/MPRA_paper_21820.pdf.

26 Michael Aaron Dennis, "Explosive Growth," *Encyclopaedia Britannica*, last updated September 12, 2019, https://www.britannica.com/place/Silicon-Valley-region-California/Explosive-growth; Brian McCullough, "A Revealing Look at the Dot-Com Bubble of2000—and How It Shapes Our Lives Today," Ideas.Ted. com, December 4, 2018, https://ideas.ted.com/an-eye-opening-look-at-the-dot-com-bubble-of-2000-and-how-it-shapes-our-lives-today/; Adam Hayes, "Dotcom Bubble," Investopedia, last updated June 25, 2019, https://www.investopedia.com/terms/d/dotcom-bubble.asp; Chris Morris, "Failed IPOs of the Dot-Com Bubble," CNBC, last updated September 13, 2013, https://www.cnbc.com/2012/05/17/Failed-IPOs-of-the-Dot-Com-Bubble.html; Jean Folger, "5 Successful Companies That Survived the Dot-Com Bubble," Investopedia, last updated August 15, 2021, https://www. investopedia.com/financial-edge/0711/5-successful-companies-that-survived-the-

dotcom-bubble.aspx; Jake Ulick, "1999: Year of the IPO," CNN Money, December 27, 1999, https://money.cnn.com/1999/12/27/investing/century_ipos/#:~:text=Initial%20public%20offerings%20raised%20more,s%20record%20first%2Dday%20gains.

27 Wayne Gretzky, "Wayne Gretzky Quotes," Goodreads, accessed January 2021, https://www.goodreads.com/author/quotes/240132.Wayne_Gretzky.

28 Ganga Narayan Rath, "Loan Waivers Are a Double-Edged Sword," BusinessLine, last updated June 9, 2020, https://www.thehindubusinessline.com/opinion/loan-waivers-are-a-double-edged-sword/article31789331.ece; Anjani Kumar and Seema Bathla, "Loan Waivers Are No Panacea for India's Farmers," International Food Policy Research Institute, January 22, 2019, https://www.ifpri.org/blog/loan-waivers-are-no-panacea-indias-farmers.

29 "Group Companies," Tata, accessed January 2021, https://www.tata.com/investors/companies#:~:text=ten%20business%20verticals-,Founded%20by%20Jamsetji%20Tata%20in%201868%2C%20the%20Tata%20group%20is,30%20companies%20across%2010%20clusters.

30 Lijee Philip, "Meet Siddhartha Lal, the Man Who Turned Around Royal Enfield Into Eicher Motors' Profit Engine," *Economic Times*, last updated September 9, 2015, https://economictimes.indiatimes.com/meet-siddhartha-lal-the-man-who-turned-around-royal-enfield-into-eicher-motors-profit-engine/articleshow/46461712.cms?from=mdr.

31 "What Is a Bumblebee?," Bumbleebee.org, accessed February 2021, http://bumblebee.org/; "Artificial Meadows and Robot Spiders Reveal Secret Life of Bees," *ScienceDaily*, September 7, 2008, https://www.sciencedaily.com/releases/2008/09/080902225431.htm.

2장 은여우, 종목 선별을 말하다

1 버핏은 2013년 연례 주주 서한에서 개인 투자자들에게 인덱스 펀드에 대한 조언을 제공한다. 그는 이렇게 적었다. "비전문가들에게 목표는 승자를 고르는 것이 아니라(자신도 그의 '조력자'도 그렇게 할 수는 없습니다), 총체적으로 좋은 실적을 낼 수 있는 기업들의 대표적인 단면을 인식하는 것이어야 합니다. 비용이 적게 소요되는 S&P 500 인덱스 펀드가 이런 목표를 달성하게 해줄 것입니다." 그는 다른 많은 편지에서도 이런 조언을 계속 제공했다. 다음을 참조하라. Warren Buffett, Berkshire Hathaway 2013 annual letter (Omaha, NE: Berkshire

Hathaway, 2013), https://berkshirehathaway.com/letters/2013ltr.pdf.

2 Nathan Gregory, "Analyst's Conference January 2000 Pt 1," YouTube video, 1:32:36, uploaded 2017.

3 Biography.com editors, "Jeffrey Skilling Biography," Biography, last updated May 10, 2021, https://www.biography.com/crime-figure/jeffrey-skilling.

4 David Kleinbard, "The 1.7 Trillion Dot.Com Lesson," CNN Money, November 9, 2000, https://money.cnn.com/2000/11/09/technology/overview/.

5 Alex Castro, "This Is What Really Brought Down WeWork," *Fast Company*, December 20, 2019, https://www.fastcompany.com/90444597/this-is-what-really-brought-down-wework; Jonathon Trugman, "WeWork IPO Fail Is Unique," *New York Post*, October 5, 2019, https://nypost.com/2019/10/05/wework-ipo-fail-is-unique/; Statista Research Department, "Revenue of WeWork Worldwide from 2016 to 2020 (in Million U.S. Dollars)," Statista, July 6, 2022, https://www.statista.com/statistics/880069/wework-revenue-worldwide/. See https://statista.com for financial information for WeWork and IWG.

6 "Lehman Brothers Holdings, Inc. Form 10-K for Fiscal Year Ended November 30, 2007, EDGAR, Securities and Exchange Commission, https://www.sec.gov/Archives/edgar/data/806085/000110465908005476/a08-3530_110k.htm.

7 "Bear Stearns Companies Inc. Form 10-K for Fiscal Year Ended November 30, 2004,"Filings.com, 2004, http://getfilings.com/o0001169232-05-000947.html; "Schedule I: Condensed Financial Information of Registrant the Bear Stearns Company Inc. (Parent Company Only)," EDGAR, Securities and Exchange Commission, January 28, 2008, https://sec.edgar-online.com/bear-stearns-companies-inc/10-k-annual-report/2008 /01/29/section27.aspx.

8 Derek Lidow, "Why Two-Thirds of the Fastest-Growing Companies Fail," *Fortune*, March 7, 2016, https://fortune.com/2016/03/07/fast-growth-companies-fail/.

9 코스트코와 티파니의 영업 마진율, ROCE, 재고일수는 https://gurufocus.com.에 들어가서 30년에 걸친 재무 현황 자료를 참조하라.

10 Editors of *Encyclopaedia Britannica*, "Collectivization," *Encyclopaedia Britannica*, last updated May 20, 2020, https://www.britannica.com/topic/collectivization.

11 드미트리 벨랴예프와 류드밀라 트루트의 장기 실험에 대한 자세한 설명은 다음을 참

조하라. Lee Alan Dugatkin and Lyudmila Trut, *How to Tame a Fox (and Build a Dog): Visionary Scientists and a Siberian Tale of Jump-Started Evolution* (Chicago: University of Chicago Press, 2017).[리 앨런 듀가킨·류드밀라 트루트, 《은여우 길들이기》, 서민아 역, 필로소픽(2018)] 멜라토닌의 영양은 116-20쪽, 유전자 발현은 124-25쪽, HTR2C 유전자는 188쪽, 인간과 개의 옥시토닌 분비는 114쪽; 초기 발달 단계에서 세로토닌의 역할은 166쪽; 생식주기의 변화는 167쪽, 가축 사이의 유사성은 162쪽을 참조하라. 새끼 여우를 다루고 등급을 할당하는 방법에 대해서는 다음을 참조하라. Lyudmila N. Trut, "Early Canid Domestication: The Farm-Fox Experiment," *American Scientist* 87, no. 2 (1999): 163, https://www.jstor.org/stable/27857815?seq=1. 이 실험에 대해서는 다음도 이 실험을 잘 설명하고 있다. Jason G. Goldman, "Man's New Best Friend? A Forgotten Russian Experiment in Fox Domestication," *Scientific American*, September 6, 2020, https://blogs.scientificamerican.com/guest-blog/mans-new-best-friend-a-forgotten-russian-experiment-in-fox-domestication/.

12 Trut, "Early Canid Domestication," 160-69.

13 Baijnath Ramraika and Prashant Trivedi, "Sources of Sustainable Competitive Advantage," *SSRN* (January 5, 2016), https://papers.ssrn.com/sol3/papers.cfm?abstract_id=2713675.

14 Matt Haig, *Brand Failures: The Truth About the 100 Biggest Branding Mistakes of All Time* (London: Kogan Page, 2003); Kurt Schroeder, "Why So Many New Products Fail(and It's Not the Product)," *Business Journals*, March 14, 2017, https://www.bizjournals.com/bizjournals/how-to/marketing/2017/03/why-so-many-new-products-fail-and-it-s-not-the.html.

15 하벨스의 로이드 인수는 다음을 참조하라. Ashutosh R. Shyam and Arijit Barman, "Havells Acquires Consumer Biz of Lloyd Electric for Rs 1600 cr," *Economic Times*, last updated February 19, 2017, https://economictimes.indiatimes.com/industry/indl-goods/svs/engineering/havells-acquires-consumer-biz-of-lloyd-electric-for-rs-1600-cr/articleshow/57233192.cms?from=mdr#:~:text=Read%20more%20news%20on&text=ADD%20COMMENT-,MUMBAI%3A%20Havells%20India%2C%20India's%20leading%20makers%20of%20branded%20electrical%20products,%2415%20billion%20consumer%20appliances%20market. 하벨스의 설립과 역사는 다음을 참조하라. Havells, *Deeper Into Homes: Havells India Limited 34th Annual Report 2016-17* (New Delhi: Havells, 2017), https://www.havells.com/content/dam/havells/annual_reports/2016-2017/Havells%20AR%202016-17.pdf. 하벨스가 새로 설립한 에어컨 공장에 대해서는 다음을 참조하라. Havells, *The Future Has*

Already Begun: Havells India Limited 35th Annual Report 2017–18 (New Delhi: Havells, 2018), https://www.havells.com/HavellsProductImages/HavellsIndia/pdf/About-Havells/Investor-Relations/Financial/Annual-Reports/2017-2018/Havells_AR_2017-18.pdf. 애널리스트들이 하벨스의 등급을 이전보다 낮게 평가했던 사실에 대해서는 다음을 참조하라. ET Bureau, "Analysts Downgrade Havells as Lloyd Numbers Disappoint," *Economic Times*, last updated October 26, 2019, https://economictimes.indiatimes.com/markets/stocks/news/analysts-downgrade-havells-as-lloyd-numbers-disappoint/articleshow/71770087.cms.

3장 성계, 강인함을 말하다

1 맥킨지의 역사에 대한 좋은 요약은 다음을 참조하라. Duff McDonald, *The Firm: The Story of McKinsey and Its Secret Influence on American Business* (New York: Simon & Schuster, 2013). 또한 맥킨지의 이력은 마빈 바우어 사망 기사에도 잘 소개되어 있다. Douglas Martin, "Marvin Bower, 99; Built McKinsey & Co.," *New York Times*, January 24, 2003, https://www.nytimes.com/2003/01/24/business/marvin-bower-99-built-mckinsey-co.html. 맥킨지와 에스콤과의 유착 관계는 2018년에 들어졌다. 자세한 내용은 다음을 참조하라. Walt Bogdanich and Michael Forsythe, "How McKinsey Lost Its Way in South

Africa," *New York Times*, June 26, 2018, https://www.nytimes.com/2018/06/26/world/africa/mckinsey-south-africa-eskom.html. 2020년 초, 맥킨지는 미국 내 마약성 진통제 오피오이드 판매에 대한 1차적인 책임이 있는 퍼듀 파마와 협력한 사실에 책임을 다하기 위해, 약 6억 달러의 합의금을 지급하기로 했다. 자세한 내용은 다음을 참조하라.

2 Andreas Wagner, *Robustness and Evolvability in Living Systems* (Princeton, NJ: Princeton University Press, 2005).

3 Wagner, *Robustness and Evolvability*.

4 Mark Ridley, *Evolution*, 3rd ed. (Hoboken, NJ: Wiley, 2003). 특히 2장 "Molecular and Mendelian Genetics,"와 mRNA 코돈에 관한 표 2.1을 참조하라.

5 Wagner, *Robustness and Evolvability*, chapter 3, "The Genetic Code."

6 Stephen J. Freeland and Laurence D. Hurst, "The Genetic Code Is One in a Million," *Journal of Molecular Evolution* 47 (1998): 238–48, https://doi.org/10.1007/pl00006381.

7 John Carl Villanueva, "How Many Atoms Are There in the Universe?," Universe

Today, July 30, 2009, http://www.universetoday.com/36302/atoms-in-the-universe/. 우주에 존재하는 모든 원자의 개수는 약 1080개다. 그리고 209는 1010와 동등하다.

8 Douglas J. Futuyma, *Evolutionary Biology*, 3rd ed. (Sunderland, MA: Sinauer, 1997), chapter 11.

9 "WNS (Holdings) Limited. Form 20-F for Fiscal Year Ended March 31, 2007," EDGAR, Securities and Exchange Commission, 2007, https://www.sec.gov/Archives/edgar/data/0001356570/000114554907002102/u93119e20vf.htm#104; "WNS (Holdings) Limited. Form 20-F for Fiscal Year Ended March 31, 2020," EDGAR, Securities and Exchange Commission, 2020, https://www.sec.gov/Archives/edgar/data/0001356570/000119312520131094/d863476d20f.htm.

10 Stephen Jay Gould, *The Structure of Evolutionary Theory* (Cambridge, MA: Belknap, 2002), 1270–71; Michael E. Palmer and Marcus W. Feldman, "Survivability Is More Fundamental than Evolvability," *PLoS One* 7, no. 6 (2012): e38025, https://doi.org/10.1371 /journal.pone.0038025; Joseph Reisinger, Kenneth O. Stanley, and Risto Miikkulainen, *Towards An Empirical Measure of Evolvability* (Austin: University of Texas at Austin Department of Computer Sciences, 2005), http://nn.cs.utexas.edu/downloads/papers/reisinger.gecco05.pdf. 라이징거, 스탠리, 미쿨라이넨은 이렇게 적었다. "현재 진화 가능성을 측정할 만한 벤치마크는 없다."

11 "Corporate Information," Page Industries Limited, accessed March 2021, https://pageind.com/corporate-information; "Annual Reports," Page Industries Limited, accessed March 2021, https://pageind.com/annual-reports.

12 Keith Cooper, "Looking for LUCA, the Last Universal Common Ancestor," Astrobiology at NASA, March 30, 2017, https://astrobiology.nasa.gov/news/looking-for-luca-the-last-universal-common-ancestor/.

13 Sam Walton with John Huey, *Made in America: My Story* (New York: Doubleday, 1992).[샘 월턴·존 휴이, 《월마트, 두려움 없는 도전》, 정윤미 역, 라이팅하우스 (2022)] 월튼의 초기 시절과 그가 계산된 위험을 감수한 사례는 2장을 참조하라. 하이퍼마트를 비롯해 그 밖의 실패한 사례, 샘스클럽의 사례, 모어 밸류 인수에 관해서는 13장을 참조하라.

14 "History," Walmart, accessed March 2021, https://corporate.walmart.com/our-story/our-history.

15 "Walmart Inc. (WMT)," Yahoo! Finance, https://finance.yahoo.com/quote/WMT/financials?p=WMT; Walmart Inc., *Walmart Inc. 2020 Annual Report*

(Bentonville, Arkansas, 2020), https://s2.q4cdn.com/056532643/files/doc_financials/2020/ar/Walmart_2020_Annual_Report.pdf.

16 Michael Arrington, "Accel Partners' Extraordinary 2005 Fund IX," TechCrunch, November 22, 2010, https://techcrunch.com/2010/11/22/accel-partners-fund-ix-facebook-extraordinary/?guccounter=1.

17 Carl Zimmer, Evolution: *The Triumph of an Idea* (New York: HarperCollins, 2001). 공룡이 살던 시대와 이들의 멸종에 대해서는 84, 190쪽을 참조하라. 2억 2,500만 년 전에 진행되었던 포유류의 진화에 대해서는 166쪽을 참조하라. 포유류와 공룡의 공생을 보여주는 분자에 기초한 증거는 다음을 참조하라. Ridley, *Evolution*, 671-72.

18 "Chapter 43: Jesus Brings Lazarus Back to Life," Church of Jesus Christ of Latter-Day Saints, accessed March 2021, https://www.churchofjesuschrist.org/study/manual/new-testament-stories/chapter-43-jesus-brings-lazarus-back-to-life?lang=eng. 신약성서의 루카 복음서도 참조하라.

19 Joan Verdon, "Toys R Us Timeline: History of the Nation's Top Toy Chain," *USA Today*, last updated March 15, 2018, https://www.usatoday.com/story/money/business/2018/03/09/toys-r-us-timeline-history-nations-top-toy-chain/409230002/; Barbara Kahn, "What Went Wrong: The Demise of Toys R Us," Knowledge at Wharton, March 14, 2018, https://knowledge.wharton.upenn.edu/article/the-demise-of-toys-r-us/#:~:text=Though%20Toys%20R%20Us's%20business,an%20Era%20of%20Endless%20Disruption; *Entrepreneur* staff, "Charles Lazarus: Toy Titan," *Entrepreneur*, October 10, 2008, https://www.entrepreneur.com/article/197660; Erin Blakemore, "Inside the Rise and Fall of Toys 'R' Us," History, March 19, 2018, https://www.history.com/news/toys-r-us-closing-legacy; Dave Canal, "Frank Thoughts: The Retailing Genius," Contravisory, June 16, 2015, https://www.contravisory.com/blog/posts/frank-thoughts-retailing-genius; Merrill Brown, "Shop on 18th Street Grows Into a Giant," *Washington Post*, November 14, 1982, https://www.washingtonpost.com/archive/business/1982/11/14/shop-on-18th-street-grows-into-a-giant/cba05ab5-28aa-46a4-8faa-9a230cb3f7f2/; Ed Bruske, "Play Merchant to the Masses," *Washington Post*, December 18, 1981, https://www.washingtonpost.com/archive/local/1981/12/18/play-merchant-to-the-masses/afdba3a4-a483-4bc7-91cd-716b0707459a/; Rachel Beck, "Wal-Mart Dethrones Toys R Us," *AP News*, March 29, 1999, https://apnews.com/article/6e6082b522082a0d782052046c75b0b2; Julia Horowitz, "How Toys 'R' Us Went from Big Kid in the Block to Bust," CNN Business, March 17, 2018, https://money.cnn.com/2018/03/17/

news/companies/toys-r-us-history/index.html; "Toys 'R' Us, Inc. History," Funding Universe, accessed March 2021, http://www.fundinguniverse.com/company-histories/toys-r-us-inc-history/; Joseph Pereira, Rob Tomsho, and Ann Zimmerman, "Toys 'Were' Us?; Undercut by Big Discounters, Toys 'R' Us Is Indicating It May Get Out of the Business," *Wall Street Journal*, August 12, 2004, http://www.homeworkgain.com/wp-content/uploads/edd/2019/08/20190603204438bus520article toysrus.pdf.

20   Mark Dunbar, "How Private Equity Killed Toys 'R' Us," *In These Times*, October 10, 2017, https://inthesetimes.com/article/how-private-equity-killed-toys-r-us; Toys "R" Us, "Toys 'R' Us, Inc. Announces Agreement to Be Acquired by KKR, Bain Capital and Vornado for $26.75 per Share in $6.6 Billion Transaction," press release, EDGAR, Securities and Exchange Commission, March 17, 2005, https://www.sec.gov/Archives/edgar/data/1005414/000119312505057773/dex991.htm; Jeff Spross, "How Vulture Capitalists Ate Toys 'R' Us," *The Week*, March 16, 2018, https://theweek.com/articles/761124/how-vulture-capitalists-ate-toys-r; Michael Barbaro and Ben White, "Toys R Somebody Else," *Washington Post*, March 18, 2005, https://www.washingtonpost.com/wp-dyn/articles/A45446-2005Mar17.html; Nathan Vardi, "The Big Investment Firms That Lost $1.3 Billion in the Toys 'R' Us Bankruptcy," *Forbes*, September 19, 2017, https://www.forbes.com/sites/nathanvardi/2017/09/19/the-big-investment-firms-that-lost-1-3-billion-on-the-toys-r-us-bankruptcy/?sh=3eb163f2308f; Miriam Gottfried and Lillian Rizzo, "Heavy Debt Crushed Owners of Toys 'R' Us," *Wall Street Journal*, September 19, 2017, https://www.wsj.com/articles/heavy-debt-crushed-owners-of-toys-r-us-1505863033; Bryce Covert, "The Demise of Toys 'R' Us Is a Warning," *The Atlantic*, June 13, 2018, https://www.theatlantic.com/magazine/archive/2018/07/toys-r-us-bankruptcy-private-equity/561758/.

21   Covert, "The Demise of Toys 'R' Us."

22   Drea Knufken, "Toys 'R' Us Buys FAO Schwarz," *Business Pundit*, May 28, 2009, https://www.businesspundit.com/toys-r-us-buys-fao-schwarz/; John Kell, "Exclusive: Toys 'R' Us Is Selling Off Iconic FAO Schwarz Brand," *Fortune*, October 4, 2016, https://fortune.com/2016/10/04/toys-r-us-sells-fao-schwarz/.

4장 쇠똥구리, 주가 변동을 말하다

1   Christian Cotroneo, "10 Divine Facts About Dung Beetles," Treehugger,

last updated December 4, 2020, https://www.treehugger.com/dung-beetles-facts-4862309; Editors of *Encyclopaedia Britannica*, "Dung Beetle," *Encyclopaedia Britannica*, last updated April 19, 2020, https://www.britannica.com/animal/dung-beetle; Erica Tennehouse, "Dung Beetles Borrowed Wing Genes to Grow Their Horns," *Science*, November 21, 2019, https://www.sciencemag.org/news/2019/11/dung-beetles-borrowed-wing-genes-grow-their-horns; Roberta Kwok, "Little Beetle, Big Horns," *Science News Explores*, May 14, 2007, https://www.sciencenewsforstudents.org/article/little-beetle-big-horns; Douglas J. Emlen and H. Frederick Nijhout, "Hormonal Control of Male Horn Length Dimorphism in the Dung Beetle *Onthophagus taurus* (Coleoptera: Scarabaeidae)," *Journal of Insect Physiology* 45, no. 1 (1999): 45–53, https://doi.org/10.1016/S0022-1910(98)00096-1; Martha Cummings, Haley K. Evans, and Johel Chaves-Campos, "Male Horn Dimorphism and Its Function in the Neotropical Dung Beetle *Sulcophanaeus velutinus*," *Journal of Insect Behavior* 31 (2018): 471–89, https://doi.org/10.1007/s10905-018-9693-x.

2   Yonggang Hu, David M. Linz, and Armin P. Moczek, "Beetle Horns Evolved from Wing Serial Homologs," *Science* 366, no. 6468 (2019): 1004–7, https://www.science.org/doi/abs/10.1126/science.aaw2980.

3   Douglas J. Emlen and H. Frederik Nijhout, "Hormonal Control of Male Horn Length Dimorphism in the Dung Beetle *Onthophagus taurus* (Coleoptera: Scarabaeidae)," *Journal of Insect Physiology* 45, no. 1 (1999): 45–53, https://www.sciencedirect.com/science/article/abs/pii/S0022191098000961.

4   Peter Schausberger, J. David Patino-Ruiz, Masahiro Osakabe, Yasumasa Murata, Naoya Sugimoto, Ryuji Uesugi, and Andreas Walzer, "Ultimate Drivers and Proximate Correlates of Polyandry in Predatory Mites," *PLoS One* 11, no. 4 (2016): e0154355, https://doi.org/10.1371/journal.pone.0154355.

5   Ernst Mayr, "Cause and Effect in Biology: Kinds of Causes, Predictability, and Teleology Are Viewed by a Practicing Biologist," *Science* 134, no. 3489 (1961): 1501–6, https://science.sciencemag.org/content/134/3489/1501; Bora Zivkovic, "The New Meaning of How and Why in Biology?," *Scientific American*, December 15, 2011, https://blogs.scientificamerican.com/a-blog-around-the-clock/the-new-meanings-of-how-and-why-in-biology/; Kevin N. Laland, Kim Sterelny, John Odling-Smee, William Hoppitt, and Tobias Uller, "Cause and Effect in Biology Revisited: Is Mayr's Proximate-Ultimate Dichotomy Still Useful?," *Science* 334, no. 6062 (2011): 1512–16,

https://doi.org/10.1126/science.1210879.

6 Malina Poshtova Zang, "U.S. Stocks Whipped by Losses," CNN Money, October 27, 1997, https://money.cnn.com/1997/10/27/markets/marketwrap/; Into the Future, "The October 27th 1997 Mini-Crash," *Know the Stock Market* (blog), May 31, 2009, http://stockmktinfo.blogspot.com/2009/05/october-27th-1997-mini-crash.html; Edward A. Gargan, "The Market Plunge: The Asian Crisis; Hong Kong's Slide Goes Deeper," *New York Times*, October 28, 1997, https://www.nytimes.com/1997/10/28/business/the-market-plunge-the-asian-crisis-hong-kong-s-slide-goes-deeper.html?searchResultPosition=1. 주가 데이터는 블룸버그를 참조했다.

7 Deepak Shenoy, "Chart of the Day: Bank FD Rates from 1976," Capitalmind, September 30, 2020, https://www.capitalmind.in/2020/09/chart-of-the-day-bank-fd-rates-from-1976/; Shankar Nath, "RBI Interest Rates & Its Evolution Over 20 Years (2000–2019)," Beginnersbuck, accessed April 2021, https://www.beginnersbuck.com/rbi-interest-rates-history/.

8 "Who Is the World's Best Banker?," *The Economist*, October 29, 2020, https://www.economist.com/finance-and-economics/2020/10/29/who-is-the-worlds-best-banker.

9 Zidong An, Joao Tovar Jalles, and Prakash Loungani, "How Well Do Economists Forecast Recessions?," IMF Working Paper 18/39 (Washington, DC: International MonetaryFund, 2018), https://www.imf.org/en/Publications/WP/Issues/2018/03/05/How-Well-Do-Economists-Forecast-Recessions-45672; David Floyd, "Economists Seriously Can't Forecast Recessions," Investopedia, March 7, 2018, https://www.investopedia.com/news/economists-seriously-cant-forecast-recessions/; Adam Shaw, "Why Economic Forecasting Has Always Been a Flawed Science," *The Guardian*, September 2, 2017, https://www.theguardian.com/money/2017/sep/02/economic-forecasting-flawed-science-data.

10 Alexandra Twin, "Raging Bulls Propel Dow: Dow Soars 489 Points in Second-Best Point Gain Ever, Best Percentage Gain Since 1987," CNN Money, July 29, 2002, https://money.cnn.com/2002/07/24/markets/markets_newyork/index.htm; Jonathan Fuerbringer, "The Markets: Stocks; Battered for Weeks, Dow Enjoys Its Biggest Daily Gain Since '87," *New York Times*, July 25, 2002, https://www.nytimes.com/2002/07/25/business/the-markets-stocks-battered-for-weeks-dow-enjoys-its-biggest-daily-gain-since-87.html?searchResultPosition=1.

11   Richard Thaler, "Keynes's 'Beauty Contest,' " *Financial Times*, July 10, 2015, https://www.ft.com/content/6149527a-25b8-11e5-bd83-71cb60e8f08c; David Chambers, Elroy Dimson, and Justin Foo, "Keynes the Stock Market Investor: A Quantitative Analysis," *Journal of Financial and Quantitative Analysis* 50, no. 4 (2015): 431–49, https://papers.ssrn.com/sol3/papers.cfm?abstract_id=2023011; Joan Authers, "The Long View: Keynes Stands Tall Among Investors," *Financial Times*, July 6, 2012, https://www.ft.com/content/813a7b84-c744-11e1-8865-00144feabdc0; Zachary D. Carter, *The Price of Peace: Money, Democracy, and the Life of John Maynard Keynes* (New York: Random House, 2020), 116–18.

12   Jeff Sommer, "Clueless About 2020, Wall Street Forecasters Are At It Again," *New York Times*, December 21, 2020, https://www.nytimes.com/2020/12/18/business/stock-market-forecasts-wall-street.html; Jane Wollman Rusoff, "Harry Dent Predicted 'Once-in-a-Life time' Crash by 2020. What Now?," ThinkAdvisor, May 4, 2020, https://www.thinkadvisor.com/2020/05/04/harry-dent-predicted-once-in-a-lifetime-crash-by-2020-what-now/; Shawn Tully, "Why the Stock Market Probably Won't Get Back to Even This Year," *Fortune*, March 9, 2020, https://fortune.com/2020/03/09/stock-market-outlook-2020/.

13   Wollman Rusoff, "Harry Dent Predicted." 해리 덴트에 관해 더 알고 싶다면 다음을 참조하라. https://harrydent.com.

14   Neal E. Boudette and Jack Ewing, "Head of Nikola, a G.M. Electric Truck Partner, Quits Amid Fraud Claims," *New York Times*, September 21, 2020, https://www.nytimes.com/2020/09/21/business/nikola-trevor-milton-resigns.html#:~:text=Hindenburg%2C%20a%20short%2Dselling%20firm,after%20the%20company%20and%20G.M.&-text=On%20Monday%2C%20the%20shares%20lost,deal%20was%20announced; Hindenburg Research, *Nikola: How to Parlay an Ocean of Lies Into a Partnership with the Largest Auto OEM in America* (Hindenburg Research, September 10, 2020), https://hindenburgresearch.com/nikola/; "Nikola and General Motors Form Strategic Partnership; Nikola Badger to Be Engineered and Manufactured by General Motors," news release, General Motors, September 8, 2020, https://investor.gm.com/news-releases/news-release-details/nikola-and-general-motors-form-strategic-partnership-nikola; Noah Manskar, "Nikola Shares Pop 53 Percent After GM Takes $2B Stake in Tesla Rival," *New York Post*, September 8, 2020, https://nypost.com/2020/09/08/gm-takes-2-billion-stake-in-nikola-electric-rival-to-tesla/; Andrew J. Hawkins, "GM Pumps

the Brakes on Its Deal with Troubled Electric Truck Startup Nikola," *The Verge*, November 30, 2020, https://www.theverge.com/2020/11/30/21726594/gm-nikola-deal-equity-badger-truck-hydrogen.

15 Ortenca Aliaj, Sujeet Indap, and Miles Kruppa, "Automotive Tech Start-Ups Take Wild Ride with Spacs," *Financial Times*, January 12, 2021, https://www.ft.com/content/688d8472-c404-42d6-88b7-fbd475e50f7c; "Nikola Sets the Record Straight on False and Misleading Short Seller Report," press release, Nikola, September 14, 2020, https://nikolamotor.com/press_releases/nikola-sets-the-record-straight-on-false-and-misleading-short-seller-report-96; Hyliion (website), accessed April 2021, https://www.hyliion.com/; Fisker(website), accessed April 2021, https://www.fiskerinc.com/; Luminar Technologies(website), accessed April 2021, https://www.luminartech.com/; "About Us," Canoo, accessed April 2021, https://www.canoo.com/about/; Mark Kane, "The List of EV SPACs: Completed and Upcoming," Inside EVs, January 23, 2021, https://insideevs.com/news/481681/list-ev-spac-completed-upcoming/; Jack Denton, "Watch Tesla, Nikola and These Other Stocks as Change Comes for a Trucking Market Worth $1.5 Trillion, Says UBS," *MarketWatch*, March 20, 2021, https://www.marketwatch.com/story/watch-tesla-nikola-and-these-other-stocks-as-change-comes-for-a-trucking-market-worth-1-5-trillion-says-ubs-11616099185; Shanthi Rexaline, "Nikola Skyrockets After IPO: What to Know About the EV Truck Manufacturer," *Benzinga*, June 9, 2020, https://www.benzinga.com/news/20/06/16212027/nikola-skyrockets-after-ipo-what-to-know-about-the-ev-truck-manufacturer; "Velodyne Lidar Goes Public," Velodyne Lidar, September 30, 2020, https://velodynelidar.com/blog/velodyne-lidar-goes-public/; Kara Carlson, "Electric Trucking Company Hyliion Goes Public Through Merger," *Austin American-Statesman*, October 6, 2020, https://www.statesman.com/story/business/technology/2020/10/06/electric-trucking-company-hyliion-goes-public-through-merger/42729399/#:~:text=The%20resulting%20combination%20is%20named,at%20about%20the%20same%20level; Nicholas Jasinski and Al Root, "EV Battery Maker QuantumScape Just Went Public. Its Stock Soared 55%," *Barron's*, November 27, 2020, https://www.barrons.com/articles/ev-battery-maker-quantumscape-went-public-its-stock-soared-55-51606513410; Stephen Nellis, "Luminar Technologies Becomes Public Company as Lidar Race Builds," Reuters, December 3, 2020, https://www.reuters.com/article/luminiar-gores-metro-idINL1N2IJ00F; David Z. Morris, "Electric-Vehicle Startup Fisker Inc. Shares Jump 13% on Stock Market Debut," *Fortune*, October 30, 2020, https://fortune.com/2020/10/30/fisker-inc-stock-

fsr-shares-ipo-spac-ev-electric-vehicle-car-startup/; Viknesh Vijayenthiran, "EV Startup Canoo Goes Public with Nasdaq Listing," Motor Authority, December 22, 2020; "Electric Vehicles" (search term), Google Trends, January 1, 2014, to April 10, 2021, https://trends.google.com/trends/explore?date=2014-01-01%20 2021-04-10&geo=US&q=electric%20vehicles.

16　P. Smith, "Apparel and Footwear Market Size in the United States, China, and Western Europe in 2019 (in Billion U.S. Dollars)," Statista, January 13, 2022, https:// www.statista.com/statistics/995215/apparel-and-footwear-market-size-by-selected-market/; LaylaIlchi, "All the Major Fashion Brands and Retailers Severely Impacted by the COVID-19 Pandemic," WWD, December 24, 2020, https://wwd.com/fashion-news/fashion-scoops/coronavirus-impact-fashion-retail-bankruptcies-1203693347/; P. Smith, "U.S. ApparelMarket – Statistics & Facts," Statista, June 2, 2022, https:// www.statista.com/topics/965/apparel-market-in-the-us/#dossierSummary__ chapter2.

17　2009년 3월부터 2021년 3월까지, 이 펀드가 루피화 기준으로 19.6배 상승한 것에 반하여, 주요 주가 지수는 5.1배 상승했다. 같은 기간에, 이 펀드는 미국 달러화 기준으로 12.6배 상승했고, 주요 주가 지수는 3.6배 상승했다.

18　V. Raghunathan, "Why Did the Sensex Crash from 20K to Under 10K?," *Economic Times*, last updated December 28, 2008, https://economictimes. indiatimes.com/why-did-sensex-crash-from-20k-to-under-10k/articleshow/3901597. cms; Shreya Biswas and Prashant Mahesh, "Economic Recession, Lay-Offs Shift Balance of Power," *Economic Times*, last updated November 15, 2008, https:// economictimes.indiatimes.com/the-big-story/economic-recession-lay-offs-shift-balance-of-power/articleshow/3715185.cms?from=mdr; Moinak Mitra, Priyanka Sangani, Vinod Mahanta, and Dibeyendu Ganguly, "Financial Crisis: Are MNC Jobs Secure?," *Economic Times*, last updated September 26, 2008, https://economictimes.indiatimes.com/financial-crisis-are-mnc-jobs-secure/ articleshow/3529077.cms?from=mdr; "Sensex, Nifty Hit New 2008 Lows," *Economic Times*, last updated October 16, 2008, https://economictimes.indiatimes.com/ sensex-nifty-hit-new-2008-lows/articleshow/3602137.cms?from=mdr; Vinay Pandey, "Economic Activity Is Slowing Down Fast," *Economic Times*, last updated August 25, 2008, https://m.economictimes.com/news/economy/indicators/economic-activity-is-slowing-down-fast/articleshow/3404817.cms.

19　Tom Stafford, "Why Bad News Dominates the Headlines," BBC, July 28, 2014, https://www.bbc.com/future/article/20140728-why-is-all-the-news-bad.

20   Ap Dijksterhuis and Henk Aarts, "On Wildebeests and Humans: The Preferential Detection of Negative Stimuli," *Psychological Science* 14, no. 1 (2003): 14–18, https://doi.org/10.1111/1467-9280.t01-1-01412.

5장 다윈, 가치평가를 말하다

1   Xuemin (Sterling) Yan, "Liquidity, Investment Style, and the Relation Between Fund Size and Fund Performance," *Journal of Financial and Quantitative Analysis* 43, no. 3 (2008): 741–67, https://doi.org/10.1017/S0022109000004270.

2   Conrad S. Ciccotello and C. Terry Grant, "Equity Fund Size and Growth: Implications for Performance and Selection," *Financial Services Review* 5, no. 1 (1996): 1–12, https://doi.org/10.1016/S1057-0810(96)90023-2.

3   Antti Petajisto, "Active Share and Mutual Fund Performance," *Financial Analysts Journal* 69, no. 4 (2013): 73–93, https://doi.org/10.2469/faj.v69.n4.7.

4   Stephen Jay Gould, *Hen's Teeth and Horse's Toes* (New York: W. W. Norton, 1983), 124.

5   John Gribbin and Michael White, *Darwin: A Life in Science* (London: Simon & Schuster, 1995), 80, 96, 97, 125; Adrian Desmond and James Moore, *Darwin: The Life of a Tormented Evolutionist* (New York: W. W. Norton, 1991)[에이드리언 데스먼드·제임스 무어, 《나의 삶은 서서히 진화해왔다: 찰스 다윈 자서전》, 김명주 역, 뿌리와이파리(2009)]; Charles Darwin, *The Autobiography of Charles Darwin*, ed. Nora Barlow (London: Collins, 1958)[찰스 다윈, 《나의 삶은 서서히 진화해왔다: 찰스 다윈 자서전》, 이한중 역, 갈라파고스(2018)].

6   Gribbin and White, *Darwin*, 80.

7   "Darwin's Book Publications," American Museum of Natural History, accessed March 2021, https://www.amnh.org/research/darwin-manuscripts/published-books.

8   Joe Cain, "How Extremely Stupid: Source for Huxley's Famous Quote," *Professor Joe Cain* (blog), accessed March 2021, https://profjoecain.net/how-extremely-stupid-thomas-henry-huxley/.

9   Mark Ridley, *Evolution*, 3rd ed. (Hoboken, NJ: Wiley, 2003).

10   Lory Herbison and George W. Frame, "Giraffe," *Encyclopaedia Britannica*, last updated September 2, 2021, https://www.britannica.com/animal/giraffe.

11   Darwin, *Autobiography*, 71.

12   "William Paley, 'The Teleological Argument': Philosophy of Religion," P.L.E., accessed March 2021, https://philosophy.lander.edu/intro/paley.shtml.

13   Editors of *Encyclopaedia Britannica*, "Georges Cuvier," *Encyclopaedia Britannica*, last updated August 19, 2022, https://www.britannica.com/biography/Georges-Cuvier.

14   Charles Darwin, *On the Origin of Species* (1859; repr., New York: Random House, 1993), 537.

15   Frank J. Sulloway, "The Evolution of Charles Darwin," *Smithsonian Magazine*, December 2005, https://www.smithsonianmag.com/science-nature/the-evolution-of-charles-darwin-110234034/.

16   Gribbin and White, *Darwin*, 33.

17   Darwin, *Origin*, 108.

18   Charles Darwin to Asa Gray, April 3, 1860, Darwin Correspondence Project, University of Cambridge, letter no. 2743, accessed March 2021, https://www.darwinproject.ac.uk/letter/DCP-LETT-2743.xml.

19   Diana Lipscomb, *Basics of Cladistic Analysis* (Washington, DC: George Washington University, 1998), https://www2.gwu.edu/~clade/faculty/lipscomb/Cladistics.pdf.

20   Staffan Muller-Wille, "Carolus Linnaeus," *Encyclopaedia Britannica*, last updated May 19, 2022, https://www.britannica.com/biography/Carolus-Linnaeus (린네의 식물학적 분류 체계에 기초한 명성에 관해서는 다음 섹션을 참조하라. "The 'Sexual System' of Classification"); Ken Gewertz, "Taxonomist Carl Linnaeus on Show at HMNH," *Harvard Gazette*, November 1, 2007, https://news.harvard.edu/gazette/story/2007/11/taxonomist-carl-linnaeus-on-show-at-hmnh/#:~:text=A%20highly%20religious%20man%20(although,God%20created%2C%20Linnaeus%20organized).

21   Madeline C. Weiss, Martina Preiner, Joana C. Xavier, Verena Zimorski, and William F. Martin, "The Last Universal Common Ancestor Between Ancient Earth

Chemistry and the Onset of Genetics," *PLoS Genetics* 14, no. 8 (2018): e1007518, https://doi.org/10.1371/journal.pgen.1007518.

22 Gribbin and White, *Darwin*, 80.

23 Sulloway, "The Evolution of Charles Darwin."

24 Charles Darwin to Henry Fawcett, September 18, 1861, Darwin Correspondence Project, University of Cambridge, letter no. 3257, accessed April 2021, https://www.darwinproject.ac.uk/letter/DCP-LETT-3257.xml.

25 Donald Gunn MacRae, "Thomas Malthus," *Encyclopaedia Britannica*, last updated April 25, 2022, https://www.britannica.com/biography/Thomas-Malthus.

26 "Darwin and Malthus" (video), PBS.org, 2001, https://www.pbs.org/wgbh/evolution/library/02/5/l_025_01.html.

27 "Passenger Car Market Share Across India in Financial Year 2022, by Vendor," Statista, July 27, 2022, https://www.statista.com/statistics/316850/indian-passenger-car-market-share/; "Estimated U.S. Market Share Held by Selected Automotive Manufacturers in 2021," Statista, July 27, 2022, https://www.statista.com/statistics/249375/us-market-share-of-selected-automobile-manufacturers/; "Share of Visteon's Sales by Customer in 2015 and 2016," Statista, January 31, 2020, https://www.statista.com/statistics/670526/visteon-sales-by-customer/.

28 CFI team, "Cost of Equity," CFI, last updated January 25, 2022, https://corporatefinanceinstitute.com/resources/knowledge/finance/cost-of-equity-guide/; "5 Major Problems in the Determination of Cost of Capital," Accounting Notes, accessed April 2021, https://www.accountingnotes.net/financial-management/cost-of-capital/5-major-problems-in-the-determination-of-cost-of-capital/7775; "Problems with Calculating WACC," Finance Train, accessed April 2021, https://financetrain.com/problems-with-calculating-wacc/; Charles W. Haley and Lawrence D. Schall, "Problems with the Concept of the Cost of Capital," *Journal of Financial and Quantitative Analysis* 13, no. 5 (1978): 847–70, https://doi.org/10.2307/2330631.

29 Olivia Solon and agency, "Aw Snap: Snapchat Parent Company's Value Plummets After Earnings Report," *The Guardian*, May 11, 2017, https://www.theguardian.com/technology/2017/may/10/snap-inc-first-quarter-results-share-price-drops.

30 Douglas J. Futuyma, *Evolutionary Biology*, 3rd ed. (Sunderland, MA: Sinauer, 1997), xvii.

31 "Why Did Nokia Fail and What Can You Learn from It?," *Medium*, July 24, 2018, https://medium.com/multiplier-magazine/why-did-nokia-fail-81110d981787; James Surowiecki, "Where Nokia Went Wrong," *New Yorker*, September 3, 2013, https://www.newyorker.com/business/currency/where-nokia-went-wrong.

32 Daniel Liberto, "Investors Rush to Short Starbucks as Howard Schultz Mulls 2020 Run," Investopedia, February 8, 2019, http://www.investopedia.com/ask/answers/033015/why-did-howard-schultz-leave-starbucks-only-return-eight-years-later.asp.

6장 대장균, 패턴을 말하다

1 조나단 로소스 교수는 1980년대 후반부터 아놀도마뱀, 즉 카리브해의 섬에 서식하는 도마뱀을 연구해왔다. 다음을 참조하라. *The Origin of Species: Lizards in an Evolutionary Tree* (Chevy Chase, MD: HHMI BioInteractive, 2018), https://www.biointeractive.org/sites/default/files/LizardsEvoTree-Educator-Film.pdf.

2 Jeff Arendt and David Reznick, "Convergence and Parallelism Reconsidered: What Have We Learned About the Genetics of Adaptation?," *Trends in Ecology & Evolution* 23, no. 1 (2008): 26–32, https://doi.org/10.1016/j.tree.2007.09.011.

3 Jonathan B. Losos, *Improbable Destinies: Fate, Chance, and the Future of Evolution* (New York: Riverhead, 2018), 14.

4 Losos, *Improbable Destinies*, 89–90.

5 "All-Time Olympic Games Medal Table," Wikipedia, accessed April 2021, https://en.wikipedia.org/wiki/All-time_Olympic_Games_medal_table.

6 Editors of *Encyclopaedia Britannica*, "Placental Mammal," *Encyclopaedia Britannica*, last updated February 19, 2021, https://www.britannica.com/animal/placental-mammal; Editors of *Encyclopaedia Britannica*, "Marsupial," *Encyclopaedia Britannica*, last updated August 19, 2021, https://www.britannica.com/animal/marsupial.

7 Quoted in Jonathan B. Losos, "Convergence, Adaptation, and Constraint," *International Journal of Organic Evolution* 65, no. 7 (2011): 1827–40, https://

onlinelibrary.wiley.com/doi/10.1111/j.1558-5646.2011.01289.x.

8 Editors of *Encyclopaedia Britannica*, "Leafcutter Ant," *Encyclopaedia Britannica*, last updated October 15, 2018, https://www.britannica.com/animal/leafcutter-ant.

9 Losos, *Improbable Destinies*, 29–31.

10 George McGhee, *Convergent Evolution: Limited Forms Most Beautiful* (Cambridge, MA: MIT Press, 2011).

11 Michael Isikoff, "Yellow Pages Battle Begins," *Washington Post*, June 4, 1984, https://www.washingtonpost.com/archive/business/1984/06/04/yellow-pages-battle-begins/9096ae78-3100-475c-91ad-6d92979fa348/.

12 MIT International Center for Air Transportation, *An Introduction to the Airline Data Project* (Cambridge: Massachusetts Institute of Technology, June 2014), http://web.mit.edu/airlinedata/www/2013%2012%20Month%20Documents/ADP_introduction.pdf.

13 International Air Transport Association (IATA), *IATA Annual Review 2014* (Geneva: IATA, 2014), https://www.iata.org/contentassets/c81222d96c9a4e0bb4ff6ced0126f0bb/iata-annual-review-2014.pdf, 15.

14 Louis K. C. Chan and Josef Lakonishok, "Value and Growth Investing: Review and Update," *Financial Analysts Journal* 60, no. 1 (2004): 71–86, https://doi.org/10.2469/faj.v60.n1.2593.

15 Losos, *Improbable Destinies*, 334.

16 Editors of *Encyclopaedia Britannica*, "The Rodent That Acts Like a Hippo," *Encyclopaedia Britannica*, December 7, 2001, https://www.britannica.com/topic/The-Rodent-That-Acts-Like-a-Hippo-753723.

17 Losos, *Improbable Destinies*, chapter 9.

7장 구피, 투자 정보를 말하다

1 여러 저작에서 신호에 대해 논의한다. 내가 참조한 주요 저작들은 다음과 같다. Mark Ridley, *Evolution*, 3rd ed. (Hoboken, NJ: Wiley, 2003), chapter 12; Edward O. Wilson, *Sociobiology: The New Synthesis*, twenty-fifth anniversary ed. (Cambridge, MA: Belknap, 2000), chapter 8; Jonathan Losos, ed., *The Princeton Guide to Evolution*

(Princeton, NJ: Princeton University Press, 2014), section 7; William A. Searcy and Stephen Nowicki, *The Evolution of Animal Communication: Reliability and Deception in Signaling Systems* (Princeton, NJ: Princeton University Press, 2005), chapters 1–5; David Sloan Wilson, *Evolution for Everyone: How Darwin's Theory Can Change the Way We Think About Our Lives* (New York: Delta, 2007), chapter 15; Richard O. Prum, *The Evolution of Beauty: How Darwin's Forgotten Theory of Mate Choice Shapes the Animal World* (New York: Anchor, 2017), chapters 2–4[리처드 프럼, 《아름다움의 진화: 연애의 주도권을 둘러싼 성 갈등의 자연사》, 양병찬 역, 동아시아(2019)]; Adam Nicholson, *The Seabird's Cry: The Lives and Loves of Puffins, Gannets, and Other Ocean Voyagers* (New York: Henry Holt, 2018); Laurent Keller and Elisabeth Gordon, *The Lives of Ants* (New York: Oxford University Press, 2009), chapter 10; Thor Hanson, *Feathers: The Evolution of a Natural Miracle* (New York: Basic Books, 2011), chapter 10[소어 핸슨, 《깃털: 가장 경이로운 자연의 걸작》, 하윤석 역, 에이도스(2013)]; Thomas D. Seeley, *Honeybee Democracy* (Princeton, NJ: Princeton University Press, 2010)[토머스 D. 실리, 《꿀벌의 민주주의》, 하임수 역, 에코리브르(2021)]; Jack W. Bradbury, "Animal Communication," *Encyclopaedia Britannica*, last updated April 8, 2022, http://global.britannica.com/EBchecked/topic/25653/animal-communication.

2 Searcy and Nowicki, *The Evolution of Animal Communication*; Carl Zimmer, "Devious Butterflies, Full-Throated Frogs and Other Liars," *New York Times*, December 26, 2006, https://www.nytimes.com/2006/12/26/science/26lying.html.

3 Patricia R. Y. Backwell, John Christy, Steven R. Telford, Michael D. Jennions, and Jennions Passmore, "Dishonest Signaling in a Fiddler Crab," *Proceedings of the Royal Society B: Biological Sciences* 267, no. 1444 (2000): 719–24, https://doi.org/10.1098/rspb.2000.1062.

4 Anne C. Gaskett, "Floral Shape Mimicry and Variation in Sexually Deceptive Orchids with a Shared Pollinator," *Biological Journal of the Linnean Society* 106, no. 3 (2012): 469–81, https://doi.org/10.1111/j.1095-8312.2012.01902.x.

5 John A. Endler, "Natural Selection on Color *Patterns Poecilia Reticulata*," *Journal Evolution* 34, no. 1 (1980): 76–91, https://doi.org/10.2307/2408316.

6 Jean-Guy J. Godin and Heather E. McDonough, "Predator Preference for Brightly Colored Males in the Guppy: A Viability Cost for a Sexually Selected Trait," *Behavioral Ecology* 14, no. 2 (2003): 194–200, https://doi.org/10.1093/beheco/14.2.194.

투자, 진화를 만나다

7   Editors of *Encyclopaedia Britannica*, "Coral Snake," *Encyclopaedia Britannica*, last updated May 2, 2022, https://www.britannica.com/animal/coral-snake.

8   James Venner, "Animal Communication: Honest, Dishonest and Costly Signalling," Zoo Portraits, July 24, 2018, https://www.zooportraits.com/animal-communication-honest-dishonest-costly-signalling/.

9   "Henry Walter Bates Describes 'Batesian Mimicry,'" Jeremy Norman's HistoryofInformation.com, last updated July 6, 2022, https://www.historyofinformation.com/detail.php?entryid=4277; Wolfgang J. H. Wickler, "Mimicry," *Encyclopaedia Britannica*, last updated February 7, 2019, https://www.britannica.com/science/mimicry.

10   Jack W. Bradbury and Sandra L. Vehrencamp, "Honesty and Deceit," *Encyclopaedia Britannica*, last updated April 8, 2022, https://www.britannica.com/science/animal-communication/Honesty-and-deceit.

11   자하비의 불이익 원칙에 대해서는 다음 문헌을 참조하라. Searcy and Nowicki, *The Evolution of Animal Communication*, introduction; Laith Al-Shawaf and David M. G. Lewis, "The Handicap Principle," in *Encyclopedia of Evolutionary Psychological Science*, ed. Todd K. Shackelford and Viviana A. Shackelford-Weekes (Cham, Denmark: Springer, 2018), https://doi.org/10.1007/978-3-319-16999-6_2100-1. 카로티노이드에 대해서는 다음을 참조하라. Searcy and Nowicki, *The Evolution of Animal Communication*, chapter 3. 불이익 원칙이 신호의 신뢰성에 대한 평가를 위해 논리적 해석을 제공하는 것으로 보이지만, 과학자들은 이와는 다른 메커니즘도 제안한다. 다음을 참조하라. Searcy and Nowicki, *The Evolution of Animal Communication*, chapter 6: "요약하자면, 일부 종류에 해당하는 신호의 경우에는 불이익 원칙이 다양한 범주의 발신자에게 다양하게 발생하는 신호 비용의 측면에서 그 신뢰성을 가장 잘 설명하는 것으로 보인다." '일부 종류에 해당하는'이라고 한정하는 표현에 주목하라. 저자들은 불이익 원칙에 대하여 다음과 같은 네 가지 대안을 제시한다. (1) 수신자와 발신자의 이해관계가 같다면, 신호는 발신자에게 비용이 발생하지 않더라도 정직할 수 있다. 예를 들어, 새가 포식자를 보았을 때 보내는 경보 신호가 이에 해당한다. (2) 발신자에게 발생하는 (비용이 아니라) 혜택이 신호의 특성에 따라 다를 경우에는 정직한 신호가 나타날 수 있다. 예를 들어, 자식이 부모에게 먹을 것을 달라고 조르는 경우가 이에 해당한다. (3) '제약 가설constraints hypothesis'에 따르면, 신체적 혹은 그 밖의 제약이 신호를 신뢰할 수밖에 없게 하는 경우, 정직한 신호가 나타날 수 있다. 예를 들어, 어깨가 붉은 천인조에 나타나는 카로티노이드 색소가 이에 해당한다(4장 참조). (4) '개별적으로 지시된 회의주의individually directed skepticism' 이론에 따르면, 수신자는 과거에 특정 발신자가 보낸 신호의 정직성 혹은 부정직성을 기억하고는 이에 따라 그 발신자에 대한 자신의 반응을 조정한다.

따라서 수신자를 상대로 상습적으로 속이던 발신자는 수신자에게서 자신이 원하는 반응을 일으킬 수가 없게 될 것이다. 예를 들어, 사육 닭이 음식을 달라고 보내는 신호가 이에 해당한다.

12 Amotz Zahavi, "Mate Selection: A Selection for a Handicap," *Journal of Theoretical Biology* 53, no. 1 (1975): 205–14, https://doi.org/10.1016/0022-5193(75)90111-3.

13 Monty Solomon, "Apple Updates MacBook Pro with Retina Display," press release, Mail Archive, July 29, 2014, https://www.mail-archive.com/medianews@etskywarn.net/msg17476.html.

14 Unilever, *2014 Full Year and Fourth Quarter Results: Profitable Growth in Tougher Markets* (London: Unilever, 2015), https://docplayer.net/2815586-2014-full-year-and-fourth-quarter-results-profitable-growth-in-tougher-markets.html.

15 Markus Braun, interview by Matt Miller, Bloomberg TV, "Wirecard Concentrates on Innovation, Not 'Controversy': CEO Braun," Bloomberg, June 13, 2009, https://www.bloomberg.com/news/videos/2019-06-13/wirecard-concentrates-on-innovation-not-controversy-ceo-braun-video; Olaf Storbeck, "BaFin Boss 'Believed' Wirecard Was Victim Until Near the End," *Financial Times*, January 24, 2021, https://www.ft.com/content/a021012e-bd2e-44d5-a160-96d997c662f1; Liz Alderman and Christopher F. Schuetze, "In a German Tech Giant's Fall, Charges of Lies, Spies and Missing Billions," *New York Times*, June 26, 2020, https://www.nytimes.com/2020/06/26/business/wirecard-collapse-markus-braun.html; Olaf Storbeck, "Wirecard: A Record of Deception, Disarray and Mismanagement," *Financial Times*, June 24, 2021, https://www.ft.com/content/15bb36e7-54dc-463a-a6d5-70fc38a11c81.

16 "Sell-Side Analysts Strongly in Favor of Companies Providing Earnings Guidance," *PR Newswire*, accessed April 2021, http://www.prnewswire.com/news-releases/sell-side-analysts-strongly-in-favor-of-companies-providing-earnings-guidance-57993442.html.

17 Peggy Hsieh, Timothy Koller, and S. R. Rajan, "The Misguided Practice of Earnings Guidance," McKinsey & Company, March 1, 2006, https://www.mckinsey.com/business-functions/strategy-and-corporate-finance/our-insights/the-misguided-practice-of-earnings-guidance.

18 Don Seiffert, "GE Is No Longer the Most Valuable Public Company in Massachusetts," *Boston Business Journal*, October 30, 2018, https://www.

투자, 진화를 만나다

bizjournals.com/boston/news/2018/10/30/ge-is-no-longer-the-most-valuable-public-company.html#:~:text=In%20August%202000%2C%20GE%20was,run%20into%20myriad%20financial%20problems; Thomas Gryta and Ted Mann, *Lights Out: Pride, Delusion, and the Fall of General Electric* (New York: Houghton Mifflin Harcourt, 2020), 35 (Immelt's discovery of fudged profits at GE Plastics), 58 (Edison Conduit accounting lie), 59 (Dammerman's quote), 60 (Welch's interview with Carol Loomis).

19   Fox Business, "Charlie Munger: Sewer Too Light a Word for Valeant," YouTube video, 4:37, uploaded May 2, 2016, https://www.youtube.com/watch?v=yxMZM_63Fpk; Matt Turner, "Here's the Email Bill Ackman Sent to Charlie Munger to Complain About Munger's Valeant Comments," *Business Insider*, May 9, 2016, https://www.businessinsider.com/bill-ackman-email-to-charlie-munger-2016-5; Svea Herbst-Bayliss, "Ackman's Pershing Square Sells Valeant Stake, Takes $3 Billion Loss," Reuters, March 13, 2017, https://www.reuters.com/article/us-valeant-ackman-idUSKBN16K2KT.

20   Chevron, *4Q19 Earnings Conference Call Edited Transcript* (San Ramon, CA: Chevron, January 31, 2020), https://chevroncorp.gcs-web.com/static-files/3436e36f-bf60-4466-b550-b4f88d60a893.

21   Selina Wang and Matthew Campbell, "Luckin Scandal Is Bad Timing for U.S.-Listed Chinese Companies," Bloomberg, July 29, 2020, https://www.bloomberg.com/news/features/2020-07-29/luckin-coffee-fraud-behind-starbucks-competitor-s-scandal.

22   Zhang Rui, "Misbehaving US-Listed Chinese Enterprises and Their Gambler Attitudes,"trans. Grace Chong and Candice Chan, ThinkChina, May 6, 2020, https://www.thinkchina.sg/misbehaving-us-listed-chinese-enterprises-and-their-gambler-attitudes; *The China Hustle*, directed by Jed Rothstein (New York: Magnolia Pictures, 2017), 82 min. 이 사건에 연루된 기업의 명단은 다음 영상을 참조하라. Movie Coverage, "The China Hustle Trailer (2018) Documentary," YouTube video, 2:37, uploaded December 28, 2017, https://www.youtube.com/watch?v=DxbX5Dfk4b4. 다음 뉴스 기사도 참조하라. Arjun Kharpal, "Chinese Netflix-Style Service iQiyi Tanks by 18% After U.S. Regulators Investigate Fraud Allegations," CNBC, August 13, 2020, https://www.cnbc.com/2020/08/14/iqiyi-sec-investigation-into-fraud-allegations-shares-plunge.html; Sissi Cao, "Famed Tesla Short Seller Says This Soaring NYSE-Traded Chinese Company Is a Fraud," *Observer*, August 11, 2020, https://observer.

com/2020/08/tesla-short-seller-citron-andrew-left-gsx-techedu-fraud-chinese-ipo/; Anna Vodopyanova, "Orient Paper to Change Its Name to IT Tech Packaging, Symbol to 'ITP,' " *Capital Watch*, July 19, 2018, https://www.capitalwatch.com/article-2506-1.html; "China Agritech (CAGC US)," GMT Research, last updated August 2021, https://www.gmtresearch.com/en/about-us/hall-of-shame/china-agritech-cagc-us/; U.S. Court-Appointed Receiver for Sino Clean Energy Inc., "U.S. Court-Appointed Receiver for Sino Clean Energy Inc. (Nasdaq 'SCEI') Files Criminal Charges in Hong Kong against Chairman of Nasdaq-Listed China Energy Company Accusing Him of Fraud on U.S. and Chinese Investors," *Cision PR Newswire*, June 23, 2015; Dena Aubin, "Judge Recommends $228 Mln Damages in Puda Coal Fraud Lawsuit," Reuters, January 9, 2017, https://www.reuters.com/article/puda-fraud/judge-recommends-228-mln-damages-in-puda-coal-fraud-lawsuit-idUSL1N1F002L; Scott Eden, "SEC Probing China Green Ag," *TheStreet*, January 12, 2011, https://www.thestreet.com/markets/emerging-markets/sec-probing-china-green-10971670; T. Gorman, "SEC Charges Another China Based Firm with Fraud," SEC Actions, June 27, 2016, https://www.secactions.com/sec-charges-another-china-based-firm-with-fraud/; Lucy Campbell, "China Integrated Energy, Inc CBEH Securities Stock Fraud," BigClassAction.com, March 28, 2011, https://www.bigclassaction.com/lawsuit/china-integrated-energy-inc-cbeh-securities.php.

23   Ed Monk, "Fidelity Star Fund Manager Anthony Bolton Retires and Calls Time on Troubled China Adventure," *This Is Money*, June 17, 2013, https://www.thisismoney.co.uk/money/investing/article-2343119/Fidelity-star-fund-manager-Anthony-Bolton-retires-calls-time-troubled-China-adventure.html; Jonathan Davis, "Farewell to the Harry Potter of Investment," *Independent Advisor*, July 30, 2006, https://web.archive.org/web/20060828135414/http://www.independent-investor.com/stories/Farewell_to_Bolton_438.aspx; Patrick Collinson, "Fidelity Star Fund Manager Anthony Bolton to Step Down," *The Guardian*, June 17, 2013, https://www.theguardian.com/business/2013/jun/17/fidelity-anthony-bolton-steps-down-china; Jeanny Yu, "Famed British Fund Manager Anthony Bolton Meets His China Match," *South China Morning Post*, June 19, 2013, https://www.scmp.com/business/money/markets-investing/article/1263890/famed-british-fund-manager-anthony-bolton-meets-his.

24   Mary Caswell Stoddard, Rebecca M. Kilner, and Christopher Town, "Pattern Recognition Algorithm Reveals How Birds Evolve Individual Egg Pattern Signatures," *Nature Communications* 5, no. 4117 (2014), https://doi.org/10.1038/

ncomms5117.

8장 핀치새, 매수와 매도를 말하다

1   Kristian Heugh and Marc Fox, *Long-Term Conviction in a Short-Term World* (New York: Morgan Stanley, 2018), https://www.morganstanley.com/im/publication/insights/investment-insights/ii_longtermconvictioninashorttermworld_us.pdf.

2   Björn Kurtén, "Rates of Evolution in Fossil Mammals," *Cold Spring Harbor Symposia on Quantitative Biology* 24 (1959): 205–15, https://doi.org/10.1101/SQB.1959.024.01.021.

3   Philip D. Gingerich, "Rates of Evolution," *Annual Review of Ecology, Evolution, and Systematics* 40 (2009): 657–75, https://doi.org/10.1146/annurev.ecolsys.39.110707.173457.

4   Simon Y. W. Ho, Robert Lanfear, Lindell Bromham, Matthew J. Phillips, Julien Soubrier, Allen G. Rodrigo, and Alan Cooper, "Time-Dependent Rates of Molecular Evolution," *MolecularEcology* 20, no. 15(2011): 3087–101, https://doi.org/10.1111/j.1365-294X.2011.05178.x.

5   Peter T. Boag and Peter R. Grant, "Intense Natural Selection in a Population of Darwin's Finches (*Geospizinae*) in the Galapagos," *Science* 214, no. 4516 (1981): 82–85, https://doi.org/10.1126/science.214.4516.82.

6   Hanneke Meijer, "Origin of the Species: Where Did Darwin's Finches Come From?," *The Guardian*, July 30, 2018, https://www.theguardian.com/science/2018/jul/30/origin-of-the-species-where-did-darwins-finches-come-from.

7   Jonathan Weiner, *The Beak of the Finch: A Story of Evolution in Our Time* (New York: Vintage, 1994); Emily Singer, "Watching Evolution Happen in Two Lifetimes," *Quanta Magazine*, September 22, 2016, https://www.quantamagazine.org/watching-evolution-happen-in-two-lifetimes-20160922; Joel Achenbach, "The People Who Saw Evolution," *Princeton Alumni Weekly*, April 23, 2014, https://paw.princeton.edu/article/people-who-saw-evolution.

8   Peter R. Grant and B. Rosemary Grant, "Unpredictable Evolution in a 30-Year Study of Darwin's Finches," *Science* 296, no. 5568 (2002): 707–11, https://doi.

org/10.1126/science.1070315.

9 L'Oréal, *2009 Annual Results* (Clichy, France: L'Oreal, 2010), https://www.loreal-finance.com/eng/news-release/2009-annual-results; L'Oréal, *2020 Annual Results* (Clichy, France: L'Oréal, 2021), https://www.loreal-finance.com/eng/news-release/2020-annual-results.

10 Mark J. Perry, "Fortune 500 Firms in 1955 v. 2015: Only 12% Remain, Thanks to the Creative Destruction That Fuels Economic Prosperity," American Enterprise Institute, October 12, 2015, https://www.aei.org/carpe-diem/fortune-500-firms-in-1955-vs-2015-only-12-remain-thanks-to-the-creative-destruction-that-fuels-economic-growth/.

11 Andrew Hudson, "The Rise & Fall of Kodak: A Brief History of The Eastman Kodak Company, 1880 to 2012," August 29, 2012, https://www.photosecrets.com/the-rise-and-fall-of-kodak.

9장 달팽이, 기다림을 말하다

1 "Macroevolution Through Evograms: The Evolution of Whales," Understanding Evolution, University of California Museum of Paleontology, last updated June 2020, https://evolution.berkeley.edu/evolibrary/article/evograms_03.

2 Stephen Jay Gould, *The Structure of Evolutionary Theory* (Cambridge, MA: Belknap, 2002), 749. Many observations in this chapter come from chapter 9, "Punctuated Equilibrium and the Validation of Macroevolutionary Theory."

3 "Palaeontological Memoirs and Notes of the Late Hugh Falconer," Jeremy Norman's HistoryofScience.com, accessed April 2021, https://www.jnorman.com/pages/books/40957/hugh-falconer/palaeontological-memoirs-and-notes-of-the-late-hugh-falconer. Gould, *Structure*, 745도 참조하라.

4 Niles Eldredge and Stephen Jay Gould, "Punctuated Equilibria: An Alternative to Phyletic Gradualism," in *Models in Paleobiology*, ed. Thomas J. M. Schopf (San Francisco: Freeman, Cooper, 1972), 82–115, https://www.blackwellpublishing.com/ridley/classictexts/eldredge.pdf.

5 Jonathan Chadwick, "World's Oldest DNA Is Extracted from the Tooth of a Mammoth,"*Daily Mail*, February 17, 2021, https://www.dailymail.co.uk/sciencetech/article-9270399/Worlds-oldest-DNA-extracted-tooth-mammoth.html.

6 Gould, *Structure*, 826.

7 Gould, *Structure*, 827.

8 Tiina M. Mattila and Folmer Bokma, "Extant Mammal Body Masses Suggest Punctuated Equilibrium," *Proceedings of the Royal Society B: Biological Sciences* 275, no. 1648 (2008): 2195–99, https://doi.org/10.1098/rspb.2008.0354.

9 "Repeat After Me," *The Economist*, December 16, 2004, http://www.economist.com/node/3500219.

10 Jonathan Rée, "Evolution by Jerks," *New Humanist*, May 31, 2007, https://newhumanist.org.uk/articles/598/evolution-by-jerks.

11 Mark Ridley, *Evolution*, 3rd ed. (Hoboken, NJ: Wiley, 2003), 17, 266.

12 David H. Bailey, "Does the Punctuated Equilibrium Theory Refute Evolution?," SMR Blog, April 21, 2019, https://www.sciencemeetsreligion.org/blog/2019/04/does-the-punctuated-equilibrium-theory-refute-evolution/.

13 Gustavo Grullon, Yelena Larkin, and Roni Michaely, "Are US Industries Becoming More Concentrated?," *Review of Finance* 23, no. 4 (2019): 697–743, https://doi.org/10.1093/rof/rfz007.

14 Matej Bajgar, Giuseppe Berlingieri, Sara Calligaris, Chiara Criscuolo, and Jonathan Timmis, "Industry Concentration in Europe and North America," *OECD Productivity Working Papers*, No. 18 (Paris: OECD Publishing), https://doi.org/10.1787/2ff98246-en.

15 "Winners Take All: Why High Profits Are a Problem for America," The Economist, March 26, 2016, https://www.economist.com/weeklyedition/2016-03-26.

16 Hendrick Bessembinder, "Do Stocks Outperform Treasury Bills?," *Journal of Financial Economics* 129, no. 3 (2018): 440–57, https://doi.org/10.1016/j.jfineco.2018.06.004.

17 Bessembinder, "Do Stocks Outperform," table 2A, panel D.

18 CNET News staff, "Blodget and Amazon: A Long History," CNET, January 2, 2002, https://www.cnet.com/news/blodget-and-amazon-a-long-history/.

19 James Surowiecki, "Doom, Incorporated," *New Yorker*, May 12, 2002, https://www.newyorker.com/magazine/2002/05/20/doom-incorporated.

20 "Brood X Periodical Cicadas FAQ," National Park Service, last updated September 1, 2022, https://www.nps.gov/articles/000/cicadas-brood-x.htm.

10장 토끼, 복리를 말하다

1 Associated Press, "Forbes List 400 Richest Americans: Sam Walton of Wal-Mart Stores Is No. 1 with $6.7 Billion," *Los Angeles Times*, October 11, 1988, https://www.latimes.com/archives/la-xpm-1988-10-11-fi-3693-story.html; John Rothchild, *The Davis Dynasty: Fifty Years of Successful Investing on Wall Street* (New York: John Wiley, 2001)[존 로스차일드, 《100년 투자 가문의 비밀》, 김명철·신상수 역, 유노북스 (2021)].

2 Charles Darwin to W. D. Fox, July 29, 1828, Darwin Correspondence Project, University of Cambridge, letter no. 45, https://www.darwinproject.ac.uk/letter/DCP-LETT-45.xml.

3 Julie Rehmeyer, "Darwin: The Reluctant Mathematician," *Science News*, February 11, 2009, https://www.sciencenews.org/article/darwin-reluctant-mathematician.

4 Mark Ridley, *Evolution*, 3rd ed. (Hoboken, NJ: Wiley, 2003), 10–13.

5 David T. Mitchell, "Mutation Theory," *Encyclopaedia Britannica*, last updated March 21, 2016, https://www.britannica.com/science/mutation-theory.

6 Francisco Jose Ayala, "Evolution," *Encyclopaedia Britannica*, last updated August 22, 2022, https://www.britannica.com/science/evolution-scientific-theory. 특히 다음을 참조하라. "The Synthetic Theory," https://www.britannica.com/science/evolution-scientific-theory/Modern-conceptions#ref49842.

7 Douglas J. Futuyma, *Evolutionary Biology*, 3rd ed. (Sunderland, MA: Sinauer, 1997), 24.

8 Sean B. Carroll, *Making of the Fittest: DNA and the Ultimate Forensic Record of Evolution* (New York: W. W. Norton, 2007), 49–51.

9 Stuart Read, "Peppered Moth and Natural Selection," Butterfly Conservatory, https://butterfly-conservation.org/moths/why-moths-matter/amazing-moths/peppered-moth-and-natural-selection.

10 Ping Zhou, "Australia's Massive Feral Rabbit Problem," *ThoughtCo*, last

updated November 22, 2019, https://www.thoughtco.com/feral-rabbits-in-australia-1434350. 모든 출처의 데이터가 1920년대에 100억 마리라는 것을 가리키고 있기 때문에, 표 10.2에 나오는 1859년부터 1925년 사이의 토끼 개체 수가 정확한지는 확실하지가 않다. 그러나 여기에 나오는 숫자는 기하급수적인 증가가 지닌 놀라운 위력을 보여준다.

11 Richard Mille, "Forbes World's Billionaire List: The Richest in 2022," ed. Kerry A. Dolan and Chase Peterson-Withorn, *Forbes*, https://www.forbes.com/billionaires/.

12 Nicholas Carlson, "11 Companies That Tried to Buy Facebook Back When It Was a Startup," *Insider*, May 13, 2010, https://www.businessinsider.com/all-the-companies-that-ever-tried-to-buy-facebook-2010-5.

13 Hendrick Bessembinder, "Do Stocks Outperform Treasury Bills?," *Journal of Financial Economics* 129, no. 3 (2018): 440–57, https://doi.org/10.1016/j.jfineco.2018.06.004.

14 이것은 이 펀드에 들어오고 나가는 모든 현금의 이동을 고려한 현금 대 현금 연간 수익률이다. 이는 수익률을 측정하기 위해 해당 기간에 이 금액을 단순히 12번에 걸쳐 연간으로 환산하는 것보다 더 좋은 방법이다.

15 Michael Ray, "The Euro-Zone Debt Crisis," *Encyclopaedia Britannica*, last updated September 3, 2017, https://www.britannica.com/topic/European-Union/The-euro-zone-debt-crisis.

16 Claudia Champagne, Aymen Karoui, and Saurin Patel, "Portfolio Turnover Activity and Mutual Fund Performance," *Managerial Finance* 44, no. 3 (2018): 326–56, https://doi.org/10.1108/MF-01-2017-0003; Laura Cohn, "The Case for Low-Turnover Funds," *Kiplinger*, March 28, 2010, https://www.kiplinger.com/article/investing/t041-c009-s001-the-case-for-low-turnover-funds.html; Pedro Luiz Albertin Bono Milan and William Eid Jr., "High Portfolio Turnover and Performance of Equity Mutual Funds," *Brazilian Review of Finance* 12, no. 4 (2014): 469–97, https://doi.org/10.12660/rbfin.v12n4.2014.41445; Diego Victor de Mingo-Lopez and Juan Carlos Matallin-Saez, "Portfolio Turnover and Fund Investors' Performance" (paper presented at the Management International Conference, Venice, Italy, May 24–27, 2017), https://www.hippocampus.si/ISBN/978-961-7023-12-1/146.pdf.

나오며

1 Christopher D. Epp, "Definition of a Gene," *Nature* 389, no. 537 (1997), https://doi.org/10.1038/39166.

2 Philip Ball, "DNA at 60: Still Much to Learn," *Scientific American*, April 28, 2013, https://www.scientificamerican.com/article/dna-at-60-still-much-to-learn/.

3 진화가 번식할 권리를 포기하는 암컷을 등장시키고, 이에 따라 자연 선택의 법칙을 위반하게 된다는 사실이 다윈을 당혹스럽게 했다. 그리고 다윈은 이 난제를 평생 동안 해결하지 못했다. 1960년대에 등장한 W. D. 해밀턴W. D. Hamilton의 혈연 선택 이론이 이 문제를 해결한 것으로 널리 알려져 있다.

4 Thomas D. Seeley, *Honeybee Democracy* (Princeton, NJ: Princeton University Press, 2011), chapters 5, 6.